공업 경영학

고시근 구평회 권혁무
김민수 오수철 이운식

Industrial Engineering

도서출판
청람

머리말

강의시간에 종종 학생들에게 과학(science)과 공학(engineering)의 차이에 대해서 질문하곤 한다. 본질적으로 전자는 진리의 규명에 초점이 맞추어져 있고, 후자는 과학적인 지식을 토대로 제품이나 시스템을 설계하는 데 초점이 맞추어져 있지만, 이 두 단어의 가장 기본적인 차이점이라면 무엇보다도 경제성에 대한 고려 여부가 아닐까 한다. 공학을 전공하는 사람이라면 자신이 관심을 갖고 있는 기술의 경제성, 나아가 사업화의 가능성에 대해 고려하는 것이 필요하다.

또한 성공적인 사업화를 위해서는 기술 그 자체(즉, 원천기술)와 함께 생산시스템의 성공적인 구축과 운영을 위한 기술(즉, 관리기술)이 필요함을 이해하여야 한다. 이런 관점에서 공학교육인증(ABEEK)을 위한 기본소양 교과목으로 공업경영학이 채택되고 있다는 것은 매우 바람직한 현상이라고 생각된다. 이 책은 저자들이 ABEEK 기본소양 과목인 공업경영학을 공동강의(Team Teaching)하며 각자 담당 분야의 강의자료를 모아서 정리한 것이다. 따라서 책의 내용은 ABEEK을 위한 기본소양 과목으로서의 공업경영학에 맞추어져 있다.

공업경영학이란 여러 종류의 자원으로 구성된 통합된 시스템을 효율적으로 설계 · 계획 · 운영 · 관리하여 종합적인 최적화를 추구하는 학문이다. 산업시스템은 여러 가지 요소로 구성되어 있으므로 전체 시스템의 최적화를 위해서는 각개의 요소를 전체적인 입장에서 조율하고 관리하여 최적의 조건을 이끌어내야 한다. 제1장에서 좀 더 자세하게 설명하겠지만 공업경영학(Engineering Management)은 산업공학(Industrial Engineering)과 거의 같은 개념으로 사용된다. 하지만 그 대상 분야를 좀 더 엄밀히 나누어 본다면, 산업공학의 대상 분야가 제조업, 서비스업, 공공부문을 포함한 모든 산업을 대상으로 하는 반면에, 공업경영학은 그 중 전통적인 분야인 제조산업을 위주로 제품의 개발로부터 생산 및 보급에 이르는 과정에 대한 경영활동을 포괄적으로 다루고 있다고 할 수 있다.

앞서 말한 바와 같이, 저자들이 생각하는 이 책의 주요 독자는 ABEEK을 실시하는 공과대학의 저학년 학생들이므로 가능하면 쉽게 읽고 이해할 수 있도록 집필하였다. 대학에서의 전공이 무엇이든 졸업 후 기업에 취업하면 관리자가 될 가능성이 매우 높으므로 이 책을 이용하여 관리의 기본 개념을 파악한다면 좀 더 능력 있는 관리자로 성장할 수 있을 것이다. 이러한 관점에서, 자신의 관리능력을 제고하기 위해 다양한 관리기법을 파악하고자 하는 기업현장의 관리자가 있다면 이 책을 또한 유용하게 활용할 수 있으리라 기대한다. 모쪼록 이 책이 졸업 후 산업현장에서 일하게 될 때 자신의 전공서적과 더불어 책꽂이에 꽂혀 있다가 가끔 현업에 참고가 될 수 있는 책이 되었으면 하는 것이 저자들의 바램이다.

2008년 8월

저자 일동

차 례

제5장 품질개선 및 관리

제6장 물류경영

제7장 경제성 분석

제8장 데이터의 정리와 해석

제9장 경영과학

제10장 생산자동화

제11장 기업정보시스템

제12장 공업경영의 새로운 이슈

공업경영학의 개요

Chapter 01

1.1 공업경영학이란

공업경영학의 미국식 명칭은 산업공학(Industrial Engineering)으로서 초기에는 기계공학과에서 특별과정으로 산업공학 교과목들이 개설되었다. 독립된 학과로서의 산업공학과는 1908년 Pennsylvania 주립대학과 Syracuse 대학에 최초로 설치되었다.

우리나라에서 '공업경영학'이란 용어가 본격적으로 사용된 것은 1958년 한양대학교에 공업경영학과가 설치되면서부터였다. 미국에서는 산업공학이 보다 더 보편적인 용어이지만, 우리나라에서는 초기 도입 당시의 명칭으로 인해 공업경영학이 더 광범위하게 사용되었다. 이후 1971년 서울대학교에 산업공학과가 개설되면서 공업경영학과 산업공학이 병행하여 사용되었고, 일반 4년제 대학에서는 주로 산업공학, 2년제 전문대학에서는 공업경영학이라는 용어를 더 많이 사용해왔다.

근자에는 산업공학의 적용대상이 다양화되고 범위가 확대되면서, 학과 명칭도 대학에 따라 시스템경영공학을 비롯하여 산업경영공학, 산업시스템공학, 산업정보시스템공학 등 다양하게 사용되고 있다. 산업공학회(Institute of Industrial Engineers)에 의해 채택된 공업경영학의 정의를 살펴보면 다음과 같다.

> 공업경영학(산업공학)은 사람, 자본, 재료, 장비, 에너지 등으로 구성되는 통합시스템의 설계, 개선, 설치를 다루는 학문 분야이다. 공업경영학에서는 시스템으로부터 얻어질 결과를 표현하고, 예측하고, 평가하기 위해 공학적 분석과 설계원리 및 방법들과 함께 수학적 · 물리적 · 사회과학적 지식과 기술을 활용한다.

여기서 시스템이라 함은 둘 이상의 구성요소가 공통된 목적을 달성하기 위하여 서로 유기적인 관계를 맺고 각자의 기능을 수행하는 하나의 전체를 말한다. 시스템의 구성요소는 비단 사람, 재료 및 장비에 국한되지 않고 소프트웨어, 돈, 정보 등 다양한 요소를 포함한다. 공업경영학은 이러한 복잡한 시스템이 보다 효율적으로 운영되도록 공학적 · 경영적 · 수리적 · 사회과학적인 지식과 기술을 종합적으로 활용하는 복합학문 분야이다.

과학기술의 발전에 따라 새로운 형태의 시스템이 등장하면서 공업경영학의 응용범위도 그만큼 확대되고 있다. 자동차, 조선, 전기전자 등의 제조업종, 수송 및 유통업체, 금융기관, 정보 및 통신시스템, 물류시스템, 방위산업, 컨설팅, 도로교통 등 우리 주변의 거의 모든 산업에 걸쳐 공업경영학이 적용될 수 있다. 오늘날 새로이 등장하는 시스템에는 비단 산업계의 하이테크 제품이나 서비스시스템뿐만 아니라 공공기관이나 비영리조직 운영의 근간을 이루는 시스템도 많이 있으므로, 이러한 응용의 대상을 전반적으로 포괄한다는 점에서 학문분야를 지칭하는 명칭으로 공업경영학보다는 시스템경영공학이라는 용어가 더 적절한 측면이 있다고 하겠다. 그러나 여기서는 책 제목에 맞추어 공업경영학 혹은 산업공학이라는 용어를 사용하기로 한다.

1.2 공업경영학의 역사

공업경영학은 산업혁명에 그 뿌리를 두고 있으며, 초기에 생산성과 효율의 극대화를 위해 조직 및 경영의 원리를 탐구했던 사람들이 이론을 개발하고 발전시켰다. 각론의 상당부분은 19세기 말부터 20세기 초에 걸쳐 정립되었으며 제2차 세계대전을 계기로 학문적 성숙기를 맞이하게 된다.

18세기부터 19세기에 걸친 산업혁명은 수많은 공장의 등장으로 시작되었다. 특히, 다축 방적기, 동력 직기 등 방직업계의 새로운 발명품들과 증기엔진의 등장은 산업혁명의 주도적인 역할을 하였다. 이와 같은 기술적 여건의 성숙과 함께 경제성에 대한 고려는 필연적으로 장인에 의한 개별 생산의 쇠퇴와, 많은 수의 작업자를 거느린 공장의 등장으로 귀결되었다. 공장의 등장은 곧 관리의 필요성을 부각시켰으며 원가계산, 통제시스템 등 초보적인 공장경영의 원리 개발로 이어지게 되었다. 특히 Charles Babbage는 『기계와 제조의 경제성』이라는 저서를 통해 제조작업에 대해 다양하게 분석하였다. 이와 같은 활동들은 산업혁명의 근간을 이루는 과학적 방법의 응용에 뿌리를 두고 있다. 분석, 실험 및 실제 응용에 있어서 과학적 방법의 사용은 공작기계 및 보다 복잡한 공정들을 출현시켰으며, 그 결과 보다 나은 제품생산으로 이어졌다.

이와 같은 여건의 성숙과 함께 여러 국가에 걸친 수많은 선구자들의 연구 결과로서 19세기 말부터 20세기 초에 걸쳐 경영에 대한 지식이 체계화되기 시작하였다. Frederick Taylor의 시간연구, Henry Gantt의 관리원리, Frank Gilbreth의 동작연구 등은 이 시기에 나온 대표적인 연구결과로, 특히 Taylor는 '과학적 관리(Scientific Management)' 의 주창자로서 경영학과 공업경영학의 시조로 여겨지기도 한다. 이어지는 1920년대는 대량생산과 표준화의 시대로서 공업경영학의 번성기였고, 1930년대는 경제적인 어려움으로 인한 기업 경영자들의 원가에 대한 관심으로 공업경영학의 원리와 기법의 적용분야를 넓혀간 시기였다.

제2차 세계대전은 미국에서의 산업활동들을 방대하게 촉진시키는 요인이 되었고, 현대 공업경영학의 많은 기법들은 이 시기에 개발되었으며 VE(Value Engineering), 시스템분석 등은 대표적인 예이다. 특히 현실 문제를 풀기 위해 통계 및 수학적 기법들을 적용하는 OR(Operations Research)은 산업공학의 학문적 발전의 중요한 토대가 되었다.

전후에는 제2차 세계대전 당시 군수산업을 중심으로 적용되던 공업경영학 기법들이 민간산업에 적용되기 시작하면서, 보다 세련된 형태로 발전되거나 많은 기법들이 새로 개발되었다. 이 시기의 활동들은 컴퓨터 응용, 시스템분석 및 설계, 수학 및 통계적 도구들의 응용, 네트워크계획 기법 및 응용, VE, 행동과학 등 여러 분야에 걸쳐 다양한 기법이 개발되고 산업현장에 적용되었다.

응용과학 분야의 다른 학문과 마찬가지로 공업경영학도 적용대상이 되는 새로운 시스템의 출현이나 사회적인 패러다임의 변화에 따라 적절하게 수정되거나 보완되어야 한다. 오늘날과 같이 인터넷이 보편화된 지식기반사회에 등장하는 복잡한 시스템들은, 기존의 공업경영학 기법들로만 접근하는 데 한계가 있으므로 보다 발전된 형태의 기법들과 방법론이 요구된다. 따라서 공업경영학도 타 학문과 마찬가지로 끊임없이 변화하고 발전해가는 과정에 있다고 할 수 있다.

과거 개인용 컴퓨터의 보편화와 인터넷의 보급으로 중요한 전환기를 맞이한

표 1-1 | 산업공학의 발전

연대	주요 사건	대표적인 기법들	학문적 발전
1750	산업 혁명기	부품 호환성, 노동의 분업화 및 전문화	과학적 관리
1890		시간연구, 표준화, 대량생산	
1915	제1차 세계대전	부분작업, 동작연구, 일정표, 대기행렬	
1929	경제공황	경영계획, 재고모형, 통계적 품질관리	산업공학
1941	제2차 세계대전	경제성공학, 생산성, 경영관리, 공구설계, 공장배치, 자재취급, 인간관계, 재고이론	
1958	우주시대	통계적 분석, 운영분석, 수리계획법, 네트워크기법, 인간공학, 시뮬레이션, 신뢰성, 수치제어, 자동화	OR
1980	첨단기술 시대	최적화이론, 시스템공학, GT, 의사결정이론, 정보시스템, MRP, 자원관리, CAD/CAM, 사무자동화, FMS, 분산자료처리, TPS	산업 및 시스템공학
1990 이후	세계화 시대	CIM, 유연자동화, 계층적 관리, 컴퓨터네트워크, 인공지능, 자동검사, Lean생산, 6시그마, 대규모시스템, 인공두뇌, 서비스시스템	

것과 같이 과학기술의 혁신이 사회적인 변화를 유도하는 과정에서 공업경영학도 필연적으로 진화해갈 수밖에 없다. 또한 초기에 제조산업 중심으로 광범위하게 응용되던 공업경영학 기법들이 서비스산업의 비중이 날로 증가하고 있는 현실에 부응하여, 이 분야에 대한 적용 범위도 점차 확대되어 가고 있다. 공업경영학을 대규모로 활용한 최초의 서비스산업은 의료 및 건강관련 산업이었으나, 최근에는 정부조직의 효율향상과 사무업무 개선을 포함한 여러 가지 기능분야에서도 산업공학이 활용되고 있다. [표 1-1]은 공업경영학의 학문적 발전과 관련하여 연대별로 출현한 중요 기법들을 보여주고 있다.

1.3 공업경영학의 연구대상

엔지니어가 다른 전문가들과 차별화되는 중요한 특징은 시스템을 설계하는 것이다. 기계공학 엔지니어는 엔진, 기계, 자동차 등과 같이 기술적인 시스템을 설계하고, 전기공학 엔지니어는 집적회로, 제어시스템 등 전기부품들로 이루어진 시스템을 설계한다. 공업경영학 엔지니어는 두 가지 수준에서의 시스템을 설계하게 되는데, 하나는 Blair와 Whitson이 말한 인간활동시스템이고, 나머지 하나는 경영관리시스템이다.

인간활동시스템은 인간의 활동이 일어나는 물리적인 작업장에 관련된 시스템이며, 경영관리시스템은 조직 내의 모든 활동을 계획 · 측정하며 관리하는 절차에 관련된 시스템이다. 두 시스템은 [표 1-2]에서 보는 바와 같이 여러 가지

표 1-2 | 공업경영학의 연구대상 시스템

인간활동시스템	경영관리시스템
• 제조공정(혹은 서비스 프로세스) • 자재 및 자원 • 기계와 설비 • 작업방법 • 설비배치 및 자재흐름 • 자재취급 설비 및 절차 • 작업장 설계 • 창고의 크기 및 위치 • 데이터 기록절차 • 유지 및 관리절차 • 안전절차	• 경영계획시스템 • 의사결정지원시스템 • 예측절차 • 예산책정 및 경제성 분석 • 임금 및 급여계획 • 성과급제도 및 고용관련 시스템 • 종업원 채용과 훈련 및 배치 • 자재소요량계획 • 재고관리 • 생산일정계획 • 생산지시 • 진척도 및 현황보고 • 시정조치절차 • 종합정보시스템 • 품질관리시스템 • 원가관리 • 자원할당 • 조직설계

요소로 구성되며, 실제로는 구성요소 하나가 상당히 복잡한 시스템이 될 수도 있다. [표 1-2]에서 사용된 용어는 편의상 제조관련 용어로 되어 있으나, 전체적인 골격과 체제는 서비스시스템을 포함한 다른 시스팀에도 적용 가능하다.

이와 같은 시스템은 다른 공학 분야에서 취급되는 기계시스템 혹은 전기시스템보다 훨씬 더 복잡하고 예측 불가능한 측면을 내포하고 있다. 그 결과 공업경영학에서의 설계방법론이 다른 공학 분야에 비해 엄밀하지 못하고 상대적으로 원시적인 수준에 머물고 있다. 그러나 이들 시스템의 설계 수준에 따라 조직의 효율성과 원가 등에 미치는 영향은 매우 크기 때문에, 끊임없이 보다 나은 설계 방법을 찾기 위한 노력이 요구된다.

1.4 공업경영학의 업무

대학에서 공업경영학을 전공했다고 할 경우, 사회에 진출하여 어떤 업무를 수행하게 되는가? 공업경영학 전공자가 수행할 수 있는 업무를 살펴봄으로써, 학습 내용의 전체적인 골격을 파악할 수 있다.

전통적으로 산업공학의 기능들은 회사의 생산운영 및 품질관리 분야에 집중되어 왔다. 그러나 산업공학 기법들의 유용성과 광범위한 적용 가능성 및 잠재력을 인식하는 회사들은 경영시스템 및 전사차원의 업무에도 활용함으로써 많은 성과를 거두고 있다. [표 1-3], [표 1-4] 및 [표 1-5]는 공업경영학이 경영시스템, 생산운영, 전사 차원의 서비스 분야에서 활용될 수 있는 업무들을 보여준다.

표 1-3 | 경영시스템에 관련된 업무

관련 분야	업 무
정보시스템	1. 경영정보요구사항 결정 2. 데이터베이스 설계 3. 관리보고서 설계

정보시스템	4. 데이터 분석 5. 피드백 6. 의사결정지원시스템 개발 및 구현 7. 데이터통신 및 컴퓨터네트워크 요건 분석
재무 및 원가시스템	1. 예산책정시스템 설계 2. 경제성 분석 3. 원가절감프로그램 설계 4. 표준원가 5. 예상원가 6. 데이터 추적 및 보고절차 개발
인사	1. 신입사원 채용 및 배치절차 2. 교육 및 훈련프로그램 3. 직무평가 및 성과급제도 4. 노사관계제도 5. 인간공학적 작업장 및 작업환경 설계 6. 직무향상제도 7. 품질분임조 활동조정 8. 안전제도

표 1-4 | **생산운영에 관련된 업무**

관련 분야	업 무
제품 및 서비스	1. 제품 및 서비스에 대한 분석 2. 기존 제품 및 서비스 개선 3. 제품유통 및 서비스 제공 관련 사항 분석
제조공정 및 서비스 프로세스	1. 제조공정 및 제조방법 결정 2. 장비 선정, 자동화 수준 결정 3. 라인 밸런싱 4. 자재흐름, 취급절차 및 시스템 결정
설비	1. 설비배치 2. 재고보관 설비 결정 3. 예방정비시스템 및 절차 4. 검사 및 시험 설비 5. 설비 운영 유틸리티(가스, 전기, 상 · 하수도 등) 6. 설비 안전 및 응급서비스
작업방법 및 표준	1. 작업측정 및 표준시간 설정 2. 개선방법 연구 3. VE/VA

생산계획 및 통제	1. 수요예측 2. 생산능력 및 자원제약분석 3. 운영계획 수립 4. 재고분석 5. 자재소요량계획 6. 일정계획 7. 품질관리시스템 설계 8. 생산, 재고 및 인력의 평활 9. 생산현장관리시스템 설계

표 1-5 | 전사 차원의 서비스에 관련된 업무

관련 분야	업무
포괄적 계획	1. 수준별 계획시스템 2. 전략계획 수립 지원 3. 기업전략 수립 지원 4. 기업 모형화 5. 시스템 통합 6. 능력분석 7. 공장 확장 및 신설 의사결정 참여 8. 프로젝트 관리 서비스 9. TQM 10. 자원관리
정책 및 절차	1. 조직의 분석 및 설계 2. 조직 개선 3. 정책지침 개발 4. 경영관리 실무 및 시스템
성과척도	1. 조직단위의 평가척도 2. 핵심성공요인 판별 3. 조직운영분석시스템 4. 시정조치절차 5. 각종 보고서 설계
분석	1. 시스템분석 모형 2. 시뮬레이션 3. OR 4. 통계적 분석 5. 해결안 제시 6. 인공지능 및 전문가시스템 7. 실험계획

1.5 이 책의 구성

공업경영학 또는 산업공학에 대한 전반적인 이해를 돕기 위해 공업경영학의 정의, 역사, 연구대상, 관련 업무에 대해 살펴보았다. 지금까지 학습한 내용으로도 충분히 알 수 있겠지만, 공업경영학은 기본적으로 하드웨어에 직접적으로 관련된 학문이 아니고 관리, 운영 혹은 경영시스템에 관련된 학문이다.

이와 같은 소프트시스템은 하드웨어로 구성된 시스템과 달리, 구성요소 간 관련성과 인과관계 등을 엄밀하게 수학적으로 입증할 수 없는 경우도 많이 있다. 그럼에도 불구하고 이러한 시스템이 잘못 설계되거나 관리되면, 그 파급 영향이 하드웨어로 구성된 시스템 이상으로 크기 때문에 소홀하게 취급할 수 없다. 공업경영학은 이와 같은 시스템을 최적으로 설계하여 운영하고 관리하는데 도움을 줄 수 있는 여러 가지 방법론과 기법을 포함하고 있다.

이 책에서는 공업경영학에서 취급되는 대표적인 주제들을 골라, 각각 하나의 장으로 구성하였다. 각 장에서 다루어질 주제를 살펴보면 다음과 같다.

제2장 제품개발
제3장 작업관리
제4장 생산관리
제5장 품질개선 및 관리
제6장 물류경영
제7장 경제성 분석
제8장 데이터의 정리와 해석
제9장 경영과학
제10장 생산자동화
제11장 기업정보시스템
제12장 공업경영의 새로운 이슈

제품개발

Chapter 02

2.1 제품실현 과정

모든 제품은 소비자들의 필요에 부응하기 위한 제품개발 노력의 산물이다. 제품개발의 과정은 시장에서 필요로 하는 제품의 종류에 대한 확인과 함께 시작된다. 이어서 구체적인 제품 설계와 제조로 연결되고, 고객의 구매 및 사용을 거쳐 궁극적으로는 제품 폐기에까지 도달한다. 좋은 제품개발을 위해서는 복잡하고 상충된 요구사항들의 조화로운 조정을 위한 어려운 의사결정과정이 필요하다. 이 과정에서 여러 가지 정보수집 및 분석, 종합, 평가가 수행되며 이와 같은 작업에는 상당한 기간이 소요된다.

제품실현 과정의 주요 단계가 [그림 2-1]에 나타나 있으며 구체적인 방법론은 회사에 따라 달라질 수 있다. 제품실현 과정은 제품에 대한 고객의 수요와 원하는 기능에 대한 정의로부터 시작된다. 이 활동은 기술과 마케팅, 사업적인 기회에 대한 검토를 포함할 수 있다. 경쟁사의 제품들을 분석하고 신제품을 위하여 벤치마크가 수립되어, 궁극적으로는 포괄적인 설계사양이 개발된다.

제품설계 단계는 제품의 사양결정과 동시에 시작되고, 가장 우수한 개념을 선택하기 위하여 다양한 개념의 설계들이 창조되고 평가된다. 이 개념은 다음에 재료, 공정, 형상이 결정되어 제품으로 전환되도록 분석되고, 제품이 제조하기 쉽도록 설계되는 데 도움을 준다.

설계를 평가하고 제품이 설계 사양대로 되어 있는지 확인하기 위하여 제품의 시작품이 만들어진다. 따라서 제품은 엄격한 시험, 평가, 보완과정을 거치도록 하여야 한다.

공정계획 단계에서는 제품을 요구하는 사양대로 최소한의 비용으로 제조하기 위한 제조규칙 및 공정을 계획하며, 다양한 분야의 팀들이 참여하여야 한다. 이 단계는 비용분석, 가장 적절한 제조방법 파악, 품질평가척도 수립, 공장배치의 설계, 직원들의 기능 수준과 훈련의 결정 등을 통하여 시작한다.

제품생산 단계는 제품 생산자에게 맡겨지며 부품과 부조립품들 그리고 최종적인 제품이 사양에 맞는지 확인한다. 이 활동들은 공정 내 품질관리와 통계적인 공정관리를 포함한다. 생산된 제품을 확보한 후에, 회사는 제품을 판매하고 뒤이어 제품의 수명이 다할 때까지의 서비스를 위하여 고객들과 상호작용을 하여야 한다.

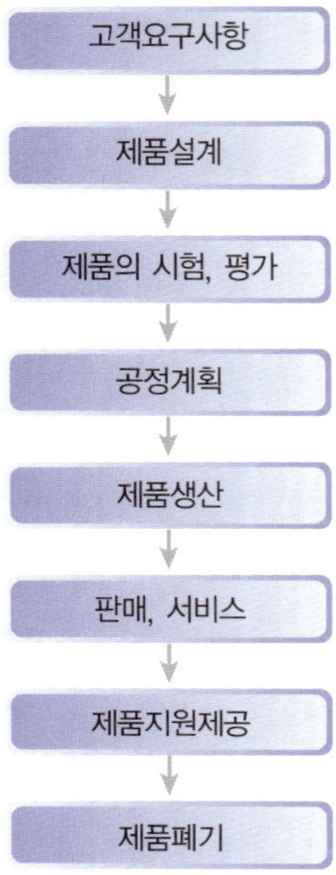

그림 2-1 | **제품실현 과정**

제품설계 과정은 제품실현 과정의 일부이며 개념설계와 상세설계라는 두 개의 주요한 단계로 구성된 복합과정으로 이루어진다.

(1) 개념설계의 창안, 분석 및 평가

개념설계는 창의적 사고에 상당히 좌우되며 주어진 문제에 대해서 여러 가지 가능성 있는 해를 만들어낸다. 보통 이 가능성 있는 해는 기계작동의 주된 특성 및 원리를 보여주는 프리핸드 스케치이다. 브레인스토밍, 특허문헌의 검색 및 생체모방적(biomimetic) 접근방식에 의하여 개념설계가 이루어질 수 있다.

개념설계를 분석하고 평가하는 데 있어서 비용과 성능의 개략적인 예측을 하기 위하여 수학적인 모델이 주로 사용된다. 개념설계를 설계사양의 기준과 비교하며, 보통 여러 가지 속성에 수치를 대입함으로써 이 단계가 수행된다. 추후의 정밀조사, 분석 및 상세설계 단계에서의 개발을 위하여 가장 유망한 개념설계를 하나 선정한다.

(2) 상세설계의 개발

조립품 및 개별부품의 설계에 따라 개념설계가 점차적으로 물리적인 하드웨어로 변환되는데, 상세설계 단계라고 하는 이 과정은 분석 및 종합 과정을 수반한다. 주조립품, 부조립품 및 개별부품에 관한 설계사양을 개발하여야 한다. 각 부품에 대하여 재질, 형상, 열처리, 표면마무리, 공차 및 채택해야 할 생산 공정 등에 관한 사양을 개발하여야 한다. 공급자로부터 구매하여야 할 부품과 조립품을 정하고, 생산과 검사를 용이하게 하기 위하여 모든 부품, 조립품 및 부조립품에 대한 상세도를 만들어야 한다.

설계과정의 비용과 제품 총비용의 관계를 살펴보면, 설계비용은 전체 비용의 5%에 불과하지만 설계의 결정은 총비용의 70%를 좌우한다. 모 자동차 회사는 개념설계와 상세설계를 포함하는 많은 도면을 분석하여 제조공정과 관련되는 비용에 대한 연구를 수행하였다. 이 연구는 제조비용에 있어서 비록 상세설계 단계와 공정계획 단계에서 상당한 비용이 절감되지만, 개념설계 단계에서 최고의 비용이 절감될 가능성이 있다고 결론지었다. 제품실현에서 결정적 단계는 설계와 제조변수들을 포함하는 설계 사양결정 단계와, 본래의 문제에 대한 창의적 해를 찾는 개념설계 단계라는 것이 명백하다.

설계 단계를 통하여 내려진 의사결정은 제품의 품질에 영향을 미치며, 높은 품질은 우연히 얻어지는 것이 아니다. 그것은 오직 설계를 통하여 얻어질 수 있으며, 제품이 제조된 후에 추가되지 않는다. 높은 품질의 제품은 높은 품질의 설계가 아니면 만들어질 수 없다.

2.2 제품의 구매동기

소비자가 대가를 지불하고 어떤 제품이나 서비스를 그입하는 것은 그로부터 기대하는 무엇인가가 있기 때문이다. 포괄적으로 말한다면 그 제품이나 서비스가 소비자의 욕구나 필요를 만족시켜줄 것이라는 기대 때문에, 그에 상응하는 대가를 지불하고 구매하는 것이다. 대가는 일반적으로 욕구나 필요를 어느 정도 잘 충족시켜줄 것인가를 반영하는 효용가치에 의해 결정된다.

제품이나 서비스가 소비자 혹은 사용자의 욕구나 필요를 만족시켜주는 정도는 바로 그 제품 혹은 서비스의 품질이라고 할 수 있다. 즉, 일반적으로 어떤 제품이나 서비스의 효용가치는 그 제품 혹은 서비스의 품질에 의해 결정된다. 구매력을 갖춘 소비자는 어떤 제품이 대가에 비해 효용가치가 크다고 판단되면, 그 제품을 구매하게 될 것이다. 따라서 실제 구매력이 있는 수요층이 있을 경우, 가격과 품질이 적절하게 조화를 이룬 제품들은 시장성이 있다고 판단할 수 있다.

소비자를 만족시킬 수 있는 제품이 좋은 품질의 제품이라고 하는 것은 너무 원론적인 표현으로 실제 제품이나 서비스를 생산 혹은 구현하는 입장에서는 그다지 도움이 되지 못한다. 그러면 제품이 어떤 속성을 갖출 때 소비자 혹은 사용자가 만족할 것인가? 품질특성으로서 제품이 갖추어야 할 대표적인 속성들을 아홉 가지 요소(Dimension)로 나누어보면 다음과 같다.

(1) 성능(Performance)

제품이 원래 목적하는 기능을 제대로 수행할 수 있는가? 소비자는 제품에 요구되는 구체적인 기능들이 어느 정도 잘 수행되는지 평가하고, 제품의 좋고 나쁨을 판단하게 된다. 예컨대 휴대전화라면 전화연결, 음성 송 · 수신, 문자 송 · 수신 등 여러 가지 기능이 제대로 수행되는가에 따라, 휴대전화의 품질을 평가하게 될 것이다.

(2) 신뢰성(Reliability)

제품이 제 기능을 잘 수행한다고 하더라도 고장이 잦다면 결코 품질이 좋다고 할 수 없다. 더구나 자동차, 항공기 등 현대의 하이테크 제품들은 대부분 수많은 부품으로 구성된 복잡한 시스템으로서 제품의 수명기간 동안 고장 없이 안정적으로 제 기능을 수행하는 것이 매우 중요하다. 신뢰성은 시간적인 측면에서 제품의 품질을 평가한 것이라 할 수 있고, 제품의 종류에 따라서는 품질의 가장 중요한 요소가 될 수도 있다.

(3) 내구성(Durability)

신뢰도가 높은 제품이라 수명기간 동안 고장이 한 번도 발생하지 않는다고 하더라도 수명 자체가 너무 짧으면 의미가 없다. 유행을 타는 제품을 제외한 대부분의 경우 소비자는 제품을 오랫동안 사용할 수 있기를 바랄 것이다. 내구성은 제품의 유효수명에 관련된 품질 요소이다. 자동차 및 그 부품 산업은 제품의 내구성이 요구되는 대표적인 산업분야라 하겠다.

(4) 서비스성(Serviceability)

제품이나 서비스의 종류에 따라서는 문제가 발생했을 때, 얼마나 신속하게 그리고 경제적으로 원상으로 돌려놓을 수 있는가가 아주 중요한 품질평가의 척도가 된다. 예컨대 자동차가 고장났을 때 고치기 쉽게 설계되어 있고 부품의 호환성이 뛰어나 저렴한 비용으로 신속하게 고칠 수 있다면, 이 자동차는 서비스성이 우수한 제품이라 할 수 있다. 또한 신용카드 분실이나 도용 사고가 있었을 때, 원 소지자에게 손실을 입히지 않고 신속하게 처리하여 사용에 문제가 없도록 조치하였다면 이 신용카드는 서비스성이 우수하다고 할 수 있다.

(5) 심미성(Aesthetics)

현대사회로 발전할수록 소비자는 제품의 기본적인 고유기능뿐만 아니라 외관을 중시하는 경향이 있다. 제품 스타일이나 색상, 형상, 촉감 심지어는 포장까지 소비자의 취향이나 기호에 맞추어야 그 제품의 시장성이 있게 된다. 따라서 현대에는 제품설계 시 제품의 고유 기능을 어떻게 구현할 것인가 뿐만 아니라 인간의 오감에 의해 느껴지는 외형의 심미적 특성까지 고려해야 한다.

(6) 구색(Features)

소비자는 같은 값이면 다양한 기능을 제공하는 제품을 더 선호하는 것이 일반적이다. 휴대전화의 경우 기본적인 통화기능 이외에 문자 송 · 수신 기능, 인터넷 기능, 폰뱅킹 기능 등 다양한 기능을 제공함으로써 고객을 확보하려고 한다. 이와 같이 제품의 고유기능 외에 얼마나 다양한 편의기능을 제공하는가 하는 것이 바로 구색이다.

(7) 평판(Reputation)

여러 가지 상황에서 제품의 품질에 대한 판단을 할 때, 소비자는 그 회사의 과거 평판에 의존하게 된다. 예를 들어 새로 출시된 어떤 제품을 구입하고자 할 경우, 품질에 대해 관측된 자료가 없다면 소비자는 제조회사의 평판을 고려하여 어느 회사의 제품을 선택하게 될 것이다. 이러한 평판은 공개적인 품질문제의 발생 여부, 품질관련 문제에 대한 대처방식, 그리고 고객에 대한 조치방식 등에 영향을 많이 받게 된다.

(8) 적합성(Conformance)

일반적으로 좋은 품질의 제품은 설계 시방에 명시된 규격을 정확하게 만족시킬 것이라는 기대를 하게 된다. 복잡한 제품일수록 투품이 설계규격을 정확하게 충족시키지 못하면 심각한 품질문제를 유발시킨다. 예를 들어 수천 개 이상의 부품으로 조립되는 자동차의 경우 각 부품들이 약간씩만 규격을 벗어나도 결과적으로 설계 당시 의도된 기능을 제대로 수행하지 못하게 된다.

(9) 대응성(Response)

대고객 관계에서 나타나는 여러 가지 속성으로서 적시성, 친절, 전문성 등이 이에 속한다. 예를 들어 판매사원이 제품에 대한 전문지식을 가지고 고객에게 적절한 조언을 해 줄 수 있고, 친절하게 안내를 해 준다면 그 제품에 대한 구매 의욕이 높아지게 될 것이다.

이 밖에도 제품의 특성에 따라 접근성(Accessibility), 적절성(Appropriateness), 보증(Assurance), 연속성(Continuity), 유효성(Effectiveness), 효능(Efficacy), 능률(Efficiency), 공감(Empathy), 신선도(Freshness), 안전성(Safety) 등을 추가할 수도 있겠으나, 앞의 아홉 가지 요소 속에 적절하게 귀속시켜 이해하는 편이 간명하다.

어떤 제품이 앞에서 열거한 모든 면에서 특성이 우수하면 좋은 품질의 제품이라 할 수 있으며, 적절한 가격이 책정된다면 당연히 잘 팔릴 것이다. 그렇다면 잘 팔리는 제품이 되기 위해서는 전술한 모든 면에서 가장 나은 품질을 갖추어야 하는가? 그러나 특정 시장을 선도하는 제품들을 살펴보면 반드시 그렇지는 않다는 것을 알 수 있다.

1970년대 미국 자동차시장에서의 미제 자동차와 일제 자동차를 비교해 보면 일제 자동차가 모든 면에서 품질이 우수한 것은 아니었다. 일제 자동차는 가속력과 안전성 면에서 열등했으며, 부품 확보가 어려워 서비스성이 떨어졌고 부식에 대한 저항력이 약했다. 그러나 일제 자동차는 신뢰성, 적합성, 심미성 측면에서 품질이 뛰어나 이를 바탕으로 미국 자동차시장을 석권해 나갔다. 문제의 관건은 소비자가 어떤 품질 특성을 더 중시하는지를 정확하게 파악하여 제품에 제대로 구현했는가에 달려 있다.

그렇다면 모든 자동차가 신뢰성, 적합성, 심미성 측면에서 뛰어난 품질을 확보하면 경쟁력이 있게 되는가? 이에 대한 대답도 '아니오'이다. 왜냐하면 같은 자동차라 하더라도 소비자층에 따라 요구사항이 다를 수 있기 때문이다. 볼보를 구입하는 소비자들은 내구성을 기대할 것이고, 스포츠카를 구입하는 소비자는 신뢰성보다는 우수한 성능을 요구할 것이다. 따라서 제품에 어떤 품질특성을 구현할 것인가는 목표 고객층이 어딘가에 따라 달리 정해져야 할 것이다.

다음으로 목표 고객층의 니즈를 제대로 파악하여 좋은 품질의 제품을 생산했다면 그 제품은 잘 팔릴 것인가? 만약, 그 제품을 필요로 하는 소비자가 경제적인 지급능력이 없다면 실제 판매로 연결될 수 없을 것이다. 따라서 제품을 개발할 때는 목표 고객층이 충분한 구매력을 갖추고 있는지, 목표 시장의 규모는 충분히 큰지 먼저 살펴보아야 할 것이다. 또한 우리의 기술력으로 보아 적정 가격대에 제품을 생산할 수 있을 것인지도 함께 파악해야 한다. 즉, 구매력있는 목표 고객층을 먼저 확인하고, 이들이 필요로 하는 특성들이 무엇인가를 파악한 후 생산을 위한 기술력까지 고려해야 한다.

이제 제품의 시장성과 관련된 모든 사항을 다 고려한 것인가? 아니다. 같은 제품을 생산하는 경쟁사와 차별화되지 않으면 매출목표 달성에 애로가 있을 것이다. 제품의 품질정책을 결정할 때는 경쟁사와의 차별화도 함께 고려하여 고객요구를 충족시킬 수 있는 제반 품질특성들을 구현해야 한다.

이 밖에 제품의 판매에 영향을 미치는 중요한 요소가 또 있는가? 개별 제품의 품질이나 가격과는 직접적인 관련이 없지만 소비자의 사회적인 자아표현욕구와 관련된 요소가 있다. 당해 제품을 소유함으로써 일종의 자부심과 과시욕을 충족시키는 것으로 소위 명품에 대한 수요는 이에 해당하는 것으로 볼 수 있다. 이러한 제품은 가격이 비쌀수록 수요가 늘어날 수도 있으나, 지나친 대중화는 명품으로서의 가치를 손상시키게 되므로 시장규모가 제한적으로 성장하게 된다. 어떤 제품이 명품으로 인정받기 위해서는 고급스러운 디자인, 단 한 점의 결함도 허용하지 않는 완벽한 품질, 철저한 대고객 서비스, 사회의 상류층이 애용하는 브랜드라는 이미지, 아무나 선뜻 지급할 수 없는 높은 가격 등이 전제가 된다.

1987년도에 월스트리트저널과 NBC 뉴스에서 공동으로 장거리통신업체를 선택할 때 고려하는 가장 중요한 요소가 무엇인지 조사한 적이 있었다. 그 결과 '서비스의 품질'이라고 답한 사람들이 47%로 가장 많았고, '비용'이라고 답한 사람들이 25%로 다음을 차지하였다. 시장성이 있는 제품이 되기 위한 조건에는 중요한 것부터 사소한 것에 이르기까지 수많은 항목들이 있을 수 있다. 그러나 그 많은 항목 가운데 품질이 가장 중요한 요소임은 아무도 부인할 수 없다.

2.3 소비자의 기대와 제품품질의 계획

소비자는 품질을 구매한다. 1981년 「하버드 비즈니스 리뷰」지에 발표한 Buzzel과 Wiersema의 1970년대 조사 결과를 보면 제품의 품질이 향상된 기업의 경우 그렇지 않은 기업에 비해 3~6배의 매출 신장을 가져왔다. 1985년 서비스 관련 산업에서 비슷한 연구를 한 결과 품질이 우수한 기업은 연간 6%의 성장을 기록한 반면, 품질수준이 낮은 기업은 연간 2%의 매출이 감소하였다. 품질을 중시하는 것은 최종 사용자만이 아니다. 기업에서 부품 혹은 원자재 등의 구매를 결정할 때에도 품질은 핵심 결정변수가 된다.

이와 같은 사실은 제품이나 서비스의 개발자에게 새로운 상품의 성공적인 출시를 위해 해결이 요구되는 도전적인 과제를 던져준다. 새로운 제품이나 서비스가 품질면에서 다른 경쟁사와 차별화되는 기업은 고객 확보에 유리한 위치를 점하게 된다. 우리 회사에서는 다른 경쟁사와 어떻게 품질을 차별화해야 할 것인가? 품질은 생산과정 중 어느 시점에서 쉽게 추가될 수 있는 간단한 요소가 아니므로 이 물음에 쉽게 답을 낼 수는 없다. 많은 경영자 혹은 관리자가 검사, 재작업, 고객불만처리 등에 노력을 집중함으로써, 문제를 해결할 수 있다는 믿음을 갖고 있지만 이것은 근본적으로 잘못된 생각이다.

품질은 제품개발 초기 단계부터 계획 · 설계되어야 한다. 품질은 사용적합성(fitness for use; Juran)이요, 요구에 대한 일치성(conformance to requirements; Crosby)이다. 새로운 제품의 품질 목표는 소비자의 기대를 제대로 포착(사용 적합성)하여, 이를 제품에 대한 요구사항으로 올바르게 변환(요구에 대한 일치성)하는 데 초점을 맞추어야 한다.

그렇다면 소비자가 기대하는 사용 적합성이란 도대체 무엇을 의미하는가? 제품마다 기대되는 기능이나 성능, 속성, 형상 등이 모두 다를 것이므로 모든 제품에 통용되는 답이 있을 수 없다. 한 가지 방법은 앞서 설명한 아홉 가지 요소에 대해 각각 개발하고자 하는 제품에 기대되는 특성은 무엇인지, 시장 혹은 설문 등 조사 결과를 토대로 분석해 보는 것이다. 예를 들어 [표 2-1]은 오디오 제품과 은행서비스를 품질요소별로 비교해 본 것이다.

표 2-1 | 품질요소의 비교

품질요소	오디오제품	은행서비스
성능	신호 대 잡음 비, 출력	고객요구 처리 속도
신뢰성	고장까지 평균시간	요구처리 시간의 일관성
내구성	사용수명	산업추세와의 보조
서비스성	수리의 용이성	오류의 해결
심미성	고급스러운 참나무 받침대	은행 로비의 분위기
구색	리모컨	청구서 자동결제
평판	고객이 매긴 순위	친구의 의견, 사업이력
적합성	세공, 만듦새, 솜씨	정확도
대응성	딜러의 친절	창구 직원의 친절

제품 혹은 서비스의 품질을 계획할 때 각 품질요소에 대한 목표를 모두 최고 수준으로 설정해야 하는가? 그렇지 않다. 고객은 각 품질요소에 대해 동일한 중요성을 부여하지 않는다.

1980년대 초 미국의 케미칼은행은 금고사업에서 고전을 면치 못하고 있었다. 고객 조사 결과 이 사업 분야의 핵심 품질요소는 계좌정보 요청에 대한 신속한 대응임이 밝혀졌다. 이 조사 결과를 토대로 정보 요청을 처리하는 프로세스를 재설계하였으며, 컴퓨터시스템을 도입하여 응답 요구에 답할 수 있도록 하였다. 이와 같은 조치 이후, 케미칼은행은 이 사업 분야에서 업계 1위로 부상했다. 뿐만 아니라 후에 주요 경쟁사가 이 사업을 그만 두었을 때 그 대부분의 고객을 케미칼은행에서 흡수하였다. 새로운 제품이나 서비스의 품질을 계획할 때는 목표 고객층이 진실로 중시하는 품질요소들이 어떤 것인지 먼저 찾아내고, 이들을 대표하는 품질특성이 무엇인지 정의하는 것이 가장 중요한 첫 작업이다.

사례 2.1 센서 면도기

질레트사에서 진행했던 센서 면도기([그림 2-2])의 사례를 살펴보자. 당시 경쟁사에서는 날 교체가 용이한 면도기를 개발하여 대대적인 홍보를 하고 있었다. 새로운 면도기에 대한 경쟁사의 공격적인 마케팅전략으로 질레트사에서도 위기의식을 느끼고 있었다.

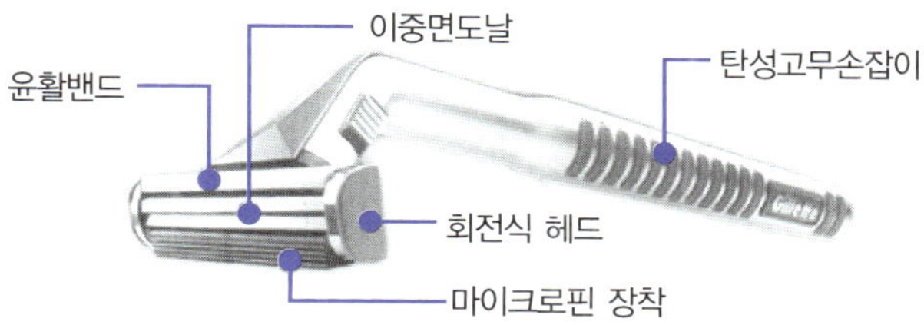

그림 2-2 | **센서 면도기**

질레트사에서는 경쟁사의 신제품에 대한 대응 제품을 개발하기에 앞서 소비자들을 대상으로 면도기에 요구되는 중요한 품질특성이 무엇인지 그리고 중요 3개 회사제품에 대한 비교 의견을 조사하였다. 조사 결과 [표 2-2]에서 보는 바와 같이 면도기에서 소비자가 가장 중요하다고 생각하는 특성은 '수염이 잘 깎여야 한다'는 것과 '면도할 때 피부가 손상되지 않아야 한다'는 것이었다. 또, 면도기시장에서의 중요 3개 회사 제품의 비교 결과, 질레트사의 제품은 면도기의 기본 기능인 수염제거 기능은 탁월했으나 안전성이 다른 경쟁사들에 비해 뒤지는 것으로 조사되었다.

표 2-2 | **면도기 품질 특성 비교**

품질특성	중요 회사 비교			중요도
	질레트	A	B	
1. 수염 제거	●	◑	◑	●
2. 안전	○	●	◑	●
3. 세척	●	○	●	◑
…				
7. 날 교체	◑	●	◑	○

주) ● : 높은 점수 ◑ : 중간 점수 ○ : 낮은 점수

이와 같은 조사 결과를 토대로 질레트사에서는 면도날 부분이 얼굴 곡면을 따라 움직일 수 있게 하여, 면도할 때 피부가 손상되지 않도록 설계된 센서 면도기를 개발하였다. 센서 면도기는 질레트사에서 개발한 가장 성공적인 제품 중 하나로, 면도기 시장에 일대 혁신을 가져왔다. 반면 '날 교체가 용이하다'는 것은 소비자가 가장 중요하지 않게 생각하는 품질특성으로서 경쟁사의 신제품은 개발에 투입된 엄청난 투자액에도 불구하고 실패로 끝나고 말았다.

앞의 사례에서 알 수 있듯이 제품의 품질을 계획할 때는 소비자가 가장 중요시하는 품질요소가 무엇인지 먼저 식별해야 한다. 소비자가 하찮게 생각하는 요소는 아무리 완벽한 품질을 구현한다고 하더라도 대단한 반응을 기대하기는 어렵다. 다음으로 그 중요 품질요소 중에서 가장 불만족스럽게 충족되고 있는 요소를 찾아내야 한다. 이후 해당요소를 구체적인 품질특성으로 올바르게 변환하여 제품에 구현해야만 성공적인 제품 개발이 되는 것이다.

제품에 대한 소비자의 요구사항이나 기대 혹은 니즈를 분석할 때, 수집된 정보를 단편적으로 혹은 평면적으로만 검토해서는 안 된다. 고객의 기대 혹은 니즈는 제품 그 자체에 대한 경험만으로 결정되는 것이 아니라, 경쟁사 제품, 대체 혹은 보완제품에 의해서도 영향을 받고 시간의 경과에 따라 변할 수도 있다. 그 밖에 주변 사람들, 인기 탤런트나 가수, 유행 등에도 영향을 받는다는 것을 생각한다면, 고객 니즈에 대한 분석만 하더라도 올바른 결과를 도출하기 위해서는 엄청난 노력이 필요하다. 고객 요구사항 분석에 관련된 카노모형은 고객의 니즈 혹은 기대를 올바르게 이해할 수 있는 기본 방향을 제시하고 있다.

노리아키 카노는 [그림 2-3]에서 보는 바와 같이 품질에 대한 고객의 요구사항을 세 가지 범주로 분류하였다.

① 당연 품질요소

제품에 당연히 구비되어 있어야 할 품질특성으로서, 고객은 그것이 결여되어 있을 경우에만 인식하고 불만족하게 된다. 예를 들어 자동차를 구입한 고객은 시동이 걸리는 것을 당연하게 받아들이며, 시동이 걸리지 않을 경우에는 당장 구입처를 찾아가 항의하게 된다.

② 일차원적 품질요소

다다익선에 해당하는 요소로서, 품질수준에 비례하여 고객만족도도 높아진다. 예를 들어 컴퓨터 CPU의 처리속도는 빠를수록 좋고, 메모리는 클수록 좋다.

③ 매력적 품질요소

고객이 당초에 기대하지 않았던 부분을 발견하고 감동하게 되는 요소이다. 예를 들어 컴퓨터를 구입한 고객이 기대하지 않았던 유용한 소프트웨어를 덤으로 받게 되었을 경우 이에 해당된다고 하겠다.

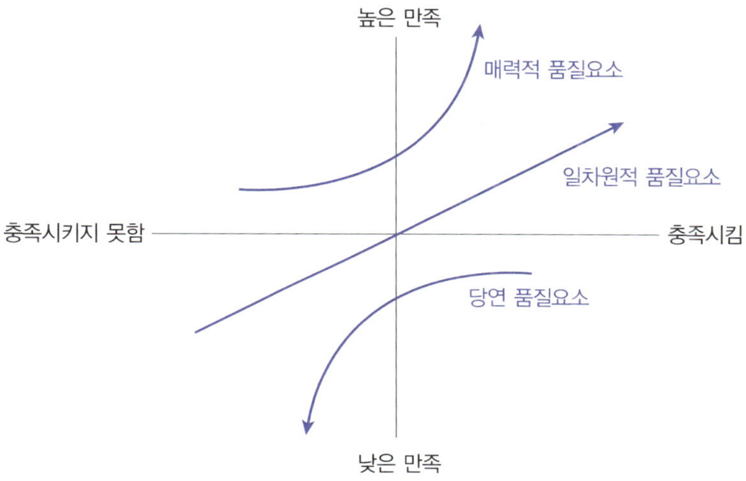

그림 2-3 | **카노모형**

품질요소를 이와 같이 분류할 때 주의할 사항은 정적인 해석을 지양하고 동적인 관점에서 관찰해야 한다는 점이다. 어제의 매력적 품질요소는 오늘은 더 이상 매력이 될 수 없고 일차원적 혹은 당연 품질요소로 변화한다.

흑백 모니터가 주류이던 시절 처음 컬러 모니터가 나왔을 때는 매력적인 요소였을지 모르나 지금은 당연 품질요소이다. 카노모형은 우리에게 고객만족을 위한 노력의 방향을 암시해 주고 있다. 카노모형은 당연 요소에 대한 지속적인 품질관리, 일차원적 요소에 대한 지속적인 개선, 매력적인 요소의 발굴을 위한 끊임없는 혁신을 통해 고객을 만족시킬 수 있다는 것을 통찰하고 있다.

2.4 제품품질의 설계와 구현

(1) 품질에 대한 시장조사 및 제품품질 목표설정

목표시장을 설정하고 그 목표시장에서 가장 중요한 품질요소들과 특성들을 정의한 후, 이들을 제품이나 서비스에 구현하여 출시하는 것이 새로운 제품이나 서비스를 개발 출시하는 과정이라 한다면, 그 첫 단계인 고객이 진실로 중시하는 품질요소와 특성을 정의하는 것은 당연히 고객에 대한 조사 혹은 시장조사로부터 시작된다. [그림 2-4]는 품질에 대한 시장조사 및 목표설정 절차를 보여주고 있다.

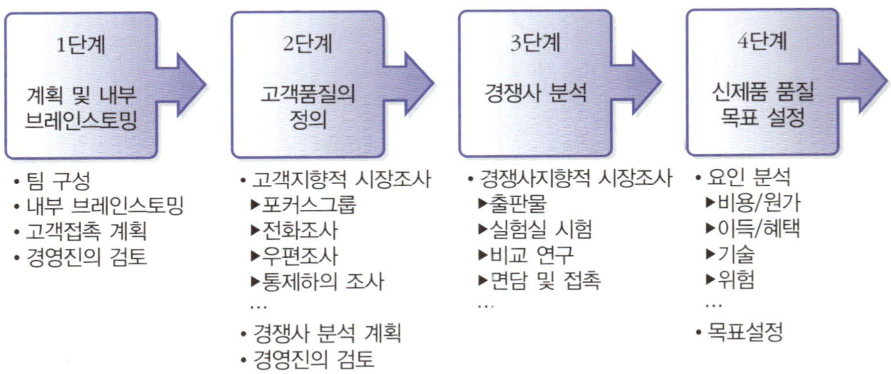

그림 2-4 | 품질목표 설정을 위한 시장조사 절차

① 단계 1 : 계획 및 내부 브레인스토밍

이 단계에서 할 일은 팀 구성 및 훈련, 기초자료의 준비, 데이터 수집 계획 수립, 경영진의 능동적인 참여 확보 등이다. 먼저 마케팅, 제품개발, 품질 등의 관련 기능부서 관리자들 및 시장조사기법에 능숙한 전문가를 포함하여 5~10명 규모의 팀을 구성한다.

팀원들에게 '품질요소(dimensions of quality)'의 개념을 이해시키고 각 요소별로 개발제품에 대한 품질의 모든 가능한 의미를 브레인스토밍으로 도출한다. 예를 들어 품질요소 중의 하나인 신뢰성의 경우 첫 고장까지의 경과시간, 고장 간격시간, 단일 부품의 고장횟수 등 여러 가지 의미를 가질 수 있다. 신뢰성을 대표하는 특성은 항상 고정되어 있는 것이 아니며 어떤 제품인가에 따라 첫 고장까지의 경과시간이 될 수도 있고 고장횟수가 될 수도 있다. 또한 대표 특성이 무엇인가에 따라 제품설계전략, 부품구매전략, 현장서비스전략 등이 달라진다. 신뢰성뿐만 아니라 다른 품질요소에 대해서도 다양한 특성을 도출하고 대표특성을 규명한다. 품질요소별 대표특성은 고객의 시각에서 정의되고 이해되어야 한다.

브레인스토밍의 결과물은 고객 혹은 잠재고객과 일상적으로 접촉하는 사내 인사들에 의해 검토되어야 한다. 고객이 각 요소별로 품질을 어떻게 정의할 것이며 중요도를 어떻게 부여할 것인가를 고려하여 특성들의 목록을 검토하고 다듬는다. 다음으로 고객을 접촉하여 풀어야 할 주제들을 가려내어 세부적인 시장조사 계획을 개발한다. 이 계획은 예산 및 추진 중의 제반 지원을 확보하기 위해 최고경영진의 검토 및 승인이 있어야 한다.

② 단계 2 : 고객품질의 정의

이 단계에서는 고객의 관점에서 핵심이 되는 품질요소가 무엇인지 밝혀내고 내부 관점과의 차이 및 고객그룹 간 차이를 규명함과 동시에 경쟁사와의 비교 분석을 위한 계획을 수립한다. 사용 기법에는 다음과 같은 것들이 있다.

■ 포커스그룹

목표 시장을 대표할 수 있도록 주의깊게 선별된 8~10명의 참여자들과 훈련된 리더에 의해 실시되는 1~2시간의 토의 세션을 말한다. 리더는 정해진 형식 없이 개방형으로 회의를 진행하여 핵심이 되는 문제들을 탐색한다. 결과가 반드시 목표 시장을 대변하지 않을 수도 있으므로 확인을 위한 후속 조사를 병행하는 것이 일반적이다.

■ 전화조사

포커스그룹에 비해 제한된 주제만을 취급할 수 있지만 더 많은 고객을 대상으로 조사할 수 있다는 장점이 있다.

■ 우편조사

비용이 저렴하다는 이점이 있으나 설문의 길이와 융통성 면에서 심각한 제한을 받게 될 뿐 아니라 많은 시간이 소요된다. 또한 회수되지 않은 설문지들이 많아지므로 결과를 왜곡시킬 우려가 있다.

■ 통제된 연구

시음회와 같은 것으로 심미성, 대응성과 같은 다소 주관적인 요소에 대한 통찰을 제공할 수 있다. 비용은 시험을 얼마나 정교하게 하는가에 따라 다르다. 통제된 연구는 고객이 구매과정에서 각 품질요소를 어떻게 평가하는지에 대한 실마리를 제공한다. 예를 들어 GE에서 냉장고 품질에 대한 통제된 연구를 실시한 결과 고객은 '자석의 정렬상태'를 보고 냉장고의 '내구성'을 평가했으며, '유리 선반'을 보고 성능의 한 세부 요소인 '세척용이성'을, '냉장고 문의 경첩'을 보고 '적합성'의 중요 지표인 '만듦새'를 평가하는 것으로 조사되었다.

이 밖에도 판매 전화, 설치 방문, 박람회, 전시회, 출판물, 전문가 등이 고객 니즈에 대한 정보원이 될 수 있다. 중요한 것은 무엇을 찾아내고자 하는가를 정확히 알고 그를 위해 적절한 방법의 체계를 설정하는 것이다. 어떤 방법이나 기법을 사용하든 상관없이 조사 결과 보고서에는 다음 사항에 대한 고객의 시각이 포함되어야 한다.

- 각 품질요소의 상대적 중요도
- 가장 중요한 요소들의 정확한 의미
- 차별화 항목들

보고서에는 또 고객그룹 간 차이와 그 이유에 대한 설명, 고객이 말한 내용과 회사 내 관계자들의 의견 간 차이와 그 이유에 대한 설명 등도 포함되어야 한다. 마지막으로 조사팀은 경쟁력을 확보할 핵심 품질요소들을 결정하기 위한 계획을 경영진에 제시해야 한다.

③ 단계 3 : 경쟁사 분석

이 단계에서는 주요 경쟁사들이 핵심 품질요소에서 어떤 위치를 점유하고 있는지 파악한다. 많은 회사들이 경쟁력 확보를 목적으로 주요 경쟁사의 현재 위치에 신경쓰고 있지만, 경쟁사에 대한 정보가 반드시 시장에서 무엇이 중요한가를 말해 주는 것은 아니다. 이런 연유로 경쟁사에 대한 분석도 고객지향적 관점에서 이루어져야 하며, 목표 고객층에 의해 정의된 핵심 품질요소들에 초점을 맞추어야 한다.

경쟁사를 벤치마킹하는 기법으로는 제품 분해, 실험실 시험, 통제된 비교 연구 등 여러 가지 방법이 있고 정기간행물이나 산업보고서 등을 활용하여 정보를 수집할 수도 있다. 또 고객이나 제삼자에게 물어봄으로써 자신이 경험한 여러 경쟁 제품에 대한 비교 의견을 들을 수도 있다. 경쟁사들에 대한 정보를 수집할 때에는 윤리적인 문제도 함께 고려해야 한다. 이 분야의 전문가인 레오나드 펄드에 의하면, 어디를 조사해야 하는지만 알면 도덕적이고 정직한 방법으로 경쟁사에 대한 정확한 정보를 능률적으로 얻을 수 있다고 한다.

다른 조사에서와 마찬가지로 효과적인 경쟁사 분석의 열쇠는 무엇을 알아내고자 하는지를 정확하게 알고, 그를 위해 체계적인 방법으로 접근하는 것이다. 제록스사는 1979년 벤치마킹을 시작한 이래 지금은 회사의 전략계획이나 운용계획에 벤치마킹 분석을 포함시키도록 하고 있다. 이 회사는 벤치마킹 기법을 더욱 다듬고 발전시켜, 지금은 미래 산업의 벤치마크를 예측할 수 있다고 한다. 이것은 미래에 산업을 선도하기 위해 계획하고 있는 제품들의 품질 목표를 설정할 수 있도록 해 준다.

품질에 대한 고객의 정의 (요소 : 중요도 순으로 열거)	시장평가	신제품 품질목표
• 성능 – 정확한 진단을 위해 2회 이상 방문 요구 비율 ……	▼ A B C 0% ― 100%	
• 대응성 – 15분 이상 기다리게 되는 비율	▼ C A B 0% ― 100%	
– 의사 면담 평균 시간 ……	A C B ▼ 0분 ― 15분	

주) A : 경쟁사 A B : 경쟁사 B C : 경쟁사 C
▼ : 고객의 눈으로 본 차별화 위치

그림 2-5 | **시장조사 결과 요약도**

경쟁사 분석의 결과를 고객지향적인 시장조사 결과와 함께 통합 · 정리하여 [그림 2-5]와 같이 도표로 요약하였다.

④ 단계 4 : 신제품 품질목표 설정

단계 3에서 정의되었던 정량화된 핵심 품질요소, 경쟁사의 상대적 위치, 고객의 눈으로 본 차별화 위치 등을 토대로 신제품의 품질목표를 설정한다. 품질목표 설정은 비용과 기술적인 제약조건을 함께 고려하는 전략적 의사결정이다. 모든 품질요소에 대해서 경쟁사보다 뛰어나고 고객의 차별화 위치보다 더 높게 목표를 설정하면 된다고 하는 것은 문제를 지나치게 단순하게 생각하는 것이다. 어떤 요소에 있어서든 달성하고자 하는 품질 수준에는 비용은 물론이고 기술 및 시간적인 제약이 결부되어 있다. 따라서 품질목표를 설정하는 과정은 경험을 토대로 한 반복적 과정이며 일반적으로 다음 절차를 따른다.

- 각 핵심요소에 대해 회사가 이미 보유하고 있는 기술이나 기법을 이용하여 달성할 수 있는 신제품의 품질수준을 평가하여 비용의 기준을 설정한다.
- 품질목표를 업계 평균수준, 최고수준, 고객의 차별화 위치 이상의 수준으로 설정할 경우 예상되는 비용과 이득을 추정한다.
- 각 수준 달성에 필요한 기술 및 제조 공법에 관련된 위험과 리드타임을 추

정한다.

- 모든 핵심요소들에 관련된 비용, 이득, 리드타임, 위험을 종합적으로 고려하여 비용과 리드타임의 제약조건을 만족시키고 수용 가능한 기술적 위험 범위 내에서 신제품의 품질목표를 설정한다.

(2) 제품의 설계와 품질의 구현

신제품의 품질목표가 설정되었다고 하더라도 실제 이 제품이 고객 손에 전달되기까지는 여러 단계의 개발과정을 더 거쳐야 한다. 먼저 핵심요소별 품질목표들을 기술적 특성들로 전개하고, 이들을 어떻게 구현할 것인지 제조공법으로 다시 전개한 후, 실제 양산 공정에서 어떤 요소들을 중점적으로 어떻게 관리할 것인지도 정의되어야 한다. QFD(Quality Function Deployment, 품질기능전개)는 제품 및 공정설계의 여러 과정에서 이와 같은 단계들을 체계적으로 전개하는 데 도움이 되는 기법이다.

QFD는 제품 혹은 공정설계 과정의 각 단계별로 품질의 집(House of Quality : HOQ)이라는 일종의 도표를 연속적으로 작성 전개하면서 진행되는데, 그 기본 골격은 [그림 2-6]과 같다. 이 그림은 제품 개발의 초기 단계에 작성되는 HOQ의 구성을 보여주고 있으며, 시장조사 결과를 토대로 예산과 기술적 제약조건 그리고 신제품 출시 시점과 관련된 시간적인 요소까지 고려하여, 제품의 품질목표가 설정되면 결과를 이와 같은 그림으로 요약 정리할 수 있다.

HOQ에서 1번 방에는 '무엇을' 에 해당하는 항목들이 기입되고, 3번 방에는 '어떻게' 에 해당하는 항목들이 기입된다. 또 4번 방에는 1과 3의 항목들 간의 관계 정도를 나타내는 정보가 기입된다. 2번 방에는 1의 각 항목별로 주요 경쟁사 제품들과의 비교 정보가 기입된다. 6번 방에는 3의 각 항목별로 설정된 정량적 목표치 및 규격한계 등이 기입된다. 5번 방에는 3의 각 항목에 대한 경쟁사 벤치마크 정보가 기입된다. 7번 지붕에는 3의 항목들 상호 간 상관관계에 대한 정보를 기입한다. [그림 2-7]은 중소기업에 대한 어느 은행의 대출서비스와 관련하여 작성된 HOQ를 예시한 것이다.

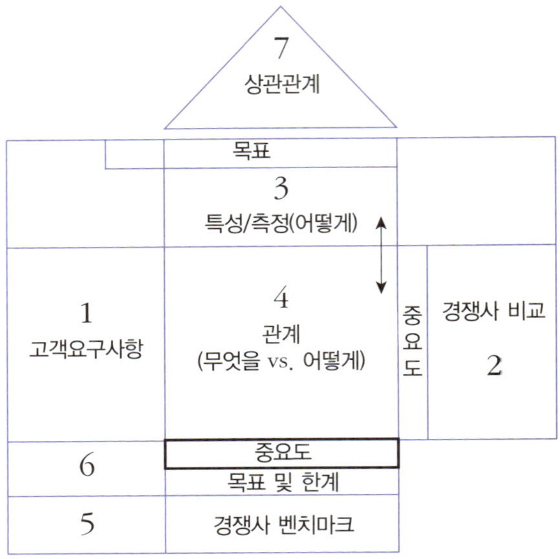

그림 2-6 | **품질의 집(House Of Quality : HOQ)**

일반적으로 HOQ 작성 시 브레인스토밍이나 기술적인 검토 등을 통하여 1의 '무엇을' 항목에 관련된 3의 '어떻게' 항목들을 먼저 도출하게 된다. 따라서 이 두 항목을 관련시켜주는 4번 방에 완전히 빈 열이나 행이 있다면 이는 잘못 작성된 HOQ이다. 만약 빈 행이 있다면 주어진 고객의 니즈를 고려하고 있는 품질특성이 아무 것도 없다는 의미가 된다. 또한 빈 열이 있다면 해당 품질특성은 고객의 니즈나 기대와 아무런 관련이 없는 불필요한 특성이라는 의미가 된다. 비어 있지는 않지만 약한 관계만 표시된 행이 있다면 당해 고객 니즈를 제대로 충족시키지 못할 수도 있다는 의미이므로 적절한 대응 품질특성을 새로이 찾아낼 필요가 있다. 약한 관계만 표시된 열이 있다면 해당 품질특성은 고객의 어느 니즈도 확실하게 충족시켜주지는 못한다는 의미이므로 다른 품질특성으로 대체가능한지 검토해 보아야 한다.

HOQ를 이용한 제품설계는 기본적으로 1의 항목들('무엇을' 항목)을 3의 항목들('어떻게' 항목)로 변환해가는 과정이다. 이전 단계의 HOQ의 3번 항목들이 다음 단계 HOQ의 1번 방으로 옮겨 적히고 이 항목들을 구현하기 위한 '어떻게' 항목들을 도출하여 3번 방에 기입하게 된다. 이와 같은 과정을 제품계획,

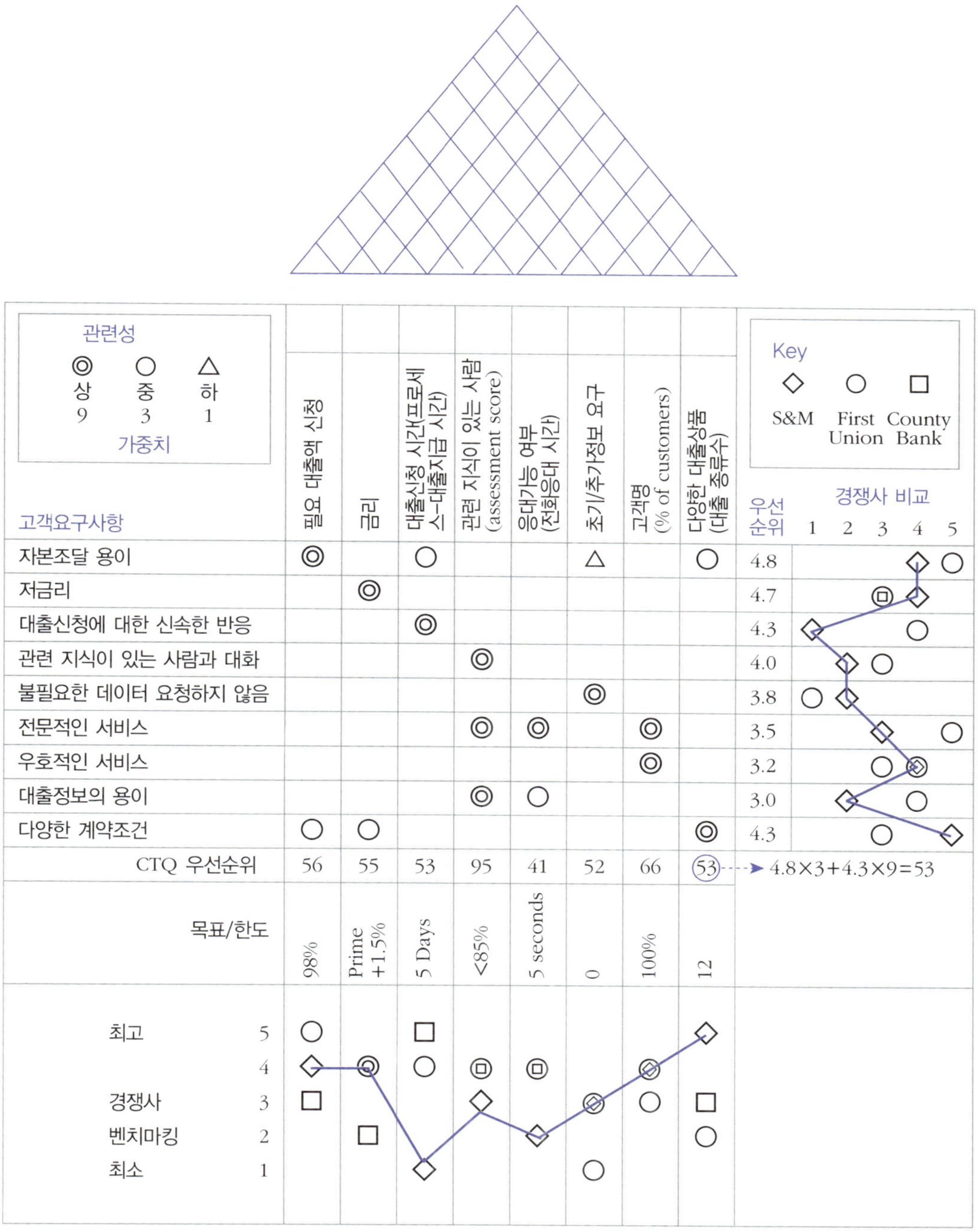

그림 2-7 | 은행 대출서비스의 HOQ

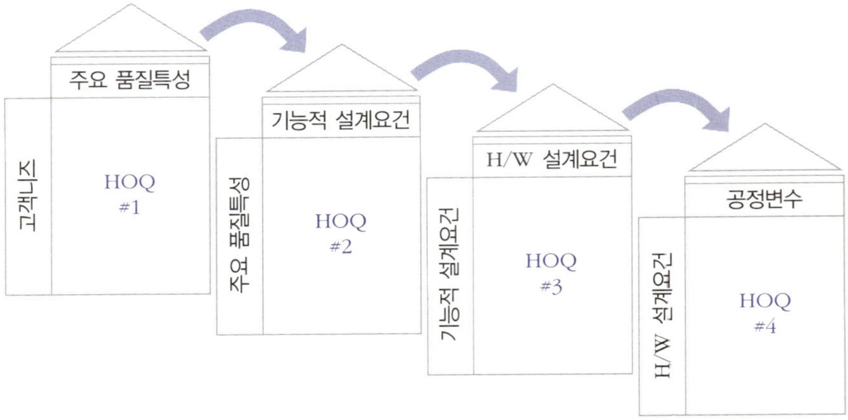

그림 2-8 | HOQ를 이용한 제품설계의 진행과정

개념설계, 상세설계, 공정설계 및 공정관리에 이르기까지 반복하여 전개해 간다.

[그림 2-8]은 HOQ를 이용한 제품설계 과정의 한 예를 보여주고 있다. 이 그림은 설계 과정의 전체적인 흐름만 보여줄 뿐 상세한 도면과 재료나 부품 명세 등 세부 사항까지 나타내고 있는 것은 아니다. 또한 단계별 전개가 진행되면서 상위 항목('무엇을')에 관련된 하위 항목('어떻게')의 수가 많아질 수 있으므로, 이전 단계 HOQ와 다음 단계의 HOQ가 일 대 일 대응하는 것은 아니다. 즉, 이전 단계에서 작성된 하나의 HOQ에 대해 다음 단계에서는 보다 세분화된 항목으로 나누어 여러 개 작성될 수도 있다.

일반적으로 신제품의 설계과정은 개발 계획 후 고객니즈에 대응되는 핵심 요소들을 설정하고 각 핵심 요소별 품질특성과 목표수준을 결정하는 것으로부터 시작된다. 이후 각 품질특성을 구현하기 위해 개념설계, 상세설계, 공정설계, 파일럿 제작 및 시험, 양산을 위한 공정관리 표준 설정으로 진행되어 제품개발 및 출시과정이 완료된다. 개념설계 단계에서는 구체적인 하드웨어적 구현방법과는 상관없이 제품의 요소별 품질특성과 기능 중심으로 분석 전개되므로 기능 블록도(Functional Block Diagram)나 FAST(Function Analysis System Technique) 다이어그램 같은 기능 중심의 분석도구가 사용된다. 그러나 상세설계 단계에서는 기능을 구현하기 위한 구체적인 하드웨어의 시방이 정해지고 도면 등이 정확하고 상세하게 작성되어야 하므로, 복잡한 문서 작업들이 필요하다. 또한 부품이나 원자재 목록 및 요구되는 규격 등도 모두 정해야 한다. 다음 절차로서 제품의 시방대로 생산할 수 있는 공정을 설계하고 관리 표준을 작성해야 한다.

이와 같은 일련의 과정들은 사전에 계획을 세워 진행한다고 하더라도, 처음부터 끝까지 모든 중요한 요소를 빠뜨리지 않고 고려하여 완벽하게 진행될 수는 없다. 따라서 진행의 각 단계가 완료될 시점에서 반드시 설계심사(Design Review)를 실시하여 오류나 누락을 수정한 후 다음 단계로 진행하게 된다. 오류의 수정은 제품개발 과정의 초기에 하는 것이 양산 단계 이후에 하는 것보다 훨씬 더 경제적이고 효과적이다.

연습문제

1 갑돌이가 친구에게 한 말을 보고 소비자의 필요(needs)와 욕구(wants)와 기대(expectation)의 차이에 대해 설명해보자.
"아, 배 고파." (필요)
"자장면이 먹고 싶어." (욕구)
"자장면은 역시 부경장 짜장면이야." (기대)

2 다음 그림은 제품의 품질수준에 따른 가격 및 고객효용가치의 변동을 그림으로 나타낸 것이다. 이 그림을 토대로 소비자의 구매의사결정 과정에 대해 자신의 의견을 피력해보자.

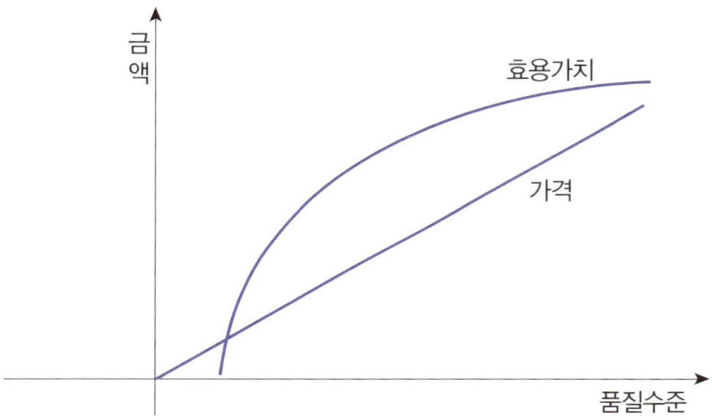

3 대학생들이 사용하고 있는 휴대전화기에 요구되는 품질특성들을 열거하고 아홉 가지 요소로 분류하여 정리해보자.

4 노트북컴퓨터에 대한 소비자들의 요구사항에 대해 카노모형을 적용하여 분석해보자.

5 여러분이 부경대학교 대연캠퍼스 정문 근처에서 맥도널드 가게를 운영하고 있다고 하자. 고객의 요구사항들을 조사하여 분석하고 향후 매출 신장을 위한 신제품을 구상하고 품질계획 및 전략을 수립해보자. 단, 여기서는 부경대 학생들을 잠재고객으로 하여 조사한다. 조사 결과 보고서에는 다음 내용이 모두 포함되어야 한다. [팀과제]
– 설문지 내용
– 설문지 분석 결과(정성적, 정량적)
– 신제품의 개념(아이디어)
– 품질계획 및 전략

작업관리

Chapter 03

3.1 작업관리의 개념

3.2 방법연구

3.3 시간연구

3.4 생산성 분석

3.1 작업관리의 개념

기업은 제품을 사회에 제공하여 가치를 창출하는 역할을 한다(금융, 교육, 여행 등 서비스를 제공하는 회사에서는 서비스 자체가 제품이며 이를 통해 가치를 창출한다). 제품을 매개로 하여 창출되는 가치는 기업에게는 이윤을 주고 고객에게는 사용가치를 부여해 주며, 제품 생산을 위하여는 생산시스템이 필요하다.

생산이란 원자재 또는 부품 등의 자재(material)를 노동(man), 설비(machine), 자본, 정보 등의 자원을 이용하여 제품으로 변환하여 새로운 가치를 창출하는 활동이다. 여기서 자재가 제품으로 변환되는 과정을 공정(process)이라 하고, 이러한 변환과정을 행하기 위한 자원의 활동을 작업(work)이라 한다. 예를 들어 자동차를 생산하는 회사에서 철판이 완성된 자동차로 변해가는 과정을 공정이라 하고, 이러한 변화를 수행하기 위하여 작업자가 여러 기계를 동작시키는 것을 작업이라 할 수 있다. 따라서 공정은 제품의 관점에서 본 생산형태이고 작업은 자원의 관점에서 본 생산활동이다.

기업은 이윤을 통해 생존해가며 이러한 이윤을 극대화하기 위해서는 품질(quality), 원가(cost), 납기(delivery) 등 경쟁력의 3요소를 만족하기 위한 체계적이고 과학적인 시스템을 갖추고 있어야 한다. 제품을 생산하기 위해 과학적이고 효율적으로 생산현장을 설계하고 관리하는 과정이 작업관리이다. 작업관리의 범위는 [그림 3-1]에서 보여주는 바와 같이 방법연구(methods study)와 시간연구(time study) 두 분야로 분류할 수 있다.

방법연구는 공정과 작업을 대상으로 한 과학적인 조사 · 연구를 통하여 시스템에서의 낭비 요소를 제거하고 효과적이고 합리적인 생산시스템을 모색하여, 이를 작업표준으로 설정하는 과정을 말한다. 반면에 시간연구는 작업자가 일정한 조건하에서 표준작업방법에 따라 정상적으로 작업을 수행할 때 소요되는 시간, 즉 표준시간을 산출하기 위한 목적으로 제안된 여러 가지 시간 측정기법을 연구하여 적용하는 분야이다.

작업관리는 기존에 생산하고 있는 제품을 대상으로 할 수도 있고, 새롭게 출시할 신제품을 대상으로 할 수도 있다. 기존제품에 대한 작업관리 활동은 현재

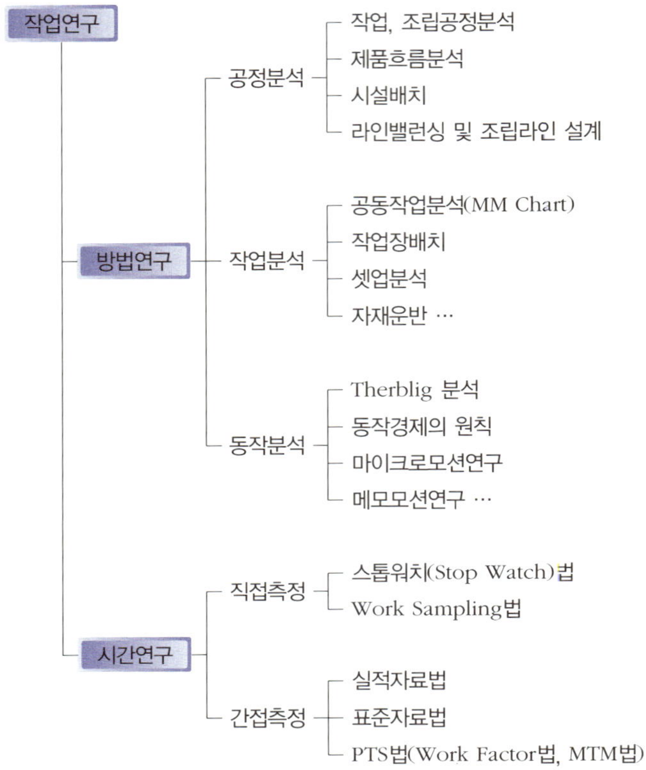

그림 3-1 | 작업관리의 범위

운영되고 있는 시스템을 분석하고 개선점을 찾아 시스템의 생산성을 향상시키는 것이 주요 목적인 데 반하여, 신제품을 대상으로 하는 경우에는 새로운 생산 시스템을 과학적으로 설계하여 새로운 기준을 설정하는 것이 주요 목적이다.

3.2 방법연구

자동차를 생산하는 자동차 제조기업 A사의 예를 들어보자. [그림 3-2]는 자동차 생산을 단계별로 구분하여 보여주고 있다. 자동차는 여러 부품으로 이루어져 있다. 우선 외부로부터 구매한 철판(steel coil)을 차체의 형태별로 절단

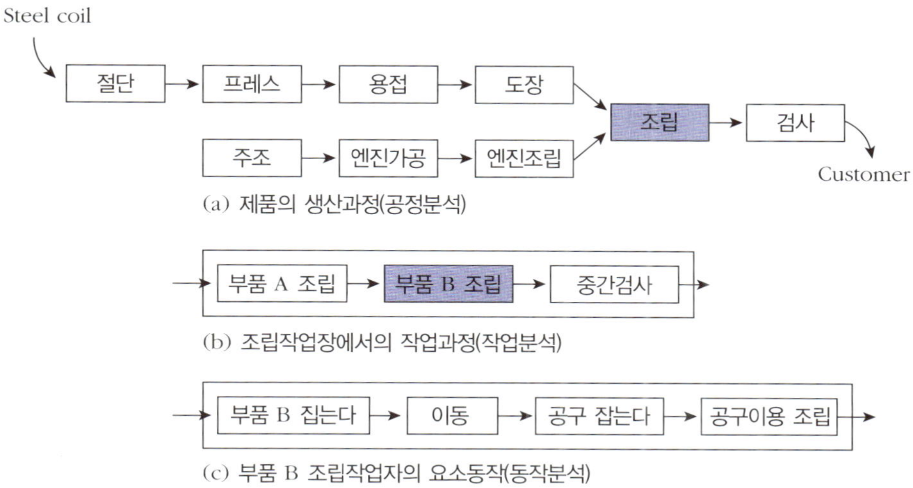

그림 3-2 | **방법연구의 구분**

(sheering)하여 여러 조각으로 나누고, 이를 프레스 기계로 stamping하여 형상을 만든다. 이렇게 만들어진 여러 판넬은 용접작업(welding)에 의해 모두 연결되어 차량의 형태를 갖춘다. 용접으로 완성된 차체는 도장작업(painting)으로 소비자가 원하는 색상의 차체로 완성된다. 완성된 차체는 조립공장으로 이동되어 엔진, 트랜스미션, 시트, 범퍼 등 여러 부품이 조립되어 하나의 완성된 차량으로 만들어진다. 이렇게 해서 만들어진 완제품은 최종 검사 후에 고객에게 배달된다.

방법연구는 적용 범위에 따라 공정분석, 작업분석, 동작분석으로 이루어져 있다. 공정분석에서는 제품의 흐름을 중심으로 분석하고, 작업분석은 하나의 작업장에서의 작업 내용을 다루며, 동작분석은 작업자의 작업동작을 중심으로 분석한다.

(1) 공정분석

작업물의 흐름 관점에서 공정순서에 따라 작업자의 활동, 작업순서, 제품, 기계 등을 조사 · 분석한다. 공정상의 낭비나 비합리적인 요소를 제거하여 개선 방안을 모색하거나 신제품인 경우는 최적의 시스템을 구축하기 위한 기법이다.

제품이 만들어지는 과정을 기술하기 위해서는 간단하고 명확한 방법이 필요하다. 글로써 제품의 생산공정을 표현하려면 작성시간이 오래 소요될 뿐 아니라 이를 읽는 사람이 이해하는데도 오랜 시간이 소요될 것이고 이해도 쉽지 않을 것이다. 이와 같은 이유로 일반적으로 공정분석은 도표에 의해 수행된다. 공정도는 제품이 생산되는 과정을 [그림 3-3]과 같이 간단하게 몇 개의 기호로 표현할 수 있다.

공정기호	의미	내 용
○	작업	작업물을 물리적 · 화학적으로 변경
□	검사	작업물의 품질 또는 수량 확인
⇨	운반	작업물이나 작업자의 위치 이동
▽	저장	작업물의 저장
D	정체	작업물 또는 작업자의 다음 작업을 위한 대기 상태

그림 3-3 | 표준공정도 기호

○ : 작업이란 원자재를 변화시켜 완제품으로 변화시키는 과정의 한 단계이다. 가공작업, 조립/분해작업, 화학처리작업, 기계절삭작업 등 원자재를 완제품으로 만들기 위한 활동을 나타낸다(예 : 자동차 엔진조립).

□ : 검사는 대상품의 질과 양을 확인하는 작업을 나타낸다. 양적인 검사는 수량, 중량의 확인 작업을 말하고, 질적인 검사는 설정된 표준품질에 대하여 대상품의 근접 정도를 확인하는 작업이다(예 : 완성된 차량 주행검사).

⇨ : 운반은 부품/제품을 한 장소에서 다른 장소로 이동시키기 위한 적재, 이동, 하역 등의 작업활동을 말한다(예 : 완성된 자동차를 주행시험장으로 운반). 단, 동일작업 영역 내에서 주요 활동의 일부로서 발생하는 물품이동은 독립된 운반으로 간주되지 않는다.

▽ : 저장은 제품이 원자재에서 생산되어 완제품으로 만들어 소비자에게 전달되는 과정에서, 각 단계의 불확실성에 대한 보호막으로 원자재/부품/제품을 일시 보관하는 상태를 말하며, 일반적으로 계획에 의해 저장된다(예 : 용접 완료된 차량의 도장 공장 전 저장).

D : 정체는 작업물이나 작업자가 다음 작업을 위해 대기하고 있는 상태를 나타낸다. 일반적으로 제품이 시스템에 있는 시간의 대부분은 정체되어 있는 시간이다(예 : 완성제품의 성능검사를 위한 대기).

날짜 : 2008년 3월 5일
작성자 : 홍길동

공정기호	발생횟수	소요시간
○ (가공)	31	2,494
□ (검사)	6	990
⇨ (운반)	31	685
D (정체)	34	18,170
▽ (저장)	1	2
Total	103	22,341

공정명	공정기호	공정내용 설명	소요시간(분/LOT)	공정 간 이동거리(m)
투입	○	원자재투입	5	
이동	⇨	원자재이동	5	100
정체	D	원자재정체	311	
기준홀	○	기준홀 가공	5	
이동	⇨	제품이동	10	150
정체	D	제품정체	49	
내층전처리	○	표면오염제거, 조도형성	24	
정체	D	제품정체	910	
노광내	○	내층회로형성	29	
이동	⇨	제품이동	5	630
정체	D	제품정체	412	
에칭내	○	불필요한 동박제거	26	
이동	⇨	제품이동	5	150
정체	D	제품정체	120	
내층검사	□	내층불량검사	120	
…	…	…	…	…

그림 3-4 | 흐름공정도 예

[그림 3-4]는 전자부품을 생산하는 라인을 제품의 진행 상태에 따라 작성한 흐름공정도이다. 흐름공정도에는 각 공정별로 공정명, 공정기호, 공정내용, 소요시간 등이 기본적으로 포함되고, 추가로 이동거리, 작업인원, 공정조건, batch 크기 등이 포함되기도 한다. 그림에서 작업공정보다는 대기로 인한 정체가 대부분의 소요시간을 차지함을 볼 수 있다. 산업현장의 자료에 따르면, 일반적으로 부가가치를 생성하는 작업공정 자체는 제품의 시스템 체류시간 중에서 5% 이하를 차지하고 나머지 대부분은 정체에 기인한다. 따라서 정체를 줄이는 것이 제품의 시스템 체류시간을 줄이는 길이다.

(2) 작업분석

작업자의 작업방법 또는 작업내용에 중점을 두고 분석대상이 되는 작업에 대해 작업방법, 작업순서, 사용 공구 및 재료, 자원위치 등을 조사 · 분석하는 기법이다. 여기서는 생산시스템의 배치(layout)에 대하여 다룬다.

제품을 개발하여 생산하기 위해서는 설비 등의 생산자원을 구매해야 하고 구매한 생산자원을 작업공간에 설치해야 한다. 작업공간에 생산자원의 위치를 정하는 문제를 배치(layout)라 한다. 배치문제는 신제품을 개발하여 생산을 시작하는 경우 이외에도 제품이 설계변경된 경우, 생산제품이 변경된 경우, 생산량이 변경된 경우, 설비교체, 작업환경개선, 원가절감활동 등 여러 가지 경우에 필요한 의사결정 문제이다.

설비배치는 생산물류와 밀접한 관계가 있다. 생산시스템에서 제품의 흐름은 생산자원의 위치에 의해 결정된다. 생산자원은 제품이 원활히 흐를 수 있도록 배치되어야 하고, 여러 생산자원 간에는 서로 조화가 이루어져야 한다. 또한 제품의 이동거리는 가급적 최소가 되도록 하고, 정체가 일어나지 않도록 해야 한다.

설비배치 형태는 product layout(제품별 배치), process layout(공정별 배치), 그룹 배치(group layout), 고정형 배치(fixed layout)가 있다. 제품을 생산하기 위해 어떤 배치 형태를 따라야 하는가는 제품의 특성, 공정의 특성, 시장의 특성에 따라 결정된다. 생산할 제품에 대하여 소품종대량생산/다품종소량생산, 주

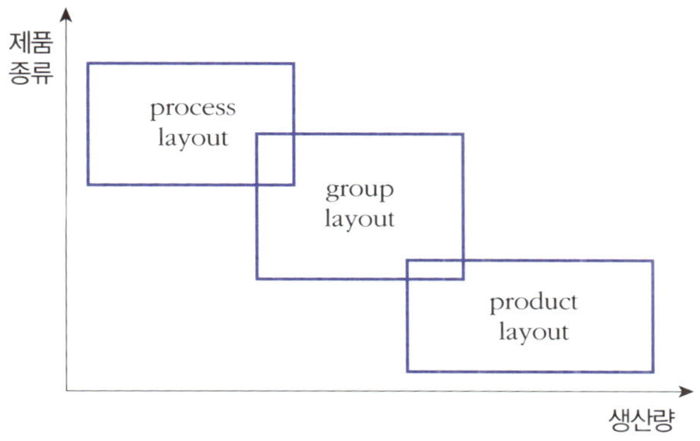

그림 3-5 | 생산환경별 배치 형태

문생산/계획생산, 제품의 수명주기(life cycle), 제품의 형태, 주요 평가지표 등 여러 조건을 우선 조사하고 이 제품에 적절한 배치 형태를 택해야 한다.

1) 제품별 배치

자동차의 조립라인과 같이 대량생산을 특징으로 하는 제품을 생산할 때는 하나의 제품을 생산하기 위해 전용라인을 구성한다. 모든 생산자원은 제품이 흘러가면서 생산되는 순서에 따라 배열된다. 컨베이어 라인은 제품별 배치의 대표적인 형태이다. 제품별 배치에서는 설비가 특정제품 전용으로 사용되므로 다양한 제품을 생산하는 주문생산에는 적용하기 쉽지 않다. 제품별 배치를 보다 효율적으로 운영하기 위해서는 ① 대량의 생산량, ② 안정적이고 장기적으로 유지되는 수요, ③ 제품의 표준화, ④ 부품의 호환성, ⑤ 원활한 원자재 공급 등의 요건이 갖추어져야 한다. 제품별 배치는 제품의 흐름이 원활하고, 재공품 재고(WIP : work in process)가 적으며 작업자의 업무 습득이 쉽고, 관리가 쉽다는 장점이 있다. 반면에 설비나 작업자에 문제가 생겼을 때 라인 전체에 영향을 주고, 제품이나 설계가 변할 때 대응이 어렵고, 시설에 많은 자본투자가 필요하며, 병목공정에 따라 전체 시스템의 생산성이 결정된다는 단점이 있다.

2) 공정별 배치

여러 가지 제품을 하나의 공장에서 생산해야 하는 경우, 모든 제품에 대해서

라인을 구성하기에는 비용과 공간이 너무 많이 든다. 이러한 경우에 동일한 기능을 하는 설비를 모아 같은 장소에 배치하는 것을 공정별 배치라 한다. 주로 기계 가공 공장에서 흔히 볼 수 있는 배치형태이다. 공정별 배치는 범용 기계가 여러 종류의 제품을 생산하므로 높은 기계 가동률을 유지할 수 있으며, 시스템 변동에 융통성있게 대응할 수 있으며 전문적인 설비 관리가 가능하다는 장점이 있다. 반면에 물류활동이 복잡하고, WIP가 많으며, 진도 파악이 쉽지 않고, 다양한 작업을 소화해야 하므로 높은 기능이 요구된다.

3) 고정위치 배치

고정위치 배치는 제품의 크기가 커서 제품의 이동이 어려운 경우 제품의 위치를 고정시키고, 대신 제품이 있는 장소로 자재, 설비, 인력이 이동하여 작업을 수행하는 방식을 말한다. 항공기, 조선, 공작기계나 구조물 조립 시에 채택되는 시설배치 형태이다.

4) 그룹 배치

그룹 배치는 제품별 배치와 공정별 배치의 장점을 달성하기 위한 배치 형태이다. 즉, 여러 종류의 제품을 생산할 수 있는 공정별 배치와 신속하고 관리가 용이한 제품별 배치의 혼합형이다. 여기서는 공정순서, 제품모양, 생산조건 등의 특성이 유사한 제품을 그룹핑하여 제품군을 형성하고 이 제품군을 하나의 라인에서 생산하는 형태이다. 그룹배치는 다품종 소량생산체제에서 추구되는 배치 형태이다. 그룹배치에서 설비는 한 제품군을 생산하기 위하여 셀(cell)을 형성하므로 셀형 배치라고 하고, 이러한 생산방식을 Cellular Manufacturing (셀형 생산)이라고도 한다.

(3) 동작분석

동작분석은 작업을 편하게 수행하고 동작에 포함되어 있는 낭비나 비합리적인 요소를 제거하기 위하여, 작업자의 동작을 분석하는 것을 말한다. 작업자의 피로도와 안전을 고려하면서 동시에 효율적으로 작업을 수행할 수 있도록 작업장을 설계하고 개선하는 것이 동작분석의 목적이다. 여러 동작 연구자들이 작업자의 생산성과 작업의 편리성을 위하여 여러 가지 동작에 대한 원칙을 제시하였다. 이러한 원칙을 동작 경제의 원칙이라 하고, 대표적인 동작 경제의 원칙은 다음과 같다.

1) 인체활용에 관한 원칙

(a) 두 손은 동시에 시작해서 동시에 끝나도록 한다.
(b) 두 손의 동작은 동시에 대칭적으로 움직이도록 한다.
(c) 손과 신체의 동작은 작업을 원만히 처리할 수 있는 범위 내에서 낮은 동작등급을 사용하도록 한다.
(d) 가능한 한 관성을 이용하여 작업을 하도록 한다.
(e) 동작 경로는 Smooth하고 연속적인 곡선동작이 되도록 한다.
(f) 탄도(ballistic)동작은 통제된(controlled) 동작보다 더 신속하고 용이하며 정확하다.
(g) 가능하면 작업동작에 쉽고 자연스러운 리듬이 생기도록 작업을 배치한다.

2) 작업장에 관한 원칙

(h) 모든 공구나 재료는 지정된 위치에 있도록 한다.
(i) 공구와 재료는 사용위치에 가까이 두도록 한다.
(j) 중력이송원리를 이용한 부품상자나 용기를 이용하여 부품사용장소에 가까이 보낼 수 있도록 한다.
(k) 가능하다면 낙하식 운반방법을 이용한다.
(l) 공구나 재료는 작업동작이 원활하게 수행되도록 위치를 정해준다.
(m) 작업자가 잘 보면서 작업할 수 있도록 적절한 조명을 비춘다.
(n) 작업 중 자세의 변경, 즉 앉거나 서는 것을 임의로 할 수 있도록 작업대와 의자높이가 조정되도록 한다.
(o) 작업자가 좋은 자세를 취할 수 있도록 높이가 조절되는 좋은 디자인의 의자를 제공한다.

3) 공구 · 설비에 관한 원칙

(p) 한 번에 여러 작업을 수행할 수 있도록 한다(예 : 여러 날의 칼).

(q) 치구나 발을 효과적으로 활용하여 양손이 다른 일을 할 수 있도록 한다.

(r) 공구의 기능을 결합하여 사용한다.

(s) 공구와 자재는 가능한 사용하기 쉽도록 미리 위치를 잡아준다.

(t) 각 손가락이 다른 작업을 할 때 작업량을 각 손가락의 능력에 맞게 분배한다.

(u) 레버 핸들 등의 장치는 작업자가 몸의 자세를 크게 바꾸지 않더라도 조작하기 쉽게 배열한다.

3.3 시간연구

여러분이 볼펜을 조립하는 작업을 수행한다고 가정해보자. 작업순서는 아래와 같다.

- 볼펜심과 스프링을 잡고 조립한다.
- 조립된 볼펜심을 헤드에 끼워넣는다.
- 조립품을 볼펜 몸통에 넣는다.
- 헤드를 조립한다.
- 검사를 위해 써본다.
- 완성품 박스에 넣는다.

10분 동안 24개의 볼펜을 조립하였다고 하자. 작업을 잘한 것인가? 아니면 잘못한 것인가? 정답은 "주어진 데이터만 가지고는 모르겠다."이다. 단지 여러분이 조립한 볼펜의 개수만 가지고 생산성을 평가할 수 없기 때문이다. 여기에는 기준이 되는 무엇인가가 필요하다. 그러면 "볼펜을 1자루 조립하는 데 소요되는 표준시간이 20초이다."라는 데이터 하나를 더 추가하자. 표준시간이 20초이므로 10분 동안에는 30개를 만드는 것이 표준이다. 생산실적은 10분 동안에

24개를 만들었으니 기준이 되는 양의 80%만큼 만든 것이다. 즉, 여러분의 작업시간 중에서 20%는 제품생산 이외에 시간을 투입했다는 것을 의미한다. 이처럼 생산성을 평가하기 위해서는 기준이 되는 표준시간이 필요하다.

시간연구는 특정한 작업을 정상적인 속도로 정상적인 환경에서 작업할 때 소요되는 시간인 표준시간을 설정하는 것이다. 표준시간을 정의하면 아래와 같다.

표준시간이란

- 적정한 숙련도를 지닌 작업자가
- 주어진 작업조건하에서
- 보통의 작업 페이스(Pace)로
- 정상적인 피로와 지연을 수반하면서
- 규정된 품질을 만족하고
- 규정된 작업방법에 따라

1단위의 작업을 수행하는 데 소요되는 시간을 의미한다. 표준시간에는 제품을 생산하는 데 직접적으로 필요한 작업시간뿐만 아니라 setup, 검사 등의 부수작업, 그리고 여러 종류의 여유시간도 포함된다. [그림 3-6]은 표준시간의 구성요소를 보여주고 있다.

표준시간	정미시간	주작업
		부수작업 : setup, 검사
	여유시간	P : 안전여유
		D : 불가피 지연
		F : 피로여유
		특수여유 : team, 로트

그림 3-6 | 표준시간의 구성

표준시간은 앞의 예에서처럼 생산성 평가에 사용될 뿐 아니라 그 이외에도 아래와 같은 여러 분야에서 기반이 되는 데이터로 필요하다.

- 생산계획 및 일정계획 수립

- 생산원가계산(판매가, 입찰가, make or buy 결정 등에 이용)
- 생산능력분석 및 설비구매계획
- 생산성 평가
- 생산 인센티브 결정

표준시간을 설정하는 방법은 여러 가지 방법이 있으나 상황에 따라 적절한 측정방법을 선택하여 표준시간을 설정해야 한다. 표준시간 설정 방법은 ① 실적자료법, ② 스톱워치법, ③ 표준자료법, ④ PTS법, ⑤ 워크샘플링(Work Sampling)법 등의 5가지 형태가 존재한다.

(1) 실적자료법

동일하거나 유사한 작업의 과거 데이터를 이용하여 표준시간을 구하는 가장 간단한 표준시간 산출 방법이다. 어느 제품의 과거 생산량이 총 40시간 동안에 200개 생산하였다면 표준시간은 (40×60분)/200개=12분/개로 계산된다.

실적자료법은 비용이 적게 들고 신속하다는 장점이 있으나 과거의 실적을 그대로 받아들인다는 점과 이후의 환경변화는 반영되지 못한다는 점이 단점이다. 실적자료법은 단기적으로 소량을 생산하는 경우 계획용으로 이용된다.

(2) 스톱워치법

스톱워치법(Stop Watch)은 가장 보편적으로 사용되는 표준시간 설정방법으로, 스톱워치에 의해 실제로 작업하는 작업자를 측정하여 이를 기반으로 표준시간을 설정하는 방법이다. 스톱워치에 의한 표준시간은 아래와 같이 계산된다.

$$표준시간 = (측정된\ 시간\ 평균) \times 작업자\ 속도계수 \times (1 + 여유율)$$

위의 식에서 작업자의 속도계수는 피측정 작업자의 작업속도를 보정해주기 위해 필요하다. 즉, 예를 들어 피측정자의 작업속도가 표준적인 작업자보다

10% 빠르다고 판단되면 작업자 속도계수는 1.1(=1.0+0.1)이 된다. 이때 평균 시간×작업속도계수를 정미시간이라 하고, 정미시간에 여유시간을 고려한 것이 표준시간이 된다. 여유율은 작업의 특성에 따라 정해지는데, 일반적으로 작업자의 여유율은 10% 이상 부여된다.

다시 볼펜조립작업의 예를 들자. 작업자가 볼펜을 조립하는 작업을 30회 측정하여 평균을 내 보니 평균 16초였다고 하자. 측정자는 피측정자의 작업속도가 이 회사에서 설정해 놓은 표준작업속도의 110% 속도로 작업하였다고 판단하였다. 이 회사의 여유율은 노사합의에 따라 15%라고 가정하자. 위의 예에서 정미시간과 표준시간은 아래와 같이 계산된다.

$$\text{정미시간} = (16\text{초}) \times 1.1 = 17.6\text{초}$$
$$\text{표준시간} = \text{정미시간} \times (1+0.15) = 20.24\text{초}$$

(3) 표준자료법

표준자료법(Standard Data System)은 여러 가지 작업조건과 작업과의 관계를 찾아내어 공식화하고 여기에 여유시간을 반영하여 표준시간을 결정하는 방법이다. 사무실 청소 용역업체를 예로 들어 보자. 용역업자는 사무실을 한번 둘러보고 비용견적을 내야 한다. 과거의 경험을 보면 청소시간은 마루면적(S1), 카펫면적(S2), 의자수(S3), 책상수(S4), 캐비닛수(S5), 컴퓨터수(S6)에 의해 결정되며 많은 데이터를 분석한 결과 다음과 같은 식을 얻었다.

$$\text{정미시간} = 5.80 + 0.15S1 + 0.32S2 + 0.22S3 + 0.42S4 + 0.21S5 + 0.52S6$$

만일, 마루면적 20평, 카펫면적 10평, 의자 10개, 책상 3개, 캐비닛 2개, 컴퓨터 3대가 있는 사무실이라면 청소를 위한 정미시간은 16.44분이 된다. 만일 여유율이 20%로 설정되어 있다면 표준시간은 19.728분이 된다. 표준자료법은 선삭가공, 밀링가공, 연삭가공 등의 기계 절삭가공작업에 널리 활용된다.

표준자료법에서는 일단 표준시간에 대한 공식이 결정되면 각 작업에 대한 표준시간이 신속하게 결정될 수 있고, 신제품의 경우에 제조원가를 사전에 견적할 수 있다는 장점이 있다. 또한 표준시간을 설정하는 담당자가 누구든 동일한 결과를 얻을 수 있어 일관성이 유지된다. 그러나 거의 자동적으로 표준시간이 결정되므로 개선의 기회나 의욕이 떨어지고, 표준시간 공식 작성 시 변동요인을 모두 고려할 수 없어 정확도가 떨어질 수 있다는 단점도 함께 존재한다.

(4) PTS법(Predetermined Time Standard)

작업자의 작업을 기본동작으로 구분하여 분석하고, 각 동작에 이미 정해진(predetermined) 기초 시간치를 사용하여 기본동작의 시간을 구한 후, 이를 모두 집계하여 작업의 정미시간을 구하는 방법이다.

예를 들어 물건을 일정한 거리를 이동시킬 때 소요되는 시간은 사용신체부위, 동작거리, 중량, 취급상 주의 정도, 이동방향 등에 따라 변하고 이러한 시간치가 연구에 의해서 표로 주어져 있다. PTS에 의한 표준시간 설정은 표준시간을 세부적으로 설정하므로 시간과 비용이 많이 들지만, 합리적인 방법으로 개선할 수 있는 효과가 있다. 또한 개발제품과 같이 생산이 시작되기 전에도 표준시간을 설정할 수 있다는 장점이 있다.

(5) 워크샘플링법

워크샘플링(Work Sampling)은 비연속적인 관찰을 통해 통계적인 방법으로 표준시간을 설정하는 방법이다. 워크샘플링에서는 임의의 시간에 작업자를 관찰하여 관찰시점의 상태를 파악하여 항목에 기입한다. 여러 번의 관측이 끝난 후 항목별로 관측횟수를 나누어 그 항목이 관측기간 동안에 차지하는 비율을 추정한다. 워크샘플링은 주로 가동분석에 사용된다. 그러나 가동률이 구해지고 생산 실적을 알 수 있다면 표준시간도 함께 산출해 낼 수 있다.

예를 들어 기계가 제품을 가공하는 경우를 고려해보자. 관측항목을 '가동 중'과 '비가동 중'으로 하여 1주일에 걸쳐 200번 랜덤하게 관측하였더니, 가동 중은 175회, 비가동 중은 25회였다. 이 측정 데이터로부터 가동률은 175/200

×100% = 87.5%가 된다는 것을 알 수 있다. 1주일간의 작업시간이 2,000분이었다면 실제로 제품을 가공한 시간은 1,750분이라고 추정할 수 있다. 1주일간 생산량이 500개였다고 하면, 정미시간은 1,750분/500 = 3.5분이다. 여기에 여유율이 10%라면 표준시간은 3.85분이 된다.

3.4 생산성 분석

생산성은 생산의 효율성을 측정하는 척도로서, 어떤 재화를 생산하는 데 투입된 생산요소의 양(input)에 대한 산출량(output)의 비율로 구해지므로, 투입과 산출을 무엇으로 할 것인가에 따라 의미가 조금씩 달라진다. 제품을 생산하기 위해 필요한 대표적인 input은 노동력(주로 노동시간 또는 man-hour에 의해 표현)과 자본비용이고, 대표적인 output으로는 생산량 또는 산출액으로 표현된다.

생산성은 일반적으로 input의 단위에 따라 노동생산성과 자본생산성으로 구분된다. 이 중 노동생산성이 가장 많이 사용되는데, 이는 노동이 모든 생산에 공통적으로 들어가고 측정하기 쉬우며, 작업자에게 가져다 주는 부(wealth)와 직접 연관이 있기 때문이다. 노동생산성은 생산량(액)과 그 생산량(액)을 산출하기 위해 투입된 노동량(인원, MH : Man-Hour, 시간 등)의 비율로 표시된다(자본생산성이란 산출량(액)을 소요자본으로 나눈 비율이다.).

노동생산성에서 산출량을 output으로 하는 경우를 물적 노동생산성, 산출액을 output으로 한 경우를 가치생산성이라 한다. 가치생산성은 원자재가격이나 매출가격에 의하여 크게 좌우되므로, 생산관리상으로는 물적 노동생산성이 가장 많이 이용된다. 그러나 기업 간이나 국가 간의 비교에서는 가치노동생산성이 일반적으로 널리 사용되는 지표이다.

생산성은 또한 효율로서도 분석된다. 효율은 작업에 투입된 시간 중에서 실제적으로 생산에 참여한 시간의 비율을 나타낸다. 효율은 아래의 식으로 구해진다.

효율 = (생산량 × 표준시간)/투입시간

효율이란 아무런 낭비없이 제품을 정상적으로 생산할 때 소요되는 시간(즉, 생산량 × 표준시간)을 이 제품을 만들기 위에 투입된 시간(투입시간)으로 나눈 값을 말한다. 이 효율은 작업자의 시간이 얼마나 효율적으로 활용되었는가를 나타내는 지표로 이용될 수 있다.

예를 들어, 표준시간이 3.5인 제품을 100개 만드는 데 한 사람이 500분 작업하였다면 효율은 70%(= 3.5 × 100/500)가 된다. 이는 작업자의 시간 중 30%, 즉 150분은 비효율적으로 이용되었다는 것을 의미한다.

생산성은 절대적인 값보다는 상대적인 값이 중요하다. 즉, 한 회사와 다른 회사와의 차이, 또는 한 회사 내에서 지난 분기와 이번 분기의 생산성차이 등 상대적인 생산성이 중요하다. 한 시스템의 생산성이 향상되었는지를 측정하기 위해서는 당해기간의 생산성과 기준 기간의 생산성을 비교한다. 즉, 생산성 향상률은 다음과 같이 구한다.

생산성지수 = 당해기간의 생산성/기준기간의 생산성

아래의 예를 들어 생산성 지표와 생산성지수를 좀 더 자세히 알아보도록 하자.

예제 3.1 생산성 분석 예

	기준기간(2006년)	당해기간(2007년)
생산량	150,000개	170,000개
생산액	120억원	120억원
작업인원	80명	100명
총 작업 Man-hour	160,000MH	170,000MH
표준시간	0.8분	0.9분

2006년 생산성

물적 노동생산성(1인당)	= 150,000개/80명	= 1,875개/인
물적 노동생산성(1MH당)	= 150,000개/160,000MH	= 0.94개/MH

가치노동생산성(1인당)	= 120억/80명	= 1.5억/인
가치노동생산성(1MH당)	= 120억/160,000MH	= 7.50만원/MH
효율 = (0.8분×150,000개/160,000MH)		= 75.0%

2007년 생산성

물적 노동생산성(1인당)	= 170,000개/100명	= 1,700개/인
물적 노동생산성(1MH당)	= 170,000개/170,000MH	= 1.00개/MH
가치노동생산성(1인당)	= 120억/100명	= 1.2억/인
가치노동생산성(1MH당)	= 120억/170,000MH	= 7.06만원/MH
효율 = (0.9분×170,000개/170,000MH)		= 90.0%

기준년도(2006년) 대비 당해년도(2007년) 생산성 비교

물적 노동생산성(1인당)	= 1.700/1.875	= 90.7%
물적 노동생산성(1MH당)	= 1.00/0.94	= 106.4%
가치노동생산성(1인당)	= 1.2/1.5	= 80.0%
가치노동생산성(1MH당)	= 7.05/7.50	= 94.1%
효율 = 90.0%/75.0%		= 120.0%

위의 예에서 어떤 생산성 지표를 이용하는가에 따라 생산성 향상률이 차이 난다. 1인당 생산량 기준으로는 물적 노동생산성이 90.7%, 즉 2006년에 비하여 2007년이 9.3% 생산성이 악화되었고, 1인당 기준 가치생산성은 80.0%, 즉 20%만큼 생산성이 악화되었다. 효율은 75%에서 90%로 증가되었다. 기업의 생산성을 정확히 평가하기 위해서는 대상시스템과 기업의 상황을 고려하여 적절한 지표를 선택하여 사용하는 것이 필요하다.

연습문제

1 한 생산라인에서 1개월(9,000분 해당) 동안에 2,500개의 제품을 생산하였다. 해당 작업에 대한 여유율은 15%이고, 이 기간 동안의 작업속도 계수는 1.05라고 하자. 이때 단위 제품당 정미시간과 표준시간을 구하여라.

2 문제 1에서 생산라인에서 작업한 인원은 10명이고, 한 달 동안 투입된 공수(MH : man-hour)는 82,000MH라 하자. 노동생산성을 1인당 생산량과 1MH당 생산량으로 노동생산성을 구하라.

3 주위에서 볼 수 있는 제품 하나를 선택하고, 해당 제품을 만들기 위한 생산시스템의 적절한 Layout 형태를 정해보라. 해당 Layout 형태를 선정한 이유를 설명하라.

4 워크샘플링 방법으로 가동률을 분석하려 한다. 관측시점을 일정한 주기(예를 들어, 30분마다 관측)로 할 때의 문제점을 들어라. 이를 해결하기 위한 방안을 설명하라.

생산관리

Chapter 04

4.1 서 론

생산관리(Production Management)란 유·무형의 재화(즉, 제품 및 서비스)를 생산하는 생산시스템(Production System)의 관리를 말한다. 여기에는 제품 및 서비스 창출에 필요한 모든 활동이 포함된다. 넓은 의미에서 말하자면 생산관리는 생산시스템의 설계, 계획, 운영 및 통제 등을 포함하는 개념으로, 이 교재에서 다루는 모든 내용이 생산관리에 포함된다고도 할 수 있다. 그러나 본 장에서 다루는 생산관리는 이보다는 훨씬 좁은 의미의 생산관리이며, 생산시스템의 운영계획이 주된 내용이 된다.

일반적으로 생산이라는 용어는 유·무형의 재화를 포괄한 개념이다. 따라서 생산관리의 대상도 제품의 생산뿐 아니라 서비스 시스템을 포함하고 있다. 실제로 두 종류의 생산시스템에는 몇 개의 사소한 차이점 이외에는 큰 차이가 없어 제품제조(Manufacturing)시스템에 적용되는 생산시스템 운영기법은 큰 변경없이 서비스시스템의 운영에 적용될 수 있는 경우가 많다. 따라서 대부분의 생산관리 교재는 제조시스템을 위주로 설명하고 있으며, 본 교재도 설명의 기준은 제조시스템에 맞추기로 한다.

본 장에서는 제조시스템을 효율적으로 운영하기 위해 그 시스템의 장기적·중기적·단기적인 운영계획을 작성하는 방법을 주로 설명한다. 또한 시스템의 생산라인이 가동하는 데 필요한 물자를 효율적으로 공급할 수 있는 방안에 대해서도 공부한다.

이러한 내용을 설명하기 위해 본 장에서는 하나의 제조기업을 대상으로 논의를 진행하기로 한다. 여러분의 학과 선배인 김 대리는 현재 전자기기를 생산하는 부경전자주식회사에 재직 중이며 입사 5년차이다. 이 회사에는 여러 개의 사업부가 있는데, 김 대리는 현재 PCB(Printed Circuit Board)제품을 생산하는 기판사업부의 생산관리 부서에서 근무하고 있다. 여기서 PCB란 [그림 4-1]과 같은 형태로 컴퓨터, 핸드폰 등 거의 모든 전자제품에서 핵심적인 역할을 수행하는 부품이다(더 자세한 내용은 인터넷 등 자료를 찾아보기 바란다). 이어지는 다음 4개의 절은 김 대리가 입사한 이후에 경험하였던 생산관리 문제들을 요약해놓은 것이다.

4.2 장기적 생산능력계획(Capacity Planning)

작년 12월 한 달은 김 대리에게 매우 바쁜 달이었다. 망년회도 여러 번 있었지만 가장 큰 이유는 다른 시기에는 없고 매년 말에만 등장하는 색다른 업무가 부여되었기 때문이었다. 사실 이 업무는 김 대리가 혼자 수행하기에는 너무나도 큰 업무였다. 실제로 부사장급인 사업본부장의 책임 아래 수행하였던 이 업무에서 김 대리는 전체 업무 중의 일부만을 담당하였으나, 다른 분야를 맡았던 사람들과의 회의에 여러 번 참석한 결과 전체적인 내용을 어느 정도 파악할 수 있었던 것이다.

그림 4-1 | PCB 제품의 종류

업무의 전체 내용은 향후 5년간에 걸친 PCB시장의 동향을 조사하고 그 동향에 맞추어 공장설비 규모를 결정하는 매우 중요한 내용이었다. 다른 회사도 마찬가지겠지만 특히 PCB 분야에서의 설비투자는 막대한 자금이 필요하고 일단 설비가 갖추어지면 변경이 매우 어려우므로, 김 대리가 수행하였던 업무내용은 회사 이익에 매우 큰 영향을 미치는 설비투자계획이었던 것이다.

이러한 형태의 계획을 생산능력(Capacity)계획이라고 한다. 이것은 이 계획의 결과가 생산능력의 조정으로 나타나기 때문이다. 따라서 본 장에서 다루는 계획을 이해하기 위해서는 우선 생산능력의 개념부터 이해하여야 한다.

(1) 생산능력(Capacity)의 개념과 측정단위

생산능력이란 일정한 기간 동안 한 시스템이 제공할 수 있는 최대의 생산량을 말한다. 그런데 이 조직이 한 가지 제품 혹은 종류는 다르지만 매우 유사한 제품들을 생산하는 경우에는 생산능력을 측정하기가 쉽다. 예를 들어, 맥주를 생산하는 기업의 경우에는 병맥주와 캔맥주를 만들고, 같은 병이라도 병의 용량에 따라 시장에 출시되는 제품의 종류는 다양하지만, 이 회사의 생산능력은 단위시간당(예컨대, 월간) 생산할 수 있는 총 리터수로 표시될 수 있을 것이다.

생산되는 제품의 종류가 다양한 경우에는 생산능력의 측정단위로 무엇을 사용할 것인가? 부경전자의 김 대리가 작년에 이 업무를 맡았을 때 이 회사에서는 생산능력의 단위로 면적(㎡)을 사용하였다. PCB 제품은 그것이 어디에(컴퓨터든 MP3든) 사용되든지 겉모양은 전자회로를 구현해놓은 판(sheet)의 형태를 띠고 있으므로, 일정한 시간 동안 몇 ㎡를 생산하느냐 하는 것이 실제로 이 회사의 생산능력을 잘 보여주는 것처럼 보였다. 그러나 여기에는 김 대리가 보기에 문제가 있었다.

전자제품의 경우 같은 크기의 제품이라 하더라도 성능이 천차만별이고 그 제품에 사용되는 PCB의 성능도 모두 다르다. 예를 들어 핸드폰의 경우 그 핸드폰에 카메라 기능이 있는지, MP3 기능이 있는지, 각 기능이 있다면 그 성능(예컨대, 카메라의 화소)은 어느 정도인지 ... 에 따라 그 핸드폰에 투입되는 PCB의 성능에 큰 차이가 있다는 것이다. 그런데 PCB 제품이 우수한 성능을 발휘하기 위해서는 그만큼 복잡한 회로를 PCB에 구현하여야 하는데, 그러기 위해서는 PCB의 넓이가 점점 넓어져야 한다. 그러나 제품의 크기에는 제한이 있으므로 (냉장고 크기의 핸드폰이 있다면 팔리겠는가?) 이 회사에서는 복잡한 PCB의 경우에는 여러 개의 회로를 만든 다음에 이들을 여러 층으로 겹쳐서 복잡한 성능을 발휘하도록 만든다. 따라서 이 회사의 PCB 제품들은 몇 개의 층으로 이루어져 있느냐 하는 것으로 제품의 복잡한 정도를 표현한다.

만약 모든 제품의 복잡한 정도가 비슷하다면 생산되는 면적으로 이 회사의 생산능력을 표현할 수 있을 것이다. 하지만 고객들의 요구가 하루가 다르게 변하고 각자의 개성이 그 어느 때보다 중시되는 요즘 세상에 제품의 기능이 모두 같기를 바라는 것은 무리일 것이다. 이러한 상황에서 생산능력을 측정하는 것은 간단한 문제가 아니다. 다양한 제품을 측정하는 공통단위를 찾기가 어렵기 때문이다. 김 대리는 이 문제를 어떻게 해결해야 할 것인가?

일반적으로 이러한 경우에는 생산능력의 척도로 시간을 사용한다. 물론 시간에도 사람이 작업하는 시간과 기계가 작업하는 시간이 있으나 실제로 생산 공정을 살펴본다면 기계시간이 중요한지 작업자시간이 중요한지는 금방 알 수가 있다. PCB 생산라인의 경우 거의 자동화된 설비를 사용하므로 김 대리의 경우에는 기계시간을 생산능력의 척도로 사용하기로 하였다. 정확한 단위는 '기계-시간(machine-hour)' 이다. 이 단위는 기계대수와 생산시간을 곱한 값을 의미한다. 예를 들어, 기계 1대가 10시간 생산한 양과 기계 2대가 5시간씩 일한 양을 같다고 보는 것이다. 즉,

$$1\text{machine} \times 10\text{hour} = 10\text{machine-hour} = 2\text{machine} \times 5\text{hour}$$

이다. 이제 각 공정별 · 제품종류별 표준시간(3장에서 공부했죠?)을 사용하면 생산되는 제품조합(product mix)에 관계없이 일관된 생산능력을 표현할 수 있게 된다. 이제 현재의 제품조합을 기준으로 생산능력을 평가해보자.

(2) 표준시간을 이용한 생산능력 측정

부경전자의 PCB 생산라인은 40여 개의 세부공정으로 이루어져 있다. 제품에 따라 거치지 않은 공정도 있고, 어떤 공정은 2회 이상 거쳐야 하는 경우도 있다. 본 교재에서는 예를 들기 위해 가장 대표적인 공정 3개에 대해서 분석을 수행한다. 실제 상황에서도 전체의 공정을 대상으로 하기보다는 부하가 많이 걸리는 몇 개 공정만을 선정하는 경우가 많다.

[그림 4-2]는 드릴 공정, 회로인쇄 공정, 전기검사 공정 등 3개 주요 공정에 대해 MS Excel을 사용한 분석결과를 보여주고 있다. 고객의 주문에 맞추어 생산하는 MTO(Make To Order) 방식의 생산시스템이므로, 실제로 생산되는 제품의 종류는 매우 많지만 각 제품의 층수에 따라 4개 그룹으로 제품을 분류하였다. 작

제품 종류	현재 생산량 (m^2)	드릴 공정		회로인쇄 공정		전기검사 공정	
		표준시간 (분)	생산시간 (시간)	표준시간 (분)	생산시간 (시간)	표준시간 (분)	생산시간 (시간)
2층	8,000	4.5	600	0.35	47	0.8	107
4층	10,000	6.0	1,000	0.40	67	0.8	133
6층	7,000	9.4	1,097	0.48	56	0.9	105
8층	5,000	14.5	1,208	0.52	43	0.9	75
기계대수		25		2		3	
총 작업시간 (시간)		156.2		106.3		140.0	

그림 4-2 | PCB 제품의 주요 생산 공정

년 11월 기준으로 각 제품군별 생산량을 조사한 결과 2층 제품은 8,000m², 4층 제품은 10,000m² 등으로 나타났다. 또한 각 그룹의 제품 1m²를 생산하는 데 필요한 표준기계시간을 조사한 결과도 그림에서 확인할 수 있다. 예를 들어 드릴 공정에서 6층 제품을 1m²를 생산하는 데 필요한 표준기계시간은 9.4분이다.

이제 작년 11월 제품조합 기준에서 각 공정의 생산능력이 어느 정도 되는지 판단할 수 있게 되었다. 예를 들어, 드릴 공정의 경우 각 제품군별 생산량과 표준시간을 곱해서 더하면

$$8{,}000 \times 4.5 + 10{,}000 \times 6.0 + 7{,}000 \times 9.4 + 5{,}000 \times 14.5 = 234{,}300\text{분}$$

즉, 총 3,905시간이 필요한데, 여기서 기계대수 25를 고려하면 3,905/25 = 156.2시간이 실제로 필요하다. 한 달의 작업일수가 20일이고 하루에 8시간 가동한다면 한 달 동안의 가용시간은 160시간이 되므로 드릴 공정은 현재 보유한 생산능력의 약 98%(=156.2/160)를 사용한다고 볼 수 있다. 만약 앞으로 생산량이 늘어난다면 드릴 공정이 문제가 될 것이라는 사실을 쉽게 알 수 있다.

이와 같이 다양한 제품을 생산하는 경우에는 시간과 같은 공통된 단위를 사

용해 생산능력을 측정하는 것이 일반적이다. 그런데 이렇게 '시간' 이라는 단위를 사용하면 분석의 정확도는 기할 수 있으나 현실적인 의미를 부여하기에 어려움이 있다. 예를 들어, 위의 경우 생산부장이 김 대리에게 "우리 생산라인의 월 생산능력은 얼마인가?"라고 물었을 때 "이번 달에는 작업일수가 22일이라서 176시간(=22×8)의 생산능력이 있습니다."라고 대답한다면 아마도 연말 평가에서 좋은 결과를 기대하기는 어려울 것이다. 이 경우의 올바른 응답은 현재 이 사업부의 주력제품이 4층 제품군이라면 "예, 4층 제품 기준으로 월 40,000㎡입니다."가 좋을 것이다. 여기서 40,000은 아래의 방법으로 계산된 것인데, 드릴 공정의 표준시간인 6.0을 사용한 것은 드릴 공정이 이 생산라인의 병목(Bottle-neck) 공정이므로, 드릴 공정의 생산능력이 생산라인 전체의 생산능력과 같기 때문이다.

$$\text{월 } 160\text{시간} \times 25\text{대} \times 60\text{분} \div 6.0\text{분}/\text{m}^2 = \text{월 } 40{,}000\text{m}^2$$

(3) 수요예측을 통한 미래의 소요생산능력 계산

김 대리가 다음에 수행한 업무는 향후 5년간에 걸쳐 필요한 생산능력이 어떻게 변하는지를 파악하는 것이었다. 이를 위해서는 수요예측이 먼저 이루어져야 한다. 수요예측도 생산관리의 주요 분야 중 하나이지만 본 교재에서는 다루지 않기로 한다. 실제로 김 대리는 영업부서에서 작성한 '향후 5년간 PCB 제품의 수요동향예측' 이라는 보고서를 참조하였다. 그 결과는 [표 4-1]과 같다.

표 4-1 | PCB 제품의 수요예측

(단위 : 1,000㎡)

제품군	현재	1년 후	2년 후	3년 후	4년 후	5년 후
2층	96	84	60	12	0	0
4층	120	120	96	60	60	12
6층	84	96	96	96	84	84
8층	60	60	84	84	96	120
10층	0	0	24	48	72	96

Microsoft Excel - chap4.xls

파일(F) 편집(E) 보기(V) 삽입(I) 서식(O) 도구(T) 데이터(D) 창(W) 도움말(H) Adobe PDF

H9 = =SUM(H3:H7)/H8/1.92

	A	B	C	D	E	F	G	H	I	J	K	L
1	제품 종류	표준 시간 (분)	연간 생산량 (1,000m^2)					생산 소요시간 (1,000시간)				
2			1년후	2년후	3년후	4년후	5년후	1년후	2년후	3년후	4년후	5년후
3	2층	4.5	84	60	12	0	0	6.3	4.5	0.9	0.0	0.0
4	4층	6.0	120	96	60	60	12	12.0	9.6	6.0	6.0	1.2
5	6층	9.4	96	96	96	84	84	15.0	15.0	15.0	13.2	13.2
6	8층	14.5	60	84	84	96	120	14.5	20.3	20.3	23.2	29.0
7	10층	19.0	0	24	48	72	96	0.0	7.6	15.2	22.8	30.4
8							기계대수	25	25	25	25	25
9							생산능력 활용도	**0.997**	**1.188**	**1.197**	**1.358**	**1.537**

그림 4-3 | 드릴 공정의 5년간 생산소요량

모든 공정에 대해 수요 변화에 따른 생산능력 소요량을 파악해야겠지만 여기서는 드릴 공정에 대해서만 분석결과를 소개하기로 한다. 결과는 [그림 4-3]에 나타나 있다. 10층 제품군은 현재는 생산하지 않는 신규 품종이지만 생산기술 부서로부터 표준시간 자료를 얻을 수 있었다.

최종 계산 결과는 '생산능력 활용도' 행에 주어져 있다. 예를 들어, 1년 후의 0.997 값은 각 제품군에 대한 생산소요시간을 합해 기계대수로 나눈 다음 다시 1.92로 나누었다. 여기서 1.92는 연간 총 작업시간 1,920(=20일×8시간×12개월)으로서 시간 단위가 1,000시간이므로 이 값을 사용하였다. 따라서 생산능력 활용도가 1.0을 넘는 경우에는 생산능력이 수요보다 작다는 것을 의미한다. 이 그림에서 1년 후는 생산능력에 문제가 없지만 2년 후부터는 수요에 비해 생산능력이 부족함을 보여주고 있다.

(4) 생산능력의 변경전략

이제 마지막으로 부족한 생산능력에 대한 해결방안을 모색해보자. [그림 4-3]과 같은 상황에서 생각할 수 있는 해결방안은 여러 가지가 있다. 우선 가장 먼저 생각할 수 있는 방안은 생산능력을 확충하지 않고 현재 상태를 유지하는 것이다. 신규투자할 자금이 부족하거나, 자금이 있다 하더라도 기계를 도입하기보다는 잔업(overtime)을 통해 모자라는 생산능력을 충족하겠다는 방안인 것이다.

설비를 늘리는 경우에도 어떻게 늘릴 것인지의 방법을 따져보면 매우 다양한 조합이 만들어질 수 있다는 사실을 알 수 있다. 설비증설시점을 기준으로 보면 일단 수요증가를 확인한 다음에(즉, 생산능력의 부족을 실제로 경험한 이후에) 설비를 증설하거나, 생산능력 부족현상이 실제로 발생하기 이전에 설비를 증설하는 두 가지 전략을 생각할 수 있다. 어차피 계획이란 미래에 대한 예측을 바탕으로 수행하는 것이므로 경영자의 성향에 따라 다른 전략을 구사하게 되는 것이다.

한 번에 증설하는 설비의 크기를 기준으로 본다면 일시적 대규모 증설과 조금씩 여러 번으로 나누어 증설하는 두 가지 전략을 생각할 수 있다. 여기에도 예측의 불확실성에 따른 장 · 단점이 있다. 즉, 수요가 계속 증가할 것이라는 예측 아래 대규모 증설을 하였는데, 수요증가가 예상에 미치지 못할 경우 큰 손실을 입을 수 있다는 것이다. 또 하나의 차이점은 비용과 관련이 있다. 한 번에 대규모로 증설한다면 설비증설 시 발생하는 고정비용을 줄일 수 있으나, 증설 초기에는 수요에 비해 남는 생산능력이 많으므로 기회비용(opportunity cost)이 발생하게 된다. 이러한 비용을 계산하기 위해서는, 여기서 발생하는 비용들이 장기적인 시간을 두고 발생하므로, 이자율을 고려하여 비교하여야 한다. 실제로 이런 문제들은 공업경영학의 또 다른 분야인 공업경제학(Engineering Economy, 7장에서 공부하세요)의 투자대안 비교에서 많이 다룬다. 본 교재에서는 자세한 분석내용은 생략하고 김 대리의 결론을 소개하는 것으로 본 절을 마무리한다.

아래 [그림 4-4]는 [그림 4-3]에서 드릴 공정의 기계대수 증설에 관련된 부분만을 발췌한 것으로, 2년 후에 5대 증설, 4년 후에 다시 10대를 증설함으로써 '생산능력 활용도'를 1.0 미만으로 낮추겠다는 계획결과를 보여주고 있다.

기계대수	25	30	30	40	40
생산능력 활용도	0.997	0.990	0.997	0.848	0.960

그림 4-4 | 드릴 공정의 설비증설계획

4.3 중기계획(총괄계획)

앞 절에서 생산능력계획의 출발점은 수요예측이라는 점을 지적하였다. 그런데 수요의 변동에는 여러 가지가 있을 수 있다. 앞 절에서 다룬 생산능력계획에 사용된 수요변동은 장기적(주로 2~10년)인 변동으로서 시장의 장기적인 조류를 반영하고 있다. 반면 중기적(주로 1년 이내)인 변동은 시장의 조류뿐 아니라 수요의 계절적인 변동까지 포함한 형태를 나타낸다. 이러한 형태의 수요변화에 효과적으로 대응하기 위한 생산계획이 중기생산계획에 해당된다. 이 계획을 부르는 다른 이름으로는 총괄계획(Aggregate Planning) 혹은 단순히 생산계획(Production Planning) 등이 있다.

중기계획의 의미는 이 계획의 대상기간이 생산계획에서 다루는 대상기간 중에서 중간 정도에 해당된다는 것이고, 총괄계획의 의미는 이 계획의 계획대상이 특정 제품 몇 단위가 아니라 앞 절에서 다룬 것처럼 여러 제품을 생산하는 시스템의 경우 이 제품들을 하나의 단위로 총괄(aggregation)해서 계획한다는 것이며, 생산계획의 의미는 앞 절에서 다룬 생산능력계획이 생산계획이라기보다는 설비투자계획이기 때문에 이 개념과 구별하기 위한 것이다.

일반적으로 앞 절에서 다루었던 생산능력계획은 기업의 전략적인 방향을 설정하는 역할을 수행하므로 전략적 계획(Strategic Planning)이라 하고, 본 절에서 다루는 총괄계획은 그 하위의 개념인 전술적 계획(Tactical Planning)이라고 한다. 전략적 목표를 벗어나는 전술이란 없는 것이므로 생산능력계획에서 정해진 생산시스템의 생산능력을 벗어나는 총괄계획은 의미가 없다. 즉, 생산능력계획에서 결정된 설비능력 한도 내에서 총괄생산계획이 이루어져야 한다는 것이다. 이와 마찬가지로 다음 절에서 다루게 될 단기계획에서는 총괄계획의 결과가 제약으로 작용하게 될 것이다.

계획대상기간에 대해 정리하면, 앞 절에서 보았던 것처럼 김 대리의 PCB 사업부에서는 생산능력계획을 매년 한 번씩 향후 5년에 걸쳐 계획하였다. 이에 반해 총괄계획은 일반적으로 매월 한 번씩 향후 1년간의 생산을 계획한다. 하지만 김 대리의 사업부에서는 급변하는 PCB 시장의 동향으로 인해 계획대상기간을 6개월에 맞추어 운영하고 있다. 즉, 계획대상기간(Planning Horizon)은 6개월이고 계획주기(Planning Cycle)는 1개월이다. 따라서 김 대리에게 있어 매월말 1주일은 총괄계획을 위한 기간으로 거의 고정되어 있는 상황이다.

(1) 총괄계획의 전략

총괄계획은 "계획대상기간 안에서 변동하는 수요(주로 계절에 따라 규칙적으로 변하는 계절변동)를 어떤 방법으로 충족시켜줄 것인가?"라는 질문의 대답을 찾는 과정이다. 그렇다면 수요의 변화가 왜 문제인지를 먼저 생각해 보아야 한다. 그 이유는 바로 수요의 변화에 맞추어 "생산능력을 변화시키는 것은 매우 어렵다"는 것 때문이다. 앞에서 설명하였듯이 총괄계획의 대상기간에는 이미 설비능력이 모두 고정되어 있다. 물론 생산능력을 조정할 수 있는 방법이 있긴 하지만 여기에는 추가적인 비용이 필요하게 된다. 따라서 총괄계획 관점에서 가장 이상적인 생산시스템이란 생산능력과 같은 양의 수요(생산능력계획에서 정확한 장기 수요예측을 사용했다는 의미)가 항상 일정하게 발생하는 시스템이다.

따라서 수요의 변동을 제거하여 이상적인 생산시스템을 만들고자 하는 노력을 할 수 있을 것이다. 이것은 총괄계획의 존재원인 자체를 제거하는 매우 적극적인 대응으로서 '수요변화에 대한 공격적 전략'이라고 부른다. 첫 번째 방법은 기존 제품의 비수기에 오히려 수요가 커지는 보완적 제품을 개발하는 것이다. 예컨대 제트스키를 생산하여 여름철에만 수요가 많던 기업에서 스노모빌을 생산함으로써 여름과 겨울의 수요를 평준화하는 것이다. 두 번째 공격적 전략은 적극적인 마케팅 활동을 통해 비수기의 수요를 창출하고 동시에 성수기의 수요를 비수기로 분산시키는 방식이다. 이 방법에 대한 사례로는 겨울철에 에어컨을 구매하면 가격을 할인해주는 정책을 들 수 있다.

하지만 이러한 공격적 전략에는 한계가 있다. 즉, 완벽하게 수요를 일정한 값으로 고정할 수는 없다는 것이다. 그렇다면 이 변화하는 수요에 어떻게 대응할 것인가? 다음의 [그림 4-5]를 보자. 그림에서 곡선은 계획기간 동안의 수요변동을 표현한다. 세 개의 점선은 생산능력계획에서 정한 설비의 생산능력을 나타낸다. 생산능력계획에서 사용한 수요예측의 정확도와 사용하였던 전략에 따

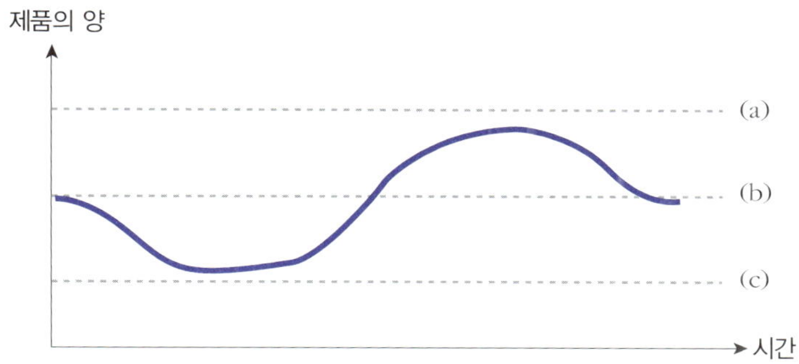

그림 4-5 | 총괄계획의 대상수요 및 생산능력

라 세 가지 경우가 발생할 것이다. 즉, 미래의 수요증가에 대비하여 한꺼번에 대규모 증설을 하였다면 그림의 (a)와 같은 상황이 자주 나타날 것이고 그 반대의 경우라면 (c)와 같은 상황이 자주 발생할 것이다. 하지만 현실적으로 가장 자주 발생하는 상황은 (b)와 같은 형태일 것이다. (b)는 (a)와 같이 생산능력이 수요를 초과하기도 하고, (c)와 같이 수요가 생산능력을 초과하기도 하므로 본 절에서는 (b)의 상황을 대상으로 총괄계획을 수행하기로 한다.

변동하는 수요를 인정하고 여기에 가장 효과적인 대응방안을 찾는 것을 앞에서 설명한 공격적 전략과 비교하여 '반응적 전략'이라고 한다. 이 반응적 전략에서 활용할 수 있는 수단은 비교적 단기간에 조정할 수 있는 변수들로서 다음과 같은 것들이 있다.

① 고용수준 변화 : 인력 충원 또는 해고를 통해 생산능력을 조정함
② 노동력 이용률 조정 : 고용수준을 변화시키지 않고 단축근무 혹은 잔업(overtime)을 통해 생산능력을 조정함
③ 선 생산 : 비수기에 앞으로 다가올 성수기의 수요를 미리 생산하는 것으로 재고를 발생시킴(서비스 산업은 사용불가능)
④ 후 생산 : 납기 이후에 제품을 공급
⑤ 하청(subcontracting)

이러한 여러 수단 중 한 가지 종류만을 사용해 수요변동에 대응하는 전략을 순수전략(pure strategy)이라고 한다. 예를 들어, 재고를 운용하지 않고 노동력

의 조정만으로 수요를 만족시키는 전략을 추적전략(chase strategy), 생산량을 일정하게 유지하고 선 생산 및 후 생산만으로 수요를 만족시키는 전략인 균등생산전략(production leveling strategy) 등이 있다. 이와 반대로 사용할 수 있는 수단들을 적절하게 조합함으로써 좀 더 나은 방안을 모색하려는 전략이 합성전략(hybrid strategy)이다.

합성전략으로 총괄계획을 작성할 때 각 수단의 사용 여부를 결정하는 것은 비용이다. 즉, 생산능력계획에서 정해진 생산능력과 다른 양을 생산하기 위해서는 그 수단의 종류에 따라 비용이 발생하므로, 이 비용을 최소화하면서 수요를 충족시키는 최적의 방안을 모색해야 하는 것이다. 발생하는 비용의 종류를 앞에서 설명한 수단의 종류에 맞추어 설명하면 다음과 같다.

① 고용수준 변동비 : 신규 채용의 경우 채용과정에 소요되는 경비 및 교육/훈련에 필요한 비용이 발생하며, 해고의 경우에는 퇴직금 등 눈에 보이는 비용은 물론 노사관계에 미치는 영향 등 눈에 보이지 않는 비용까지 발생함

② 노동력 이용률 조정비 : 단축근무에는 작업자의 고정임금에 대한 기회비용이 발생하며, 잔업의 경우는 추가 임금이 발생함

③ 선 생산비용(=재고비용) : 재고는 여러 가지 눈에 보이는 비용 및 눈에 보이지 않는 비용들을 발생시킴

④ 후 생산비용(=품절비용) : 납기를 어기는 경우 여러 가지 벌금이 발생함

⑤ 하청비 : 하청을 하는 경우 일반적으로 직접 생산하는 경우보다 비용이 높아짐

(2) Excel을 사용한 총괄계획

합성전략을 통해 총괄계획을 수행하기 위해서는 많은 대안을 만들고 각 대안에 따라 발생하는 비용을 계산함으로써 좋은 대안을 찾게 된다. 따라서 많은 대안에 대해 비용을 모두 계산하는 것이 매우 힘든 일이 될 수 있다. 그러나 컴퓨터의 스프레드시트(spread sheet) 프로그램을 사용하면 이 문제는 쉽게 해결될 수 있다. 본 교재에서는 Excel을 사용해 총괄계획을 수행하기로 한다.

부경전자의 김 대리와 다시 만나보자. 앞에서 김 대리는 매월 말 한 주일 동

안 향후 6개월에 대한 총괄계획을 수행한다고 하였다. 따라서 김 대리는 매월 마지막 주가 되면 영업부서로부터 4층 제품 기준(이 생산라인의 대표제품으로 4층 제품이 사용되고 있음)으로 향후 6개월에 대한 수요예측치를 받아 온다. 그리고 현재 완제품 창고에 4층 제품 기준으로 재고가 얼마나 쌓여있는지 파악한다. 이 자료가 아래 [표 4-2]에 있다.

표 4-2 | PCB 제품의 수요예측

현 재고(m²)	수요 예측량(m²)					
	현재+1월	현재+2월	현재+3월	현재+4월	현재+5월	현재+6월
1,000	34,000	37,000	46,000	40,000	41,000	42,000

그런데 김 대리의 부경전자는 노사관계에 대한 악영향을 고려하여 인력 충원 및 해고는 매우 신중하게 처리하고 있다. 따라서 매월 이루어지는 총괄계획 수준에서 인력의 조정은 없다. 또한 고객만족을 최고의 목표로 하는 회사방침에 따라 후 생산도 고려하지 않는다. 즉, 선 생산(즉 재고), 단축근무/잔업, 하청 등의 변수를 적절히 결합하여 최적의 방안을 만드는 것이 김 대리의 업무인 것이다.

이 작업을 위해 추가적으로 필요한 정보는 비용에 관한 것이다. 현재 PCB 사업부에는 월 평균 임금이 200만원인 100명의 생산직 사원이 있는데, 정상적으로 생산할 수 있는 양이 월 40,000m²이다. 이보다 많이 생산하기 위해서는 잔업을 해야 하는데, 잔업에는 추가적인 임금이 필요하며 이 잔업비용은 생산량 기준으로 m²당 8,000원이다. 무한정 잔업을 할 수는 없으므로 월 잔업 생산량은 5,000m²를 초과할 수 없다. 만약 한도까지 잔업을 해도 수요를 만족시키지 못할 경우 하청을 줄 수 있으며, 그 경우 m²당 10,000원의 비용이 필요하다. 또한 재고비용은 m²당 한 달에 200원이다. 즉, 월말재고가 200m²라면 그 달에는 40,000원의 재고비용이 발생하는 것이다. 마지막으로, 이 사업부에서도 대부분의 기업에서 사용하는 것처럼 안전재고(safety stock)를 사용한다. 수요예측이란 어디까지나 미래에 대한 예측이므로 정확하게 맞을 가능성은 거의 없다. 따라서 약간의 예측오류에 대비해야 하는데, 그 방법으로 안전재고가 많이 사용

	초기 재고	월 1	2	3	4	5	6	계
수요		34,000	37,000	46,000	40,000	41,000	42,000	240,000
직원수		100	100	100	100	100	100	
정규 생산		35,000	37,000	40,000	40,000	40,000	40,000	232,000
잔업 생산		0	0	5,000	0	1,000	2,000	8,000
하청		0	0	1,000	0	0	0	1,000
재고	1,000	2,000	2,000	2,000	2,000	2,000	2,000	12,000
정규 임금		20,000	20,000	20,000	20,000	20,000	20,000	120,000
잔업 비용		0	0	4,000	0	800	1,600	6,400
하청 비용		0	0	1,000	0	0	0	1,000
재고 비용		40	40	40	40	40	40	240
비용합		20,040	20,040	25,040	20,040	20,840	21,640	127,640

그림 4-6 | 총괄계획의 한 사례

된다. 매월 말에 필요한 양보다 많은 양을 일부러 확보하는 것이다. 김 대리의 경우 매월 말 2,000㎡의 안전재고를 확보하고 있다.

위의 조건들을 만족하는 수없이 많은 계획들 중의 하나가 [그림 4-6]에 주어져 있다. 이 계획은 5,000 이하의 잔업, 2,000 이상의 안전재고 등 앞에서 설정한 조건들을 모두 충족시켜 준다. 또한 이 계획에 의해 시스템이 운영될 경우 6개월 동안 총 12억 7,640만원의 비용이 발생한다는 것을 그림에서 알 수 있다.

그런데 이 계획은 잘 만들어진 계획인가? 언뜻 보아도 그리 훌륭한 계획으로 보이지는 않는다. 예를 들어, 2월의 정규생산을 37,000에서 38,000으로 변화시키고 3월의 하청량 1,000을 없앤다면 재고비용 20(만원)이 늘어나지만 하청비용 1,000(만원)이 절감되어 훨씬 이익이다.

그렇다면 김 대리는 어떻게 계획을 작성하였을까? 김 대리는 대학에서 공부하였던 경영과학 지식을 활용하여 이 문제를 해결하였다. 본 교재의 9장에서 다루겠지만 최적해를 찾아주는 선형계획법(LP : Linear Programming)이라는 기법을 사용하면 이러한 종류의 문제를 매우 쉽게 해결할 수 있다. 김 대리가 LP 소프트웨어를 사용해 구한 계획안은 [그림 4-7]에 주어져 있다. 이 최적계획에

	초기 재고	월						계
		1	2	3	4	5	6	
수요		34,000	37,000	46,000	40,000	41,000	42,000	240,000
직원수		100	100	100	100	100	100	
정규 생산		40,000	40,000	40,000	40,000	40,000	40,000	240,000
잔업 생산		0	0	0	0	0	1,000	1,000
하청		0	0	0	0	0	0	0
재고	1,000	7,000	10,000	4,000	4,000	3,000	2,000	30,000
정규 임금		20,000	20,000	20,000	20,000	20,000	20,000	120,000
잔업 비용		0	0	0	0	0	800	800
하청 비용		0	0	0	0	0	0	0
재고 비용		140	200	80	80	60	40	600
비용합		20,140	20,200	20,080	20,080	20,060	20,840	121,400

그림 4-7 | 최적의 총괄계획

의한 6개월 동안의 총비용은 12억 1,400만원으로서 앞에서 보았던 계획에 비해 6,240만원의 비용이 절감되었다.

4.4 단기계획(주일정계획 및 자재소요계획)

장기계획인 생산능력계획은 생산량을 결정하는 계획이 아니라 장기적인 수요변화에 대비한 설비투자계획이었다. 중기계획인 총괄계획도 생산량을 구체적으로 결정하기보다는 우리가 갖춘 생산능력이 계획기간 내 수요를 충족시킬 수 있을지를 미리 검토해보는 수준의 계획이다. 총괄계획의 단위가 단위 제품의 양이 아닌, 한 생산라인을 공유하는 여러 제품을 총괄한 양이었던 까닭이 여기에 있는 것이다.

이제 각 제품의 구체적인 생산계획에 들어가도록 하자. 우선 각 품목의 수요를 고려하여 총괄계획 결과를 각 품목별 생산계획으로 분할한다. 이 결과를 주일정계획(MPS : Master Production Schedule)이라고 한다. 총괄계획에서는 작업 인원의 조정이나 하청 등의 조건들을 고려하지만 주일정계획에서는 직접 생산하는 양만을 대상으로 한다. 또한 총괄계획은 월별계획이었지만 주일정계획은 보통 주별 생산량으로 표시된다. 각 주별로 제품들의 생산량을 결정하고 나면 그 제품을 생산하기 위한 부품의 생산계획을 작성해야 한다. 이 계획은 자재소요계획(MRP : Material Requirement Plan)이라고 한다.

(1) 주일정계획 : 총괄계획의 분할

주일정계획 과정은 총괄계획의 결과를 개별 제품의 주별 생산계획으로 분할하는 것이다. 김 대리의 사업부에서는 주일정계획의 대상기간으로 2개월(8주)을 사용하고 있다. 따라서 4층 제품을 기준으로 작성된 총괄계획 결과 중 앞쪽 2개월의 총괄 생산량을 2층, 4층, 6층, 8층의 4가지 제품의 주별 생산량으로 변형하는 것이다. 그렇다면 어떻게 분할할 것인가?

분할의 기준은 제품수요의 비율이 되어야 할 것이다. [표 4-1]에서 첫해의 예상수요를 사용해 2층, 4층, 6층, 8층 각 제품군의 월별 수요를 산출하면 7,000, 10,000, 8,000, 5,000m²가 된다. 이 비율에 맞추기 위해서는 4층 제품의 월 생산량을 x라고 할 때 2층, 6층, 8층 제품군의 생산량은 $0.7x$, $0.8x$, $0.5x$가 된다. 그런데 총괄계획의 결과에 부합되는 각 제품별 생산량을 구하기 위해서는 생산능력을 고려하여야 한다. 따라서 이 생산라인의 경우 병목(Bottleneck)공정인 드릴 공정의 표준시간을 기준으로 생산능력을 비교하여야 한다. 이제 [그림 4-2]의 표준시간 자료를 사용하면 4층 제품의 월 생산량이 x일 때 드릴 공정의 총 소요 machine-hour를 다음과 같이 계산할 수 있다.

$$4.5 \times 0.7x + 6.0 \times x + 9.4 \times 0.8x + 14.5 \times 0.5x = 23.92x$$

그런데 [그림 4-7]에서 첫 달의 총괄생산량이 4층 제품 기준으로 40,000m²이었으므로 드릴 공정의 총 소요 machine-hour는 240,000(= 40,000 × 6.0)이다. 따라서 위의 식을 사용해 실제 4층 제품의 생산량을 구하면 약 10,033m² (23.92x

= 240,000이므로)가 된다. 또한 2층 제품은 약 7,023, 6층 제품은 약 8,026, 8층 제품은 약 5,017㎡를 생산하면 된다. 이 결과는 동일한 제품조합(Product Mix)을 사용하는 첫해의 다른 달에도 적용이 가능하므로 총괄생산량 기준의 비율값을 구하면 편리하다. 즉, 2층, 4층, 6층, 8층 제품의 생산량은 각각 총괄생산량의 약 17.56%, 25.08%, 20.06%, 12.54%가 되는 것이다.

이 비율값을 사용한 주일정계획 결과가 [그림 4-8]에 제시되어 있다.이 결과에서 각 제품을 매주 생산하지 않고 2주에 한 번씩 생산하는 것은 규모의 경제 때문이다. 즉, 하나의 생산설비에서 여러 제품을 생산하는 경우에는 생산제품 변경 시 생산준비(Setup) 작업이 필요해지는데, 이로 인해 한 번에 생산하는 제품의 생산량이 적으면 생산설비의 효율성이 매우 저하된다. 따라서 한 가지 제품의 생산이 일단 시작되면 일정량 이상을 묶어서 생산해야만 하는 것이다. 이것을 로트(Lot)생산 혹은 배치(Batch)생산 방식이라고 한다.

Microsoft Excel - chap4.xls

	A	B	C	D	E	F	G	H	I
1	총괄계획의 제품별 분할								
2		1월				2월			
3	총괄계획	40,000				40,000			
4	2층	7,024				7,024			
5	4층	10,032				10,032			
6	6층	8,024				8,024			
7	8층	5,016				5,016			
8	MPS								
9		1주	2주	3주	4주	5주	6주	7주	8주
10	2층	3,512	0	3,512	0	3,512	0	3,512	0
11	4층	0	5,016	0	5,016	0	5,016	0	5,016
12	6층	4,012	0	4,012	0	4,012	0	4,012	0
13	8층	0	2,508	0	2,508	0	2,508	0	2,508

그림 4-8 | 주일정계획의 사례

(2) 자재소요계획 : 부품의 생산 및 주문계획

각 제품별 주일정계획은 그 제품의 실제 생산을 위한 실행계획이다. 예를 들어 [그림 4-8]은 지금부터 4주 뒤에 8층 제품 2,508㎡가 실제로 완제품 창고에 입고되어야 한다는 사실을 보여주고 있다. 그렇다면 4주 후에 8층 제품 2,508㎡의 생산을 완료하기 위해 부가적으로 필요한 사항은 없는가? 있다. 바로 그 제품의 생산에 투입되어야 할 원자재를 구매하여야 하고 중간조립품을 생산하여야 하는 것이다. 제품의 종류에 따라 다르겠지만 제조 리드타임(Lead Time, 원자재를 생산라인에 투입해서 완제품이 나올 때까지 소요되는 시간)은 짧게는 수일에서 길게는 수개월이 소요되기도 한다. 따라서 그 제품이 만들어지기 위한 선행 단계의 생산활동이 없다면 제품은 만들어질 수 없을 것이다. 이렇게 완제품을 만들기 위해 필요한 자재의 주문이나 부품의 생산에 대한 계획을 자재소요계획(MRP : Material Requirement Plan)이라고 한다.

제품을 구성하는 부품의 종류가 많아지면 MRP의 작성은 매우 복잡하고 어려운 일이 된다. 실제로 자동차에는 2만 개가 넘는 부품이 투입되며 자동차의 성능이 발달함에 따라 그 부품 수는 더 늘어날 것이다. 다음 달에 K자동차 1,500대를 생산하기 위한 2만 개 이상의 부품생산계획(주문계획 포함)을 작성하는 것을 상상해보라. 정말로 끔찍한 상황이 아닐 수 없다. 따라서 아주 간단한 구조의 제품이 아니라면 대부분의 경우 MRP는 컴퓨터 소프트웨어로 구현되어서 사용되고 있다.

컴퓨터 소프트웨어는 입력자료(Input Data)를 받아 내부적인 처리과정을 통해 출력보고서(Output Report)를 만들어낸다. MRP의 출력은 당연히 모든 품목별 주문 및 생산계획(언제, 몇 개를 주문/생산할 것인가)이다. 그렇다면 이런 결과를 만들기 위한 입력자료에는 어떤 것들이 있을까?

MRP를 작성하기 위해서는 세 가지 종류의 정보가 필요하다. 첫 번째가 앞에서 공부하였던 주일정계획이다. 즉, 관심대상인 특정 제품이 언제 몇 개나 필요한지를 아는 것이 부품의 생산계획을 위한 출발점이 된다는 것이다. 생각해보면 이것은 지극히 당연한 사실이다. 완제품이 언제 몇 개 필요한지를 모르고 어떻게 그 제품의 부품을 조달하겠는가?

두 번째로 필요한 정보는 자재명세서(BOM : Bill Of Material)이다. BOM은 생산현장에서 매우 쉽게 찾아볼 수 있는 정보로서, 완제품 한 단위를 생산하는 데 필요한 모든 원자재, 가공부품, 중간조립품의 양과 소요되는 시간을 표시해준다. 예를 들기 위해 부경전자의 4층 PCB 제품에 대한 BOM을 만들어보자. 우선 이 제품의 구조는 [그림 4-9]와 같다. 이러한 구조를 구현하기 위한 대략적인 제조 순서는 다음과 같은 3단계로 설명할 수 있다.

① 내층 제조 : 그림에서 컬러로 색칠된 부분으로서 동박을 양면에 입힌 절연체의 양면에 화학물질로 회로를 인쇄한 다음 화학처리(etching)를 통해 회로를 형성

② 적층 : 내층의 양면에 접착 및 절연물질인 프리프레그를, 그 바깥쪽에는 동박을 배치한 다음 고압과 고열을 가하여 각 층을 접착

③ 후속 작업 : 홀 가공(각 층 간의 회로를 연결하기 위해 드릴로 매우 많은 수의 구멍을 판 다음 구멍의 안쪽을 도금 처리), 외층 제조(양면의 동박에 회로 인쇄 후 화학처리하여 회로 형성), 검사(기계적 검사 및 육안 검사)

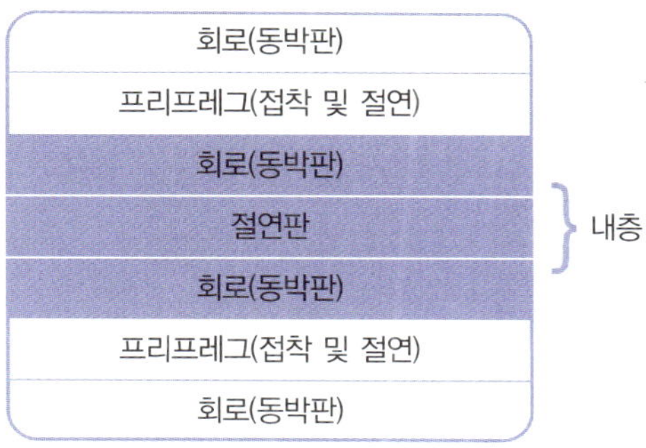

그림 4-9 | PCB 4층 제품의 개략적 구조

이 제조순서에 의거하여 BOM을 만들면 아래의 [그림 4-10]과 같다. 이 그림에서 괄호 안의 숫자는 상위수준의 품목 1단위 생산에 필요한 그 품목의 수를 의미하며, LT는 그 부품의 생산에 필요한 시간(Lead Time)을 나타낸다. 가장 하위수준의 LT는 모두 영인데, 그것은 원자재 창고에 충분히 저장되어 있어 필요할 때 즉시 공급될 수 있음을 의미한다.

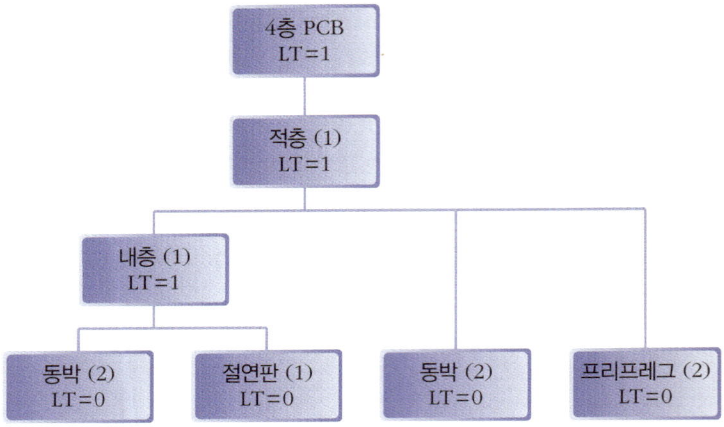

그림 4-10 | PCB 4층 제품의 BOM

그런데 이 부분은 원자재의 공급방식에 따라 달라질 수 있다. 여러 가지 제품에 투입되고 수요가 일상적으로 발생하는 원자재의 경우에는, 최종제품의 생산과는 독립적으로 한 번에 많이 구입해서(앞에서 잠깐 언급하였던 '규모의 경제'를 위해) 사용하다가 떨어질 때가 가까와지면 다시 구매하는 방식을 주로 사용한다. 부경전자의 PCB 제품에 투입되는 원자재들은 대부분 이러한 방식이 적용되고 있으며, 자세한 내용에 대해서는 다음 절의 자재관리에서 다시 다루기로 한다. 반면, 가끔 사용되는 원자재의 경우라면 BOM에 그 품목의 발주 Lead Time(발주한 이후 그 품목이 입고될 때까지 소요되는 시간)을 표시하고 MRP 결과에 따라 주문하면 된다.

MPS와 BOM에 이어 마지막 세 번째로 MRP 작성에 필요한 정보는 각 부품(원자재 포함)의 현재 재고량이다. 예를 들어, 컴퓨터를 조립하는 기업의 경우를 생각해보자. 특정 기종의 노트북 컴퓨터에 대한 주일정계획으로부터 그 노트북에 장착되어야 할 CPU의 이번 주 주문량을 계산하였더니 5,000개라는 결과가 도출되었다. 그러면 바로 Intel사에 5,000개의 CPU를 주문해야 할까? 아니다. 주문 전에 우리 회사가 같은 종류의 CPU에 대한 재고를 갖고 있지 않은지 확인해봐야 할 것이다. 창고의 장부를 확인하였더니 그 CPU가 6,000개 저장되어 있었다. 그렇다면 이번 주문은 뒤로 미루는 것이 타당할 것이다. 물론 이 상황은 외부로부터 구매하는 원자재뿐 아니라 자체 제작하는 부품의 경우에도 마찬

가지이다. 반드시 재고량을 파악하여 실제로 얼마나 필요한지를 계산해야만 한다.

따라서 부경전자의 김 대리는 [그림 4-10]의 BOM에 나타나는 모든 품목에 대한 현 재고를 조사하였다. 그 결과는 아래의 [표 4-3]과 같다.

표 4-3 | 4층 PCB 제품의 부품에 대한 재고조사 결과

품목	동박	절연판	프리프레그	내층	적층	4층 완제품
현 재고(㎡)	90,000	30,000	60,000	500	0	1,000

이제 MRP 작성을 위한 준비가 모두 갖추어졌다. 그렇다면 MRP 작성절차는 어떻게 이루어지는가? MRP 작성을 위해서는 각 품목별로 변화하는 정보들을 하나의 표(Table)로 관리하여야 한다. 이 표의 열(Column)은 기간을 표시하고, 행(Row)은 정보의 종류를 표시한다. 정보의 종류는 아래와 같은 6가지로 구성되어 있다.

① 총 소요량(Gross Requirement) : 해당 품목의 각 기간별 총수요량, BOM 상의 최상위품목(즉, 완제품)은 MPS와 동일한 값을 가짐

② 예정 수취량(Scheduled Receipt) : 현재 시점 이전에 발주(혹은 생산지시)가 이루어져 일정시간 이후에 입고되기로 예정된 양

③ 재고량(On Hand) : 각 기간 말에 보유할 것으로 예상되는 해당 품목의 재고량

④ 순 소요량(Net Requirement) : 직전 기간으로부터 넘어온 재고와 해당 기간의 예정 입고량을 고려해 총 소요량을 변형(즉, 신규로 발주 혹은 생산해야 할 양)

⑤ 계획 수취량(Planned Order Receipt) : 순 소요량을 고려하여 실제로 얼마나 입고시킬 것인지 결정. 필요한 만큼만 주문하는 방식(이것을 Lot for Lot 방식이라고 함)이라면 이 값은 순 소요량과 동일하나 일회 발주량이 정해져 있다면 이 값은 순 소요량 이상의 값을 가짐

⑥ 발주계획(Planned Order) : 계획 입고량을 계획된 기간에 만족시키려면 정해진 Lead Time 이전에 발주(혹은 생산지시)가 이루어져야 함. 따라서 발주

계획의 양은 계획 입고량과 동일하나 그 시점은 Lead Time만큼 앞당겨짐.

예를 들어, 완제품 A의 생산을 위해 부품 B 한 종류만 필요한 아주 간단한 상황에 대한 MRP 결과를 [그림 4-11]에서 볼 수 있다. 먼저 MRP 작성에 필요한 3대 입력 자료를 설명하면 다음과 같다. 우선 완제품 A의 MPS로 5주차의 100단위가 주어져 있다. BOM은 매우 단순하므로 그림으로 표시할 필요도 없이 "A 한 단위 생산에 두 단위의 B가 소요된다."라는 한 문장으로 충분하다. 각 품목의 현 재고는 그림의 F열에 표시되어 있다.

이 3대 입력 자료는 아니지만 MRP 작성을 위해 먼저 조사되어야 할 정보가 있다. 이것은 각 품목별 '예정 수취량'이다. 이 값은 현 시점 이전에 이미 결정된 값이므로 현 MRP 테이블의 계산대상이 아니다. [그림 4-11]에서는 품목 B가 2주차에 200단위 입고될 예정임을 알 수가 있다. 사실 이 값은 지난 주에 작성했던 MRP 테이블에서는 3주차의 '계획 수취량' 행과 1주차의 '발주계획' 행에 있

MRP 스케줄

품목	L.T	Lot Size	구분	현재	1	2	3	4	5	6
A	1	1	총 소요량				100		100	
			예정 수취량							
			재고량	20	20	20				
			순 소요량				80		100	
			계획 수취량				80		100	
			발주계획			80		100		
B	2	200	총 소요량			160		200		
			예정 수취량			200				
			재고량	40	40	80	80	80	80	80
			순 소요량					120		
			계획 수취량					200		
			발주계획			200				

그림 4-11 | MRP 스케줄의 예

었을 것이다. 그 이후 현 시점까지 한 주가 경과하면서 실제로 품목 B에 대한 발주가 집행되어 현 시점에서 보면 2주차에 입고될 예정으로 표시되는 것이다.

이제 위에서 정해진 MPS, 현 재고, 예정 수취량을 제외한 나머지 값들을 구해보자. 우선 최상위품목(완제품 A)은 각 기간별(1주차, 2주차 …)로 아래의 단계를 반복하면 된다.

① 순 소요량 계산 : 지난 주말의 재고량과 이번 주의 예정 수취량을 더한 값을 총 소요량과 비교

② 계획 수취량 계산 : 품목 A는 Lot for Lot 방식이므로 순 소요량과 동일

③ 재고량 계산 : 지난 주말의 재고+이번 주의 예정 수취량+계획 수취량−총 소요량

④ 발주계획 계산 : Lead Time이 1주이므로 계획 수취량과 같은 양을 한 주 전에 기입

품목 B와 같은 하위품목들은 총 소요량의 계산이 필요하다는 점에서 최상위품목과 다르다. [그림 4−11]의 예에서는 품목 A 1단위에 2단위의 B가 필요하므로 품목 A의 발주계획과 같은 기간에 두 배의 양을 B의 총 소요량에 기입하면 된다. 예를 들어 A의 2주차 발주계획 80은 2주차에 품목 A 80단위 생산을 시작한다는 의미이고 이를 위해 160단위의 품목 B가 2주차에 필요하다는 것이다. 이러한 방식으로 상위품목의 발주계획을 사용해 하위품목의 총 소요량을 계산한 다음 나머지 행들은 위에서 설명한 최상위품목의 계산방법과 같은 방법으로 계산한다.

다음 페이지의 [그림 4−12]는 김 대리가 작성한 부경전자의 MRP 스케줄 결과이다. [그림 4−8]의 MPS 결과 중 4층 제품의 MPS를 사용하였고 BOM은 [그림 4−10]을, 현 재고는 [표 4−3]을 사용하였다. 이 그림에서는 6개 품목 모두에 대해 MRP 테이블을 작성하였지만, 이 생산라인과 같이 원자재에 대한 관리를 별도로 수행하는 경우에는 상위 품목 3개에 대해서만 MRP 스케줄을 작성하여도 무방할 것이다. 혹은 원자재의 경우 총 소요량만 계산하여 각 원자재가 언제 소요되는지에 대한 정보로 사용하는 것도 의미가 있겠다.

Microsoft Excel - chap4.xls

G6 =F6+G5+G8-G4

4층 제품 관련 MRP 스케줄

품목	L.T	Lot Size	구분	기간 (week)								
				현재	1	2	3	4	5	6	7	8
4층 완제품	1	1,000	총 소요량			5,016		5,016		5,016		5,016
			예정 수취량									
			재고량	1,000	1,000	984	984	968	968	952	952	936
			순 소요량			4,016		4,032		4,048		4,064
			계획 수취량			5,000		5,000		5,000		5,000
			발주계획		5,000		5,000		5,000		5,000	
적층	1	1,000	총 소요량		5,000		5,000		5,000		5,000	
			예정 수취량		5,000							
			재고량	0								
			순 소요량				5,000		5,000		5,000	
			계획 수취량				5,000		5,000		5,000	
			발주계획			5,000		5,000		5,000		
내층	1	2,000	총 소요량			5,000		5,000		5,000		
			예정 수취량									
			재고량	500	500	1,500	1,500	500	500	1,500	1,500	1,500
			순 소요량			4,500		3,500		4,500		
			계획 수취량			6,000		4,000		6,000		
			발주계획		6,000		4,000		6,000			
동박		1	총 소요량		12,000	10,000	8,000	10,000	12,000	10,000		
			예정 수취량									
			재고량	90,000	78,000	68,000	60,000	50,000	38,000	28,000	28,000	28,000
			순 소요량									
			계획 수취량									
			발주계획									
절연판		1	총 소요량		6,000		4,000		6,000			
			예정 수취량									
			재고량	30,000	24,000	24,000	20,000	20,000	14,000	14,000	14,000	14,000
			순 소요량									
			계획 수취량									
			발주계획									
프리프레그		1	총 소요량			10,000		10,000		10,000		
			예정 수취량									
			재고량	60,000	60,000	50,000	50,000	40,000	40,000	30,000	30,000	30,000
			순 소요량									
			계획 수취량									
			발주계획									

그림 4-12 | 부경전자의 MRP 스케줄

4.5 자재관리(재고계획)

앞에서 우리는 생산시스템의 장기적인 설비투자계획에서부터 중기적인 자원운용계획을 거쳐 단기적인 부품생산 및 원자재 발주계획까지 공부하였다. 하지만 앞서 지적하였듯이 원자재의 경우에는 여러 제품에 지속적으로 투입되는 경우가 많아 각 제품별로 MRP 스케줄에 따라 원자재를 발주하기보다는 자재관리부서에서 별도로 원자재 공급을 관리하는 기업이 많다. 물론 그런 특성의 원자재라 하더라도 한 개의 MRP 테이블로 관리하면서 투입되는 여러 제품과의 관계를 잘 설정하면 최종제품들의 MPS와 원자재 발주를 일치시키는 것이 불가능하지는 않겠지만 조직구조의 특성상 원자재는 자재공급부서에서 별개의 방식으로 관리하는 것이 일반적이다.

자재부서의 가장 큰 목표라면 '생산부서에서 원하는 품질의 원자재를 적은 비용으로 적시에 공급'하는 것이다. 품질을 논외로 한다면 결국 부족(생산부서에서 요구하는 시점에 원자재가 부족)이 발생하지 않는 한도 내에서 자재관리 비용을 줄이면 될 것이다. 그렇다면 자재관리와 관련된 비용에는 어떤 것들이 있을까? 여러 가지 비용이 있겠지만 우리가 관심을 가질만한 비용은 두 가지가 있다. 하나는 재고유지비용이다. 현대 생산시스템에서 '재고는 모든 악의 근원'이라고 할 만큼 재고는 생산시스템에 악영향을 미친다. 재고로 인해 실제로 지출되는 비용도 있지만(주로 창고운영비), 더 심각한 것은 '현금흐름의 지연'과 같은 눈에 보이지 않는 비용들이다.

또 하나의 비용은 주문업무처리에 관련된 비용이다. 즉, 한 번 주문하면 사무직원의 업무량이 발생하게 되고 원자재 공급자와의 의사소통경비와 운송경비까지 발생하게 된다. 재고비용은 재고량, 보관기간에 따라 비용이 변하지만 이 주문처리비용은 주문이 한 번 발생할 때마다 고정된 양으로 한 번씩 발생하는 비용이다.

이 두 가지 비용은 서로 상충관계가 있어서 하나가 늘어나면 다른 하나는 줄어들게 된다. 즉, 한 번에 주문하는 양이 줄어들면 평균적인 재고량이 줄어들어 재고비용이 감소하는 반면에 자주 발주하여야 하므로 주문처리비용은 늘어나

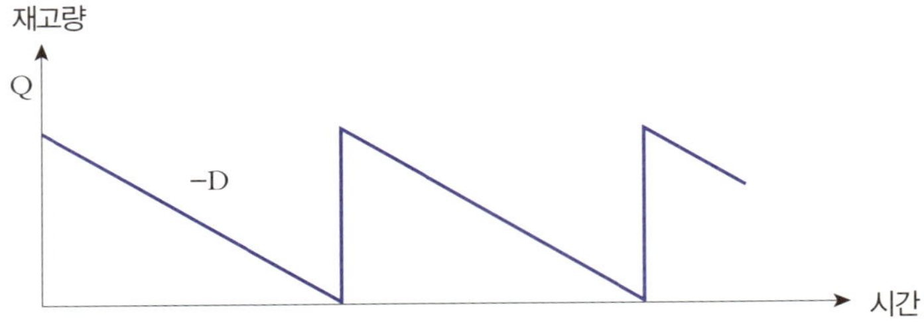

그림 4-13 | 시간에 따른 재고량의 변화

게 된다. 반대로 일회 주문량이 커지면 주문비용은 줄고 재고비용이 늘어나게 된다. 이와 같이 재고에 관련된 비용들은 일회 주문량에 따라 변화하는데 그 원리는 다음과 같다.

우선 원자재 창고에서 관리하고 있는 한 종류의 자재는 [그림 4-13]과 같은 형태로 그 양이 변화해 나간다. 즉, 주문하였던 양(그림에서 Q)이 입고되면 생산라인에서 단위 시간당 일정량(이 양은 D)을 사용하고 재고가 소진되면 새로운 재고가 입고되는 형태이다.

위 그림에서 우리는 이 품목의 평균 재고량이 Q/2 임을 쉽게 알 수 있다. 따라서 일회 주문량이 Q일 때 이 품목으로 인해 발생하는 연간 재고유지비용은 QH/2 이다. 단, 여기서 H는 이 품목 한 단위를 1년 동안 저장하였을 때 발생하는 비용이다.

한편 1년간 발생하는 총 주문관련비용은 1회 주문처리비용(S라고 하자)과 연간 주문횟수를 곱한 값이 된다. 연간 주문횟수는 D/Q이므로 이 비용은 DS/Q

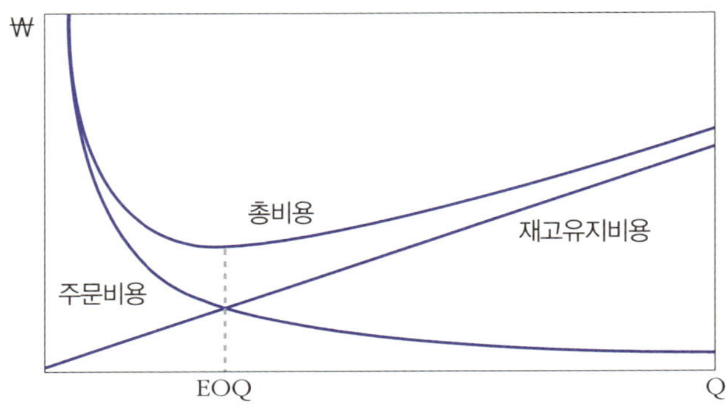

그림 4-14 | 주문량에 따른 관련비용의 변화

가 된다. 이 비용들을 그래프로 표시하면 [그림 4-14]와 같다.

이 그림에서 총비용은 두 종류의 비용을 합한 비용으로서 아래로 볼록한 함수 형태를 취하고 있다. 따라서 단순한 미분을 통해 총비용이 최소가 되는 일회 주문량(EOQ : Economic Order Quantity)을 구할 수 있으며, 그 값은 아래와 같다.

$$EOQ = \sqrt{\frac{2DS}{H}}$$

이상과 같은 사전지식을 가지고 부경전자의 김 대리에게 돌아가 보자. 김 대리는 현재 생산관리부서에 근무하고 있지만 입사 초기에 1년 정도 자재과에서 근무한 적이 있어 자재관리 업무에 대한 경험이 있다. 이 회사에서 사용되는 원자재는 수백 가지가 있지만 본 교재에서는 앞 절에서 보았던 세 가지 원자재 중 동박을 대상으로 관련 내용을 공부하기로 한다. 이 내용은 다른 원자재에도 똑같이 적용될 수 있다.

[그림 4-12]를 보면 4층 제품에 소요되는 동박의 양이 월 40,000㎡ 정도가 된다는 것을 알 수 있는데, 실제로 모든 제품에 투입되는 양을 합하면 월 평균 150,000㎡의 동박(연간 1,800,000㎡)이 사용되고 있다. 또한 한 번의 주문을 처리하는 데 총 250만원이, 1㎡의 동박을 1년 동안 저장하기 위해서는 100원이 소요된다고 한다. 이 자료를 사용해 이 자재의 일회 발주량을 계산하면 300,000㎡가 됨을 알 수 있다. 이 일회 주문량과 월 평균 수요를 감안해보면 발주주기는 2개월이 된다는 사실을 쉽게 알 수 있다.

그렇다면 2개월에 한 번씩 정해진 날에(예를 들어, 짝수 월의 마지막 금요일에) 300,000㎡씩 발주하면 아무런 문제가 없는 것일까? 여기서 우리는 수요 앞에 '월 평균'이라는 용어가 사용되었음을 주의하여야 한다. 즉, 정확하게 월 150,000㎡가 사용되는 것이 아니라, 어떤 달에는 140,000㎡가, 또 다른 달에는 160,000㎡가 사용되어 '평균적으로' 한 달에 150,000㎡가 사용된다는 것이다. 그러면 300,000㎡를 구매한 뒤 두 달 연속으로 월 150,000㎡ 이상의 수요가 발생하면 어떻게 되겠는가? 당연히 생산이 제대로 진행될 수가 없다. 자재관리의 가장 중요한 목적이 '생산부서에서 원하는 시기에 원하는 자재를 공급하는 것'이라고 하였는데, 이렇게 되면 그 목적에 위배되는 상황이 발생한 것이다.

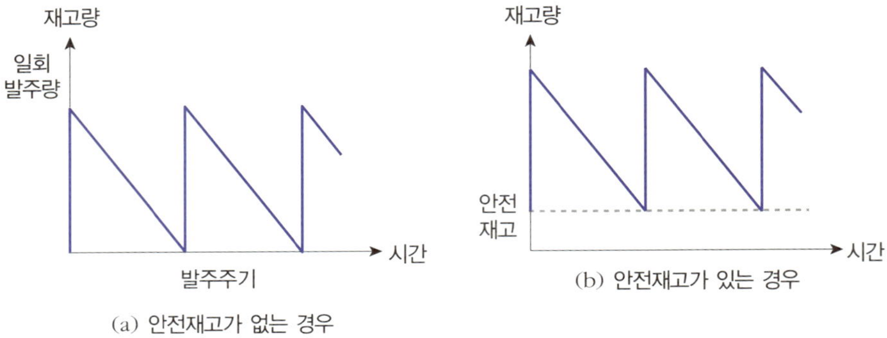

그림 4-15 | 안전재고의 개념

이러한 상황을 방지하기 위해 우리는 두 가지 장치를 설치하려고 한다. 하나는 안전재고(Safety Stock)이다. 이것은 자재를 예측된 평균수요에 꼭 맞게 유지하기보다는 안전을 위해 좀 더 많은 재고를 확보하려는 전략이다. [그림 4-15]는 안전재고의 개념을 잘 보여주고 있다. 안전재고가 없는 경우에는 예측수요의 관점에서 재고가 영이 되는 시점이 발생하지만, 안전재고가 있다면 재고가 바닥나는 경우는 없다. 물론 이것은 예측 상에서이다. 실제상황에서는 안전재고를 두었음에도 불구하고 자재가 부족해지는 현상이 가끔 발생하기도 한다. 이것은 안전재고의 양이 충분히 크지 않기 때문일 것이다. 하지만 그렇다고 안전재고의 양을 무작정 크게 할 수는 없다. 과다한 재고비용이 발생하기 때문이다.

또 하나의 장치는 정기적으로 두 달에 한 번씩 발주하는 것이 아니라 재고수준이 떨어지면 언제든지 발주할 수 있도록 하는 것이다. 즉, 자재의 재고수준을 지속적으로 감시하다가 재고수준이 정해진 수준(이 수준을 재발주점이라고 함)에 이르면 정해진 일회 발주량(여기서는 300,000㎡)을 발주하는 것이다.

그렇다면 어느 정도 수준이 되었을 때 주문을 내야 하는가? 이것은 그 자재의 공급 리드타임 동안의 부족 가능성과 밀접하게 관계되어 있다. 따라서 해당 품목의 리드타임을 알아야 한다. 조사해본 결과, 이 자재의 발주 후 입고까지 리드타임은 근무일 기준으로 10일이라고 한다. 그런데 앞에서 월별 평균수요가 150,000㎡이었으므로 하루 평균수요는 7,500㎡(월 작업일수 20일 가정)가 된다. 따라서 리드타임 10일 동안의 수요인 75,000㎡가 남았을 때 주문하면 안전재고가 없는([그림 4-15(a)]) 상황이 된다.

체계적인 방법으로 적당한 안전재고 수준을 구하기 위해서는 통계학 지식이 필요하다. 그러나 본 교재에서는 어렵지 않으면서도 원리에서 벗어나지 않는 방법을 사용하기로 한다. 출발은 과거자료이다. 과거자료를 검색하여 연속되는 10일 동안 발생한 수요 중 최대치를 찾는다. 실제로 김 대리가 조사한 결과 그 값은 105,000㎡였다. 이제 재발주점을 105,000으로 해보자. 검색한 과거자료가 1년 동안의 자료였다면 특정 리드타임 동안의 수요가 105,000보다 클 확률이 얼마나 될까? 정확한 값을 계산할 수는 없지만 아마도 거의 영에 가까울 것이다. 따라서 사실상 105,000보다 어느 정도 작은 값을 재발주점으로 사용하여도 리드타임 동안 부족이 발생할 가능성은 매우 낮다. 하지만 김 대리의 부경전자는 자재부족으로 인한 생산라인의 중단을 절대 허용하지 않겠다는 정책을 갖고 있어 105,000을 재발주점으로 사용하기로 하였다. 이 결과를 그림으로 표현하면 [그림 4-16]과 같다.

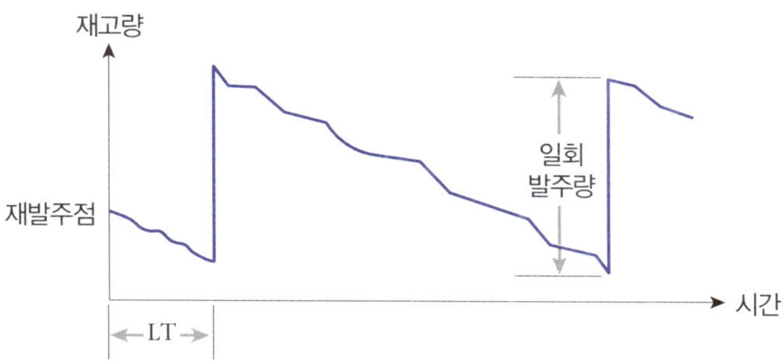

그림 4-16 | 동박 원자재의 재고관리

앞에서 본 [그림 4-15]와 달리 이 그림에서는 재고의 변화선이 직선이 아니라 변화가 불규칙한 곡선이다. [그림 4-15]가 평균재고의 변화를 보여주고 있다면 이 그림은 실제적인 재고변화를 보여주기 때문이다. 여기서 재발주점은 105,000㎡, 일회 발주량은 300,000㎡, LT는 10일이다. 또한 재발주점 105,000㎡ 중 리드타임 동안의 평균수요 75,000㎡를 제외한 30,000㎡가 안전재고에 해당된다.

자재창고에서 관리하는 모든 품목에 대해 이러한 분석이 필요하지는 않을 것이다. 전체 자재품목들 중 중요하다고 생각되는 품목(가격이 비싸거나 수요가 매우 큰 품목)들을 선별한 다음 위의 분석을 수행하여 각 품목에 대한 일회 발주량 및 재발주점을 설정하고 이 값들을 철저하게 준수하는 것이 필요하다. 그렇게 한다면 앞에서 제시하였던 자재부서의 목표(적은 비용으로 생산의 연속성 보장)를 달성할 수 있고, 나아가 생산시스템 전체의 효율적 · 효과적인 운영이 가능해질 것이다.

연습문제

1 두 고객사에 원자재를 공급하는 업체가 있다. 병목공정의 필요기계대수를 결정하고자 한다. 이 공정에서의 작업은 로트 단위로 처리되며 각 로트를 처리하기 위해서는 가동준비(Setup)가 필요하다. 로트크기, 가동준비시간, 작업시간 등은 로트별로 다르지만 아래 표와 같은 연평균값을 사용해 분석하고자 한다. 이 공장은 하루 8시간씩 연간 250일 가동된다. 또한 경영진에서는 여유능력을 15% 정도 확보하고자 한다.

항목	고객 1	고객 2
연간 수요(개)	2,400	6,000
평균 처리시간(시간/개)	0.5	0.8
평균 로트크기(개/로트)	20	30
평균 가동준비시간(시간)	0.8	1.2

2 Excel을 이용하여 [그림 4-6]과 같은 상황에서의 생산계획을 작성해보시오. 주어진 조건을 모두 만족하여야 하며 이 그림의 생산계획과 같지 않도록 하시오.

3 Excel을 이용해 운영되는 MRP시스템의 일부이다. 한 단위의 A를 생산하기 위해서는 두 단위의 B가 소요되며, Lot Size는 최소 주문량을 의미한다(즉, 순 소요량이 Lot Size보다 작으면 Lot Size만큼 주문하고 Lot Size보다 크면 순 소요량만큼 주문함).

	B	C	D	E	F	G	H	I	J	K	L	M	N	O	P
1	MRP 스케줄														
2	품목	리드타임	Lot Size	구분	시점										
3					현재	1	2	3	4	5	6	7	8	9	10
4	A	2	1	총 소요량				100			200				
5				예정 수취량											
6				재고	30										
7				순 소요량											
8				계획 수취량											
9				발주계획											
10	B	3	300	총 소요량								(1)			
11				예정 수취량		300									
12				재고	25							(2)			
13				순 소요량								(3)			
14				계획 수취량								(4)			
15				발주계획								(5)			

(1) Excel을 사용해 MRP Table을 완성하시오.

(2) Table의 M열에 표시된 5개의 Cell에 적당한 Excel 수식은?

품질개선 및 관리

Chapter 05

5.1 품질의 평가와 보증

일반적으로 소비자에게 '품질'이라고 말할 때는 두 가지 측면에서 이해하게 된다. 첫 번째는 소비자들이 필요로 하는 핵심 기능이나 특성들이 모두 제품에 구비되어 있는가 하는 것이고, 두 번째는 그 핵심 기능이나 특성이 모두 제대로 작동하는가 하는 측면이다. 전자는 제품을 설계할 때 고려해야 하는 설계품질에 해당되고, 후자는 제품의 생산과 관련된 제조품질(혹은 적합품질)에 해당된다. 경우에 따라서는 여기에 서비스품질을 추가하여 판매 과정 혹은 판매 후의 제반 서비스의 질적인 측면을 평가하기도 한다.

품질개선이나 관리는 기존의 제품에 관련된 문제이므로 여기서는 설계품질보다는 제조품질에 초점을 맞추어 설명한다. 보통 우리가 어느 회사 제품의 품질을 논할 때는 개별 제품의 품질보다는 그 회사에서 생산된 제품들의 품질을 전체적으로 종합하여 평가한다.

예를 들어서 그 회사에서 생산된 제품 중 어느 하나가 완벽한 제품이었다고 하더라도, 그 회사 제품의 품질이 모두 좋다고 말하지는 않는다. 그 회사에서 생산된 수많은 제품들이 모두 규격 요건 이상을 만족하고 균일한 성능을 유지한다면 그 회사 제품은 품질이 좋다고 할 것이다. 반면에 성능이 탁월한 제품들이 있는가 하면 규격 요건도 제대로 충족시키지 못하는 제품들이 있어 들쭉날쭉하다고 한다면 이 회사 제품의 품질수준은 낮다고 한다.

제품마다 핵심 품질요소가 복수 이상이고 요소별 품질특성도 여러 개 있는 경우가 일반적이지만, 여기서는 이해를 쉽게 하기 위해 문제를 단순화하여 하나의 품질특성만 있는 경우를 고려하자. 이 특성과 관련하여 품질이 좋다고 하는 것은 두 가지 측면에서 이해할 수 있다. 하나는 이 특성의 여러 제품에 걸친 평균치가 고객이 기대하는 목표치에 어느 정도 근접한가(평균 문제) 하는 측면이고, 또 하나는 제품별 특성치가 어느 정도 균일한가(산포 문제) 하는 측면이다. 제품별 특성치가 모두 목표치에 정확하게 맞춰져 있고 산포가 전혀 없는 상태일 때, 이 특성과 관련하여 완벽한 품질이 구현되고 있다고 할 것이다.

그러나 현장의 제조공정에서는 품질에 변동을 초래하는 여러 가지 요소가 무수히 많이 있으므로 완벽한 품질을 구현하는 것은 불가능하다. 따라서 보통 목표치를 중심으로 약간의 변동을 허용하여 품질특성의 측정치가 그 범위 이내에 속하면 양품으로서 수용하고 그렇지 않으면 불량품으로 판정한다. 어느 회사나 공장의 품질수준을 얘기할 때 불량률 얼마라고 하는 것은 그 회사 혹은 공장에서 생산된 제품 전체에서 불량품이 차지하는 비율이 얼마인가를 지칭하는 것이다.

과거에는 고객에 대한 품질보증 수단으로 일단 생산된 제품을 검사하여 불량품을 가려내거나 불량률이 허용 한계를 초과하는 로트를 기각하고, 품질 수준이 일정기준 이상 되는 로트만을 수용하는 방식을 사용하였다. 그러나 이것은 품질보증을 위한 임시방편이라고 할 수 있으며 근본적인 방책이라고 볼 수 없다. 양품이나 불량품이나 근본적으로는 제조공정에서 나오는 것이며, 공정을 개선하고 관리하지 않고서는 고객에 대한 품질보증을 효율적으로 할 수 없다.

불량률은 품질 수준을 나타내는 척도로서 산업 현장에서 많이 사용되고 있지만, 평균과 산포를 따로 구분하지 않고 계산된 값으로 엄밀하게 과학적인 측도로 보기에는 미흡하다. 실제로 똑같이 양품으로 판정되었다고 하더라도 한 제품은 품질특성치가 정확하게 목표치와 일치하고 다른 제품은 가까스로 허용공차의 범위 내에 들어 있을 수 있다. 이 경우 양품인 두 제품의 실질적인 성능의 차이가 상당히 클 수도 있다. 따라서 공정 개선이나 관리를 위해서는 불량률과 같은 이분법에 의해 얻어진 지표가 아니라 품질특성을 정량적으로 측정하여 얻은 데이터를 과학적으로 분석한 결과를 이용하는 것이 바람직하다.

제조공정의 효과적인 관리와 개선을 위해 품질특성에 대한 측정데이터를 과학적으로 해석하는 방법으로 통계적인 분석기법이 많이 사용된다. 산업현장에서 널리 사용되고 있는 관리도도 통계적인 이론에 기초를 두고 있다. 오늘날 통계적 공정관리를 이용한 품질의 개선 및 관리는 대고객 품질보증 수단의 중요한 부분을 차지하고 있다.

5.2 품질비용

품질보증에는 제대로 되든 그렇지 않든 반드시 비용이 수반된다. 대고객 품질보증을 제대로 하기 위해 투자되는 비용은 예방비(Prevention Cost; P-Cost)라 하고 품질보증을 제대로 하지 못한 결과 발생하는 경비를 실패비(Failure Cost; F-Cost), 품질보증을 제대로 했는지 못했는지 평가하는 데 드는 경비를 평가비(Appraisal Cost; A-Cost)라 한다.

예방비는 불량 발생을 예방하기 위하여 제품개발, 설계, 혹은 제조 단계에서 지출되는 비용으로서 제품을 초기에 제대로 만들기 위해 투자되는 경비라고 할 수 있다. 여기에 포함되는 중요 항목으로 품질계획비용, 신제품설계 및 검토비용, 공정설계 및 관리비용, 교육훈련비용, 협력업체 평가비용, 품질자료수집 및 분석비용 등이 있다. 평가비용은 원자재, 반제품 혹은 완성품 등의 품질이 요구사항에 일치하는가를 확인하기 위하여 측정 및 평가하는 데 소요되는 경비로서 원자재 수입검사비용, 공정검사비용, 완제품검사비용, 검사 및 시험장비의 유지보수비용 등이 이에 속한다. 실패비용은 평가결과 품질이 요구사항에 미달함으로 인해 발생하는 비용으로서 내부 실패비용과 외부 실패비용으로 나누어볼 수 있다. 내부 실패비용은 제품이 고객에게 인도되기 전에 발견된 불량 혹은 결함으로 인한 비용으로 폐기처분비용, 재작업비용, 재검사비용, 불량분석비용, 작업 중단으로 인한 손실, 수율저하로 인한 손실 등이 이에 속한다. 외부 실패비용은 제품이 고객에게 인도된 후 발생하는 비용으로 반품비용, 클레임처리비용, 보증수수료, 제품책임비용 등을 포함한다.

품질비용이 차지하는 비중은 제조업의 경우 5~35%, 서비스업의 경우 25~40% 정도로서 전체 원가의 상당부분을 차지하고 있다. 품질비용 중 평가비용과 실패비용을 포함하여 품질수준이 낮아서 발생하는 비용을 통틀어 저품질비용(Cost of Poor Quality : COPQ)이라고 하는데, 전체 품질비용은 저품질비용의 크기에 비례하는 성향이 있다. 엄밀히 말하면 저품질비용은 꼭 불량이 아니라도 고객의 불만족으로 인해 발생하는 비용이나 손실, 브랜드이미지 손상 등으로 인한 매출감소 등도 포함하므로 단순히 평가비와 실패비의 합으로 보기는 어렵다. 따라서 기업의 이익구조를 개선하기 위해서는 평가비 혹은 실패비의 감소가 아니라 보다 포괄적인 의미의 저품질비용을 절감하기 위한 노력이 요구된다. 이와 같은 노력은 신제품의 기획과 개발 및 설계, 새로운 공정의 개발 및 설계, 기존 제품의 개선 및 재설계, 기존 공정의 개선 및 관리 등 여러 단계에서 실시되어야 한다.

본 장에서는 기존의 공정에 대한 개선 및 관리방법에 대해서 살펴본다.

5.3 품질개선

공정이 정상적인 상태로 잘 관리되고 있다 하더라도 품질이 목표수준에 미달할 수도 있다. 이에는 기술적인 이유를 포함하여 여러 가지 가능한 원인이 있을 수 있다. 이와 같은 경우 공정을 안정된 상태로 관리하는 것만으로는 고객에 대한 품질보증을 하지 못하게 되므로 공정의 개선을 시도하게 된다. 개선은 기존의 공정에 변화를 가하는 행위로서 그에 따른 예산 및 자원과 시간의 투입이 요구된다. 또한 생산일정에도 영향을 주게 되므로 공정개선 활동은 사전에 계획을 세워 가장 능률적인 방법을 사용하여 체계적으로 진행해야 한다. 한 공정의 개선이 후속공정에는 부정적인 영향을 줄 수도 있으므로 개선 활동은 전체적인 관점에서 종합적으로 추진되어야 하며, 이를 위해서는 각 관련 부문 혹은 공정의 관계자들로 기능복합팀(CFT : Cross Functional Team)을 구성해야 한다.

개선 활동은 [그림 5-1]에서 보는 바와 같이 일반적으로 문제에 대한 정확한 이해와 출력변수의 정의, 출력변수의 현재수준 파악 및 목표수준 설정, 출력변수에 관련된 입력변수들의 도출 및 인과관계 규명, 출력변수를 최적화하는 입력변수들의 조건 설정, 실험 혹은 시험 및 개선효과 검증, 개선 결과를 유지하기 위한 실수방지 대책 및 관리표준 마련, 개선결과 유지 여부 모니터링 등의 순서로 진행된다. 개선 결과를 유지 · 관리하는 마지막 과정이 일정기간 지속되면서 품질목표수준이 향상되거나 또 다른 품질특성에 대해 개선이 필요하게 되면, 이와 같은 절차를 반복하여 지속적인 개선이 이루어진다.

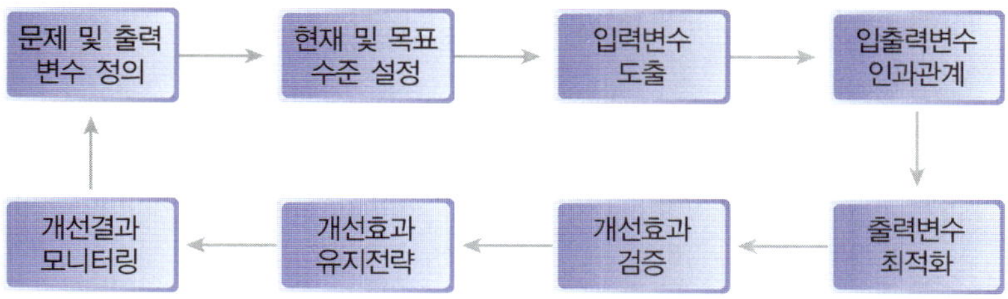

그림 5-1 | 공정개선의 절차

각 순서별로 세부 진행사항을 살펴보면 다음과 같이 요약할 수 있다.

■ 순서 1. 문제에 대한 정확한 이해와 출력변수의 정의

- 무엇이 문제인지 정확하게 파악하고 구체적이고 객관적으로 그리고 정량적으로 기술한다.
- 문제를 해결하기 위한 적절한 팀을 구성한다. 팀에는 문제와 직접 관련되어 있고 그 중요성을 잘 인식하고 있는 관계자들이 포함되도록 해야 한다.
- 문제의 정도를 측정할 수 있는 객관적인 지표를 설정하여 출력변수를 정의한다. 이때 출력변수의 측정방법을 포함한 측정시스템도 함께 정의한다.
- 문제해결 혹은 개선을 위한 프로젝트의 범위를 결정한다.
- 소요되는 예산 및 자원을 추정한다.
- 프로젝트의 추진 일정 계획을 수립하고, 진행 단계별 팀원의 역할 분담 및 회의 빈도 등을 결정한다.
- 상부 결재를 통해 예산 및 자원의 지원을 확보한다.

■ 순서 2. 출력변수의 현재수준 파악 및 목표수준 설정

- 측정시스템 분석기법을 활용하여 출력변수에 대한 관측값의 신뢰도를 확보하여 데이터에 오류가 없도록 한다. 이는 잘못된 데이터 사용으로 판단을 그릇되게 하는 것을 사전에 방지하기 위한 절차이다.
- 출력변수를 측정하여 얻은 데이터를 사용하여 현재 상태를 객관적이고

정확하게 정량적으로 판단한다.

- 출력변수의 현재수준과 이상적인 수준을 토대로 목표수준을 설정한다. 목표는 SMART(구체적, 정량적, 도전적, 상위전략지향적, 시한적)하게 기술한다.

■ 순서 3. 출력변수에 관련된 입력변수들의 도출 및 인과관계 규명

- 기술적인 지식, 현장경험, 상식 등을 토대로 출력변수에 영향을 줄 수 있는 제반 입력변수들을 모두 도출한다. 이때 사용될 수 있는 기법으로는 브레인스토밍, 특성요인도, 프로세스맵, 공정도 등이 있다.

[표 5-1]은 브레인스토밍의 원칙과 진행방법을 정리한 것이며 [그림 5-2]와 [그림 5-3]은 특성요인도와 프로세스맵을 각각 예시하고 있다.

표 5-1 | 브레인스토밍의 진행

진행원칙	진행방법	참고
• 자유분방 모든 의견은 부드러운 분위기 속에서 자유롭게 발표하며 실현 가능성에 대한 고려는 하지 않는다. • 무비판 타인의 의견은 무조건 존중해주며 비판적인 언사나 표정은 금지한다. • 편승 타인의 의견에 자신의 의견을 접목하여 제시하는 것은 언제나 환영한다. • 다다익선/전원참여 한 사람이 여러 의견을 많이 제안하는 것도 환영하며 모든 사람들이 적어도 하나 이상의 의견을 내도록 한다.	1. 사회와 서기를 정한다. 2. 주제에 대한 이해를 공유한다. 같은 문제에 대해 서로 다르게 해석하고 있는지 확인하고 모든 사람이 정확하게 이해하도록 한다. 3. 회의시간과 형식을 정한다. 시간은 한 시간을 초과하지 않도록 하며 진행 형식은 자유로이 정해도 좋다. 원탁에 둘러앉아 차례대로 돌아가면서 의견을 내는데, 당장 의견이 없으면 '통과'라고 말하는 식으로 진행할 수도 있다. 4. 회의 중 나온 의견은 모두 볼 수 있도록 벽면에 큰 종이를 부착하여 그 위에 기록한다. 5. 회의시간이 끝나고 의견이 모두 수집되면 이를 분류·정리하여 다음 작업을 위한 준비를 한다.	• 브레인스토밍은 여러 회에 걸쳐 진행될 수도 있다. • 브레인스토밍을 통해 수집된 아이디어는 이후에 분류 및 정리, 검토, 평가, 선정, 다듬기 작업을 거쳐야 한다. • 경험적으로 브레인스토밍에서 얻어진 아이디어의 10% 정도는 꽤 괜찮은 아이디어라고 한다.

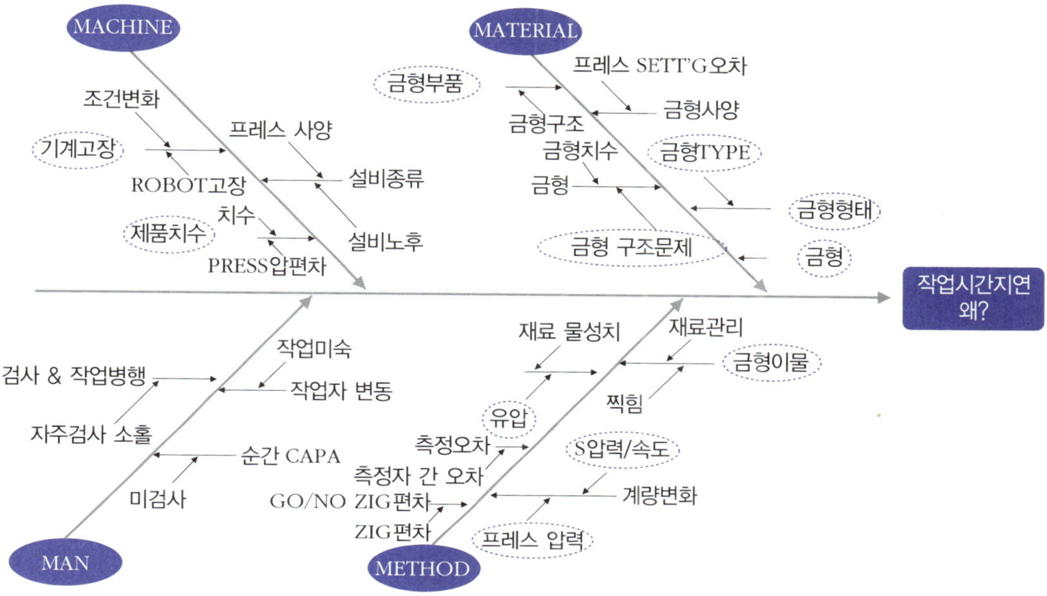

그림 5-2 | 특성요인도의 예

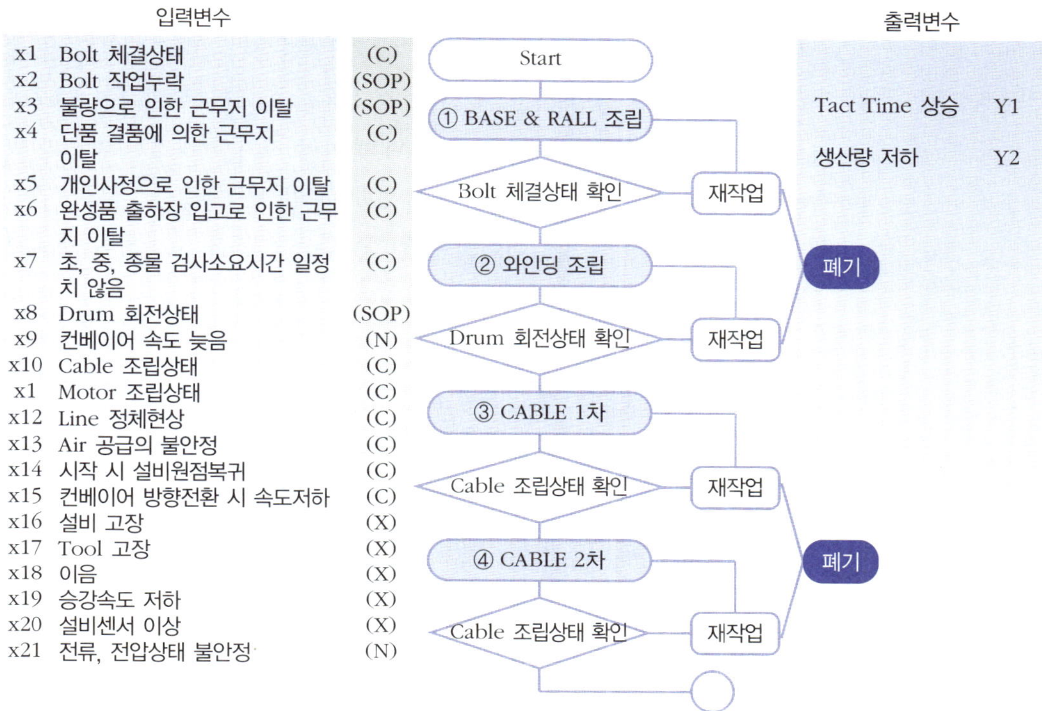

그림 5-3 | 프로세스맵의 예

- 출력변수에 영향을 줄 수 있는 모든 가능한 입력변수들이 도출되면 이들이 실질적으로 출력변수에 영향을 어느 정도 주는지 검토하고 중요변수들을 1차적으로 선별한다. 이를 위해 원인결과 매트릭스, FMEA 등의 기법을 활용할 수 있다.
- 일차 선별된 중요 입력변수들이 출력변수에 영향을 유의하게 미치는지 여부를 데이터를 토대로 객관적으로 검증한다. 이 단계에서는 통계적인 분석기법들이 많이 사용된다. 검증 결과 유의한 입력변수들을 핵심입력변수로 분류한다.

■ 순서 4. 출력변수를 최적화하는 입력변수들의 조건 설정

- 데이터를 토대로 출력변수와 핵심입력변수들의 함수관계를 규명한다. 데이터의 수집을 위해 실험을 설계하고 실시하는 것이 일반적이다. 이 단계에서는 상관분석, 회귀분석, 실험계획법 등의 통계적 기법들이 다양하게 활용된다.
- 핵심입력변수들과 출력변수 간의 전환함수가 구해지면 이를 바탕으로 출력변수의 목표값을 달성할 수 있게 해 주는 핵심입력변수들의 값을 설정해준다. 이때 핵심입력변수들의 설정값뿐만 아니라 현실적인 허용공차도 함께 설정해 주어야 한다. 이를 위해 여러 가지 최적화 기법들과 민감도분석, 시뮬레이션 등의 기법을 활용할 수 있다.
- 핵심입력변수 이외의 입력변수들은 원가, 생산성 등을 고려하여 적절한 조건을 설정해 준다.

■ 순서 5. 실험 혹은 시험 및 개선 효과 검증

- 개선된 조건으로 실험 혹은 시험을 실시하여 효과의 재현성을 검증한다. 재현성이 입증되지 않으면 그 원인을 밝혀내고 이전의 순서들을 반복해야 한다. 재현성을 검증하기 위해 충분한 기간을 두고 데이터를 수집하여 분석해 보아야 할 경우도 있다.
- 개선 정도를 평가하고 당초의 목표와 비교하여 추가 개선 여부를 결정한다.

■ 순서 6. 개선 결과를 유지하기 위한 실수방지 대책 및 관리표준 마련

- 개선 효과가 검증되면 결과를 유지하기 위한 관리방안을 마련한다. 이를 위해 표준화, 실수방지, 관리도 등의 기법이 활용된다.
- 그동안 진행되어 온 핵심 내용을 정리하여 문서화하여 효과의 유지 관리 활동에 도움이 되도록 한다.
- 개선활동을 통해 얻은 지식을 사내에 공유함으로써 타 부문에서도 적용 혹은 참고할 수 있도록 한다.

■ 순서 7. 개선 결과 유지 여부 모니터링

- 모든 개선 결과를 유지하기 위한 공정조건, 작업표준 등에 대한 제반사항을 현업 담당부서에 이관한다.
- 충분한 기간에 걸쳐 모니터링함으로써 개선 사항이 현장에 제대로 정착되어 개선 결과가 유지되는지 확인하도록 한다.

5.4 관리도를 이용한 공정관리

품질특성을 정량적으로 측정하여 얻어진 데이터, 즉 정량적인 품질 데이터를 분석하여 품질을 개선 · 관리하고자 할 경우에 부딪치는 문제는, 하나의 제품에 관련된 품질특성의 종류가 많고 이에 따라 데이터의 수도 너무 많게 된다는 것이다. 우리가 사용하는 휴대폰만 하더라도 송신기능, 수신기능, 음질 등 기본적인 통화품질뿐만 아니라 크기, 두께, 무게, 색상, 외관 등에 관련된 다양한 품질 데이터가 있을 수 있다. 이와 같은 경우 모든 데이터를 일일이 다 분석하여 소기의 목적을 달성하고자 하는 것은 비용이나 시간 측면에서 비효율적이며 그 효과도 기대하기 어렵다.

품질의 개선 및 관리에서는 문제의 핵심이 되는 요소만을 대상으로 데이터를 분석한다. 과거의 수많은 경험에 의하면 문제의 대부분을 유발하는 요인은 소수에 불과하게 된다는 파레토 원리(Pareto Principle)는 품질 문제에 있어서도 유

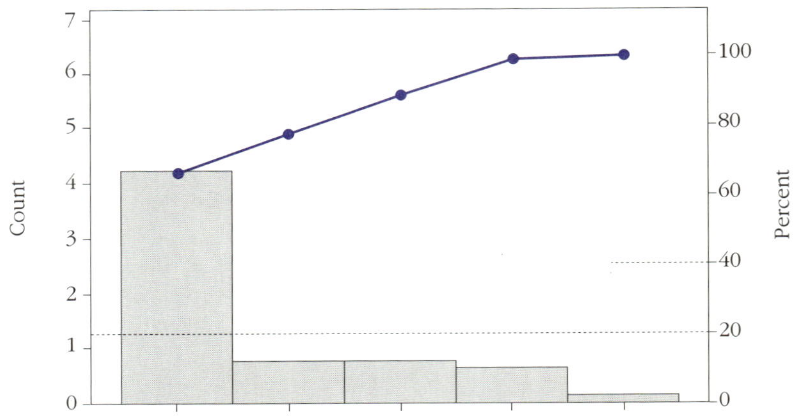

Loss Type	Warp D/A	S/Broken	Warp reject	W/Mark	Other
Count	4.22	0.70	0.70	0.60	0.12
Percent	66.6	11.0	11.0	9.5	1.9
Cum %	66.6	77.6	88.6	98.1	100.0

그림 5-4 | 특성별 불량으로 인한 손실의 파레토 그림

효하게 적용될 수 있다. 따라서 우리가 품질을 개선하거나 관리하고자 할 경우, 파레토 분석을 실시하여 문제의 핵심이 되는 품질특성을 찾아내어 무엇을 개선하고 관리할 것인지 먼저 결정해야 한다. 파레토 분석에 사용되는 파레토 그림은 각 항목별 문제 발생 빈도를 [그림 5-4]와 같이 작성한 것으로 문제의 핵심요인들을 쉽게 알 수 있게 해 준다. [그림 5-4]는 불량으로 인해 발생하는 손실금액을 품질특성별로 분류하여 작성한 파레토 그림으로서, 문제가 가장 심각한 항목인 'Warp D/A' 만 집중적으로 관리하고 개선하더라도 불량으로 인한 전체 손실의 60% 이상을 절감할 수 있음을 시각적으로 보여주고 있다.

개선이나 관리할 대상이 되는 품질특성이 정해지면 다음은 개선 및 관리방법을 알아야 한다. 현장에서는 관리도를 이용한 방법이 널리 사용되고 있으며 그 기본적인 운영 방식은 다음과 같다. 먼저 공정이 정상적으로 관리 · 운영되고 있는 상태에서 생산되는 제품들의 품질특성을 측정하여 그 평균과 산포를 토대로 관리한계선을 설정한다. 이때 정상적인 상태에서 나오는 제품 품질특성의 측정치는 거의 모두 그 범위 안에 포함되도록 관리한계선을 설정함으로써 만약 한계선을 벗어나는 측정치가 발견되면 그리 큰 위험부담없이 공정에 무언가 문제가 발생했다는 결론을 내릴 수 있도록 한다. 이후 공정으로부터 생산된 제품

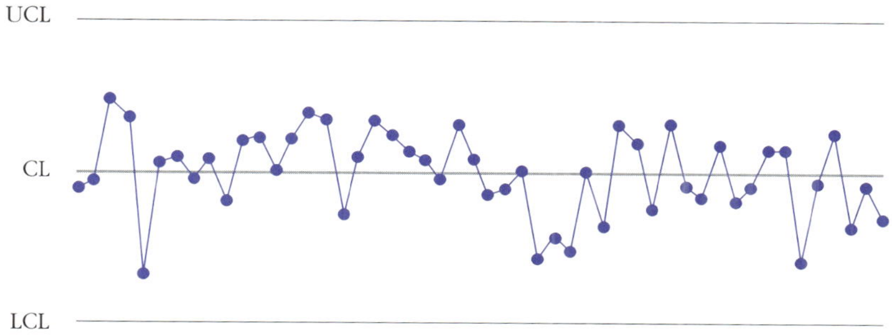

그림 5-5 | 관리도

들을 일정한 시간 간격으로 무작위 추출하고 그 품질특성을 측정하여 관리한계선과 비교한다. 만약 비교 결과 관리한계선을 벗어난다면 공정에 이상이 발생했다고 판단하고 원인 규명 및 수정 조치를 취한다.

이와 같은 관리도 운영방식의 근거는 확률 및 통계이론에 기초를 두고 있다. 산업현장에서 얻어지는 대부분의 측정데이터는 정규분포를 따르게 되는데, 정규분포의 경우 전체 데이터의 99.7%가 평균을 중심으로 표준편차의 3배 범위 내에 분포하게 된다. 그래서 관리한계선을 설정할 때도 정상적인 공정에서 얻어진 데이터를 사용하여 계산된 통계량의 평균에 표준편차의 3배를 더한 값을 관리상한선(UCL : Upper Control Limit), 표준편차의 3배를 뺀 값을 관리하한선(LCL : Lower Control Limit)으로 설정한다. 관리한계선을 이와 같이 설정하면 정상적인 공정에서 얻어진 데이터를 토대로 계산된 통계량의 99.7%는 UCL과 LCL 사이에 있게 될 것이다. 즉, 공정이 정상적인 상태하에서 통계량의 값이 UCL 혹은 LCL을 벗어나게 될 가능성은 0.3%가 채 안 되는 것이다. 따라서 만약 관측된 통계량의 값이 UCL 혹은 LCL을 벗어나면 그다지 큰 위험부담없이(0.3% 정도의 잘못 판단할 위험을 감수하고) 공정에 문제가 있다고 판단하는 것이다.

실제 산업현장에서는 공정관리의 효과를 높이기 위해 [그림 5-5]와 같이 관리도를 도표로 작성하여 공정의 상태를 시각적으로 판단할 수 있도록 운영한다. 그림에서 CL(Center Line)은 중심선을 나타내며 통계량의 전체 평균값으로 구해진다.

여기서 통계량이라 함은 표본 데이터를 토대로 계산되는 값으로 표본평균, 표본범위, 표본표준편차, 표본불량률 등은 모두 통계량(보다 엄밀하게 말하면 통계량의 관측치)에 해당된다.

사례 5.1 평균 및 표준편차관리도

자동차엔진 부품 중 하나인 피스톤링의 내경은 이 부품의 핵심 품질특성이다. 따라서 피스톤링 제조공정은 내경이 규격에 맞게 가공되도록 관리하는 것이 중요하다. 피스톤링을 생산하는 어느 회사에서는 매일매일 생산된 피스톤링으로부터 5개씩 표본을 추출하여 내경을 측정하여 얻어진 데이터를 토대로 공정을 관리하기로 하였다. [표 5-2]는 25일에 걸쳐 얻어진 데이터를 기록하고 있다.

피스톤링의 내경은 설계목표값 74mm에 근접할수록 피스톤의 성능이 우수하게 된다. 전체적으로 보아 가공된 피스톤링 내경의 평균이 74mm와 일치하고 표준편차가 최대한 작게 유지되면 품질이 균일하고 성능이 우수한 피스톤링을 생산하고 있다는 의미가 된다. 따라서 이와 같은 경우 제조공정을 관리하기 위한 통계량으로 표본평균과 표본표준편차를 선택하는 것이 합리적이다. 즉, 공정의 평균뿐만이 아니라 산포도 함께 관리함으로써 우수한 품질의 제품을 생산하고자 하는 것이다.

공정의 평균과 표준편차를 모두 관리하고자 할 경우에는 평균관리도와 표준편차관리도를 각각 작성하여 두 통계량을 동시에 모니터링해야 한다. 산업현장에서는 두 관리도를 세로로 나란히 작성하여 게시함으로써 공정의 현재 상태를 쉽게 파악할 수 있도록 하는 것이 일반적이다. 이제 [표 5-2]의 데이터를 사용하여 일반적인 순서에 따라 관리도를 작성하여 운영해보자.

표 5-2 | 피스톤링 내경 측정 데이터

날짜	피스톤링 내경 측정값					표본평균	표본 표준편차
1	74.030	74.002	74.019	73.992	74.008	74.010	0.0148
2	73.995	73.992	74.001	74.011	74.004	74.001	0.0075
3	73.988	74.024	74.021	74.005	74.002	74.008	0.0147
4	74.002	73.996	73.993	74.015	74.009	74.003	0.0091
5	73.992	74.007	74.015	73.989	74.014	74.003	0.0122
6	74.009	73.994	73.997	73.985	73.993	73.996	0.0087
7	73.995	74.006	73.994	74.000	74.005	74.000	0.0055
8	73.985	74.003	73.993	74.015	73.988	73.997	0.0123
9	74.008	73.995	74.009	74.005	74.004	74.004	0.0055

10	73.998	74.000	73.990	74.007	73.995	73.998	0.0063
11	73.994	73.998	73.994	73.995	73.990	73.994	0.0029
12	74.004	74.000	74.007	74.000	73.996	74.001	0.0042
13	73.983	74.002	73.998	73.997	74.012	73.998	0.0105
14	74.006	73.967	73.994	74.000	73.984	73.990	0.0153
15	74.012	74.014	73.998	73.999	74.007	74.006	0.0073
16	74.000	73.984	74.005	73.998	73.996	73.997	0.0078
17	73.994	74.012	73.986	74.005	74.007	74.001	0.0106
18	74.006	74.010	74.018	74.003	74.000	74.007	0.0070
19	73.984	74.002	74.003	74.005	73.997	73.998	0.0085
20	74.000	74.010	74.013	74.020	74.003	74.009	0.0080
21	73.982	74.001	74.015	74.005	73.996	74.000	0.0122
22	74.004	73.999	73.990	74.006	74.009	74.002	0.0074
23	74.010	73.989	73.990	74.009	74.014	74.002	0.0119
24	74.015	74.008	73.993	74.000	74.010	74.005	0.0087
25	73.982	73.984	73.995	74.017	74.013	73.998	0.0162
합계						1850.028	0.2351
평균						74.001	0.0094

- **순서 1.** 매일 5개의 피스톤링을 측정하여 얻어진 데이터의 표본평균과 표본표준편차를 계산한다. 예를 들어, 첫 날 얻어진 데이터의 표본평균과 표본표준편차는

$$(74.030 + 74.002 + 74.019 + 73.992 + 74.008)/5 = 74.010,$$

$$\sqrt{\left\{(74.030 - 74.010)^2 + \cdots + (74.008 - 74.010)^2\right\}/4} = 0.0148$$

과 같이 계산한다.

- **순서 2.** 표본평균과 표본표준편차의 전체 평균값을 구한다. [표 5-2]에 전체 평균값을 계산하여 각각 74.001, 0.0094로 기입되어 있다.

- **순서 3.** 전체 평균을 각 관리도의 중심선으로 하여 매일 계산된 표본평균과 표본표준편차값을 [그림 5-6]과 같이 타점하고 연결한다.

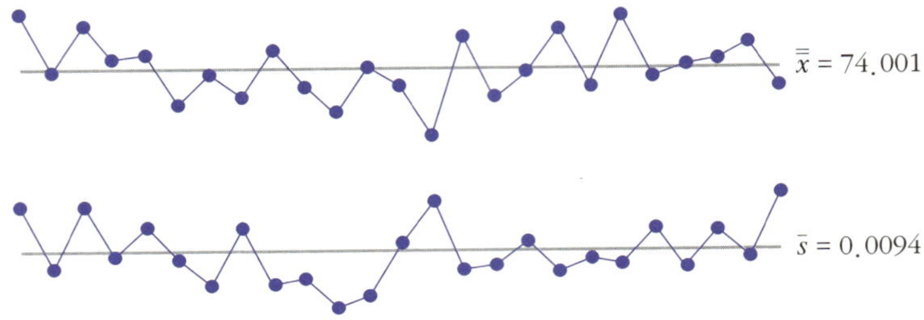

그림 5-6 | 평균 및 표준편차관리도의 중심선과 관측값 타점

■ 순서 4. 평균관리도 및 표준편차관리도의 UCL과 LCL을 각각 계산한다. 이 과정은 통계적인 기초지식이 필요하므로 여기서는 생략하고 결과만 제시하면 다음과 같다.

- 평균관리도 $\begin{cases} UCL = 74.014 \\ LCL = 73.988 \end{cases}$

- 표준편차관리도 $\begin{cases} UCL = 0.0196 \\ LCL = - \end{cases}$

여기서 표준편차관리도의 LCL 값을 계산하면 음수가 되는데, 실제 표준편차는 음수가 될 수 없으므로 LCL은 고려하지 않는다.

■ 순서 5. 순서 4의 계산 결과를 사용하여 [그림 5-6]의 각 그래프에 UCL과 LCL을 작성한다. [그림 5-7]은 이와 같은 방법으로 완성된 관리도를 보여주고 있다.

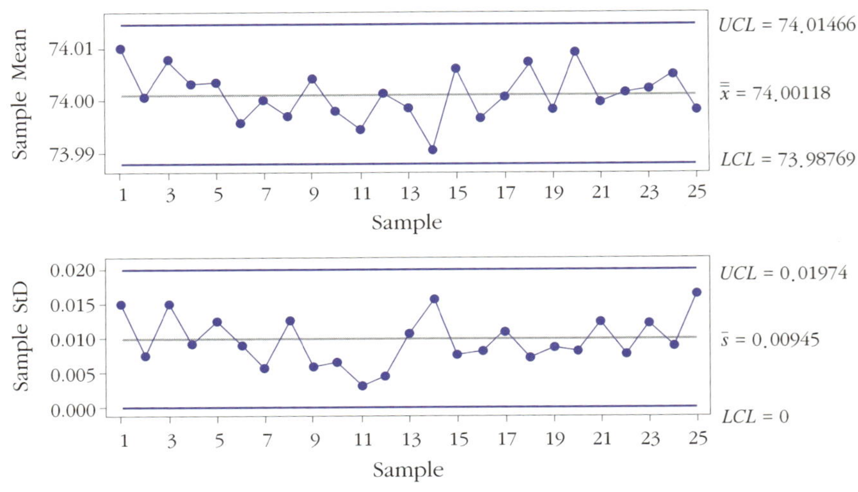

그림 5-7 | 완성된 평균 및 표준편차관리도

■ 순서 6. 관리도를 판독하여 공정의 이상 여부를 판단한다. 관리도를 보고 공정의 상태를 판단하는 방법은 여러 가지 기준이 있으나, 가장 간단한 기준 하나만을 들면 관리도상의 관리한계선을 벗어나는가 여부로서 판단하는 것이다. [그림 5-7]의 경우 관리한계선(파란선)을 벗어나는 점이 하나도 없으므로 공정이 정상상태에 있는 것으로 판단한다.

■ 순서 7. 공정이 정상상태(안정상태)에 있으므로 관리한계선을 연장하여 향후의 공정관리에 사용한다. 이후 새로이 얻은 데이터로부터 계산된 통계량의 관측값이 관리한계선을 벗어나 공정에 변화가 발생했다고 판단되면 적절한 조치를 취해야 한다. 만약 공정이 바람직하지 못한 방향으로 변한 것이라면 그 변화의 원인을 찾아 근본적으로 재발되지 않도록 조치를 취한다. 바람직한 방향으로 변했을 경우에도 그 원인을 규명하여 향후 품질개선의 출발점으로 삼아야 한다.

■ 순서 8. 한 번 설정된 관리한계선은 영원히 그 값으로 유지되는 것이 아니라 일정기간마다(적어도 6개월에 한 번 정도) 갱신하여야 한다. 그 밖에 공정 개선, 새로운 장비의 도입 등 어떤 사정에 의해 공정에 변화가 발생했을 경우에도 관리한계선은 변화된 공정에서 새로이 얻은 데이터를 토대로 다시 설정해야 한다.

■ 순서 9. 장기간 관리도를 운영해 본 결과 품질수준이 매우 양호하고 공정이 극히 안정되어 있을 경우에는 공정의 관리방식을 변경하는 것을 고려해야 한다. 예를 들어 매일매일 시료를 채취하던 것을 일주일 단위로 바꾸는 것과 같이 샘플링 주기를 늘린다든가, 계량형 관리도로부터 계수형 관리도로 바꾸어 관리한다든가, 아니면 관리도를 폐지하고 단순한 체크시트를 사용하여 관리한다든가 하는 등 관리에 소요되는 시간과 비용 및 자원의 절감방안을 모색해야 한다.

5.5 사례연구

S사 박막사업부 O과장은 휴대전화기의 중요 부품인 유전체 필터의 품질 문제로 고심하고 있었다. 유전체 필터를 구성하는 핵심부분인 모노블록의 품질 불안정 및 절대적인 생산량 부족으로 연간 수십억원의 손실을 감수하고 있었기 때문이다. 이에 O과장은 이 문제를 6시그마 프로젝트로 하여 획기적인 품질 개선을 목표로 개선팀을 구성하였다.

■ 순서 1. 출력변수

먼저 유전체 필터의 품질 불량을 항목별로 조사해 본 결과 파형불량, 주파수 이동, 깨짐 등의 순으로 발생하고 있었다. 이 중 가장 큰 문제인 파형불량은 이미 다른 팀에 의해 개선 작업이 진행 중이었으므로 주파수 이동과 깨짐 문제를 개선하기로 하였다. 그런데 주파수 이동 및 깨짐의 1차 원인을 조사한 결과 모노블록의 연마두께 불균일에 의해 발생하는 것으로 밝혀졌다. 따라서 이번 프로젝트의 주제는 연마두께의 산포를 감소시켜 품질개선 목표를 달성하는 것으로 하였다.

■ 순서 2. 출력변수의 현재 수준 및 목표 수준

연마두께 편차의 사내 규격은 Top부분 30 이내, Pad부분 20 이내로서 현재 가공품의 절반 정도가 이 규격을 충족하지 못하여 재작업 혹은 폐기처분되고 있었다.

올바른 데이터의 확보를 위해 측정시스템 분석을 실시한 결과 정확도 및 정밀도가 만족스럽지 못하였다. 따라서 부정확한 데이터의 원인이 되는 측정방법을 개선하여 [그림 5-8]과 같이 표준화하였다.

개선된 측정시스템을 사용하여 연마두께 데이터를 수집하여 공정능력분석을 실시한 결과 불량률은 약 42%로서 1.7시그마 수준이었다. 프로젝트 목표로서 재작업없이 불량률을 5% 이내로 감소시키는 것으로 공격적인 목표치를 설정하였다.

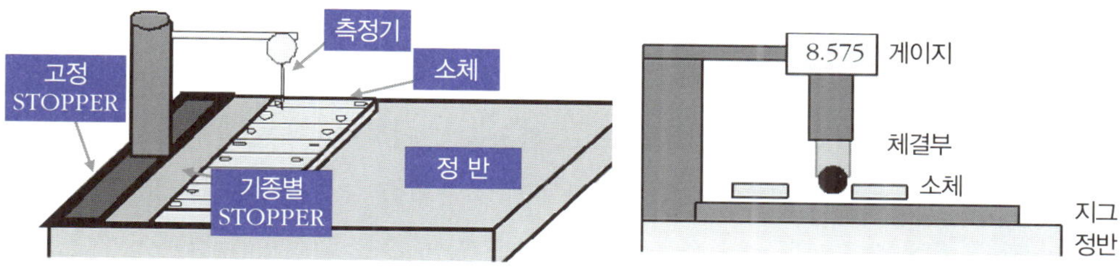

정반에 고정 Stopper를 설치하고 기종별 Stopper를 제작하여 부착함으로써 측정기 Probe가 항상 일정한 위치에서 두께를 측정할 수 있도록 한다.

(a) 측정기의 개선

1. 체결부가 게이지 하단이 아닌 상단에 부착된 것을 사용한다.
2. 첫 번째 행 측정 후 지그를 180도 회전시켜 두 번째 행을 측정한다.

(b) 측정방법의 개선

그림 5-8 | **측정시스템의 개선 및 표준화**

■ 순서 3. 입력변수

연마두께 불균일의 원인을 밝혀내기 위해 프로세스맵을 작성하고 특성요인도, 브레인스토밍 등의 기법을 활용하여 잠재적인 원인 인자들을 모두 도출하였다.

도출된 인자들 중 실제로 연마두께 불량에 중요한 영향을 미치고 있는 인자들을 골라내기 위해 C&E 매트릭스, FMEA 등 정성적인 분석기법을 활용하여 1차적인 선별작업을 수행한 결과 지그 변형, 지그 밑면 이물질, 작업자 오류, 연삭유 불균일, 베드 청결도, 지그 흠집, 측정 오류, 1회 연삭량, 베드 X축 이송속도, 베드 Y축 이송속도 등 10개 인자가 선정되었다.

이들 중 실제로 연마두께의 산포에 영향을 주는 인자들을 가려내기 위해 데이터를 수집하여 통계적 분석을 실시하였다. 단, 1회 연삭량과 베드 이송속도는 실험을 통해 확인하기로 하였다. 그 결과 지그 변형, 연삭유 불균일, 베드 정밀도가 연마두께 산포에 유의한 영향을 주는 것으로 파악되었다.

■ 순서 4. 입력변수들의 최적조건

지그 변형은 체결력이 가이드에 부하를 줌으로써 발생하는 것으로 파악되어 가이드 부착을 볼트 조립 대신 용접으로 하였다. 연삭유 불균일 문제는 연삭유 필터를 부착하여 해결하였다. 또한 베드를 연마하여 베드 정밀도를 향상시켰다.

또 1회 연삭량, 베드 X축 이송속도, 베드 Y축 이송속도의 3개 인자는 완전요인실험을 2차에 걸쳐 실시하여 최적조건을 설정하였다. 베드 이송속도는 X축, Y축 모두 설비에서 허용하는 최대속도로 하고 1회 연삭량은 종전의 20μm로부터 35μm로 증가시켰다. 이 설정치는 연마두께의 산포를 감소시키는 측면뿐만 아니라 같은 품질 수준이면 생산성을 향상시킬 수 있는 값으로 설정한 결과이다.

■ 순서 5. 재현성 시험 및 효과 검증

재현성을 확인하기 위해 순서 4에서 설정된 조건을 실험한 결과 연마에 따른 burr의 크기가 현저하게 커지는 새로운 문제가 발생하였다. 이것은 연삭량에 직접적으로 관계된 문제이므로 1회 연삭량을 다소 하향 조정하여 30μm로 설정하였다. 확인실험 결과 burr 발생 문제가 없어지고 [그림 5-9]와 같이 연마두께 산포 문제도 현저히 개선되었으므로 이 조건을 현장에 적용하기로 하였다.

현장 적용 후 다시 데이터를 수집하여 공정능력분석을 실시한 결과 불량률이 4.4%로 감소하였다. 또 생산성은 최적조건 설정으로 26% 향상되었으며 폐기

Proces Data	
USL	3.59000
Target	.
LSL	3.57000
Mean	3.58107
Sample N	40
StDev(ST)	0.0040803
StDev(LT)	0.0048582

Potential(ST) Capability	
Cp	0.82
CPU	0.73
CPL	0.90
Cpk	0.73
Cpm	.

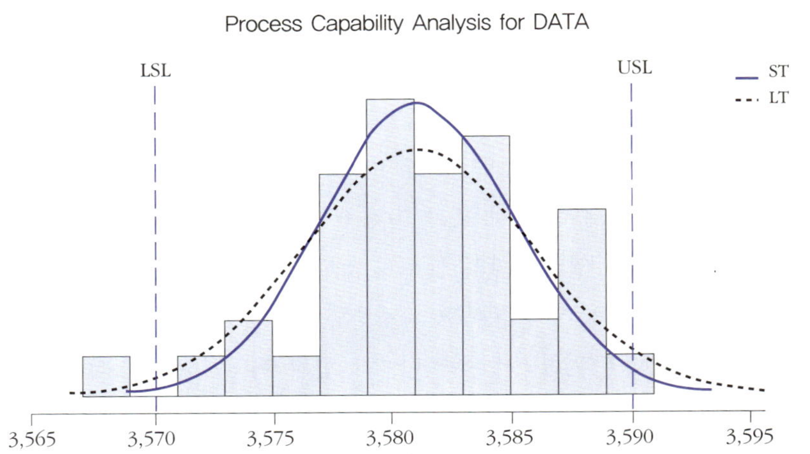

Overall(LT) Capability	
Pp	0.69
PPU	0.61
PPL	0.76
Ppk	0.61

Observed Performance		Expected ST Performance		Expected LT Performance	
PPM<LSL	25000.00	PPM<LSL	3321.10	PPM<LSL	11314.84
PPM>USL	0.00	PPM>USL	14358.64	PPM>USL	33098.84
PPM Total	25000.00	PPM Total	17679.74	PPM Total	44413.68

그림 5-9 | 개선 후 연마두께 공정능력분석 결과

로 인한 손실금액도 대폭 감소하여 직접적으로 눈에 보이는 재무적 효과만도 3억 4천8백만원에 달하였다. 여기에 재작업 감소 및 폐슬러그 집진 등으로 인한 부수적 효과까지 합하면 이보다 더 큰 효과가 있을 것으로 기대된다.

■ 순서 6. 개선 결과를 유지하기 위한 실수방지 대책 및 관리표준

개선 결과를 유지하기 위해 연삭유 필터, 베드 연마 등에 대해서는 일반 관리항목으로 지정하여 작업지침에 포함시켰으며, 주요 관리항목인 1회 연삭량은 설비별 체크시트를 도입하는 한편 $\overline{X}-R$ 관리도를 사용하여 관리하기로 하였다.

연습문제

1 사례연구에서 소개된 유전체 필터의 품질 불량을 항목별로 조사한 결과 다음과 같았다고 하고 파레토 그림을 그려보자.

파형 불량	2730
깨짐	520
주파수 이동	760
패턴 불량	16
인쇄 불량	10
기타	22

2 (실습 문제) 총 52장으로 된 게임용 카드를 4명에게 13장씩 나누어주는 데 걸리는 시간을 스톱워치로 측정해보자. 20명에 대해 시간을 측정하되 5명이 동시에 측정하여 시간을 기록한다. 얻어진 총 100개의 데이터 결과로 관리도를 작성하여 카드를 나누어 주는 속도가 특별하게 빠르거나 느린 사람이 없는지 판단해보자. 각 부분군(각 개인이 카드를 나누어주는 데 걸린 시간의 5개 측정값)의 평균과 표준편차 및 전체 평균과 부분군별 표준편차의 평균은 엑셀을 사용하여 계산한다. 또한 관리상한선과 관리하한선은 전체 평균으로부터 부분군별 표준편차의 1.427배를 가감하여 구한다.

3 (팀 과제) 생활주변에서 개선이 필요한 문제를 찾아내고 출력변수를 정의하여 현재 및 목표수준을 설정한 후 개선계획 및 추진 시나리오를 작성해보자. 결과를 파워포인트 파일로 10매 내외로 작성하여 발표해보자.

물류경영

Chapter 06

6.1 물류의 개념

물류란 "물건(物)이 흐른다(流)"는 뜻이다. 우리 주변에서 흐르는 것을 찾아보자. 하천에서의 물의 흐름, 몸 안에서의 피의 흐름, 은행과 기업 사이에서의 돈의 흐름, 대기의 흐름, 바다에서의 조류의 흐름, 도로에서의 차량의 흐름, 백화점에서의 사람의 흐름, 인터넷에서의 정보의 흐름 등등 …. 그리스 철학자인 헤라클레이토스의 "Everything flows"란 말처럼 세상의 모든 것은 흐르고, 흐르는 상태에서만이 생명을 가질 수 있다. 흐르는 것을 막아 정지시키면 어떤 현상이 일어날지는 쉽게 예상할 수 있다. 강물에서 물이 흐르지 않으면 썩은 강물이 될 것이고, 사람의 몸에서 피가 흐르지 않으면 죽음을 맞이하게 될 것이다. 기업에서 돈이 흐르지 않으면 회사가 부도나고, 정보의 흐름이 없는 인터넷은 무용지물이 될 것이다. 이와 같이 흐름은 어떤 시스템의 생존을 위해 필연적인 것이다.

물류는 영어로 logistics라 한다. 이 logistics란 용어는 제2차 세계대전 당시 군수물자의 보급을 원활히 수행하기 위한 병참업무를 지칭했다. 병참의 목적은 필요한 물품을 필요한 양만큼 필요한 시기에 최소의 비용으로 군수물자를 보급해주는 것이다. 이러한 병참업무를 기업에 응용한 것이 기업물류(business logistics)이다. 미국물류학회의 정의에 따르면 기업물류란 "소비자의 요구에 부

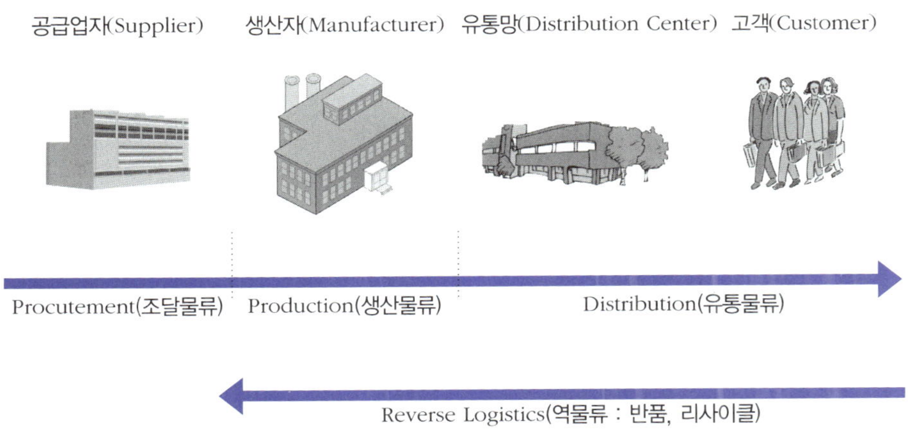

그림 6-1 | 기업물류에서 제품의 흐름

응하기 위하여 생산지에서 소비지까지 원자재, 재공품, 완제품 및 관련 정보를 최소비용으로 운반, 보관하는 활동"을 말한다.

[그림 6-1]은 기업에서 제품을 생산하여 소비자에게 공급하는 절차를 제품의 흐름 측면에서 도식한 것이다. 우선 원자재를 생산하는 업체가 가공을 통하여 부품을 공급해주면, 제조회사는 이를 추가적으로 가공하거나 조립하여 완제품을 만들고, 이를 다시 유통업체를 거쳐 최종 소비자에게 전달하게 된다. 기업 물류활동은 원자재에서 소비자에 이르는 단계별로 구분하여 조달물류, 생산물류, 유통물류로 구성된다. 최근에는 소비자에게 전달된 후에 발생되는 반품물류와 폐기물류를 물류 활동의 중요한 영역으로 추가하기도 한다.

- **조달물류** : 원자재, 중간가공품, 부품, 포장재료 등을 생산업자(manufacturer), 공급자(supplier)로부터 구매하여 창고에 입하한 후, 생산 공정에 투입되기까지의 제반 물류활동을 말한다. 조달물류에서는 구매 프로세스, 조달물품 운반, 창고보관 및 재고관리가 중요한 관리 항목이다.
- **생산물류** : 원자재, 중간가공품, 부품 등을 생산공정에 투입하는 시점에서부터 완제품으로 만들기까지의 과정에서 발생하는 물류를 말한다. 생산물류에서는 재고감축, 생산리드타임 감축을 달성할 수 있는 린(Lean) 생산개념이 중요하다.
- **유통물류** : 제조회사에서 제품이 출하된 이후 고객에게 전달될 때까지 발생하는 제반 물류활동을 말한다. 제품이 소비자에게 전달될 때까지는 여러 가지 물류활동이 발생하는데, 제품을 일시 보관하는 물류센터까지의 운반, 물류센터나 창고에서의 하역, 보관, 분류, 포장, 출고, 최종 대리점이나 소매점까지의 운반 등 종합적인 물류활동이 발생한다. 유통물류에서는 적시 적량의 제품공급, 재고관리, 운송의 합리화 등이 주요 관리 항목이다.
- **반품물류** : 판매된 제품이 고객으로부터 반품되거나 사용된 용기가 회수될 때 발생하는 물류를 말한다. 반품물류는 최근 생산자시장에서 소비자시장으로 시장환경이 변화하면서 중요한 물류활동으로 인식되고 있다.
- **폐기물류** : 제품, 포장, 수송용기 등 폐기 시에 발생하는 물류를 말한다. 최근 환경문제가 중요한 사회적 이슈로 떠오르면서 재생, 재활용, 재사용 등을 쉽게 하는 물류 체계를 갖추는 것이 중요하다.

위에서 언급한 물류의 각 영역에서는 여러 가지 물류활동이 발생한다. 기능적인 측면에서 물류활동은 아래와 같이 분류할 수 있다.

- 운송(transporting)
- 보관(storing)
- 자재운반 및 하역(material handling)
- 포장(packaging)
- 정보(Information)
- 재고관리(inventory control)
- 조달 및 구매(procurement and purchasing)
- 수요예측(demand forecasting)
- 입지선정(location)
- 폐제품 처리 및 리사이클링(disposal and recycling)

이 중 운송, 보관, 하역, 포장, 정보를 물류의 5대 기능이라 한다. 물류경영의 목표를 요약하면 적정한 제품을 적정량으로 적정한 시간에 적정한 장소로 적정한 가격에 제공하는 것이라 할 수 있다. 이러한 물류경영 목표를 실현하기 위해서는 앞에서 말한 여러 가지 물류활동을 체계적이고 종합적으로 관리하는 것이 필요하다.

예제 6.1 우리나라의 물류비용 현황

[그림 6-2]는 한국교통연구원이 발표한 '2004년도 국가물류비 산정 결과'이다. 분석에 따르면 2004년 운송, 보관, 하역, 포장, 정보 등 물류활동에 소요된 국가 물류비는 전년보다 2.3% 증가한 92조 4천 590억원으로 국내총생산(GDP)의 11.9%에 이른 것으로 나타났다. 여기에 국제화물수송비를 포함한 국가물류비는 123조 2,830억원으로 GDP 대비 비중은 15.8%이다.

물류비를 항목별로 살펴보면 운송비가 70조 7천510억원(총액 대비 76.5%)으로 가장 많았고, 재고유지관리비 15조 5천710억원(16.8%), 포장비 2조 240억원(2.2%), 하역비 1조 6천860억원(1.8%), 물류비 1조 1천920억원(1.3%), 일반관리비 1조 2천360억원(1.3%) 순이었다. 또한 물류활동의 총 부가가치는 전년보다 2.2% 늘어난 59조 20억원을 기록했다. 국제물류활동을 포함할 경우 물류활동 부가가치는 65조 9천140억원(GDP 대비 8.5%)이다.

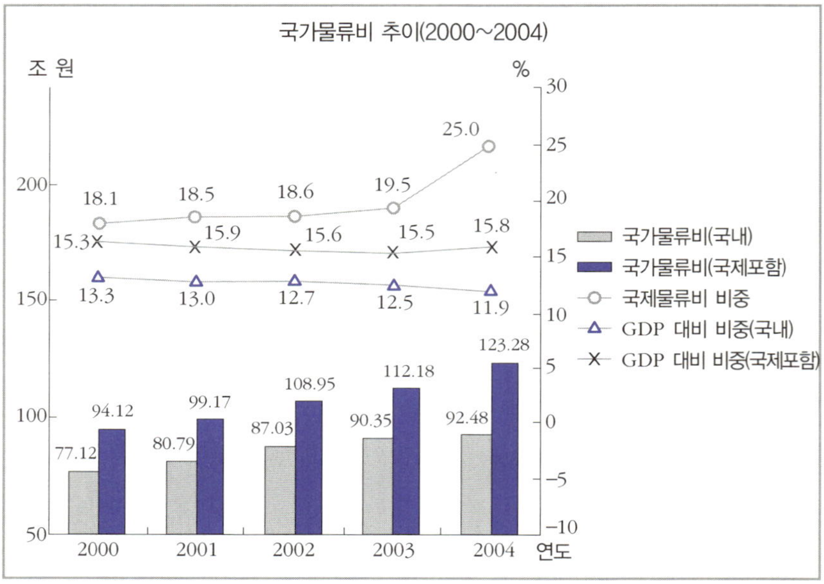

자료 : 한국교통연구원

그림 6-2 | 국가물류비 추이

6.2 운송물류

운송이란 위치의 효용과 관련된 물류활동으로서 물자를 공간적으로 한 장소에서 다른 장소로 이동시키는 물리적인 활동을 말한다. 물류비용 측면에서 볼 때 운송비용은 전체 물류활동 비용 중에서 가장 큰 부분을 차지한다. 우리나라의 물류비 구성을 예를 들면 2004년 기준 수송비는 전체 물류비의 76.5%를 차지한다. 따라서 수송은 물류경영에서 가장 중요하게 다루어져야 할 물류활동이다. 운송과 관련된 용어로서 수송은 공장과 물류센터 사이의 운송활동을 말하고, 배송은 배송센터에서 고객에게 물건을 배달하는 물류활동을 말한다. 운송의 형태는 자동차운송, 철도운송, 해상운송, 항공운송으로 분류할 수 있다.

(1) 운송 형태별 분류

운송서비스는 기본적인 4가지의 운송수단(자동차, 철도, 해상, 항공)에 의해서 제공된다.

1) 자동차운송

자동차운송은 가장 일반적으로 이용되는 운송수단이다. 다른 운송수단에 비하여 비교적 짧은 거리에 유용하며 운송의 탄력성, 완결성, 신속성이 자동차운송의 주된 장점이다. 자동차운송의 장 · 단점은 아래와 같다.

장 점	단 점
일괄수송 가능	대량수송에 부적합
근거리 운송에 경제적	원거리 수송 시 고비용
포장이 비교적 간단	중량 및 기후에 영향

2) 철도운송

철도운송은 대량화물의 장거리 운송에 적합한 운송수단이다. 철도운송의 장 · 단점은 아래와 같다.

장 점	단 점
대량 · 중량물 수송에 적합	근거리 수송 시 고비용
중 · 장거리 운송에 경제적	비탄력적 배차
전천후적 운송수단	불편한 화물 수취

3) 해상운송

해상운송은 선박을 이용한 운송수단으로서 최근 국가 간 무역 증가와 컨테이너운송의 발달로, 특히 국제무역 화물의 운송에 널리 사용되고 있다. 해상운송의 장 · 단점은 아래와 같다.

장 점	단 점
대량물품의 원거리 운반	항만시설 필요
용적이 큰 물품운송 가능	저속의 운송속도
중량물운송 가능	기후에 영향

4) 항공운송

항공운송은 항공기의 대형화와 스피드가 경쟁력인 현대의 시장 환경에서 급속히 발전하고 있는 운송 형태이다. 최근에는 항공화물의 운송 수요가 증가하여 화물 전용기가 운항되고 있다. 신속한 운송이 필요하거나, 고가품 및 상대적으로 부피가 작은 화물에 이용되고 있다. 항공운송의 장 · 단점은 아래와 같다.

장 점	단 점
운송속도가 빠르다	고운임 비용
소량품목 원거리운송에 적합	화물중량 제한
물품의 파손 적음	물품의 수취 불편

[표 6-1]은 위에서 설명한 4가지의 기본 운송수단에 의해 제공되는 운송서비스를 일반적인 상황에서 비교한 것이다. 그러나 운송거리, 제품형태, 기상, 송하인과 수하인의 특징 등에 따라 이러한 비교가 달라질 수 있고, 어떤 경우에는 특정 운송수단은 사용될 수 없는 점을 고려해야 한다.

표 6-1 | 수송수단별 Performance

수송수단	비용	인도시간			손상 · 손실
		평균	변화값	변화%	
자동차	2	3	3	2	4
철도	3	2	2	1	3
해상	1	4	4	3	1
항공	4	1	1	4	2

* 비용(톤-마일당) 1=저렴, 인도시간 1=빠름, 손실 · 손상 1=적음

5) 기타 운송형태

① 복합운송 : 복합운송은 서로 다른 운송수단을 이용하여 화주의 문전에서 수하인의 문전까지 전 운송구간을 일원적으로 책임지는 형태의 운송이다. 복합운송은 운송의 효율성 증대는 물론 운송수단 간의 조화를 통해 운송산업의 발달에 기여하고 있다. 복합운송에서는 서로 다른 운송수단이 결합되므로 운송을 구성하는 운송수단의 특성을 충분히 고려하는 것이 필요하다. 특히 국제복합운송에서는 각 나라의 제도, 관습, 표준에 대한 정보를 고려해야 한다.

② 택배 : 택배는 일관수송이라고도 하는 서비스로, 고객으로부터 주문을 받아 최종 목적지까지 물품을 운송해주는 수송서비스이다. 기존의 화물수송 형태와는 다르게 소화물을 송하인의 문전에서 인수하여 수하인의 문전까지 배달해주는(door-to-door) 운송서비스업이다. 최근 TV홈쇼핑, 인터넷쇼핑몰, 전자상거래 등이 일반화되면서 택배업은 운송에서 중요한 역할을 차지하고 있다. 국내에서는 1990년대 중반부터 매년 급속히 성장해온 이래 2006년 시장규모는 5조원 이상으로 대형화되었다. 택배업체의 주요 경쟁력은 빠르고, 정확하고, 안전하고, 저렴하게 배달서비스를 제공하는 것이다. 이를 실현하기 위해서 허브터미널, 자동분류기, RFID 활용, 정보통신시스템 등을 갖춘 첨단 택배시스템이 필수적이다.

(2) 운송시스템 최적 설계

본 절에서는 수송과 관련된 비용을 줄이기 위한 의사결정 문제를 다룬다. 여러분이 100곳의 소매점에 제품을 공급해주는 유통업자라고 생각해보자. 이때 여러분이 결정해야 할 의사결정 문제는 다음과 같은 것이 포함된다.

- 각 소매점에 몇 개씩 납품할 것인가?
- 납품주기는 어떻게 할까? 매일 또는 매주?
- 몇 톤짜리 차량으로 납품할까?
- 몇 대의 차량을 보유해야 하는가?
- 어떤 경로를 따라 납품을 수행할까?

위 의사결정 문제 이외에도 결정해야 할 사항이 많을 것이다. 위의 질문에 어떻게 의사결정을 내리느냐에 따라 물류비용이 변한다. 예를 들어 마지막 질문에 대하여 생각해보자. 소매점이 100곳이 있으니 어떤 경로를 거쳐서 물건을 소매점에 배달하느냐에 따라 총이동거리가 결정될 것이다. 이러한 경로선정문제는 택배업에서 물품을 고객에게 배달할 때, 요구르트 판매원이 각 가정에 요구르트를 배달할 때, 재활용 차량이 재활용 제품을 수거할 때, 외판원이 고객을 방문할 때 등 여러 상황에서 동일한 형태의 문제가 발생한다. 이러한 의사결정 문제를 외판원문제(Traveling Salesman Problem : TSP)라 한다. 외판원문제는 제9장에서 다루는 경영과학 기법을 이용하여 해결할 수 있다. 다음의 예는 간단한 물류환경에서 최단거리의 경로 문제를 해결하는 예를 보여주고 있다.

예제 6.2 | 최단거리경로 결정 예(Ballow, 1999)

운송네트워크는 [그림 6-3]과 같이 지역을 나타내는 node와 각 지역을 연결하는 arc로 표현될 수 있다. A에서 출발하여 J로 물품을 운반할 때 최단거리의 경로를 선택하여 운송하고자 한다. 그림에서 arc에 있는 수치는 두 지점 간의 운송시간을 의미한다. 단일 출발지로부터 단일 목적지까지 이동하는 최단거리경로는 아래의 절차와 같이 출발지에서 시작하여 반복적인 방법에 의해서 하나씩 차례로 방문지역을 추가하여 확정해 나가는 방법을 사용하여 구할 수 있다.

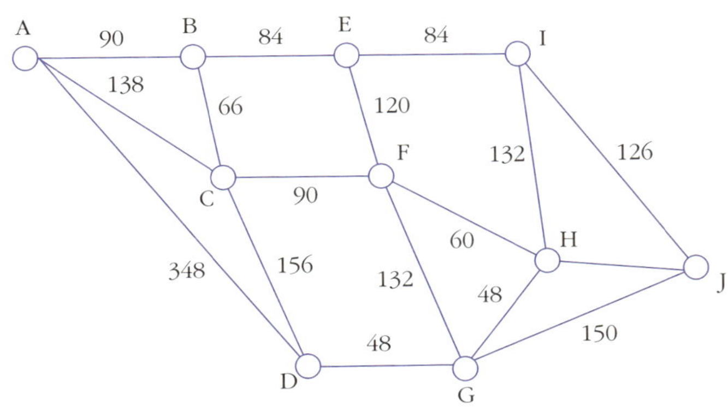

그림 6-3 | 도로망 구조와 운송시간

- n번째 반복의 목적 : 출발지에서 n번째로 가까운 node를 찾는다. 찾은 node가 최종 node일 때까지 반복한다.
- n번째 반복의 입력내용 : n-1개의 출발지에서 가까운 확정 node들 및 출발점으

로부터의 거리

- n번째 최단거리 node 후보 : 확정 node로부터 연결하여 가장 가까운 node들의 집합
- n번째 최단거리 node 선정 : 후보 node들 중 출발점에서 가장 짧은 거리의 node를 선정하여 확정 node로 변경

아래 표는 위의 알고리즘을 이용하여 최단거리를 구한 과정을 보여준다.

반복 순서	연결될 확정 node	최단거리 미확정 node	총거리(비용)	n번째 최단거리 node	최소거리	최종연결
1	A	B	90	B	90	**AB***
2	A	C	138	C	138	**AC**
	B	C	90+66=156			
3	A	D	348			
	B	E	90+84=174	E	174	**BE***
	C	F	138+90=228			
4	A	D	348			
	C	F	138+90=228	F	228	**CF**
	E	I	174+84=258			
5	A	D	348			
	C	D	138+156=294			
	E	I	174+84=258	I	258	**EI***
	F	H	228+60=288			
6	A	D	348			
	C	D	138+156=294			
	F	H	228+60=288	H	288	**FH**
	I	J	258+126=384			
7	A	D	348			
	C	D	138+156=294	D	294	**CD**
	F	G	288+132=420			
	H	G	288+48=336			
	I	J	258+126=384			
8	H	J	288+126=414			
	I	J	258+126=384	J	384	**IJ***

8회의 반복실행 결과 목적지인 J에 384에 도달하였다. 최단거리는 J로부터 역으로 찾아낸다. 이 예에서의 최단거리경로는 A–B–E–I–J가 된다.

6.3 보관물류

보관 기능을 갖는 기본시설은 창고이다. 할인매장에서 제품은 할인매장 진열대에 있지만, 더 많은 제품은 할인매장과 연결된 창고에 보관되어 있다. 왜 창고에 물품을 추가적으로 보관하고 있는가? 만약 제품의 수요량과 시점을 정확히 알고, 수요에 대하여 즉각적이고도 효율적으로 공급이 이루어진다면, 재고를 유지할 필요가 없어 보관활동도 필요없게 된다. 그러나 현실에서는 수요를 정확히 알 수 없고, 주문하면 즉각적으로 공급이 이루어지지 않는다. 이러한 상황에서 재고가 없으면 매출 손실로 이어지므로, 기업은 공급-수요관계를 조절하고 총비용을 줄이기 위하여 재고를 보유하게 된다.

기업은 다음과 같은 이유 때문에 재고를 보관하는 시설이 필요하다.

① 고객 수요의 불확실성(Life cycle 단축, 제품종류 증대)

② 공급의 불확실성

③ 공급 lead time

④ 규모의 경제(Economy of scale)

보관물류비용을 절감하기 위해서는 정확한 수요 예측과 적절한 재고수준을 유지하는 것이 필요하다. 특히 재고수준은 주문비용과 재고유지비용에 의해 결정되는 주문량과 주문주기에 의해서 결정된다.

보관시스템의 기능은 크게 보관기능과 하역기능으로 구분할 수 있다. 보관기능은 물품을 일정기간 동안 단순히 비축해 놓는 것을 의미하고, 하역은 물품을 운송수단에 싣거나 운송수단에서 내리는 활동, 창고 내에서 제품을 운반하는 활동을 포함한다.

(1) 보관기능

보관설비는 단순보관, 혼재, 분류, 제품혼합 등의 네 가지 기능을 수행한다.

1) 단순보관(Holding)

보관설비는 장기간의 특수한 보관(예 : 주류 숙성)에서 일반적인 목적의 제품 보관 등 여러 가지 목적을 위해 제품을 비축하는 기능을 수행한다. 보관되는 물품은 시장에 출하되기를 기다리는 완제품, 조립이나 가공을 위해 생산시스템 내에서 대기하고 있는 중간재공품재고(Work-In-Process : WIP), 생산을 위해 납품받은 원자재 또는 부품을 포함한다.

2) 혼재(Consolidation)

제품이 지리적으로 떨어진 여러 생산지에서 공급될 때나 구매자가 각 생산지로부터 소규모의 제품을 구매할 때 화물은 소량단위로 운송된다. 운송의 측면에서 보면 소량 단위의 화물보다 대량화물이 운송비가 낮다. 따라서 소량화물을 혼재하여 운송단위를 크게 하면 운송비를 경감할 수 있다.

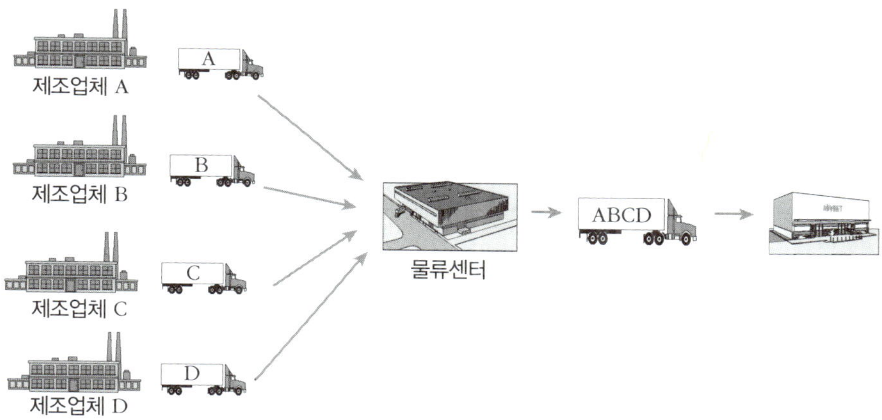

그림 6-4 | 혼재 기능으로서의 물류센터

3) 분류(Transload)

혼재와는 반대로 화주별 또는 목적지별로 분류하기 위하여 보관설비를 사용한다. 대량화물이 창고에 도착한 후 소비자의 주문에 따라 소량으로 나누어진다. 이러한 분류작업은 유통창고나 터미널창고에서 일반적으로 이루어진다. 이러한 기능은 주로 창고까지의 물류비용이 상대적으로 큰 경우, 고객의 주문이 작은 단위로 이루어지는 경우, 생산지와 소비지의 거리가 멀리 떨어진 경우에 효과적이다. 분류기능의 물류센터는 주로 고객에 가까이 위치하는 것이 일반적이다.

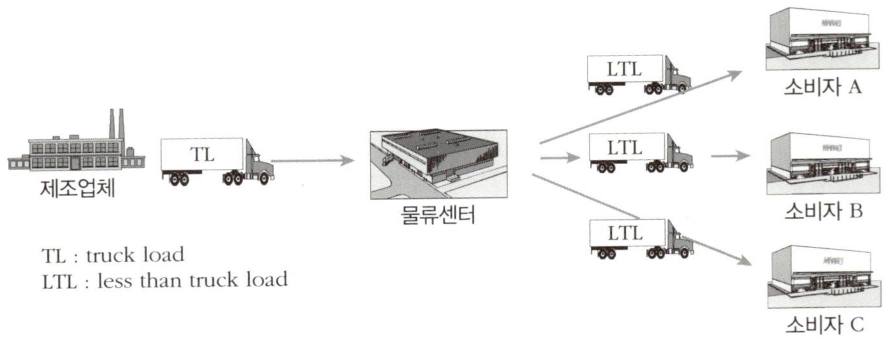

그림 6-5 | 분류 기능으로서의 물류센터

4) 제품혼합(Mixing)

다수의 공급자로부터 다양한 제품을 다수의 고객에 전달해야 하는 경우, 운송의 경제성을 위하여 제품혼합을 위한 물류센터를 설치한다. 이때 물류센터에서는 여러 종류의 제품을 모은 후 목적지별로 주문에 따라 혼합한 후 운송된다. 이와 같은 형태는 대형 할인매장의 물품을 운반할 때 효율적으로 물품을 운송

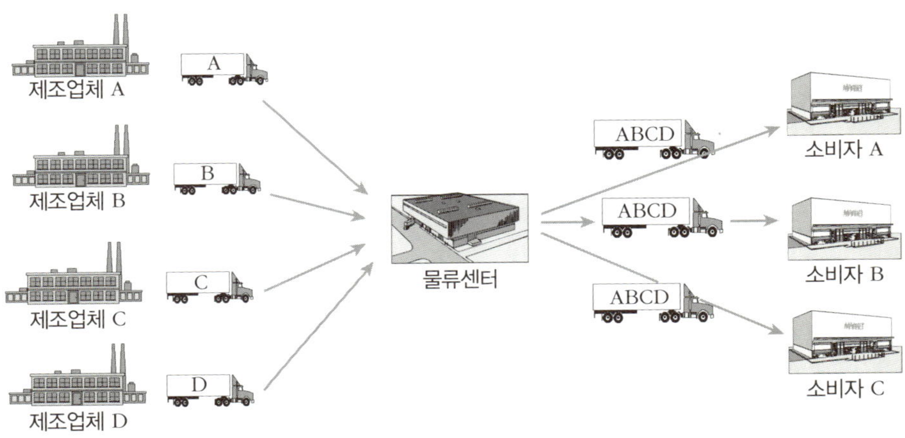

그림 6-6 | 제품혼합 기능으로서의 물류센터

하기 위해 자주 사용된다. 월마트는 제품혼합을 신속하게 처리하는 크로스도킹(cross docking) 개념을 적용하여 물류창고를 저장의 기능보다는 전달의 기능으로 사용함으로써, 제품의 재고회전율을 높여 물류 경쟁력을 획기적으로 개선하였다.

(2) 하역기능

하역이란 화물을 싣고 내리고 옮기는 일, 창고에 쌓고 꺼내는 일, 기타 화물의 이동에 관한 일체의 현장처리작업을 말한다. 물류센터에서의 하역기능은 상하차, 창고 내 운반 및 오더피킹 기능으로 구성된다.

이 중 오더피킹이란 고객의 주문이 있을 때 창고에서 주문된 물품을 꺼내는 작업이다. 오더피킹은 소량 단위로 자주 발생하고 노동집약적이기 때문에, 창고운영비의 50% 이상을 차지하므로 창고관리에서 매우 중요한 활동이다. 최근에는 홈쇼핑과 전자상거래의 발달로 적은 양의 주문이 많이 발생하므로 빠른 오더피킹이 중요하다.

6.4 입지선정

공장을 어디에 지을 것인가? 물류센터는 어디에 지을 것인가? 대형할인점을 어디에 둘 것인가? 학교 내에 식당은 어디에 둘 것인가? 집에서 한 대 있는 컴퓨터는 어디에 둘 것인가? 등등 입지선정 문제는 우리 주변에서 쉽게 찾아볼 수 있는 의사결정 문제이다. 입지선정 문제는 물류시스템을 설계할 때 가장 우선 결정되어야 할 문제이다. 시설의 위치가 어디에 위치하는가에 따라 물자의 흐름이 결정되므로, 입지선정은 물류흐름의 효율화 측면에서 중요한 의사결정 사항이다.

설비의 입지를 선택하는 기준은 설비의 기능에 따라 다르다. 예를 들어, 유통회사에서 물류창고를 한 곳 두고 싶은 경우에, 위치는 경제성을 고려하여 수송비와 보관비 등을 고려하여 최소의 비용을 수반하는 위치를 선정하게 된다. 이를 식으로 나타내면 Minimize(총운반 및 보관비용)로 표현된다. 반면에 소방서나 응급상황에서 대응해주는 시설의 위치는 모든 고객이 서비스 혜택을 받도록 하는 것이 중요하다. 이러한 경우에는 가장 멀리 떨어져 있는 사람이 혜택을 가장 적게 받으므로 최대로 멀리 있는 사람의 거리를 줄이는 것이 필요하다. 이는 Minimize{Max(시설에서 주택까지의 거리)}로 나타낼 수 있다. 반면에 폐기물 처리나 핵발전 시설 등은 가까이 거주하는 사람들이 피해를 보게되므로 가까이 사는 사람들과의 거리를 멀리하는 것이 요구된다. 이때는 Maximize{Min(시설에서 주택까지의 거리)}로 표현될 수 있다.

6.5 공급체인관리

기업물류에서 공급체인관리(Supply Chain Management : SCM)는 원재료 구매에서부터 최종소비자까지의 전체 물류흐름을 계획하고 통제하는 통합적인 관리 방법이다. 공급체인관리는 원자재공급업자, 하청업체, 생산업자, 조립업체, 물류서비스 제공업체, 유통업체, 소매점, 최종고객으로 구성된 공급체인을 하나의 큰 단위로 보고 통합적으로 관리함으로써 전체적인 최적화를 달성하는 것을 목적으로 한다.

[그림 6-7]은 공급체인을 보여주고 있다. 공급체인의 전체 최적화를 위해서는 시스템의 목표를 명확히 정의해, 각 단계가 시스템의 목표를 달성하는 방향으로 의사결정을 내리도록 해야 한다. 이를 위해 공급체인 구성요소 간의 효과적인 정보흐름과 공유를 기반으로, 각 구성요소들 간의 유기적이고 협력적인 관계를 구축하는 것이 필요하다. 본 절에서는 SCM의 기본개념 중 몇 가지를 설명한다.

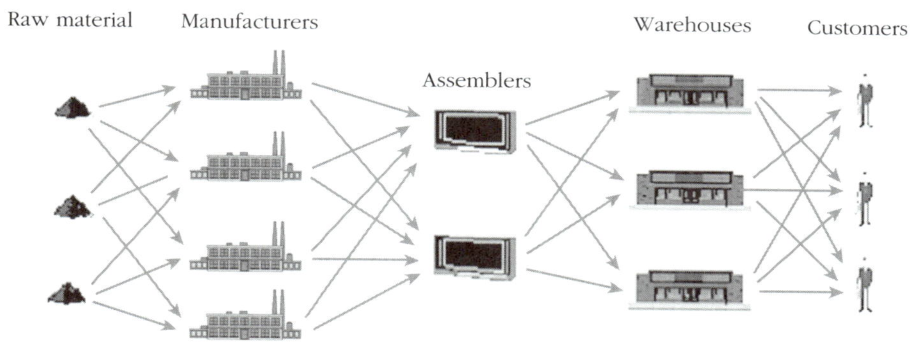

그림 6-7 | 공급체인의 구성요소

(1) 리스크풀링(Risk Pooling)

리스크풀링이란 공급네트워크에 분포되어 있는 불확실성을 하나로 모아 시스템 전체의 불확실성을 줄이는 것이 그 목적이다. 불확실성은 주로 고객의 수요에 대한 불확실성을 의미한다.

공급체인에서 간단한 예를 들어보자. 다수의 소매상이 각자 독립적으로 소비자들의 수요를 충족시키는 분산시스템과 소매상들을 하나로 통합하여 모든 소비자 수요를 한 곳에서 충족시키는 통합시스템을 시스템의 불확실성 면에서 비교해보자. 일반적인 가정 하에서 동일한 고객서비스수준(수요발생 즉시 대응 확률)을 유지하기 위해서 분산시스템에서 가지고 있는 재고량이 통합시스템의 그것에 비해 커야 한다. 이것을 수요의 결합에 의한 square root 효과라고 부른다. 리스크풀링의 가장 간단한 형태인 Square Root 효과는 소매상의 수가 많으면 많을수록 더욱 커지며, 이러한 효과를 이용한 사례는 현실에서 쉽게 찾아볼 수 있다.

대부분의 유통업체들이 지역분배센터 또는 물류센터를 두어 담당 지역의 수요를 통합적으로 관리하여 비용절감과 높은 고객서비스의 효과를 추구하고 있으며, 요즘 순수 온라인 유통기업들이 소매점을 소유하지 않고 가상의 공간상에서 주문을 받아 일괄적으로 처리하는 것도 이러한 Risk Pooling에 의한 수요 불확실성의 최소화의 예가 될 수 있다.

(2) 차별화지연(Postponement)

차별화지연(Postponement)이란 제품의 차별화를 가능한 한 뒤로 미루고 보다 업데이트된 실시간 수요정보를 활용함으로써 불확실성을 감소시키는 방법으로 일종의 리스크풀링을 위한 전략이다.

제품차별화를 연기함으로써 수요의 불확실성에 효율적으로 대처한 의류업체인 Benetton사의 경우를 예로 들어보자. Benetton사는 매년 자사 제품에 대한 색상별 수요의 불확실성이 매우 크다는 것을 발견하였다. Benetton사는 이에 대처하기 위해 옷감을 먼저 염색하고 옷을 만들었던 기존의 생산 순서를 바꾸어 옷의 염색 공정을 옷이 완성된 후로 미루어 수행함으로써 비록 생산비는 증가하였으나 더 많은 수요를 신속하게 충족시킬 수 있어 매출이 증가하였으며, 이러한 매출의 증가가 생산비의 증가보다 커서 수익이 증가하였다.

또 다른 예로, 델 컴퓨터는 주문생산방식으로 성공한 회사이다. 이 회사는 소비자가 각자 개인 취향에 맞게 컴퓨터를 주문한 후에 생산하여 배달한다. 컴퓨터의 각 모듈만 미리 만들고, 주문에 맞게 해당 모듈을 조립하는 형태이다. 이러한 방식은 미리 컴퓨터를 만들어 놓을 때의 손실(예측 오류, 많은 컴퓨터 기종 재고 등)을 최소로 할 수 있다.

(3) 채찍효과

채찍효과(Bullwhip Effect)는 황소를 몰 때 쓰는 채찍의 손잡이 부분에 작은 변화가 생겨도 채찍 끝에 큰 파동이 생긴다는 개념이다. 공급체인 상에서 상품의 흐름은 생산자에서 소비자로 흘러들어가고, 반대로 정보는 소비자에서 생산자로 흘러들어가게 된다. 채찍효과란 공급체인 상에서는 하류(소비자)에서 상류(공급자)로 발주정보가 전달될 때에 발생하는 정보왜곡 현상을 말한다. 채찍효과의 주요 발생원인은 각각의 SCM 주체가 독립적으로 수요예측을 행하기 때문에, 각각의 단계에서 주문의 변동 가능성, 주문의 Batch처리, 세일 등의 가격정책의 영향, 품절을 경험한 경우의 보상 추가 주문 등을 들 수 있다.

예를 들어 하루 매출이 100±30개인 햄버거점이 있다고 했을 때, 이들은 평균 100개를 판매하지만 수요가 많을 때를 대비해 매일 130개의 햄버거 빵을 주문하게 된다. 이들 햄버거점(10개점)에 햄버거빵을 공급하는 제빵사의 경우는 모든 햄버거점에서 동시에 수요가 상승할 경우를 대비하여 1,300개의 빵을 안전재고(safety stock)로 잡고 더 많은 밀가루를 주문하게 되고, 다시 밀가루업체는 편차를 고려해 밀을 더 많이 주문하게 되는데, 이와 같은 것을 채찍효과라고 한다.

(4) VMI(Vendor Managed Inventory)

VMI는 소매업에 의한 발주를 없애고, 재고관리를 제조업과 도매업에 맡기는 개념이다. VMI를 구축하면 상품의 리드타임 단축과 대폭적인 재고삭감이 가능하다. 또한 제조업과 도매업이 소매업의 점포에서 재고 품절을 감소시키고, 그 제품의 매상을 증가시킬 수 있다. 제품에 대해 직접 재고를 관리함으로써, 제조업과 도매업 측에서는 시장분석, 상품기획, 단품별 매상예측 등을 용이하게 할 수 있고 과잉생산과 과잉재고도 방지할 수 있다.

(5) 제3자 물류

제3자 물류(Third-party logistics)는 기업이 사내에 물류조직을 두고 물류업무를 직접 수행하는 자사 물류(First-party logistics)나 물류조직을 별도로 분리하여 자회사로 독립시키는 경우인 제2자 물류(Second-party logistic)와는 달리 외부의 전문 물류기업에게 일정기간 계약을 통해 물류업무를 아웃소싱(outsourcing)하는 형태를 말한다. 즉, 스스로 물류업무를 수행하기 위해 새로 물류시설을 설립하거나, 부족한 전문성으로 인해 피해를 당하는 것보다 물류에 대한 풍부한 전문성과 광범위한 물류네트워크를 갖춘 전문 물류기업에게 물류업무를 맡김으로써 물류자산 보유의 부담도 감소시키고 물류비도 절감하기 위해 도입된 것이 제3자 물류이다.

이외에도 기업이 제3자 물류를 활용할 경우 스스로 물류업무를 수행함으로써 발생하는 노력과 시간을 자사의 핵심사업인 제품개발이나 생산 등에 투자할 수 있어, 물류비 절감의 효과뿐만 아니라 대외경쟁력 향상이라는 성과도 달성할 수 있다. 제3자 물류업체는 보관, 물류센터운영, 배송, 반품관리, 수출입, 보세운송, 보세창고운영, 통관 · 검역, 기타 부가서비스 등의 물류관련 제반업무를 서비스한다.

(6) SCM에서의 정보

공급네트워크에서 정보를 공유하고 의사결정에 적극적으로 활용하는 것이 중요하다. 월마트는 "정보는 재고를 대체한다(Information replaces inventory)"는 개념을 도입해, 인공위성 등을 통해 하위단계의 수요와 재고정보를 모든 단계가 공유해 의사결정에 반영함으로써 수요에 대한 반응시간을 최소화했다. 생산자와 판매자는 정보의 공유로 고객에 필요한 물품을 적시에 공급해 줄 수 있다.

POS(point of sale)는 제품을 판매하는 즉시 컴퓨터 통신망을 통하여 공급체인에서 서로 정보를 공유하는 시스템으로, 판매정보를 중간 유통상이나 제조회사가 이용하여 고객에게 필요한 물품을 적시에 공급해 줄 수 있도록 해준다. SCM에서 CPFR(collaborative planning, forecasting and replenishment)이란 개념이 있다. CPFR은 공급체인을 이루는 여러 구성원이 함께 같은 정보를 사용하여 수요를 예측하고 생산을 계획하며 재고를 보충해나가면서 공급체인에서 발생할 수 있는 채찍효과나 예기치 못한 상황을 줄이는 역할을 하여, 공급체인의 효율과 고객서비스를 높이는 역할을 한다.

6.6 RFID와 물류

RFID(Radio Frequency Identification Tag, 무선인식태그)는 비접촉 무선인식 기술로 기존의 바코드 등의 인식기술에 비해 인식속도, 인식률, 저장능력의 한계를 극복해 기업 물류활동에 혁신적인 변화를 가져올 수 있으며, 유비쿼터스 네트워크의 센서기능을 담당하는 차세대 핵심기술이다.

RFID는 초소형 반도체 칩, 안테나(Antenna), 리더기(Reader)로 구성되어 있다. 반도체 칩에는 정보가 저장되어 있고, 안테나는 이러한 정보를 무선으로 수m~수십m까지 보내며, 리더기는 이 신호를 받아 상품정보를 해독한 후 컴퓨터로 보낸다. 따라서 태그가 달린 모든 상품은 언제 어디서나 자동으로 확인 또는 추적이 가능하다. 또한 여러 개의 정보를 동시에 판독 · 수정하는 것이 가능할 뿐 아니라, 기존에는 불가능했던 많은 정보를 하나의 칩에 담는 것이 가능하기 때문에, 상품의 저장, 전송, 추적, 등 유통, 물류분야, 전자도서관, 전자지불, 농축산물, 보안 등 다방면에 광범위하게 적용될 수 있다.

사례 6.1 RFID 적용 예

월마트는 세계 7,000여 곳의 매장에서 200만 명의 종업원이 매출 3,000억달러를 올리고 있는 세계적인 할인매장이다. 월마트는 1초에 1,000건의 신용카드 거래를 접수하고 초당 평균고객은 2,200명에 달한다. 각 매장은 매일 트럭 7대 분량의 제품, 7,000여 박스를 하역하는 일을 되풀이하는데, 여기에는 상당한 노하우가 필요하다. 월마트의 RFID 프로젝트는 손님이 많거나 직원이 바빠 제품을 제대로 선반에 배치하지 못할 경우, 매출손실과 직결된다는 인식에서 제품 결손을 막기 위해 시작됐다. 월마트는 500개 이상의 스토어, 샘스클럽, 물류센터에 RFID를 적용했다. 현재는 케이스와 팔레트 단위이며, 매주 300~400만 개의 RFID 태그가 인식되고 있다. RFID 프로젝트로 인하여 선반 결손품이 3배나 빠르게 채워졌고, 직원의 재고파악 시간을 10%나 줄인 것으로 나타났다. 특히 하루 7~15개 팔리는 제품은 62%나 결손이 줄었다. 월마트 관계자는 "이달 중 RFID 도입업체를 현재(2006년 말)의 2배인 600여 개로 확대, 1,000여 곳의 설비에 RFID투자를 할 것입니다. 이제 RFID 투자는 선택이 아니라 필수입니다"라고 강조하고 있다.

연습문제

1 우리나라는 GNP 대비 물류비용은 미국이나 일본에 비하여 상당히 높다. (1) 그 이유를 설명하라. (2) 우리나라의 물류비용을 줄이기 위한 방안을 다섯 가지 이상 제안하라.

2 기업이 재고를 보유하고 있는 이유를 들어라. 재고를 갖고 있을 때의 장점과 단점을 열거하라.

3 우리나라 제3자 물류업체 한 곳을 선택하고 여기서 제공하는 서비스 형태를 모두 기술하라.

4 대형할인점이나 소매점에서 판매되는 제품 하나(또는 제품군)를 택하여 재고가 어떻게 관리되는지 설명하라.

5 여러분이 사용하는(또는 주위의) 제품 중 차별화지연(postponement)을 활용한 제품 하나를 찾고 지연 내용을 설명하라.

6 전국의 인구 30만 이상인 시에 할인점을 개설하려는 대형 할인체인점이 있다. 각 할인점에 물품을 공급하기 위하여 두 곳에 물류센터를 설치하려 한다. 모든 제품은 여러 군데 산재되어 있는 생산공장에서 우선 이 물류센터로 물건이 보내지고, 물류센터에서는 목적지(할인점)별로 여러 제품을 모아 각 할인점에 공급한다. 물류센터의 최적위치를 선정하기 위해서 필요한 데이터는 무엇인지 모두 열거해 보라.

경제성 분석

Chapter 07

7.1 서 론

우리는 살아가면서 다양한 경제활동에 직접 혹은 간접적으로 참여하게 된다. 경제활동 범위 속에는 단순하게는 개인의 물품구매와 같은 소비행위에서부터 기업 및 국가 차원의 복잡한 생산 및 정책활동까지 모두 포함된다. 이러한 경제활동은 다양한 선택의 상황 속에서 가장 바람직한 방향을 결정하는 과정으로 단순화해 볼 수 있을 것이다. 이때 바람직한 방향을 판단하기 위한 기준으로 참여주체의 다양한 가치관이 개입될 수 있겠지만, 실제로 많은 수의 의사결정 문제에 있어서는 결국 금전적인 측면의 경제성을 판단의 기준으로 사용하고 있다. 즉, 경제활동에 들인 돈으로부터 얼마만큼의 효과나 가치를 얻을 수 있는가를 판단의 기준으로 자주 사용한다는 것이다.

경제성 분석이란 이러한 경제활동의 내용이 얼마만큼의 효과, 즉 경제성을 보이는가를 분석하는 작업으로 경제활동 기간 동안 발생하는 자금의 흐름을 추적하고 투자될 금액으로부터 얻어질 수익을 종합하여 경제주체의 최종적인 의사결정을 보조하게 된다.

본 장에서는 생산시스템의 설계와 운영 과정에서 기업이 자주 접하게 되는 비용 최소화 혹은 이익의 최대화와 같은 경제성 분석의 대표적인 문제들을 중심으로 기초적인 개념과 분석법들을 살펴보기로 하겠다. 먼저 경제성 분석의 과정 중에 자주 사용되는 다양한 비용의 개념을 용어를 중심으로 살펴보고, 이어서 구체적인 분석법들을 익히기로 하겠다.

7.2 다양한 비용의 개념

기업의 비용에는 생산량이 증가하면 이에 따라 함께 늘어나는 가변비용(variable cost)이 있고, 생산량과는 무관하게 일정하게 지출되는 고정비용(fixed cost)이 있다. 이 두 비용을 합쳐서 기업의 총비용(total cost)이라고 한다.

예를 들어 건물 임대료는 일단 계약을 하고 나면 생산량과는 무관하게 매달 일정액을 내야 하므로 고정비용이다. 재산세, 보험료, 경영진의 급여, 감가상각비 등도 생산량과는 무관하게 일정하게 발생하므로 고정비용이 된다. 반면에 재료비, 노무인력의 급여, 전기료, 수리비 등은 생산량과 함께 변동되므로 가변비용이 된다.

경제학적 비용 중에는 기회비용(opportunity cost)과 매몰비용(sunk cost)이 있다. 기회비용이란 여러 대안 중에서 어떤 대안을 선택할 때 포기해야 하는 다른 대안으로부터 발생되는 잃어버린 기회에 대한 이익을 비용의 개념으로 나타낸 것이다. 예를 들어, 연봉 1억의 직장을 포기하고 장래를 위해 1억을 들여서 2년간의 유학을 선택했다면 유학비는 단순히 1억만이 아니라, 2년간 취직을 해서 벌어들일 수 있는 2억의 기회비용까지를 포함해서 모두 3억이 된다. 이러한 기회비용은 여러 대안들을 다루는 투자분석 시에 반드시 포함되어야 하는 중요한 개념이다.

이와 달리 매몰비용은 과거에 이미 지출되어서 되돌릴 수 없는 비용으로 현재에 어떤 결정을 내리더라도 회복될 수 없으므로 지금의 의사결정이나 분석에서 배제되어야 할 비용이다. 예를 들어 장편 DVD 시리즈의 처음 두 편을 구입해 보았는데, 너무 재미가 없어서 계속 구입해서 봐야할지의 여부를 고민하고 있을 때, 처음 두 편에 들인 돈이 아까워서 나머지를 계속 사서 보는 사람은 매몰비용에 대해서 다시 한 번 생각해봐야 할 것이다. "Let bygones be bygones"라는 속담은 매몰비용과 매우 잘 들어맞는 말이라고 하겠다.

7.3 화폐의 시간적 가치

과거 어느 신문에 맨해튼을 24달러에 판 인디언은 현명했다는 내용의 신문기사가 난 적이 있었다. 1626년에 맨해튼에 살고 있던 엘공퀸 인디언들이 네덜란드의 서인도 총독 피터 미누이트에게 24달러 상당의 물품을 받고 맨해튼을 팔았다는 것이다. 월가에서 투자의 귀재로 손꼽히는 존 템플턴 경은 "24달러를 받은 인디언이 매년 8%의 복리수익률을 올렸다면 지금의 맨해튼을 모두 사고도 돈이 남을 것"이라고 말했는데, 지금의 뉴욕 맨해튼은 고층 빌딩이 빽빽이 들어서 있는 세계에서도 땅 값이 가장 비싸기로 유명한 지역이다. 24달러에 대해 매년 8% 상당의 이자가 복리로 지급된다면, 그로부터 380여 년이 지난 지금 시점에는 111조달러를 훨씬 넘는 천문학적 금액이 된다는 점을 비유적으로 얘기한 것이다. 이 신문기사가 시사하는 점은 바로 복리의 힘이 시간이 경과될수록 엄청난 차이를 만들어낸다는 것으로 24달러라는 작은 돈이라도 시간적 가치를 고려한다면 그 결과는 상당히 달라질 수 있음을 의미한다.

우리에게 100만원이라는 돈을 지금 받는 것과 1년 뒤에 받는 것 중에서 선택하라고 한다면, 아마 모두가 지금 받는 것을 원할 것이다. 1년 뒤에 과연 받을 수 있을까 하는 불확실성의 문제를 차치하고서라도, 설령 1년 뒤라도 반드시 받을 수 있음을 보장받는 상황에서도 현재에 받기를 원할 것이다. 이것은 동일한 금액이라도 시간과 관련되어서는 그 가치가 달리 평가됨을 우리가 무의식중에 인지하고 있기 때문이다.

이처럼 화폐의 가치는 시간에 따라 달리 평가될 수 있으므로 경제성을 분석할 때에는 이러한 화폐의 시간적 가치를 반드시 고려해야만 한다. 시간이 화폐가치에 영향을 미치는 형태와 관련하여 실질적인 화폐가치의 시간적인 증가를 만들어 내는 이자율과, 그 반대로 실질적인 화폐가치의 시간적인 감소를 만들어내는 인플레이션에 대해서 살펴보기로 하자.

(1) 현금흐름의 파악

특정 경제주체의 경제활동에서 나타나는 현금의 흐름은 항상 유입과 유출로 구분된다. 투자의 경우 일반적으로 초기에는 현금의 유출이 발생하게 될 것이고, 이후부터는 투자로부터 발생하는 수익이 현금으로 유입될 것이다. 은행에서 자금을 빌린 경우라면 초기에는 대출금이 유입될 것이고 이후부터는 지속적으로 원금과 이자를 은행에 납부하여 대출금을 갚아나가는 현금의 유출이 발생하게 될 것이다. 물론 대상 문제에 따라 이러한 현금의 유출입은 상당히 복잡한 양상을 띨 수 있으므로, 분석을 위해서 현금흐름도(cash flow diagram)와 같은 간단한 도표를 활용하여 현금의 흐름을 쉽게 도시화하여 파악하는 것이 바람직할 것이다.

현금흐름도는 특정 경제주체의 입장에서 유출입되는 현금의 시점과 금액을 화살표의 위치와 길이로써 간략히 나타낸 도표로, 유출되는 금액은 중심선으로부터 아래로 내려가는 화살표로 표기하고, 유입되는 금액은 위로 올라가는 화살표로 표기한다.

만약 누군가 현재 갖고 있는 1천만원을 은행에 입금하여 이자율 5%로 5년 후에 1,276만 원을 돌려받게 된다면, 이 사람의 현금흐름도는 다음의 그림과 같을 것이다.

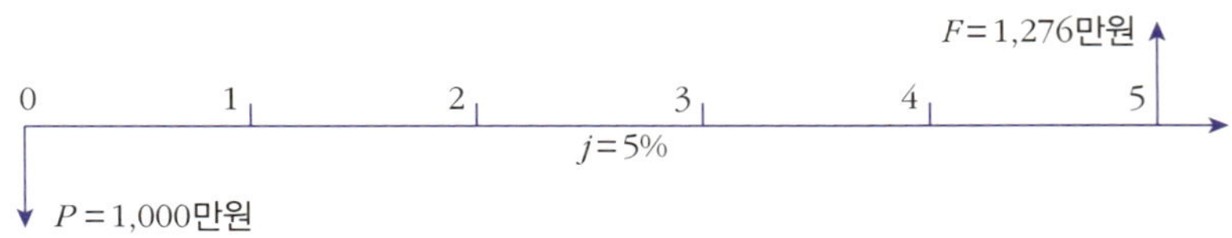

그림 7-1 | 예제 현금흐름도

현금흐름도는 경제주체의 입장에 따라 현금의 유출과 유입이 뒤바뀔 수 있으므로 작성 시에 단일주체의 입장만을 고려하도록 해야 한다. 만약 위의 예에서 은행의 입장에서 현금흐름도를 그린다면, 시점 0과 5년 말의 현금흐름의 방향이 상하로 뒤집힌 형태로 나타나게 될 것이다.

(2) 이자계산

앞에서 예로 든 100만원의 문제를 다시 생각해보자. 만약 1년 뒤에 110만원을 받는 것과 지금 100만원을 받는 것 중에서 선택하도록 한다면 우리는 어떤 결정을 내리게 될까? 소극적으로 생각해서 현재의 시중 금리가 연간 5% 정도라고 한다면 지금의 100만원은 1년 뒤에는 105만원이 될 것이므로 지금 100만원을 받는 것보다는 1년 뒤에 110만원을 받는 것이 보다 더 바람직한 선택이 될 것이다. 만약 시중 금리가 연간 10%라고 한다면 두 선택은 경제적인 측면에서 차별성을 보이지 않게 된다. 이 경우 우리는 두 대안이 경제적으로 등가라고 얘기하게 된다.

이자란 자금을 빌린 대가로 지불하는 금액을 의미하며, 은행 등에서 돈을 빌린 임차인의 입장에서는 비용이 될 것이며, 돈을 빌려준 투자자나 은행의 입장에서는 수익이 될 것이다. 이자율은 이자로 지불한 금액과 빌린 금액 간의 비율을 나타내며 대게 1년을 기준으로 한다.

1) 현재등가와 미래등가의 변환

현재시점에 P라는 원금을 연이자율 i로 은행에서 빌렸다면 n년 후에 은행에 갚아야 할 금액 F는 원금 P와 해당기간 동안의 복리이자를 모두 포함하여 다음과 같이 계산된다.

$$
\begin{aligned}
F &= P(1+i)^n \\
&= P(F/P, i\%, n)
\end{aligned}
\qquad (7\text{-}1)
$$

식에서 $(1+i)^n$은 현가 P를 연이자율 $i\%$ 하에서 n년 후의 미래가 F로 변환시켜주는 계수를 의미하며 보통 복리계수 혹은 미래등가계수라 하여 $(F/P, i\%, n)$과 같이 표기한다. 식 (7-1)의 공식을 쉽게 이해할 수 있도록, 원금과 이자의 원리합계를 계산한 다음의 표를 참고해보기로 한다.

표 7-1 | 이자와 원리합계의 계산과정

연도	연초 금액	연중 이자	연말 원리합계
1년	P	Pi	$P+Pi=P(1+i)$
2년	$P(1+i)$	$P(1+i)i$	$P(1+i)+P(1+i)i=P(1+i)^2$
3년	$P(1+i)^2$	$P(1+i)^2i$	$P(1+i)^2+P(1+i)^2i=P(1+i)^3$
…	…	…	…
n년	$P(1+i)^{n-1}$	$P(1+i)^{n-1}i$	$P(1+i)^{n-1}+P(1+i)^{n-1}i=P(1+i)^n$

만약 연이자율 i로 n년 후에 F라는 자금을 만들기 위해 은행에 저금을 해 놓

고자 한다면 현재시점에 입금해 두어야 할 금액 P는 위의 식 (7-1)로부터 쉽게 다음과 같이 유도할 수 있을 것이다.

$$P = F\frac{1}{(1+i)^n} \tag{7-2}$$

$$= F(P/F, i\%, n)$$

위 식에서 $(P/F,\ i\%,\ n)$는 n년 후의 미래가 F를 $i\%$의 연이자율 하에서 현재가 P로 변환하는 계수를 의미하며 보통 현가계수로 불린다.

예제 7.1

1,000만원을 연이자율 5%로 은행에 예금한다면 5년 후의 원리합계 금액은 얼마가 될까?

[풀이] 식 (7-1)을 이용하여 쉽게 구할 수 있는데, P=1,000만원, i=0.05, n=5일 때, 5년 후의 원리합계 F는 다음과 같이 계산된다.

F=1,000만원$(F/P,\ 5\%,\ 5)$=1,000만원$(1+0.05)^5$
$\simeq$1,000만원×1.276=1,276만원

2) 연간등가와 미래등가의 변환

적금을 든다고 생각해보자. 만약 매년 말에 A원씩을 n년 동안 은행에 적금을 넣는다면 n년 후에 찾게 될 원리합계 F는 어떻게 계산할 수 있을까? 이러한 문제를 연간등가의 미래등가로의 변환이라고 하는데, 이 과정에서 발생하는 현금흐름을 그림으로 나타내면 다음과 같다.

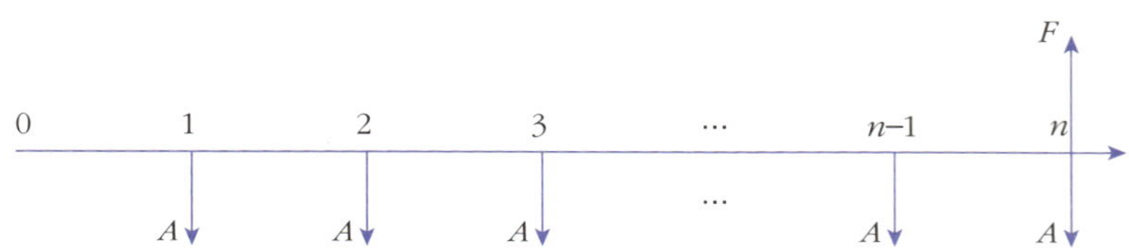

그림 7-2 | 연간등가와 미래등가와의 변환을 나타내는 현금흐름도

일반적으로 실생활에서의 적금 형태는 가입과 동시에 일정액을 넣고, n년 말에는 돈을 넣지 않고 전체 원리합계를 인출해가는 방식이지만, [그림 7-2]에서는 매년 말에 적금을 넣기 때문에 마지막 n년 말의 적금액 A는 넣는 것과 동시에 원리합계에 포함되어 바로 되찾게 된다. $n-1$년 말에 부은 적금액 A는 n년 말에 1년간의 이자가 붙어서 $A(1+i)$의 금액만큼으로 되찾게 된다. 계속해서 $n-2$년 말에 부은 적금액 A는 n년 말에 2년간의 이자가 붙어서 $A(1+i)^2$의 금액만큼으로 되찾게 될 것이다. 이러한 과정을 1년 말에 넣는 적금액 A에 대해서까지 모두 복리로 전환하여 합하게 된다면 n년 후의 원리합계 F는 다음의 공식과 같이 계산할 수 있다.

$$F = A + A(1+i) + \cdots + A(1+i)^{n-1} = A\frac{(1+i)^n - 1}{i} \qquad (7\text{-}3)$$
$$= A(F/A,\ i\%,\ n)$$

이 식에서 $(F/A,\ i\%,\ n)$은 연이자율이 $i\%$인 상황에서 매년 말에 A원씩 n년 동안 예금한 금액의 미래가 F를 구하는 계수를 의미하며 보통 연불미래등가계수라고 부른다. 다음의 [표 7-2]를 통해 식 (7-3)의 계산과정을 이해할 수 있을 것이다. 표에서는 매년도 말에 부어진 금액을 n년 말의 미래등가로 변환한 다음, 전체의 미래가를 합하는 과정을 보여주고 있다.

표 7-2 | 연간등가의 미래등가로의 변환

연도	적금액(A)의 n년 후의 원리합계
n년	A
$n-1$년	$A(1+i)$
$n-2$년	$A(1+i)^2$
…	…
1년	$A(1+i)^{n-1}$
누적된 원리합계	$A + A(1+i) + \cdots + A(1+i)^{n-1} = A\frac{(1+i)^n - 1}{i}$

이와 반대로, 만약 연이자율 $i\%$로 n년 후에 F라는 자금을 만들기 위해서는

매년 말에 은행에 부어야 할 적금액 A를 식 (7–3)을 변형하여 다음과 같이 유도할 수 있다.

$$A = F\frac{i}{(1+i)^n - 1} \qquad (7\text{-}4)$$
$$= F(A/F,\ i\%,\ n)$$

식에서 $(A/F,\ i\%,\ n)$은 연이자율 $i\%$의 상황에서 n년 말의 미래가 F를 매년 말의 연간등가 A로 변환하는 계수로 보통 감채기금계수 혹은 감채계수라고 부른다.

예제 7.2

연이자율 5%인 은행에 매년 말에 일정액을 부어서 5년 후에 1,000만원을 마련하고자 한다. 부어야 할 적금액은 얼마나 될까?

[풀이] 식 (7–4)를 이용하여 쉽게 구할 수 있는데, F=1,000만원, i=0.05, n=5일 때, 매년 말에 부어야 할 적금액 A는 다음과 같이 계산된다.

$$A = 1{,}000\text{만원}(A/F,\ 5\%,\ 5) = 1{,}000\text{만원} \times \frac{0.05}{(1+0.05)^5 - 1}$$
$$\simeq 1{,}000\text{만원} \times 0.181 = 181\text{만원}$$

3) 연간등가와 현재등가의 변환

이제 앞에서 살펴본 두 쌍의 이자계산 공식을 결합하면 다음과 같이 연간등가와 현재등가와의 변환 공식을 얻을 수 있다.

$$A = P\frac{i(1+i)^n}{(1+i)^n - 1} \qquad (7\text{-}5)$$
$$= P(A/P,\ i\%,\ n)$$

이 식에서 $(A/P,\ i\%,\ n)$은 현재의 투자금 P를 연이자율 $i\%$의 상황 하에서 n년 동안에 걸쳐 모두 회수하기 위한 연간등가 A를 구하는 계수로써 자본회수계수라고 부른다.

예를 들어, 현재시점에 은행으로부터 연이자율 i로 P라는 금액을 대출받아서, n년 동안 매년 말에 A라는 연간등가로 원금과 이자를 모두 갚아나가는 경우를 생각해보자. 이와 관련된 현금흐름도를 그려보면 [그림 7-3]과 같다.

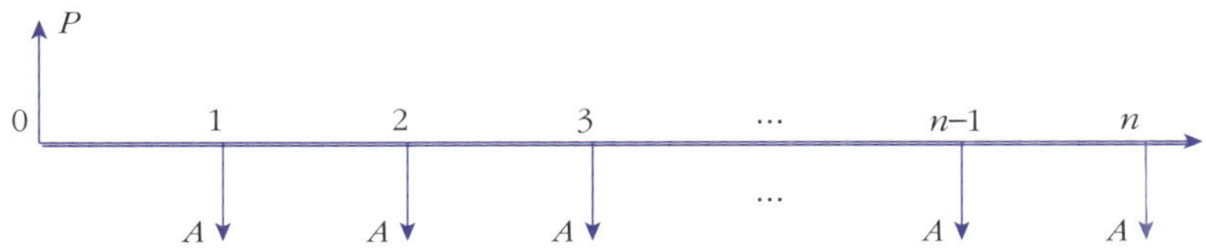

그림 7-3 | 연간등가와 현재등가와의 변환을 나타내는 현금흐름도

식 (7-5)는 [그림 7-3]에서 n회에 걸쳐 A씩 갚아나가게 되는 연간등가와 같은 가치를 가지는 n년 말의 전체 원리합계인 F를 식 (7-4)를 이용하여 구한 다음, 다시 이 금액을 현재시점의 현재등가로 식 (7-1)을 이용하여 변환함으로써 얻어지게 된다. 유도과정을 살펴보면 다음과 같다.

$$A = F(A/F,\ i\%,\ n) = P(F/P,\ i\%,\ n)(A/F,\ i\%,\ n)$$
$$= P(1+i)^n \frac{i}{(1+i)^n - 1} = P\frac{i(1+i)^n}{(1+i)^n - 1}$$

이제 마지막으로 식 (7-5)로부터 연간등가를 현재등가로 변환하는 식 (7-6)을 다음과 같이 얻을 수 있을 것이다.

$$P = A\frac{(1+i)^n - 1}{i(1+i)^n} \qquad (7\text{-}6)$$
$$= A(P/A,\ i\%,\ n)$$

이 식에서 $(P/A,\ i\%,\ n)$을 연불현가계수라고 부른다.

예제 7.3

어떤 복지재단에서 장학기금을 운영하고자 한다. 재단에서는 매년 말에 1억원의 장학금을 여러 학생들에게 지급하되, 기금이 영구히 고갈되지 않도록 해야 한다. 이를 위해서 재단에서는 연이자율 5%인 상황에서 초기 기금을 얼마만큼 확보해야 할까?

[풀이] 이 재단의 기금 문제는 [그림 7-3]에서 연간등가 A가 영구히 발생하는 현재등가 P를 구하는 것이 된다. 즉, 식 (7-6)에서 n을 무한대로 할 때 얻어지는 현재등가 P의 값을 재단의 초기 기금이 되도록 하면 된다. 식 (7-6)에서 n을 무한대로 하게 될 경우 얻어지는 현재등가는 다음의 식과 같이 된다.

$$P = \lim_{n \to \infty} A\,(P/A,\ i\%,\ n) = \lim_{n \to \infty} A\,\frac{(1+i)^n - 1}{i\,(1+i)^n} = A\,\frac{1}{i} \tag{7-7}$$

이 식은 상식을 통해서도 쉽게 유도할 수 있는데, 재단에서는 초기 기금으로부터 1년간 얻어지는 이자만을 장학금으로 지급하면 원금을 훼손시키지 않고 이후에도 계속 고정된 금액을 장학금으로 지급할 수 있게 된다. 현재등가 P가 연이자율 i로 발생시키는 이자액은 Pi이므로, 이를 연간등가 A로 하면 다음과 같이 식 (7-7)과 같은 결과를 얻게 된다.

$$A = Pi \Rightarrow P = A\,\frac{1}{i}$$

따라서 이 재단에서는 A=1억원, i=0.05인 상황에서 초기기금으로 P=1억원/0.05=20억원을 마련하면 된다.

(3) 인플레이션과 화폐의 구매력

인플레이션이란 화폐가치가 하락하여 물가가 전반적이고 지속적으로 상승하는 경제현상을 나타내는 말로, 이자율이 시간에 따라 화폐의 가치를 증가시키는 특징이 있다면 이와 반대로 인플레이션은 화폐의 실질적인 가치를 감소시킨다. 한국은행의 물가자료를 살펴보면 우리나라에서 1963년에는 80kg 기준으로 쌀값이 3천원 정도였으나 2002년에는 20만원을 넘고 있다. 무려 66배에 달하는 가격상승이 40년간에 발생한 것이다. 인플레이션은 동일한 액면의 화폐로 구매할 수 있는 물품의 수량을 감소하게 만들어, 결국 화폐의 실질적인 가치를 감소시키게 된다.

1) 인플레이션과 실질이자율

인플레이션의 원인으로는 여러 가지 이론이 있지만 일반적으로는 총공급을 초과하는 총수요의 발생으로 인해 물품 가격이 상승한다는 수요견인론이나, 통화팽창으로 인해 화폐의 상대적인 가치가 하락한다는 통화팽창요인론, 임금이나 원재료가격 등의 인상으로 인해 제품의 생산비용이 상승함으로써 물가상승을 가져와서, 이것이 화폐의 구매력을 떨어뜨린다는 비용인상론 등이 자주 인용된다.

경제성 분석에서 중요한 점은 인플레이션이 화폐의 실질적인 미래가치에 큰 영향을 미치므로 분석 과정에서는 화폐의 액면가가 아닌 실질가치를 이자율과 함께 고려하여야 한다는 것이다. 이것은 분석 대상 문제의 현금흐름을 동일한 화폐가치로 통일하여 다룸으로써 해결할 수 있다. 만약 연간 물가상승률이 f의 비율로 발생한다면 현재 액면가 P의 화폐는 n년 후에 그 구매력이 $(P/F, f\%, n)$만큼, 즉 $1/(1+f)^n$의 비율만큼 감소하게 될 것이다.

예제 7.4

지금 30만원을 입금하면 향후 5년간 10만원씩을 지급해 주겠다는 제안을 받았다. 제안의 타당성을 확인하기 위해서는 먼저 미래에 발생하게 될 화폐가치의 실질적인 구매력을 검토할 필요가 있다. 향후 5년간 물가상승률이 연 10%로 예측되는 상황에서, 이 제안을 통해 발생하는 현금흐름을 현 화폐가치를 기준으로 환산한 현금흐름도를 작성하시오.

[풀이] 제안으로 인해서 발생하는 현금흐름을 액면가를 기준으로 그려보면 다음의 그림과 같다.

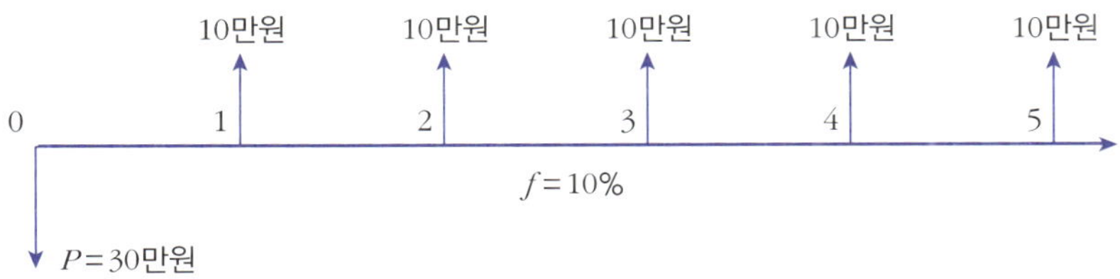

그림 7-4 | 액면가를 기준으로 한 현금흐름도

이를 현 화폐가치를 기준으로 한 현금흐름으로 바꾸는 방법은 다음의 그림과 같이 물가상승률 10%를 복리로 적용하여 미래의 액면가를 그 기간만큼 화폐가치가 하락된 현재등가로 현가계수 $(P/F, f\%, n)$만큼, 즉 $1/(1+f)^n$를 곱하여 변환하면 된다.

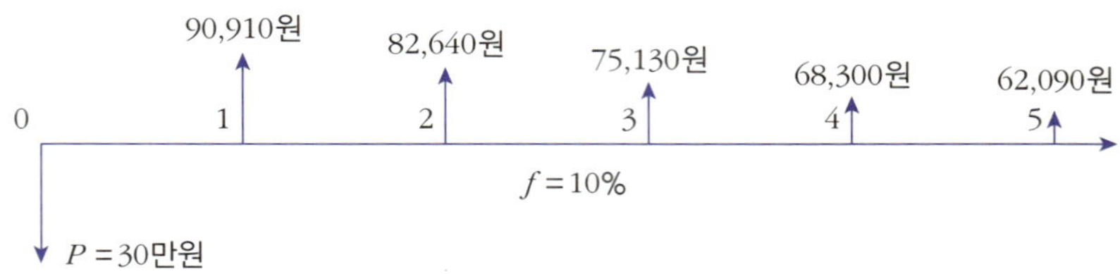

그림 7-5 | **현 화폐가치로 측정된 현금흐름도**

이제 물가상승률에 시중금리까지를 함께 고려하기로 하자. 인플레이션으로 인한 물가상승률이 연간 f의 비율로 발생한다면 시중금리는 인플레이션으로 인한 화폐가치의 감소를 고려하지 않고 화폐의 액면가치로서만 평가된 명목이자율이 된다. 이러한 명목이자율을 i_a로 나타내기로 하자. 이제 인플레이션으로 인한 화폐가치의 감소를 고려하여 현 화폐가치로 평가된 실질이자율 i_b를 구하기 위해 다음의 그림을 참고해 보기로 한다.

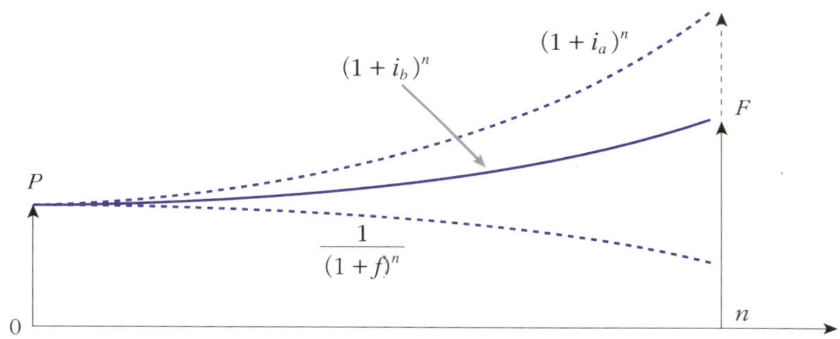

그림 7-6 | **실질이자율의 유도**

명목이자율 i_a는 현재등가 P를 미래등가 F로 변환하는 과정에서 식 (7-1)에서 살펴본 바와 같이 $(1+i_a)^n$만큼의 비율로 P를 증가시키려 할 것이고, 물가상승률 f는 이와는 반대로 $1/(1+f)^n$만큼의 비율로 감소시키려 할 것이다. 이 두 요소들을 복합적으로 고려한 실질이자율이 i_b라면 결국 i_b는 현재등가 P를 미래등가 F로 $(1+i_b)^n$만큼의 비율로 변화시킨 것이라 할 수 있으므로, 이 값은 결국 명목이자율과 물가상승률이 결합된 비율과 같아져야 한다. 따라서 다음의 과정을 통해서 식 (7-8)의 실질이자율을 얻어낼 수 있다.

$$P(1+i_b)^n = P(1+i_a)^n \cdot \frac{1}{(1+f)^n} \Rightarrow (1+i_b)^n = \frac{(1+i_a)^n}{(1+f)^n}$$

$$i_b = \frac{1+i_a}{1+f} - 1 = \frac{i_a - f}{1+f} \tag{7-8}$$

예제 7.5

은행의 연이자율이 12%라고 한다. 물가상승률이 연 6%인 상황이라면 실질이자율은 얼마가 될까?

[풀이] 명목이자율 i_a=0.12, 물가상승률 f=0.06이므로 식 (7-8)을 이용하여 실질이자율 i_b를 계산해보면 다음과 같다.

$$i_b = \frac{0.12 - 0.06}{1 + 0.06} \simeq 0.057$$

실질이자율이 연간 대략 5.7% 정도임을 알 수 있다.

만약 인플레이션이 없다면 명목이자율과 실질이자율은 같아지게 될 것이다. 그러나 현실적으로 인플레이션이 없는 경우는 극히 드물며, [예제 7.5]에서 살펴보았듯이 높은 명목이자율이라 하더라도 물가상승률로 인해 실질이자율에 상당한 감소를 가져오게 된다. 장기간에 걸친 투자 분석 문제에서 인플레이션은 경제성에 큰 영향을 미치는 요소이므로 분석과정에서 세심한 주의가 필요하다.

2) 화폐의 구매력

물가상승률과 비슷한 개념이지만 다른 척도로 화폐의 구매력이 있다. 물가가 상승하면 결국 화폐의 구매력이 떨어지게 되므로 이 두 척도는 직접적으로 연관되어 있지만 그 값이 같지는 않다. 즉, 물가상승률이 5%라고 해서 구매력의 감소율이 5%인 것은 아니다.

화폐 구매력의 감소율이 r이라고 한다면 현재 1이라는 구매력을 가지는 화폐가 1년 후에는 $1-r$이라는 구매력밖에 가지지 못하게 된다. 이것을 물가상승률 f에 의해서 1년간 $1/(1+f)$의 비율만큼 감소한 값으로 가정하면 화폐 구매력의 감소율 r과 물가상승률 f 간의 관계를 다음의 식 (7-9)와 같이 얻게 된다.

$$1 - r = \frac{1}{1+f} \;\Rightarrow\; f = \frac{r}{1-r} \tag{7-9}$$

예제 7.6

은행의 연이자율이 10%인 상황에서 화폐의 구매력이 매년 6%씩 감소한다고 하면, 실질이자율은 얼마가 될까?

[풀이] 화폐 구매력의 감소율 $r=0.06$이므로 위의 식 (7-9)를 이용하여 물가상승률을 구해보면 대략 $f=0.064$가 된다. 이제 식 (7-8)을 이용하여 실질이자율 i_b를 계산해보면 다음과 같다.

$$i_b = \frac{0.1 - 0.064}{1 + 0.064} \simeq 0.034$$

실질이자율이 연간 대략 3.4% 정도임을 알 수 있다.

7.4 대안의 비교와 투자분석

투자분석의 문제는 경제성 분석을 하는 과정에서 자주 접하게 되는 문제이다. 여러분은 여러 투자대안들을 비교하여 이들 간의 우열을 가르거나 제한된 자금 내에서 투자의 우선순위를 결정하여, 최대의 이익 혹은 최소의 비용을 발생시키는 대안들을 결정해 나가게 될 것이다. 여기에서는 여러 대안의 비교·분석에 자주 사용되는 대표적인 방법들을 중심으로 투자분석의 문제를 다루기로 하겠다.

(1) 손익분기점분석

개점이나 창업을 하는 경우, 반드시 분석해 보아야 할 것 중의 하나가 바로 손익분기점(break even point)분석이다. 손익분기점이란 총매출과 그것을 위해 지출된 총비용이 일치되는 매출액을 의미하며, 이 지점에서는 이익도 손실도 발생하지 않게 된다. 기본적으로 손익분기점을 넘기는 매출액을 달성할 수 있어야만 해당 사업의 추진이 경제성을 갖는 것으로 판단된다. 대개의 경우 손익분기점분석에서는 수입과 비용이 1년 단위로 지속적으로 반복된다는 가정 하에 이루어지며, 이때에는 돈의 시간적 가치를 분석과정에 포함시키지 않기도 한다. 여기에서도 문제를 단순화하기 위해 돈의 시간적 가치는 무시하기로 하겠다.

1) 손익분기점의 계산

손익분기점에서는 총비용과 총수입이 같으므로, 이때의 판매량을 Q라고 한다면 다음의 식을 이용하여 손익분기점에서의 판매량을 구할 수 있다.

$$\text{총수입} = \text{단위당 판매가격} \times Q \tag{7-10}$$

$$\text{총비용} = \text{단위당 변동비용} \times Q + \text{총고정비용}$$

$$\Rightarrow \quad Q = \frac{\text{총고정비용}}{\text{단위당 판매가격} - \text{단위당 변동비용}}$$

예제 7.7

어떤 제품의 단가가 1만원이라고 한다. 한 단위의 제품생산에 소요되는 단위당 변동비용이 5천원이고, 총고정비용은 200만원이라고 한다면, 손익분기점을 만드는 판매량은 몇 개가 되겠는가?

[풀이] 식 (7-10)을 이용하여 손익분기점을 계산하면 다음과 같다.

$$Q = \frac{200}{1-0.5} = 400\text{개} \quad \Rightarrow \quad \text{총비용} = 200\text{만원} + 5\text{천원} \times 400\text{개} = 400\text{만원}$$

$$\text{총수입} = 1\text{만원} \times 400\text{개} = 400\text{만원}$$

이 경우 손익분기점이 되는 판매량은 400개가 되며, 이때의 총비용과 총수입이 모두 400만원으로 같아지는 것을 볼 수 있다.

다음 [그림 7-7]은 이 문제의 상황을 도표를 통해 도시해 본 것이다. 회사로서는 공장을 가동하지 않더라도 총고정비용만큼이 계속 발생하게 되므로, 손익분기점을 달성하지 못하더라도 총가변비용만큼을 충당할 수 있다면 단기적으로는 생산을 계속하여 공장을 유지시키려 할 것이다. 그러나 200개 미만의 판매량밖에 달성할 수 없어서 총고정비용마저도 충당할 수 없는 상황이라면 생산을 중단하는 것이 바람직할 것이다.

손익분기점인 400개 이상을 판매할 수 있는 상황에서는 이익이 창출되는 구간이 되므로 이때부터는 더 많이 생산하여 판매할수록 회사로서는 이득이 된다.

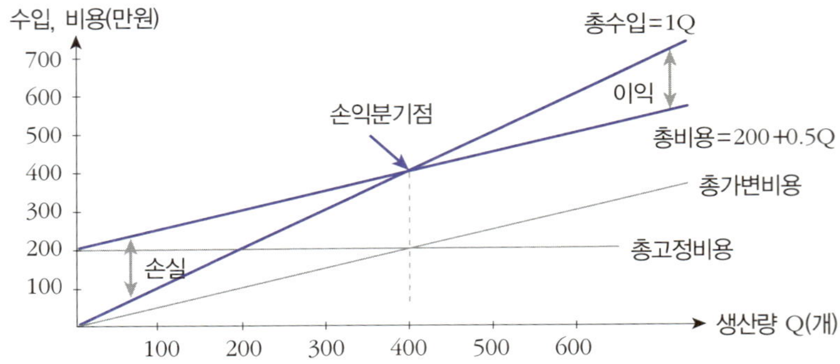

그림 7-7 | 손익분기점 계산의 예

2) 순수익 목표를 달성하기 위한 판매량

손익분기점분석은 순수익 목표를 달성하기 위한 판매량을 얻어내는 데 이용할 수도 있다. 만약 손익분기점을 넘어서 추가적으로 일정금액의 수익까지를 확보할 수 있는 판매량을 알고자 한다면, 위의 식 (7-10)에서 총비용 항목에 확보하고자 하는 수익까지를 합한 값을 구하고, 이 값과 총수입이 같아지게 되는 판매량을 계산하면 된다. 이렇게 할 경우 얻게 되는 판매량 Q'는 다음과 같다.

$$Q' = \frac{\text{총고정비용} + \text{원하는 수익}}{\text{단위당 판매가격} - \text{단위당 변동비용}} \tag{7-11}$$

예제 7.8

앞의 [예제 7.7]의 상황에서, 이제는 100만원의 수익까지를 보장하는 판매량을 구해보자.

[풀이] 식 (7-11)에서 원하는 수익을 200으로 하여 계산하면 다음과 같다.

$$Q' = \frac{200 + 100}{1 - 0.5} = 600\text{개} \quad \Rightarrow \quad \text{총비용} = 200\text{만원} + 5\text{천원} \times 600\text{개} = 500\text{만원}$$

$$\text{총수입} = 1\text{만원} \times 600\text{개} = 600\text{만원}$$

모두 600개를 판매할 경우 총비용은 500만원이 되지만, 총수입은 600만원이 되어서 100만원의 수익이 확보되는 것을 확인할 수 있다.

3) 손익분기점분석을 이용한 가격결정문제

앞에서 살펴본 손익분기점분석은 고정된 가격 하에서 수익을 발생시키는 판매량을 파악하는 비교적 단순화된 경우의 문제를 다루고 있다. 그러나 실제로 가격은 제품생산에 앞서 전략적으로 결정되어야 하는 요소로서 변동성을 지니고 있다. 이와 함께 판매량 역시 가격요소에 의해서 영향을 받게 된다. 따라서 신제품을 개발하여 새로이 시장에 출시하는 상황에서는 가격변화에 따라 영향받게 되는 판매량을 정확한 수요예측을 통해 파악하고, 이로부터 최선의 결과를 만들어내는 가격정책을 취해야 한다.

앞의 [예제 7.7]을 다시 한 번 살펴보기로 하자. 한 단위 제품생산에 소요되는 단위당변동비용이 5천원이고, 총고정비용이 200만원인 상황에서, 만약 제품의 단가를 1만원으로 할 경우, 손익분기점은 400개가 된다. 만약 수요예측을 통해 판매량을 예상해 본 결과 1만원의 가격에서는 약 500개의 수요가 발생하지만, 9천원의 가격에서는 700개의 수요가 발생한다고 가정해보자. 회사로서는 두 가격 모두에 대해서 예상되는 이익을 계산하여 최선의 가격을 결정해야만 한다.

가격이 9천원일 경우, 손익분기점이 되는 판매량을 식 (7-10)을 이용하여 계산하면 500개가 된다. 단위당변동비용이 5천원이므로 9천원에 판매할 경우에는 개당 4천원의 차익을 기대할 수 있다. 예상되는 판매량이 700개이므로 손익분기점 500개를 넘는 추가 200개의 판매량에 의하여 모두 80만원(200개×4천원)의 수익을 기대할 수 있게 된다.

반면에 단가를 1만원으로 책정할 경우에는 개당 5천원의 차익을 기대할 수 있으며, 예상수요 500개 중에서 손익분기점 400개를 넘는 100개의 제품에 의하여 모두 50만원(100개×5천원)의 수익을 기대할 수 있게 된다.

결국, 이 회사로서는 가격을 9천원으로 하여 전체 수익을 확대하는 방향으로 나가는 것이 합리적인 선택이 될 것이다. 이처럼 손익분기점분석 자체는 지출과 수입이 균형을 이루는 점을 알려줄 뿐이므로, 가격책정의 문제를 해결하기 위해서는 각각의 가격에 대한 소비자의 수요 예측량을 함께 고려하여 분석에 활용해야만 할 것이다.

(2) 현가분석 및 연가분석

생산활동을 하는 기업들은 신규투자, 장비구입, 자체제작 혹은 외주와 같은 여러 유형의 경제성 분석 문제를 다루게 되는데, 이 과정 속에서 가능성이 있는 여러 대안을 탐색하고 가장 경제적인 최선의 대안을 선택하게 된다. 대안마다 발생하는 현금흐름이 다르기 때문에, 대안들의 모든 현금흐름을 일정시점의 등가로 환산한 다음 상호 비교를 통해 최선의 대안을 선정하여야 한다. 이와 같이 대안의 현금흐름을 특정 시점의 등가로 환산하여 평가하는 분석법으로는 크게 현가분석법과 연가분석법이 있다. 각각의 분석법을 살펴보기 전에 먼저 투자사업의 종류와 현금흐름과 관련된 중요 용어와 개념들을 살펴보기로 하자.

1) 투자사업의 종류

대안의 경제성을 분석하기 전에 대상이 되는 사업의 성격을 파악하는 것이 필요하다. 만약 여러 대안 사업들이 상호 배타적이라면 특정 사업 대안을 선택하는 것은 다른 사업 대안의 포기를 의미한다. 이 경우 경제성 분석은 여러 배타적 사업 간에 최고의 수익을 보이는 하나의 대안을 선택하는 문제가 된다.

반면에 여러 대안 사업들이 상호 독립적이어서 특정 투자 대안의 선택이 다른 투자 대안의 선택과 배제에 아무런 영향도 주지 않는다면, 이러한 상호 독립적인 사업들에서의 경제성 분석은 갖고 있는 투자자금의 범위 내에서 높은 수익을 가져다주는 대안들의 조합을 찾는 문제가 될 것이다.

투자사업의 성격을 파악하는 작업과 함께 투자대안을 탐색하는 과정에서 주의해야 할 점은 '아무것도 안 하는 대안(do nothing alternative)'을 반드시 분석에 포함시켜야 한다는 것이다. 여기서 '아무것도 안 하는 대안'이라는 것은 분석 대상이 되는 투자사업 중에서 아무것도 추진하지 않더라도, 즉 투자금을 단순히 은행에 넣고 그 이자만을 얻는 것과 같이 기본적으로 기대할 수 있는 최소의 수익률을 제시하는 대안을 의미한다.

A와 B라는 두 개의 투자사업을 분석한다고 생각해보자. 우리는 종종 선택할 수 있는 투자대안으로 A만 추진하는 경우, B만 추진하는 경우, A와 B를 모두 추진하는 경우의 세 가지가 있다고 생각하게 되지만, 이렇게 '아무것도 안 하

는 대안'을 분석에 포함시키지 않게 되면, 시중의 금리만큼도 수익을 보장해주지 못하는 잘못된 투자사업을 선택하는 결과를 얻을 수도 있는 것이다.

2) 현금흐름과 관련된 용어와 개념

이자율이 주로 자금을 빌려 쓰는 입장에서 일반적으로 1년간의 자금 사용 대가로서 지불한 금액과 사용한 금액과의 비율을 나타낸다면, 수익률(ROR : Rate Of Return)이란 투자자의 입장에서 투자에서 회수된 이익과 투자액과의 비율을 나타낸다. 수익률 역시 통상 1년을 기준으로 계산되는데, 여러 투자대안들 간의 비교에서 사용되는 돈의 시간적 가치는 이자율 대신에 수익률을 통해 평가된다.

최저요구수익률(MARR : Minimum Attractive Rate of Return)이란 기업에서 내부적으로 설정한 투자의 하한선으로써 특정 투자사업의 수익률이 최소한 이 정도는 되어야만 투자에 나서겠다는 기준값을 의미한다. 통상적으로 소득세를 납부한 이후의 순수익과 투자액과의 비율로 설정되는데, 자본비용, 기회비용, 이익, 인플레이션, 위험비용, 경쟁사의 최저요구수익률, 현 기업의 재정상태와 미래의 전략적 투자조건 등을 참조하여 기업의 경영진에서 정책적으로 결정하게 된다.

초기비용(first cost, initial cost)이란 자산의 신규취득으로 인하여 운영하기 전까지 발생하게 되는 자산 자체의 원가, 운송비, 취득 및 등록비, 관련 세금, 설치비, 시험가동비 등의 모두를 포괄하는 개념으로 감가상각의 기본이 되는 비용이다. 감가상각에 대해서는 이 장의 마지막 절을 참고하길 바란다.

자산의 처분가치(salvage value)는 자산을 폐기처분할 때에 발생하는 순수입을 말하는 것으로 자산의 처분으로 들어오는 금액에서 장비 제거와 주변 정리 및 복구비, 운반비 등의 처분관련 제반 비용을 뺀 금액이다. 감각상각에서의 법정잔존가치와는 다른 개념이며 처분으로 인한 수입이 될 수도 있지만, 처분과 관련한 제반비용이 더 커서 지출이 되는 음의 처분가치가 발생할 수도 있다.

내용연수(useful life)란 자산의 예상사용기간 또는 자산으로부터 획득할 수 있는 기대 생산량이나 이와 유사한 단위를 의미한다. 일반적으로는 자산을 실제 사용할 수 있는 연한을 의미한다.

잔존가치(remaining value)란 사용연한이 경과한 자산의 측정시점에서의 남아 있는 가치를 의미하는 것으로, 해당 시점에서 실제로 자산을 처분함으로써 받을 수 있는 금액이 된다. 처분가치가 자산의 수명이 다하였을 경우의 잔존가치를 의미한다면, 잔존가치는 수명을 1년 경과한 경우의 잔존가치, 2년 경과한 경우의 잔존가치와 같이 경과한 시간에 따라 달리 계산될 수 있는 가치이다.

3) 현가분석

현가분석은 대안의 유효기간 동안 발생하는 투입액과 회수되는 금액을 모두 현 시점의 금액으로 등가계산하여 순현가(net present value)를 구한 다음, 다른 대안들의 순현가와 비교함으로써 대안 간의 선호도를 결정하는 분석법이다. 다음의 예제를 통해 현가분석을 살펴보기로 하자.

예제 7.9

어느 회사에서 제품 생산에 새로운 기계를 도입하고자 두 군데 제조사로부터 다음과 같은 자료를 전달받았다고 한다. 두 제조사의 기계 모두 성능이 동일하며, 5년의 내용연수를 지니며, 운영비와 유지보수비 등도 모두 같다고 한다. 만일 이자율이 5%라면 어느 기계를 구입하는 것이 더 경제적인 선택이겠는가?

표 7-3 | 장비 구입 대안의 현가분석을 위한 자료

장비	초기비용	내용연수	5년 후의 처분가치
A	1,500만원	5년	500만원
B	1,200만원	5년	400만원

[풀이] 이 두 대안의 경우는 기계의 성능과 다른 모든 비용이 동일하므로, 5년의 사용기간이 지난 이후에 얻게 되는 처분가치를 초기에 투자된 비용에 합하여 순현가가 적게 나타나는 것이 최선의 대안이 될 것이다. 두 대안의 현금흐름도를 그려보면 다음과 같다.

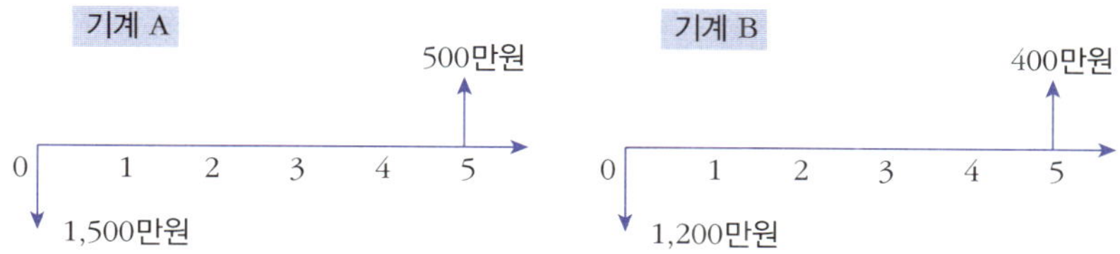

그림 7-8 | 장비 구입 대안들의 현금흐름도

각각의 기계에 대해서 현가를 계산하면 다음과 같다.

$$\text{기계 } A\text{의 현가} = -1{,}500 + 500\,(P/F,\ 5\%,\ 5) = -1{,}500 + 500\frac{1}{(1+0.05)^5}$$
$$\simeq -1{,}500 + 500 \times 0.7835 = -1{,}108.25\text{만원}$$
$$\text{기계 } B\text{의 현가} = -1{,}200 + 400\,(P/F,\ 5\%,\ 5) = -1{,}200 + 400\frac{1}{(1+0.05)^5}$$
$$\simeq -1{,}200 + 400 \times 0.7835 = -886.6\text{만원}$$

이 결과를 통해서 볼 때, 장비 도입을 위해 순현가로 현재시점에서 1,108.25만원의 비용이 발생하는 기계 A보다는 886.6만원의 비용만을 발생시키는 기계 B가 보다 더 경제적인 대안이라고 할 수 있다.

위의 예제의 경우에는 두 대안의 유효기간이 5년으로 동일하기 때문에 순현가를 이용한 분석이 적절했지만, 만약 각 대안의 유효기간이 서로 일치하지 않는 경우라면 단순히 현가분석을 통해 대안들을 비교하는 것은 불합리한 결과를 얻을 수 있다. 즉, 기계 A의 내용연수가 10년이고, 기계 B의 내용연수가 5년이라면 기계 B의 수명이 다한 5년 이후의 기간에 대해서는 공정한 비교가 이뤄지기 힘들게 된다. 보통 이런 경우에는 기계 B를 한 번 더 구입하여 운영한다는 가정 하에 두 대안의 유효기간을 10년으로 일치시켜서 분석하는 것이 공정할 것이다.

일반적으로 현가분석에서는 대안의 유효기간이 서로 다를 경우, 각 대안의 유효기간의 최소공배수를 분석기간으로 정하여, 분석기간 동안 각 대안들의 현금흐름이 동일하게 반복되도록 하여 경제성을 분석하게 된다. 다음의 예제를 통해 이를 살펴보도록 하자.

예제 7.10

앞서 살펴본 [예제 7.9]에서 기계 A와 B의 내용연수가 각각 3년과 2년이라고 한다면, 어느 기계가 더 경제적인 선택이겠는가?

[풀이] 이 두 대안의 내용연수가 다르므로 분석기간은 3년과 2년의 최소공배수인 6년으로 설정하여 다음의 그림과 같은 현금흐름도를 통해 경제성을 분석하도록 한다.

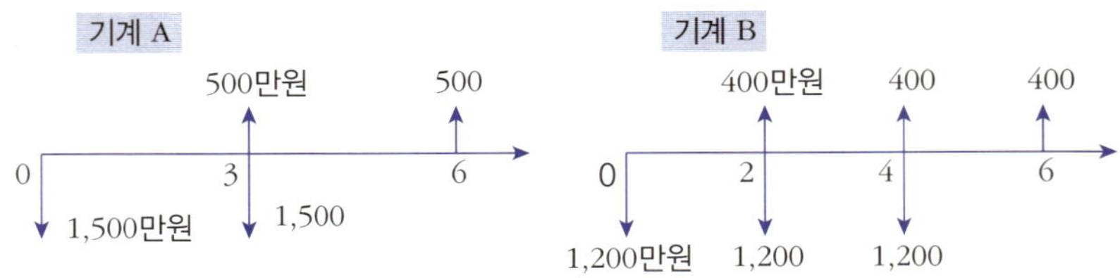

그림 7-9 | 내용연수가 다른 장비 구입 대안들의 현금흐름도

각각의 기계에 대해서 현가를 계산하면 다음과 같다.

$$
\begin{aligned}
A\text{의 현가} &= -1{,}500 - 1{,}500\,(P/F,\ 5\%,\ 3) + 500\,(P/F,\ 5\%,\ 3) + 500\,(P/F,\ 5\%,\ 6) \\
&\simeq -1{,}500 - 1{,}500 \times 0.8638 + 500 \times 0.7835 + 500 \times 0.7462 \\
&= -2{,}030.85\text{만원} \\
B\text{의 현가} &= -1{,}200 - 1{,}200\,(P/F,\ 5\%,\ 2) - 1{,}200\,(P/F,\ 5\%,\ 4) \\
&\quad + 400\,(P/F,\ 5\%,\ 2) + 400\,(P/F,\ 5\%,\ 4) + 400\,(P/F,\ 5\%,\ 6) \\
&\simeq -1{,}200 - 1{,}200 \times 0.9070 - 1{,}200 \times 0.8227 \\
&\quad + 400 \times 0.9070 + 400 \times 0.8227 + 400 \times 0.7462 \\
&= -2{,}285.28\text{만원}
\end{aligned}
$$

이 결과에 따르면 기계 A가 장비 도입을 위해 보다 더 적은 순현가를 발생시키는 경제적인 대안이다.

4) 연가분석

연가분석은 대안의 유효기간 동안 발생하는 모든 투입액과 회수액을 그 대안의 유효기간으로 균등 분배한 연간등가를 계산하여 최선안을 선정하는 방법이다. 따라서 연가분석에서는 주로 현재가 P와 미래가 F를 연간등가 A로 변환시키는 작업을 많이 진행하게 된다.

연가분석과 현가분석이 모두 원리는 동일하지만, 연가분석의 경우 유효기간이 서로 다른 대안에 대해서도 최소공배수의 분석기간을 가정하지 않더라도, 모든 현금흐름이 1년 단위의 연간등가로 이미 통일되어 있기 때문에, 유효기간에 관계없이 바로 비교할 수 있다는 장점이 있다. 물론 연가분석과 현가분석 모두 단지 문제의 유형에 따른 분석의 편의성만이 차이가 날 뿐이지, 모든 의사결정 문제에 있어서 동일한 결과를 갖는다.

예제 7.11

생산라인의 한 장비를 교체하고자 두 개의 기계를 검토하고 있다. 두 기계 모두 능력은 동일하며 교체와 관련되어 발생하는 비용이 [표 7-4]에 정리되어 있다. 이 회사의 최저요구수익률이 10%라고 할 때, 어느 기계로 교체하는 것이 더 경제적인 선택이겠는가?

표 7-4 | 장비 대체와 관련한 비용 자료

장비	초기비용	내용연수	처분가치	연간비용
A	2,500만원	8년	500만원	200만원
B	1,500만원	4년	0원	300만원

[풀이] 이 두 대안의 내용연수가 다르므로 연가분석을 이용하는 것이 편리할 것이다. 각각의 기계에 대해 발생하는 현금흐름을 내용연수 동안의 연간등가로 계산하면 다음과 같다.

$$
\begin{aligned}
A\text{의 연간등가} &= -2{,}500(A/P,\ 10\%,\ 8) - 200 + 500(A/F,\ 10\%,\ 8) \\
&\simeq -2{,}500 \times 0.1874 - 200 + 500 \times 0.0874 \\
&= -624.8\text{만원} \\
B\text{의 연간등가} &= -1{,}500(A/P,\ 10\%,\ 4) - 300 \\
&\simeq -1{,}500 \times 0.3155 - 300 = -773.25\text{만원}
\end{aligned}
$$

이 결과에 따르면 기계 A가 장비 대체를 위해 보다 더 적은 연간등가를 발생시키므로 기계 B보다 더 경제적인 대안이다.

(3) 투자회수기간과 프로젝트 수지도

투자회수기간(payback period)이란 투자사업의 타당성을 간단히 살펴보기 위해 널리 이용되는 방법으로 투자비용의 회수시점에 초점을 맞추는 분석법이다.

여기에는 이자율을 고려하지 않고 계산하는 투자회수기간과 이자율을 고려한 할인된 투자회수기간의 두 가지 계산 방법이 있다.

1) 투자회수기간

화폐의 시간적 가치를 고려하지 않는다면, 특정 투자사업의 경제성을 쉽게 판단하는 방법의 하나로는 해당 투자로 인해 발생하는 비용과 회수금액을 단순히 합산하여 그 값이 양인지 음인지를 판단하는 것을 생각해 볼 수 있다. 음의 값을 나타내는 투자라면 당연히 초기 투자금액이 사업의 종료시점까지도 회수되지 않는다는 것을 의미하므로 투자를 포기하게 될 것이다. 반면에 양의 값을 갖는다면 사업기간 중에 초기 투자금액이 회수되어 수익을 보인다는 의미가 된다. 이때 초기 투자금액이 회수되는 시점을 투자회수기간이라고 하며, 보통 다음의 식을 통해 계산하게 된다.

$$\text{투자회수기간} = \frac{\text{투자금액}}{\text{연간수입}} \tag{7-12}$$

예제 7.12

회사에서 두 개의 사업기회를 두고 고민 중에 있다. 두 사업 모두 사업기간이 5년으로 동일하지만, 초기 투자금액과 연간 발생하는 수입은 [표 7-5]와 같이 서로 다르다고 한다. 투자회수기간의 측면에서 본다면 어느 사업에 더 관심을 두어야 할까?

표 7-5 | 두 투자사업의 관련 비용

사업	초기투자	연간수입	잔존가치
A	2,500만원	600만원	500만원
B	1,500만원	400만원	0원

[풀이] 식 (7-12)를 이용하여 두 대안의 회수기간을 계산하면 다음과 같다.

$$A\text{의 회수기간} = \frac{2{,}500}{600} \simeq 4.2\text{년}$$

$$B\text{의 회수기간} = \frac{1{,}500}{400} \simeq 3.75\text{년}$$

이 결과에 따르면 회수기간의 측면에서 사업 B가 초기투자금액을 더 빨리 회수하므로 보다 나은 대안이 된다.

위의 예를 통해서 알 수 있듯이, 투자회수기간은 이자율을 무시하므로 사용이 간편한 반면에 정확성은 떨어지게 되며 회수기간 이후의 수입과 잔존가치의 영향을 무시한다는 단점을 가진다. 그럼에도 불구하고 계산이 쉽고 현금의 유동성을 빨리 판단할 수 있기 때문에 일반적으로 많이 이용되는 분석법의 하나이다.

2) 할인된 투자회수기간과 프로젝트 수지도

투자회수기간이 이자율을 무시하여 화폐의 시간적 가치를 고려하지 않고, 회수기간 이후의 현금흐름과 잔존가치의 영향을 무시한다는 단점이 있다면, 이자율을 반영하여 매 연도마다 현금흐름의 수지타산을 계산함으로써, 보다 정확한 투자회수기간을 얻을 수 있다. 이것을 할인된 투자회수기간(discounted payback period)이라고 한다.

어떤 사업에서 시점 t에 발생하는 현금흐름을 F_t라고 한다면 할인된 투자회수기간 n^*는 다음의 식과 같이, 현금흐름을 시간에 따라 이자율을 반영하여 누적시켜 나감으로써, 그 누적값이 0 이상으로 회복되는 최소의 시점이라고 할 수 있다.

$$n^* = \sum_{t=0}^{n} F_t \frac{1}{(1+i)^t} \geq 0 \text{을 만족시키는 최소의 } n \qquad (7\text{-}13)$$

할인된 투자회수기간을 계산하기 위해서는 시점 t에서의 프로젝트 수지(project balance)를 다음의 식을 이용하여 계산해 나갈 필요가 있다.

$$PB(i)_0 = F_0 \qquad (7\text{-}14)$$
$$PB(i)_t = (1+i)PB(i)_{t-1} + F_t \qquad t \geq 1 \text{인 경우}$$

프로젝트 수지 $PB(i)_t$는 시점 t까지 프로젝트에서 투입되거나 회수된 금액을 이자율 i%인 상황에서 계산한 값으로, 프로젝트가 시점 t에서 갑자기 중지될 경우, 투자 중단으로 인한 위험 비용을 보여준다. [예제 7.13]을 통해 할인된 투자회수기간과 프로젝트 수지에 대해 자세히 살펴보기로 하자.

예제 7.13

현재 회사에서는 5년 기간에 걸친 신규사업에 투자를 고려하고 있다. 이 사업을 통해 예상되는 현금흐름은 [그림 7-10]과 같다. 회사의 최소요구수익률이 연간 20%라고 할 때, 프로젝트 수지도(project balance diagram)를 작성하고, 할인된 투자회수기간을 구하시오.

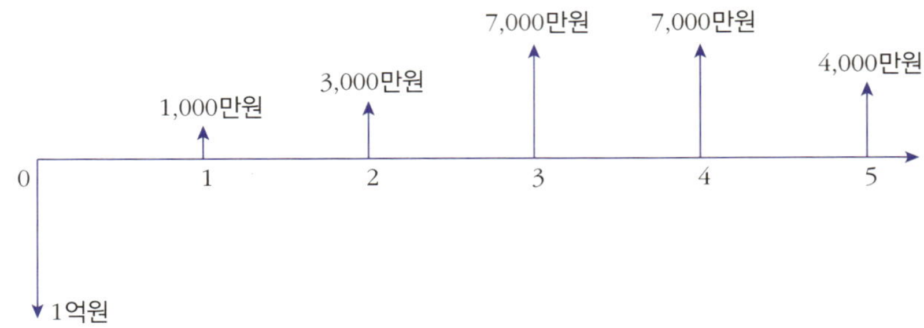

그림 7-10 | 투자대상 사업의 현금흐름도

[풀이] 식 (7-14)를 이용하여 프로젝트 수지를 계산하면 다음과 같다.

$PB(20)_0 = F_0 = -10,000$만원
$PB(20)_1 = (1+i)PB(20)_0 + F_1 = (1.20)(-10,000) + 1,000 = -11,000$만원
$PB(20)_2 = (1+i)PB(20)_1 + F_2 = (1.20)(-11,000) + 3,000 = -10,200$만원
$PB(20)_3 = (1+i)PB(20)_2 + F_3 = (1.20)(-10,200) + 7,000 = -5,240$만원
$PB(20)_4 = (1+i)PB(20)_3 + F_4 = (1.20)(-5,240) + 7,000 = 712$만원
$PB(20)_5 = (1+i)PB(20)_4 + F_5 = (1.20)(712) + 4,000 = 4854.4$만원

이 결과에 따르면 할인된 투자회수기간 n^*는 프로젝트 수지가 최초로 0 이상의 값으로 증가한 4년이 됨을 알 수 있다. 이를 프로젝트 수지도로 정리하면 다음의 그림과 같다.

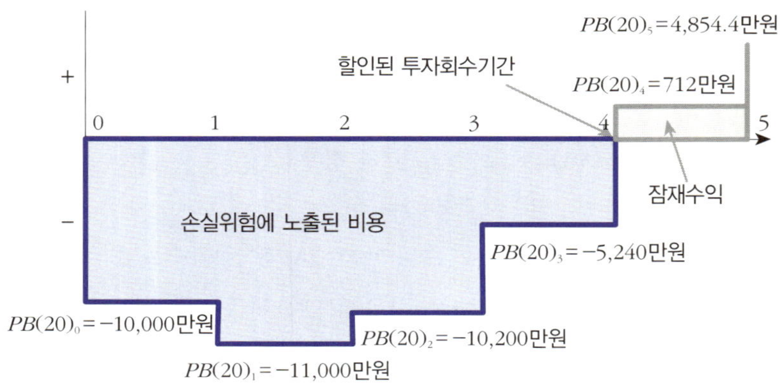

그림 7-11 | 투자대상 사업의 프로젝트 수지도

위의 프로젝트 수지도를 살펴보면 할인된 투자회수기간이 도래하기 전까지는 프로젝트 수지가 음의 영역에 있으며, 이것은 프로젝트가 갑자기 중단될 경우 손실위험에 노출되어 있는 비용을 나타내게 된다. 회수기간이 지난 이후에는 프로젝트 수지가 양의 영역에 나타나며, 이때에는 프로젝트의 잠재수익을 나타내게 된다.

(4) 수익률분석

수익률분석이란 어떤 대안의 평가기준으로 투입된 비용과 발생된 수익의 합을 0으로 만드는 수익률을 구하여, 그 수익률이 만족할 만한 수준인지를 판단하는 방법이다. 수익률분석은 대안의 평가에서 현가분석 및 연가분석과 함께 가장 많이 사용되고 있는데, 투자대안의 수익률을 구한 후에 수익률이 가장 높은 사업을 우선적으로 선택하거나 회사의 최소요구수익률보다 낮은 대안에 대한 투자를 배제하는 형태로 활용된다.

수익률을 계산하기 위해서는 대안의 유효기간 동안 발생하는 모든 현금흐름을 현재가로 변환한 다음, 현재가의 총합을 0으로 만드는 이자율을 시행착오방법(trial and error method)을 통해 찾아내야 한다. 투자대안에서 시점 t에 발생하는 현금흐름을 F_t라고 한다면, 사업의 유효기간인 n년 동안 발생하는 모든 현금흐름을 연이자율 $i\%$ 하에서 현가로 변환하는 공식은 다음과 같다.

$$P(i) = \sum_{t=0}^{n} F_t(P/F, i\%, t) = \sum_{t=0}^{n} F_t \frac{1}{(1+i)^t} \tag{7-15}$$

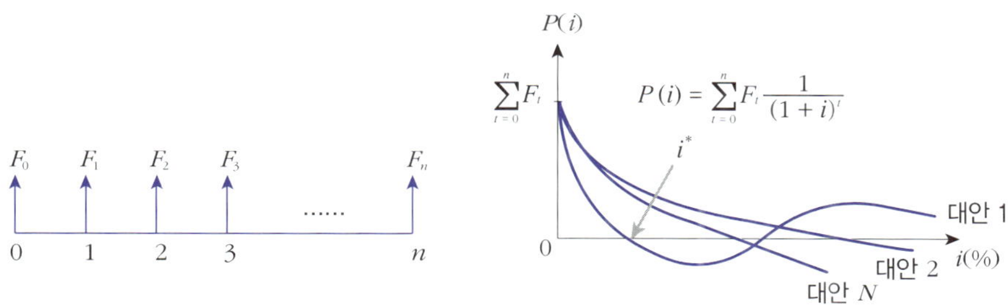

그림 7-12 | 현금흐름과 현가그래프

[그림 7-12]에서 대안들마다 현금흐름에 따라 다양한 현가그래프가 만들어질 수 있음을 알 수 있으며, 각 대안들의 현가를 0으로 만드는 수익률(i^*)도 복수개가 존재할 수 있음을 알 수 있다. 실제로 현가함수 $P(i)$는 n차 방정식의 형태로 변환될 수 있기 때문에, $P(i) = 0$을 만드는 최대 n개의 이자율이 근으로 존재할 수 있다. 예제를 통해 투자대안의 수익률을 구하는 과정을 살펴보기로 하자.

예제 7.14

다음의 현금흐름도는 현재 회사에서 고려하고 있는 투자사업의 비용과 수익을 나타내고 있다. 이 투자사업의 수익률은 얼마인가?

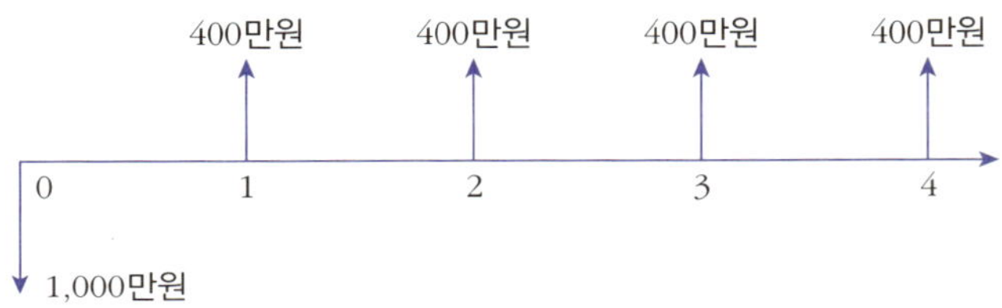

그림 7-13 | 수익률 계산을 위한 투자대안의 현금흐름도

[풀이] [그림 7¬13]에 나타난 현금흐름을 현가화하기 위한 식은 다음과 같으며, $P(i)$를 몇몇 이자율 값을 중심으로 시행착오를 통해 계산한 결과가 다음의 [표 7-6]에 정리되어 있다.

$$P(i) = -1{,}000 + 400(P/A,\ i\%,\ 4) = -1{,}000 + 400\frac{(1+i)^4 - 1}{i(1+i)^4}$$

표 7-6 | 이자율에 따른 현가의 변화

i	0%	10%	20%	30%	40%
$P(i)$	600만원	268만원	35만원	−133만원	−260만원

위의 표를 살펴보면 20%와 30%의 이자율 사이에 현가 $P(i) = 0$을 만족시키는 수익률(i^*)이 존재함을 알 수 있다. 이해를 돕기 위해, 이 대안에 대한 현가 그래프를 그려보면 다음과 같다.

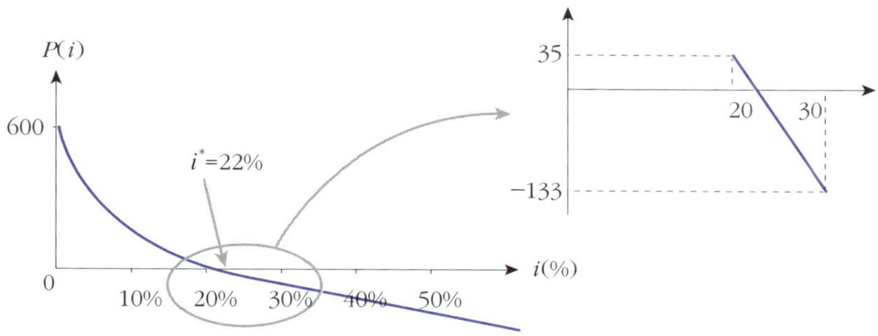

그림 7-14 | 보간법을 이용한 수익률의 계산

이제 이자율 20%와 30% 사이에서 현가를 0이 되게 하는 이자율을 다음과 같이 보간법을 이용하여 계산하면 약 22%의 수익률을 얻게 된다.

$$i^* = (20\%) + (30\% - 20\%)\left[\frac{35-0}{35-(-133)}\right] \simeq 20\% + 10\% \times 0.208 \simeq 22\%$$

만약 이 회사의 최소요구수익률이 22%보다 크다면 이 투자사업은 회사에서 만족할만한 수익을 올릴 수 없기 때문에 투자가 기각될 것이다.

[예제 7.14]에서처럼 수익률을 구하는 과정은 그리 간단하지만은 않다. 그럼에도 불구하고 수익률이라는 이해하기 쉬운 개념을 바탕으로 대안을 명확히 비교해 줄 수 있으며, 이자율을 몰라도 분석에 지장이 없으며, 해당 대안에 대한 투자 만족도를 수익률의 크기로 직접 설명할 수 있다는 점에서, 수익률분석은 회사에서 선호하는 분석법 중의 하나이다.

초기에 투자비용이 발생하고, 시간이 지남에 따라 수입이 발생하는 형태의 일반적인 투자에서는, 이자율을 무시하고 전체 현금흐름을 합한 결과가 수익이 나는 것으로 판단될 경우 항상 단 하나의 수익률이 구해진다. 그러나 분석 대안의 현금흐름이 모두 비용뿐이거나 수입뿐일 경우라면 현가를 0이 되게 만드는 수익률이 없기 때문에, 수익률분석법이 아닌 다른 비교분석 방법론을 사용해야 한다. 종종 복잡한 현금흐름을 보이는 투자 대안의 경우에는 수익률이 여러 개 발생할 수도 있기 때문에 대안의 분석 시에 비현실적인 결과가 발생하지 않도록 조심해야 한다.

7.5 세금과 감가상각

기업의 영업활동에서 투자비용과 이로 인한 수익 등의 현금흐름이 매우 중요하지만, 이 외에도 빼놓을 수 없는 요소가 바로 세금이다. 기업활동의 정확한 판단을 위해서는 세금을 제외한 세후 수익에 대해서 분석할 필요가 있다. 세금은 전체 총수입에 대해 부과되는 것이 아니라 과세대상소득에 대하여 부과가 되며, 과세대상소득은 총수입에서 재료비, 임금과 같은 운영비와 감가상각비 등을 제외한 것이다. 결국 감가상각비의 정확한 크기를 알지 않고서는 세금의 크기를 결정할 수 없게 되고, 기업의 세후 순수익을 정확히 파악하기 어렵게 된다.

감가상각이란 장비의 가치를 장비의 사용과 함께 정기적으로 감소시킴으로써 장부상의 가격을 낮추는 행위를 의미한다. 즉, 새 차를 사서 운행할수록 차는 중고가 되어서 차츰 그 차량의 가치가 지속적으로 떨어지는 것을 감가상각이라 한다. 감가상각은 건물, 기계, 특허권, 영업권, 임대권 등과 같은 자산에 대해서 발생하는 가치 하락을 설명한다. 감가상각은 세금에서 비용으로 처리되어 과세대상소득에서 제외되기 때문에, 기업으로서는 장비의 실질가치보다는 세금에 미치는 영향을 고려하여 장부상의 감가상각비 계상에 많은 관심을 가지게 된다. 여기에서는 감가상각이 어떻게 계산되는지를 대표적인 감가상각법을 통해 살펴보기로 한다.

(1) 정액법

정액법은 고정자산의 감가상각이 매년 동일하게 발생한다고 계산하는 방법으로 모든 종류의 고정자산에 쉽게 적용할 수 있는 방법이다.

예를 들어, 어떤 장비의 구입가격이 1,000만원이고, 법정내용연수가 8년일 때, 8년 뒤에 법정잔존가치가 200만원이라면, 이 장비는 8년간 매년 100만원씩의 감가상각이 이루어지게 된다. 즉, 초기 구입가격에서 잔존가치를 뺀 금액만큼을 내용연수로 나누어 매년 동일한 금액을 감가상각하게 된다.

(2) 정률법

대부분의 고정자산은 통상 사용 초기에 더 빨리 감가상각하는 경향이 있는데, 이것은 일반적으로 자산의 가치가 신품에서 중고로 전환되는 사용 초기에 훨씬 크게 하락하는 현상과도 관련되어 있다. 더구나 화폐의 시간적 가치를 고려할 때, 세금상의 혜택을 빨리 누리는 것이 기업으로서는 유리하기 때문에 사용 초기에 보다 많은 감가상각을 하게 된다. 앞서 살펴본 정액법의 경우에는 매년 동일액이 감가상각되므로 간편하다는 장점은 있지만, 세금상의 혜택을 빨리 누리고자 하는 기업의 감가상각 요구에는 잘 맞지 않는 방법인 셈이다.

반면에 정률법은 매년 일정한 비율만큼을 연초의 장부상의 가격에 곱하여 감가상각을 하는 방식이므로 고정자산의 가치가 높은 사용 초기에는 같은 비율이라도 많은 금액이 감가상각되고, 시간이 갈수록 상각액이 줄어들게 되는 특징을 보인다.

감가상각의 누적 합계가 잔존가치를 넘어서서까지 늘어나면 안 되므로 내용연수 동안 잔존가치를 보존할 수 있는 적절한 상각률을 계산할 필요가 있다. 다음은 이러한 상각률(r)을 계산하는 공식이다.

$$r = 1 - \sqrt[t]{\frac{B_t}{P}} \tag{7-16}$$

B_t : t년도 말의 장부가격

p : 초기비용

(3) 비례법

생산량 비례법으로도 불리는데, 이 방법은 매년 고정자산의 사용량에 비례하여 감가상각을 하는 방법이다. 즉, 프레스 기계, 우편 소인기 등의 장비는 최대 사용횟수가 알려져 있으므로, 매년 실제로 얼마만큼을 사용했는지에 비례하여 감가상각을 하게 된다. 보통 기계의 수명년도를 추정하기 어렵고, 가동횟수나 시간을 통해 추정할 수 있을 때 활용할 수 있는 방법인데, 매년 말의 장부가가 실제 기계의 잔존가치와 근접하게 유지된다는 장점이 있다. 반면에 장비의 사용과는 무관하게 신기술 개발이나 대체 장비의 보급으로 인한 장비의 급격한 기술적 진부화는 고려할 수 없다는 단점이 있다. 광산의 채굴권과 같은 경우에도 전체 매장량 대비 채굴한 용량을 계산하여 비례법을 통해 상각액을 결정할 수 있다.

연습문제

1 은행의 적립식 보험상품 중에서 월 1%의 이자율을 적용하는 것, 분기별 3%의 이자율을 적용하는 것, 연리 12%를 적용하는 세 상품이 있다고 하자. 고객의 입장에서는 어떤 상품이 이자 측면에서 보다 유리하겠는가? 단, 보험기간 동안 인플레이션은 발생하지 않는다고 가정하자.

2 5년에 걸쳐 장학재단을 설립하고자 한다. 처음 5년간은 매년 초에 동일한 금액을 기금으로 적립한 다음, 6년부터는 매년 초에 영구적으로 연간 5억원의 장학금을 지급할 수 있도록 계획하고 있다. 처음 5년간 매년 얼마의 기금을 적립해 두어야 하겠는가? 단, 이자율은 연 10%라고 한다.

3 모두전자에서는 두 개의 사업기회를 두고 고민 중에 있다. 두 사업 모두 사업기간이 5년으로 동일하지만, 초기 투자금액과 연간 발생하는 수입이 아래 표와 같이 다르다고 한다. 이자율을 고려하지 않고 투자회수기간만을 본다면 어느 사업에 더 관심을 두어야 하겠는가? 이제 연리 10%의 이자율을 고려할 경우에는 할인된 투자회수기간은 어떻게 되겠는가?

두 투자사업의 관련 비용

사업	초기투자	연간수입	잔존가치
A	2,000만원	500만원	500만원
B	1,500만원	400만원	0원

4 위의 3번 문제에서 연 10%의 이자율 하에서 두 사업대안의 수익성을 판단하시오. A사업에서 사업기간 종료 시에 발생하는 잔존가치는 그만큼의 현금유입으로 가정하기로 한다.

데이터의 정리와 해석

Chapter 08

8.1 사실과 데이터

우리가 일상생활에서 접하게 되는 여러 가지 정보들은 모두 어떤 사실에 관련된 것이다. 그것이 올바른 정보이든 그릇된 정보이든 어떤 사실과 관련하여 말, 글, 도표, 기호 등 여러 가지 수단을 통하여 전달되는 것이다. 정보의 정확성을 인정받기 위해서는 보통 사실에 대한 증거자료가 함께 제시되어야 한다. 증거자료의 객관적인 형태의 하나가 수치로 표현된 데이터이다.

데이터가 수치로 표현되어 있다고 하여 사실에 대해 항상 올바르고 정확한 정보를 전달하는가? 그렇지 않다. 어떤 데이터에도 항상 오류가 포함되어 있을 가능성이 있으며, 경우에 따라서는 의도적으로 사실을 왜곡시킬 수도 있다. 또한 데이터를 취득하는 과정 중에 수집자의 의도와 상관없이 어느 정도의 오차가 포함될 수밖에 없는 경우도 있다. 오래 전 뉴스에서 나온 것이지만 국가 간 통상 문제 협상에서 큰 손해인 줄도 모르고 합의하여 국가적인 손실을 초래했다든가 하는 것은 구체적이고 정확한 데이터를 준비하지 않음으로 인한 결과이다.

정확하고 믿을 수 있는 데이터를 얻었다고 하더라도 이를 토대로 사실에 대해 정확한 판단을 하는 것은 별개의 문제이다. 데이터를 토대로 사실에 대한 판단을 하기 위해서는 적절한 분석 및 정리를 해야 하는데, 데이터 분석 및 정리 방법에 따라서 사실이 달리 보일 수도 있기 때문이다. 또한 데이터를 의도적으로 어떤 목적에 맞도록 정리하여 제시함으로써 사실을 왜곡시킬 수도 있다. 정부가 발표하는 물가인상률과 가정주부가 느끼는 물가인상률이 서로 다른 것은 원 데이터가 똑같다고 하더라도 물가인상률을 계산하는 방식이 다를 수 있기 때문이다.

데이터를 정리하여 결과를 제시할 때 도표를 사용할 경우가 많은데, 이 경우 시각적인 효과에 의해 사실이 왜곡될 경우도 있다. [그림 8-1]의 두 직선을 비교해 보라. (a)와 (b) 둘 중 어느 쪽이 더 긴가? 이 둘은 끝이 화살 모양인가 아닌가가 다를 뿐 사실은 똑같은 길이의 직선이다. 다음으로 [그림 8-2]의 두 그래프를 살펴보라. (a)와 (b)는 두 사람의 체중을 비교한 것이다. 2의 체중이 1의

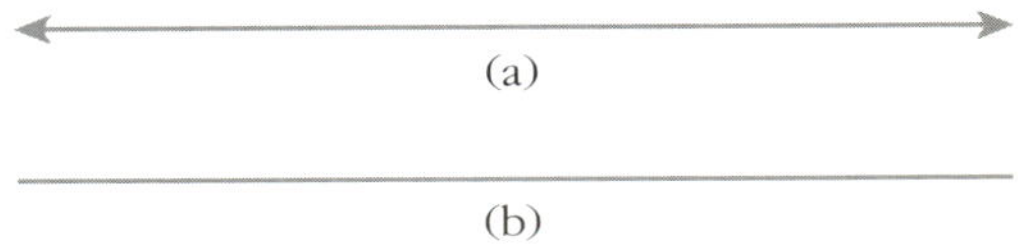

그림 8-1 | 두 직선의 길이 비교

체중의 몇 배쯤 되어 보이는가? 또, (a)와 (b) 중 어느 쪽의 차이가 더욱 두드러져 보이는가? 사실은 두 사람의 체중 차이는 2Kg에 불과하고 모두 같은 데이터를 사용하여 그린 것이다.

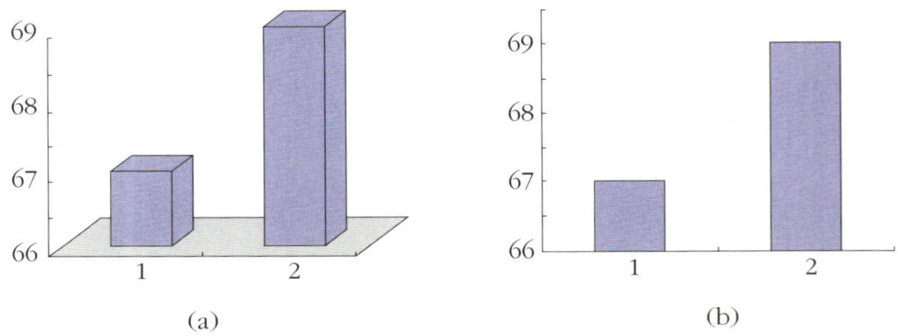

그림 8-2 | 두 사람의 체중 비교

이와 같이 데이터를 토대로 사실을 판단한다고 하더라도 데이터에 여러 가지 오류가 개입될 소지가 있고, 정확한 데이터를 사용한다고 하더라도 분석 및 정리방법에 따라서 오해를 불러일으킬 가능성이 있으므로, 데이터의 수집단계부터 분석 및 정리단계에 이르기까지 사실을 올바르고 정확하게 묘사할 수 있도록 주의해야 한다. 다음 절부터는 데이터를 올바르게 수집하고 분석 및 정리하는 방법을 소개한다.

8.2 데이터의 수집

(1) 샘플링

데이터를 수집하는 과정은 우리가 관심을 가지고 있는 대상인 모집단으로부터 표본을 취하는 단계부터 시작된다. 우리의 목적은 모집단에 대한 특성을 사실 그대로 정확하게 파악하고자 하는 데 있으므로, 표본을 취할 때 모집단을 대표할 수 있도록 해야 한다. 모집단을 대표할 수 없는 표본을 측정하여 얻은 데이터는 모집단에 대한 사실을 제대로 알려 줄 수 없다. 예를 들어 신제품을 개발하기 위해 시장조사를 한다고 할 경우, 목표 시장을 구성하는 소비자층을 대표할 수 있는 사람들을 표본으로 하여 요구사항을 조사해야 할 것이다. 그렇지 않으면 그 제품은 실패로 끝날 수밖에 없게 된다.

모집단을 대표할 수 있도록 표본을 취하는 방법으로서 가장 보편적인 수단이 랜덤 샘플링이다. 랜덤 샘플링이라고 하더라도 상황에 따라 보다 효율적으로 표본을 취하기 위한 여러 가지 다른 방법들이 있다. 여기서는 일반적으로 널리 활용되는 방법으로 단순 랜덤 샘플링, 2단계 샘플링, 층별 샘플링, 집락 샘플링, 계통 샘플링에 대해서 설명한다.

① 단순 랜덤 샘플링

모집단을 구성하는 모든 원소에 대해 뽑힐 가능성이 동일하도록 하는 샘플링 방법이다. 예로서 행운권 추첨, 복권 당첨자 추첨 등이 있으며 난수표를 이용하거나 주머니 속에 번호표를 넣고 뒤섞어 뽑기, 사다리 그리기 등의 방법으로 표본을 취할 수 있다.

② 2단계 샘플링

[그림 8-3]과 같이 전체 모집단이 여러 개의 하위모집단으로 구성되어 있을 때, 1차 샘플링으로 전체 모집단으로부터 몇 개의 하위모집단을 뽑고, 2차 샘플링으로 뽑혀진 각 하위모집단으로부터 몇 개씩 표본을 취하는 형식의 샘플링

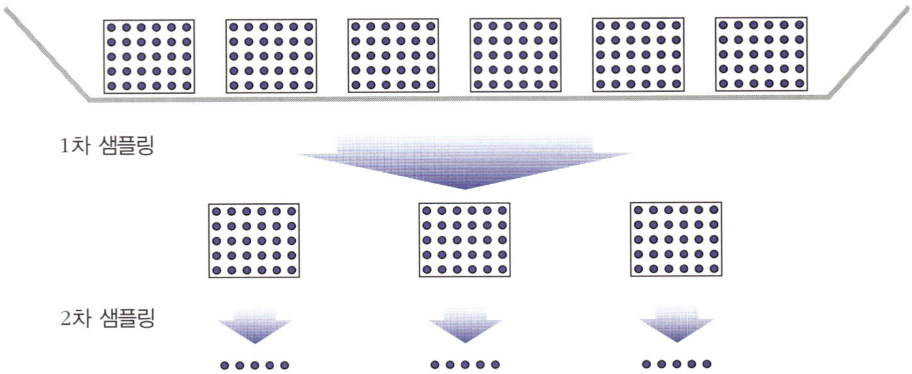

그림 8-3 | 2단계 샘플링

방식이다. 예를 들어 50개 들이 사과상자를 100상자 싣고 있는 트럭으로부터 20개의 사과를 랜덤하게 취하여 품질을 검사한다고 하자. 만약 10상자를 랜덤하게 선택하여 선택된 각 상자로부터 사과를 2개씩 뽑는다고 하면 이것은 2단계 샘플링을 적용한 셈이 된다.

③ 층별 샘플링

[그림 8-4]와 같이 전체 모집단이 서로 이질적인 하위모집단(층)들로 구성되어 있을 때, 모든 하위모집단에 대해 표본을 몇 개씩 취하는 샘플링 방식이다. 만약 하위모집단을 의도적으로 구분하는 경우라면 각 하위모집단의 구성원은

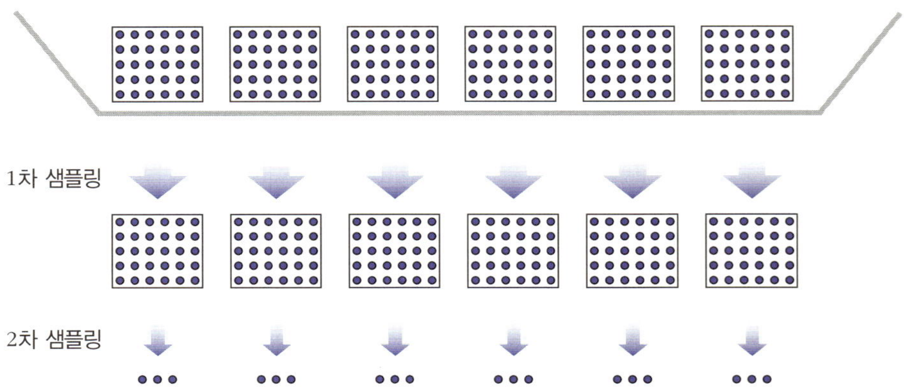

그림 8-4 | 층별 샘플링

되도록 동질성을 가지도록 하고 하위모집단 간에는 이질적이 되도록 구성하는 것이 좋다. 특히, 하위모집단으로부터 취할 표본의 크기를 각 하위모집단의 크기에 비례하도록 정하는 방식을 층별 비례샘플링이라 한다. 예를 들어 지역별로 지지 성향이 다른 우리나라 대통령 선거에서 특정후보에 대한 지지율을 조사하고자 한다면, 각 지역을 하위모집단으로 하고 층별 비례샘플링을 적용하면 좋을 것이다

④ 집락 샘플링

[그림 8-5]와 같이 전체 모집단이 서로 동질적인 하위모집단들로 구성되어 있을 때, 1차 샘플링에서 몇 개의 하위모집단을 랜덤하게 선택하여 2차 샘플링에서는 선택된 하위모집단의 전체 구성요소를 모두 표본으로 취하는 방식이다.

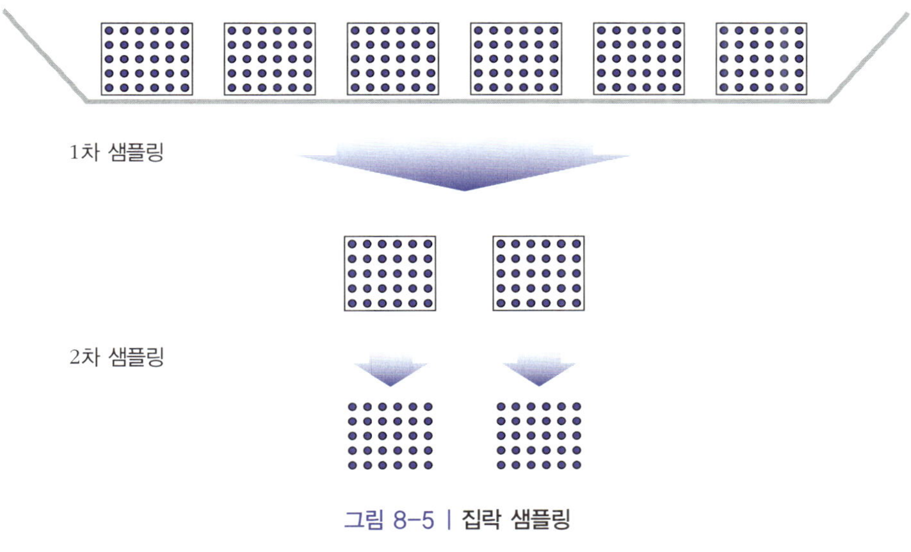

그림 8-5 | 집락 샘플링

⑤ 계통 샘플링

공정으로부터 연속적으로 생산되어 나오는 제품들에 대해 취해진 표본을 검사하여 그때그때의 공정품질 상태를 진단한다고 하자. 이 경우 어떤 방법으로 표본을 취하는 것이 효율적일까? 연속적으로 쏟아져 나오는 제품들을 한데 모아 단순 랜덤 샘플링을 적용한다는 것은 매우 비효율적이며 현실적으로 불가능

할 경우가 많을 것이다. 이런 상황에서는 적절한 시간 간격마다 혹은 적절한 생산 개수마다 표본을 취해 검사하는 편이 한결 수월할 것이다. 이와 같이 시간적 혹은 공간적으로 적절한 간격을 두고 표본을 취하는 방식을 계통 샘플링이라 한다.

(2) 측정시스템 검증

랜덤 샘플링을 통하여 표본을 얻고 나면, 다음 절차로서 표본을 측정하여 데이터를 얻게 된다. 그런데 측정오차가 없는 것이 이상적이겠지만 [그림 8-6]과 같이 측정하는 과정에서 여러 가지 변동요인이 개입하게 되므로 측정값과 참값 간에 차이가 발생하게 된다. 따라서 현실적으로 있을 수밖에 없는 측정오차를 어느 정도까지 허용할 것인지 기준을 정하여 관리할 필요가 있다.

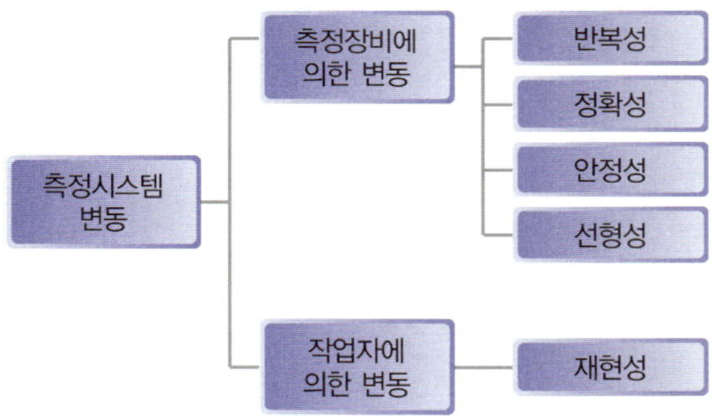

그림 8-6 | 측정시스템의 변동

먼저 측정시스템 변동의 구성요소에 대해 살펴본다.

① 정확성

동일한 참값을 여러 번 측정할 경우 측정값의 평균이 참값에 어느 정도 근사한가를 나타내는 측도로서, 보통 치우침의 크기로 평가한다. 치우침이 작을수록 정확한 측정값이 된다. [그림 8-7]의 (a)는 정확성이 높은 측정시스템으로부터 얻은 측정 데이터의 분포, (b)는 정확성이 떨어지는 측정시스템으로부터 얻

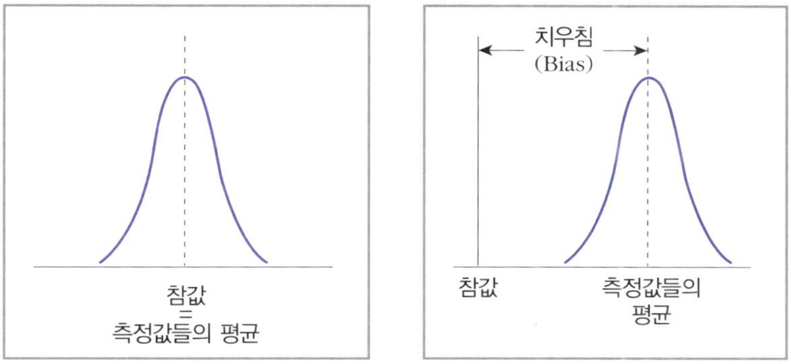

(a) 정확도가 높다 (b) 정확도가 낮다

그림 8-7 | **측정시스템의 정확도**

어진 측정 데이터의 분포를 보여주고 있다.

② 정밀도

동일한 참값을 여러 번 측정할 경우, 측정값의 산포가 얼마나 작은가를 나타내는 척도로서 반복성과 재현성으로 나누어진다([그림 8-8]).

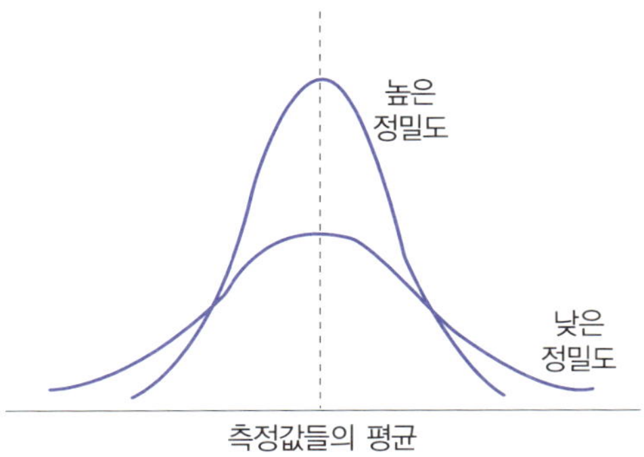

그림 8-8 | **측정시스템의 정밀도**

③ 반복성

측정기나 측정 장비, 측정자 등을 완전히 동일하게 한 조건에서 반복 측정했을 때 얼마나 균일한 결과가 나오는가 하는 정도로서 정밀도를 구성하는 한 요소이다.

④ 재현성

측정기나 측정 장비 혹은 측정자 등의 측정 조건 중 어느 하나를 달리하여 반복 측정했을 때, 얼마나 균일한 결과가 나오는가 하는 정도로서 정밀도를 구성하는 한 요소이다. [그림 8-9]는 반복성과 측정자를 달리했을 경우의 재현성을 나타낸 것이다.

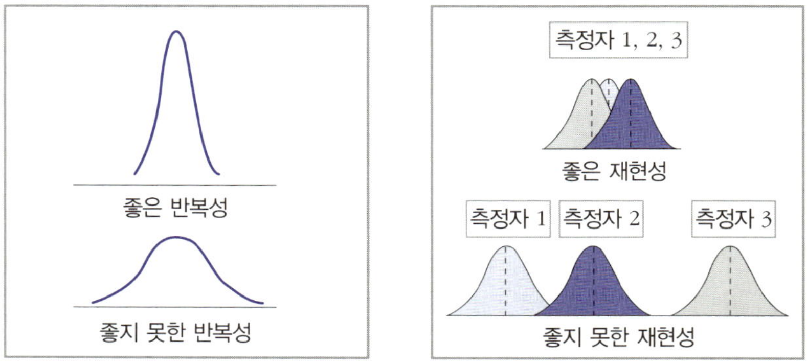

(a) 반복성 (b) 재현성

그림 8-9 | 반복성과 재현성

⑤ 안정성

측정시스템이 시간의 흐름에 상관없이 일관성있는 측정 결과를 보여주는지

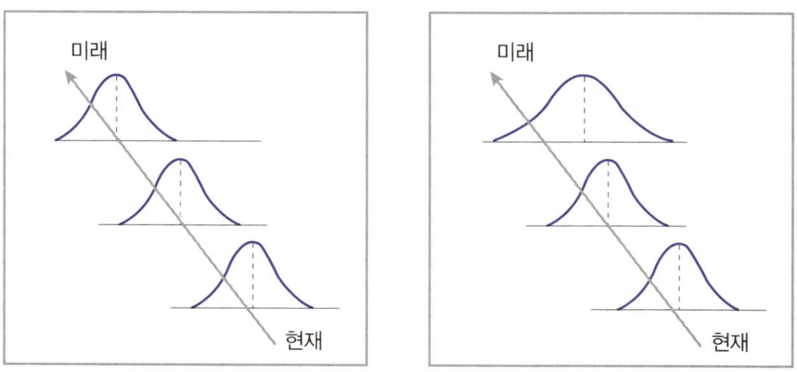

(a) 높은 안정성 (b) 낮은 안정성

그림 8-10 | 측정시스템의 안정성

에 대한 측도이다. [그림 8-10]의 (a)는 안정성이 높은 측정시스템의 측정데이터 분포, (b)는 안정성이 낮은 측정시스템의 측정데이터 분포를 도시하고 있다.

⑥ 선형성

측정시스템의 전체 측정범위에 걸쳐 측정값과 참값의 차이, 즉 치우침이 선형으로 변화하는지에 대한 측도이며 직교 좌표상의 기울기로 나타난다. 기울기 0, 즉 선형성이 없는 것이 바람직하다. [그림 8-11]은 선형성을 도시한 것이다.

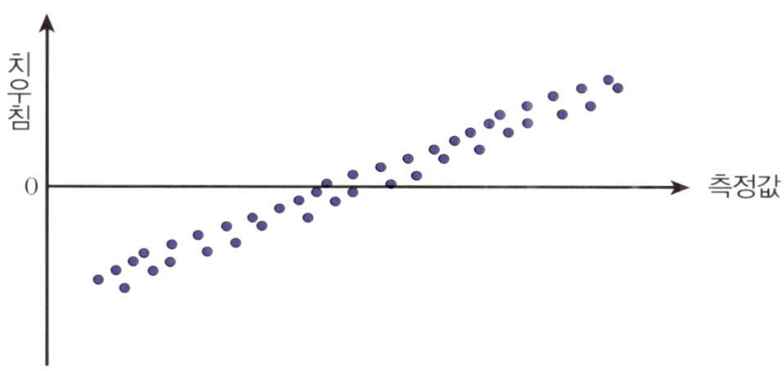

그림 8-11 | 선형성

전술한 여러 가지 요소에 의한 측정시스템의 변동으로 인해 실제 우리에게 주어지는 데이터는 참값에 어느 정도의 오차가 더해진 값이다. 예를 들어 어떤 공정(혹은 프로세스)으로부터 100개 제품(혹은 서비스)을 샘플링하여 그 품질특성의 분포를 살펴본다고 할 때, 우리가 보고 있는 것은 참값의 분포가 아니라 [그림 8-12]와 같이 참값에 측정오차를 더한 값의 분포인 것이다. 실제로는 측정 이전 단계에 개입된 샘플링 오차까지 포함되어 품질변동으로 관측된다. 측정오

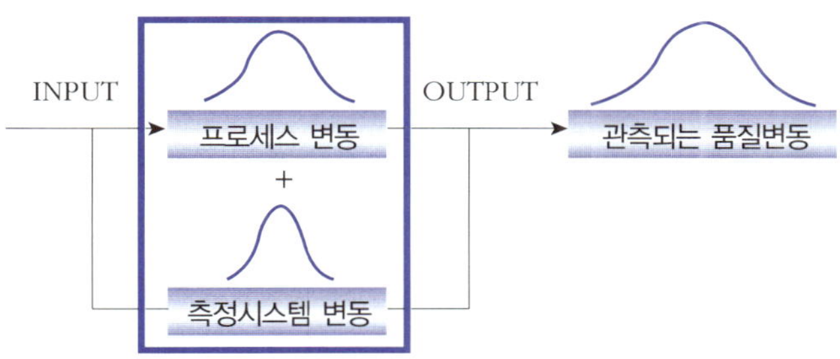

그림 8-12 | 측정시스템 변동과 관측된 품질변동

차가 전혀 없으면 좋겠지만 현실적으로 불가능한 일이므로, 보통은 전체 관측되는 변동 중에서 측정시스템의 변동은 1% 이하가 되는 것이 바람직하다.

(3) 데이터 수집

데이터에는 우리가 필요로 하는 정보가 포함되어 있지만 동시에 여러 가지 잡음요소들을 함께 포함하고 있는 것이 보통이다. 이러한 잡음요소에 의한 데이터의 왜곡 정도가 지나치게 되면 데이터 자체를 사용할 수 없게 된다. 샘플링 오차, 측정오차, 시험오차 등 수많은 잡음요소들은 데이터를 수집 혹은 취득하는 과정에서 개입하게 된다. 따라서 데이터 수집과정을 잘 관리하지 않으면 오차의 비중이 지나치게 커져서 애써 수집한 데이터가 아무런 쓸모가 없게 된다. 다음은 데이터 수집에서 꼭 필요하다고 생각되는 과정을 순서에 따라 살펴본다.

■ 순서 1. 데이터의 수집 목적을 명확하게 정의한다

먼저 데이터의 수집 목적을 명확하게 정해야 이후의 진행방향을 올바로 설정할 수 있다. 목적이 다르면 조사 대상이 되는 모집단도 다르게 된다. 예를 들어 우리나라 대통령 입후보자의 지지율 분석이 목적이라면 국민들 중 유권자 전체가 모집단이 될 것이다. 그러나 일인당 연평균 소비규모를 알고자 하는 것이 목적이라면 우리나라 국민 전체가 모집단이 될 것이다. 모집단이 달라지면 샘플링 등의 계획이 다르게 되므로, 데이터 수집의 제일 첫 순서로 목적을 명확하게 정의하고 공유하는 것이 중요하다.

■ 순서 2. 모집단을 정의하고 적절한 샘플링 계획을 수립한다

모집단이 정의되면 그 구성요소의 분포로 보아 전체적으로 동질적인지 아니면 서로 이질적인 여러 개의 하위모집단으로 구분될 수 있는지 검토한다. 전자의 경우에는 단순 랜덤 샘플링이 적절하고 후자의 경우는 보통 층별 샘플링이 적절하다. 모집단의 구성 상태에 따라 적절한 샘플링 방식이 결정되면 구체적으로 샘플 크기, 샘플링 주기, 구체적인 샘플링 방법, 담당자 등을 포함한 계획

을 수립한다.

■ 순서 3. 측정시스템을 정의하고 측정 정확도 및 정밀도를 확보한다

측정방법, 절차, 계측기, 측정자 등 제반 측정시스템 요소와 관련된 구체적인 사항을 정하고, 측정시스템 분석을 통해 요구되는 정확도와 정밀도를 확보하도록 한다. 정확도 및 정밀도 요구사항을 만족시키지 못하면 교정, 측정자 훈련 등을 실시하여 요구조건이 충족되도록 한다.

■ 순서 4. 데이터 수집 서식을 고안한다

기입이 힘들게 되어 있으면 형식적으로 기입하거나 대충 적음으로써 잘못된 정보의 원인이 될 수 있으므로, 서식은 쉽게 기록할 수 있도록 고안한다. 고안 후, 실제 기록자들로부터 피드백 받아서 수정 · 보완하도록 한다. 샘플링, 측정 등 데이터 수집과정에서 발생한 예외적 혹은 특기사항을 기록할 수 있는 항도 따로 마련한다.

■ 순서 5. 데이터 수집에 관계하는 담당자 및 작업자들에게 샘플링 방법, 측정 방법, 기록 방법 등에 대해 교육을 실시한다. 올바른 데이터를 정확하고 정밀하게 확보하는 데 초점을 맞추어 교육훈련을 실시하도록 한다.

■ 순서 6. 데이터를 수집하고 오기 혹은 누락 사항 등을 점검한다

수집된 데이터의 분포모양 등을 검토하여 이상치가 없는지 살펴본다. 특기사항을 검토하여 이상치가 예외적 상황에 의한 것인지 잘못 기록된 것인지를 확인하고 필요 시 수정 등 적절한 조치를 취한다.

8.3 데이터의 정리

조사 목적에 맞는 올바른 데이터를 확보하면 적절한 정리 및 분석 과정을 거쳐 가치 있는 정보로 바꾸는 작업이 필요하다. 데이터 그 자체는 단순히 사실에 대한 기록일 뿐으로 어떤 의사결정에 필요한 정보를 주지 못할 경우가 많다. 일반적으로 우리가 모집단에 대해 알고자 하는 정보는 모집단의 분포가 어떤 모양을 하고 있는가와 모집단의 특성을 대표하는 값들이 어떤 값을 취하고 있는가의 두 가지로 나누어 볼 수 있다. 전자는 주어진 데이터를 그래프로 나타냄으로써 후자는 대표값들의 계산에 의해서 알 수 있다. 보통 데이터를 정리하고 분석할 때는 그래프 및 수치적 계산을 함께 사용한다. 여기서는 전개의 편의상 대표값의 계산부터 먼저 설명하기로 한다.

(1) 대표값에 의한 정리

우리가 데이터를 수집하여 모집단에 대해 주로 알고자 하는 정보는 분포의 중심위치와 산포에 대한 것이다. 그 밖의 정보도 있지만 현실 생활에서는 대부분의 경우 이 두 가지에 대한 정보를 바탕으로 필요한 의사결정을 하게 된다. 예를 들어, 대통령 입후보자는 유권자들의 지지율을 알고싶어 할 것이고 현재 지지율을 토대로 선거 전략을 구상하게 될 것이다. 이 후보를 지지할 경우 1, 그렇지 않을 경우 0으로 정의하여 데이터를 수집한다면 지지율은 이와 같은 데이터의 평균에 해당하는 것으로 모집단의 중심위치에 관련된 통계량이다.

이 절에서는 중심위치 및 산포에 대한 척도로서 널리 이용되는 통계량들을 소개한다. 여기서 통계량의 의미를 간단하게 짚고 넘어가자. 모집단(Population)의 중요한 특성을 나타내는 수치를 우리는 모수(Parameter)라고 하는데 모평균, 모분산, 모표준편차 등이 그 예이다. 모집단 구성요소들 중 일부를 랜덤하게 뽑아 형성된 집합을 표본(Sample)이라 하고, 표본 데이터를 사용하여 계산되는 모수에 대응하는 수치를 통계량(Statistic)이라 부른다. 통계량의 예로는 표본평균, 표본분산, 표본표준편차 등이 있다. 통계량은 그 자체적인 의미를 갖는다기보다 주로 모수에 대한 추정이나 판단을 위한 측도로서 의미를 갖는다. 주어진 수치가 모수인지 통계량인지 구분하기 위해서는, 반드시 접두어 '모' 혹은 '표본'을 붙여야 하겠으나 혼동의 여지가 없을 경우에는 이 접두어를 생략하고 단순히 평균, 분산, 표준편차라는 일반적인 용어를 사용하기로 한다.

1) 중심위치에 대한 측도

중심위치에 대한 측도에는 평균, 중앙값, 최빈값, 미드레인지 등이 있다. 평균에는 다시 산술평균, 조화평균, 기하평균 등이 있다.

① 단순산술평균

주어진 데이터를 모두 더하여 그 개수로 나누어 얻어지는 값으로, 데이터를 $x_1, x_2, \cdots, x_n$으로 나타낼 때 평균은 $\bar{x}$로 표기하고 다음 식으로 구한다.

$$\bar{x} = \frac{1}{n}\sum_{i=1}^{n} x_i \tag{8.1}$$

예로서 다섯 개의 배를 사서 무게를 달았더니 무게가 각각 1.05, 0.98, 1.20, 1.02, 1.00kg이었다면 그 평균 무게는

$$\bar{x} = \frac{1}{5}(1.05 + 0.98 + 1.20 + 1.02 + 1.00) = 1.05\text{kg}$$

이다.

② 가중평균

산술평균의 하나로서 각 데이터에 가중치를 부여하여 평균을 구해야 할 경우가 있다. 각 데이터에 대응되는 가중치를 $w_1, w_2, \cdots, w_n$이라 하면 가중평균은

$$\bar{x} = \sum_{i=1}^{n} w_i x_i, \quad \text{단, } \sum_{i=1}^{n} w_i = 1 \tag{8.2}$$

과 같이 구한다.

예로서 어느 학생이 3학점 과목인 공업경영학의 평점이 4.0, 2학점 과목인 영어회화의 평점이 3.0이라면 이 두 과목 평점의 평균은

$$\bar{x} = \left(\frac{3}{5}\right)(4.0) + \left(\frac{2}{5}\right)(3.0) = 3.6$$

이 된다.

③ 조화평균

일상생활에서 간혹 접하게 되는 것으로 조화평균이 있다. 예로서 2km의 거리에 있는 학교까지 걸어서 다니는 학생이 있다고 하자. 등교할 때는 지각하지 않기 위해 시속 6km의 빠른 걸음으로 걷고, 하교할 때는 여유있게 시속 4km로 걷는다고 할 경우, 이 학생의 등하교 시 걸음의 평균속도는 얼마인가?

평균속도는 전체 거리인 (2)(2)=4km를 총 걸린 시간으로 나누어 구하면 된다. 등교 시 걸린 시간은 (2)/(6)이고 하교 시 걸린 시간은 (2)/(4)이므로 총 걸린 시간은 (2)/6 + (2)/(4)시간이다. 따라서 등하교 시 걸음의 평균속도는

$$\frac{(2)(2)}{(2)/(6)+(2)/(4)} = \frac{2}{1/6+1/4} = 4.8\text{km/h}$$

이다. 여기서 평균속도 4.8km/h는 조화평균에 해당하며 일반적으로 주어진 데이터 $x_1, x_2, \cdots, x_n$의 조화평균 H는 다음 식으로 구한다.

$$H = \frac{n}{\sum_{i=1}^{n}\frac{1}{x_i}} \tag{8.3}$$

④ 기하평균

물가인상률이나 이자율 등에 적용되는 평균으로 기하평균이 있다. 주어진 데이터 $x_1, x_2, \cdots, x_n$의 기하평균 G는 다음 식으로 구한다.

$$G = \left(\prod_{i=1}^{n} x_i\right)^{\frac{1}{n}} \tag{8.4}$$

예로서 두 단계의 작업 A와 B를 거쳐 완성되는 제품이 있다고 하자. 작업 A의 수율(작업을 성공적으로 끝내는 비율)은 90%, 작업 B의 수율은 70%라고 한다면 A와 B의 평균수율은 얼마인가?

만약 원재료 100개분을 투입했다면 A작업의 성공적인 완료로 B작업에 투입될 수 있는 중간제품은 (100)(0.9)=90개가 될 것이고, 이 중 70%만이 B작업을 제대로 마치게 될 것이므로 최종 완성품은 (90)(0.7)=63개가 될 것이다. 평균수율 G를 두 공정에 적용하더라도 동일한 결과가 나와야 하므로 $(100)(G)(G)=(100)(0.9)(0.7)=63$이 성립된다. 즉, $G^2=(0.9)(0.7)$이 성립하고 이것을 G에 대해 정리하면

$$G=\{(0.9)(0.7)\}^{1/2}=\sqrt{0.63}$$

이 된다.

⑤ 중앙값(Median)

데이터를 크기 순으로 열거했을 때 중앙에 위치하는 값으로서 데이터의 수가 짝수이면 중앙에 위치한 두 데이터 값의 산술평균이 중앙값으로 된다. 예를 들어 다섯 개의 배를 사서 무게를 달았더니 무게가 각각 1.05, 0.98, 1.20, 1.02, 1.00kg이었다고 하자. 이 데이터를 순서대로 열거하여 얻어진 0.98, 1.00, 1.02, 1.05, 1.20의 중앙에 위치한 1.02가 중앙값이다. 만약 무게 1.04kg인 배를 덤으로 하나 더 얻었다고 한다면 중앙값은 0.98, 1.00, 1.02, 1.04, 1.05, 1.20의 중앙에 위치한 두 수 1.02와 1.04의 산술평균 (1.02+1.04)/2=1.03이 된다.

⑥ 최빈값(Mode)

같은 값이 반복되어 나타나는 데이터의 집합에서 가장 빈번하게 나타나는 데이터 값을 말한다. 예를 들어 데이터가 0, 0, 1, 2, 3, 3, 3, 3, 4, 4, 5와 같이 주어져 있다면 최빈값은 3이다.

⑦ 미드레인지(Mid Range)

전체 데이터 중 최소값과 최대값의 산술평균을 말한다. 예를 들어 주어진 데이터가 1.05, 0.98, 1.20, 1.02, 1.00이라면 미드레인지는 최소값 0.98과 최대값 1.20의 평균 (0.98+1.20)/2=1.09이다.

중심위치에 대한 보편적인 측도로서 가장 널리 사용되는 것은 산술평균이다. 그러나 데이터 집합의 특성에 따라서는 중앙값이나 최빈값이 더 좋은 측도가 될 수도 있다. 산술평균은 데이터 내에 이상치 혹은 극단치가 포함되어 있을 경우 그 영향을 많이 받는다. 예를 들어 데이터 집합 {1, 1, 1, 1, 1, 1, 1, 1, 1, 41}의 산술평균은 5이고 중앙값과 최빈값은 모두 1이다. 이 데이터 집합의 중심위치에 대한 대표값으로 어느 것이 더 적절한가?

중심위치와는 좀 다른 개념이지만 1사분위수, 3사분위수 등 데이터를 크기 순으로 정렬했을 때 상위 몇 % 혹은 하위 몇 %에 해당하는 수치인지를 나타내는 백분위수도 현실 생활에서 자주 이용된다. 1사분위수는 25% 백분위수, 3사분위수는 75% 백분위수에 해당한다. 또, 중앙값은 2사분위수로서 50% 백분위수에 해당한다. 일반적으로 데이터 $x_1, x_2, \cdots, x_n$의 100p% 백분위수 x_p는 다음과 같이 구한다.

i) 데이터를 크기 순으로 정렬한다. 정렬된 데이터를 $x_{(1)}, x_{(2)}, \cdots, x_{(n)}$이라 하자. 여기서 $x_{(1)}$은 가장 작은 데이터 값, 즉 최소값을 나타내고 $x_{(n)}$은 가장 큰 데이터 값, 즉 최대값을 나타낸다.

ii) $(n+1)\,p = k + \alpha$를 계산한다. k는 $(n+1)$과 p를 곱해서 얻어진 수의 정수부분, α는 소수부분을 나타낸다.

iii) 다음 식을 사용하여 x_p를 계산한다.

$$x_p = x_{(k)} + \alpha\,(x_{(k+1)} - x_{(k)}) = (1-\alpha)\,x_{(k)} + \alpha x_{(k+1)} \tag{8.5}$$

실생활의 예로 어떤 회사에서 생산된 냉장고의 수명이 10년이라고 광고한다고 했을 때, 소비자들은 그 회사 제품을 모두 10년 이상 사용할 수 있을 것으로 기대하게 된다. 이와 같은 상황에서는 평균수명이 10년이라는 것은 소비자에게 별 의미가 없다. 그러나 $x_{0.01}=10$으로서 그 회사 제품의 99%가 10년 이상 사용할 수 있다(1%만이 10년 내 고장)는 것은 소비자에게 의미있는 정보가 된다.

2) 산포에 대한 측도

산포는 데이터가 어느 정도 흩어져 있는가? 혹은 다른 말로 어느 정도 모여 있는가? 에 관련된 모집단의 특성으로서 중심위치 이상으로 중요하다. 자주 사용되는 산포의 측도로서 분산, 표준편차, 범위 등이 있다.

① 분산(Variance)

분산은 각 데이터의 값이 전체 평균값으로부터 어느 정도 떨어져 있는가를 정량적으로 나타낸다. 주어진 데이터 $x_1, x_2, \cdots, x_n$의 분산은

$$s^2=\frac{1}{n-1}\sum_{i=1}^{n}(x_i-\bar{x})^2 \tag{8.6}$$

와 같이 계산한다.

② 표준편차(Standard Deviation)

분산과 마찬가지로 각 데이터의 값이 전체 평균값으로부터 어느 정도 떨어져 있는가를 나타내는 측도이다. 표준편차는 다음 식으로 구한다.

$$s=\left\{\frac{1}{n-1}\sum_{i=1}^{n}(x_i-\bar{x})^2\right\}^{\frac{1}{2}} \tag{8.7}$$

분산이 원 데이터와 측정단위가 달라지는 문제가 있는 데 반해, 그 제곱근을 취하여 얻은 표준편차는 원 데이터의 측정단위가 같으므로 보다 쉽게 이해할 수 있다. 그러나 통계적인 기초지식이 없이 표준편차의 현실적인 의미를 이해한다는 것은 쉽지 않다. 일반적으로 전체 데이터의 99% 이상이 평균을 중심으로 표준편차의 세 배 범위 내에 분포하게 된다.

③ 범위(Range)

전체 데이터의 최대값으로부터 최소값을 뺀 것으로 데이터가 분포하고 있는 폭을 나타낸다. 최대값을 x_{max}, 최소값을 x_{min}이라고 하면 범위는

$$R = x_{max} - x_{min} \tag{8.8}$$

과 같이 구한다. 분산이나 표준편차와는 달리 범위는 계산이 간편하고 현실적인 의미를 쉽게 알 수 있다는 장점이 있다.

(2) 그래프에 의한 정리

1) 히스토그램

데이터의 분포를 알 수 있는 가장 대표적인 그림으로 전체 데이터 영역을 적절한 수의 구간으로 분류하여, 각 구간에 속한 데이터 수에 비례하도록 작성된 막대그래프의 일종이다. [그림 8-13]은 자동차 엔진부품인 피스톤링의 내경을 측정한 데이터에 대해 히스토그램을 작성한 것이다.

요즈음에는 보통 통계소프트웨어를 이용하여 히스토그램을 작성하므로 구체

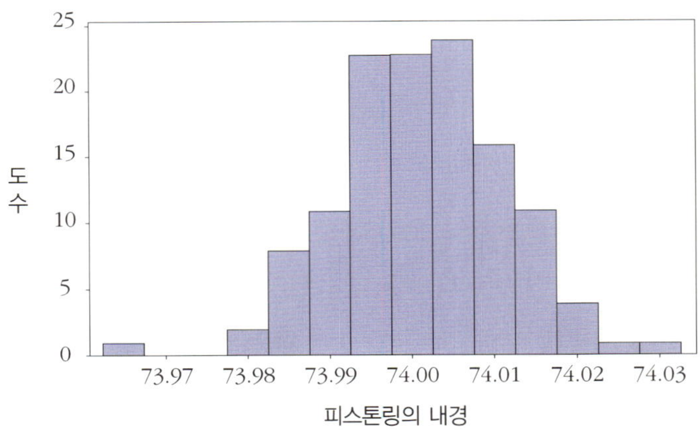

그림 8-13 | 히스토그램

적인 작성 방법은 생략한다. 여기서는 작성된 히스토그램을 보고 모집단의 상태를 진단하는 방법을 소개한다.

① 정상적인 경우

[그림 8-14] (a)는 모집단의 구성요소가 동질적이고 전체 범위에 걸쳐 치우치지 않게 분포되어 있는 경우이다. 제조공정이 모집단이라면 공정이 정상적인 상태로 안정되어 있는 경우에 나타나는 형태이다. 다만 한쪽 규격한계만 설정되어 있거나 한쪽에 자연한계가 있을 경우에는 (b), (c)와 같이 히스토그램이 한쪽으로 기울어져 나타난다.

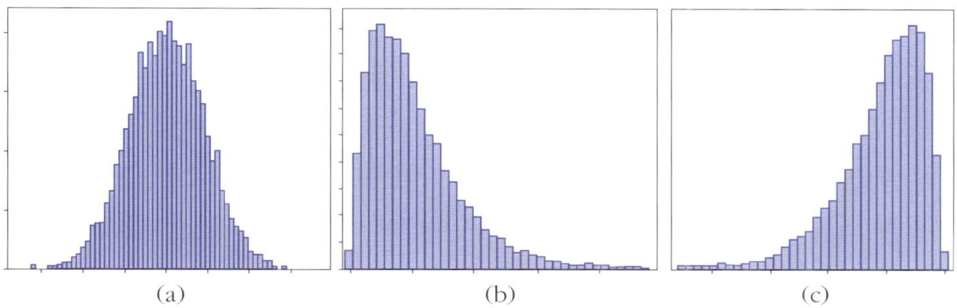

그림 8-14 | 정상적인 경우의 히스토그램

주의할 점은 정상적인 공정에서 나온 데이터라 하더라도 표본이 완전히 랜덤하게 취해지기는 어려우므로, 히스토그램이 항상 [그림 8-14]와 같은 형태가 되는 것은 아니다. 경우에 따라서는 상당히 다른 모양으로 나타날 수도 있지만 데이터의 수가 증가할수록 [그림 8-14]에 가까운 형태로 나타나게 된다.

② 모집단이 이질적인 둘 이상의 하위모집단으로 구성되어 있는 경우

히스토그램의 모양이 [그림 8-15] (a)와 같이 쌍봉우리형일 경우에는 모집단 속에 이질적인 두 종류의 구성요소가 섞여있을 가능성이 크다. 예를 들어, 제조공정이라면 숙련자와 미숙련자의 작업 내용이 섞여있거나 서로 다른 두 공정라인에서 생산된 제품들을 뒤섞어 품질특성을 측정했을 경우 등에 나타나는 형태이다. 다만 여러 공정라인에서 생산된 제품들이 섞여있다고 하더라도 각 공정

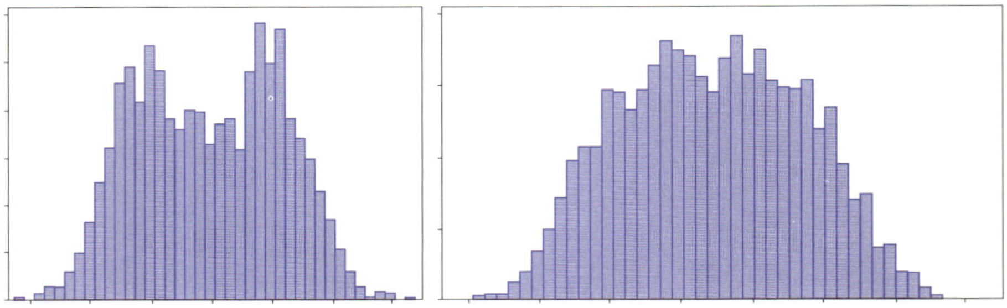

(a) (b)

그림 8-15 | 쌍봉우리형 혹은 완첨형 히스토그램

라인이 잘 관리되고 있어 동질적인 제품을 생산하고 있다면 [그림 8-14]의 정상적인 형태로 나타난다.

[그림 8-15] (b)와 같이 봉우리의 형태가 전체적으로 완만하거나 고원형태를 하고 있으면 여러 종류의 이질적인 구성요소가 섞여있는 모집단일 가능성이 높다. 예를 들어, 제조공정이라면 여러 제조라인에서 생산된 제품을 뒤섞어 품질특성을 측정했을 경우에 나타날 수 있다. 이때에도 만약 각 공정이 완벽하게 같은 조건으로 관리되고 있는 상태라면 [그림 8-14]의 정상적인 형태로 나타나게 된다.

③ 모집단에 특이소집단이 혼입되어 있을 경우

[그림 8-16] (a)와 같이 전체 히스토그램으로부터 작은 덩어리가 따로 떨어져 나온 것 같은 낙도형일 경우는 모집단 속에 특이한 소집단이 섞여있을 때 나타난다. 제조공정의 경우에는 장비에 이상이 발생했거나 작업자 오류 등 특별한 사정이 생겼음에도 그 당시 생산된 제품이 그대로 로트 속에 포함되었을 때 나타날 수 있는 형태이다.

④ 측정에 문제가 있을 경우

측정 장비가 특정 범위의 데이터를 측정하지 못한다든가 측정자가 특정 수치를 기피하는 경향이 있을 경우, 히스토그램은 [그림 8-16] (b)와 같이 이 빠진 형태로 나타난다. 또한 규격을 벗어난 데이터를 버리고 규격 내의 데이터만 취

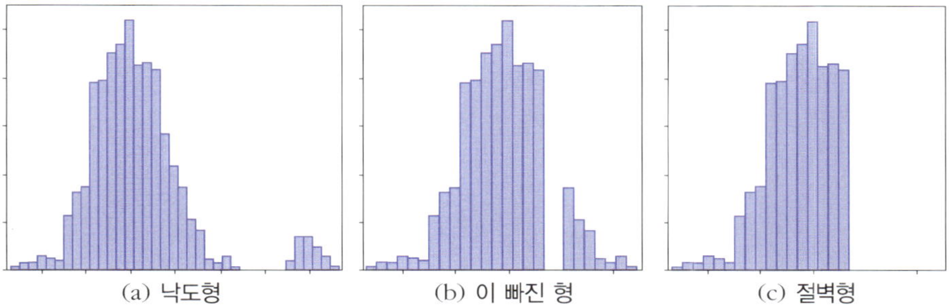

그림 8-16 | 여러 형태의 히스토그램

했을 경우에는 [그림 8-16] (c)와 같이 절벽형으로 나타난다.

히스토그램을 작성할 때는 보통 100개 이상 충분한 양의 데이터를 확보하는 것이 좋다. 적은 양의 데이터로 히스토그램을 작성하여 모집단에 대해 판단할 경우, 샘플링오차나 측정오차 등으로 인해 모집단의 분포가 왜곡되어 나타날 수가 있으므로 해석에 주의를 요한다. 예를 들어 [그림 8-17]의 (a), (b), (c)는 모두 표준정규모집단으로부터 100개씩 랜덤하게 표본을 취해 작성된 히스토그램임에도 서로 상당히 다른 모양을 하고 있다.

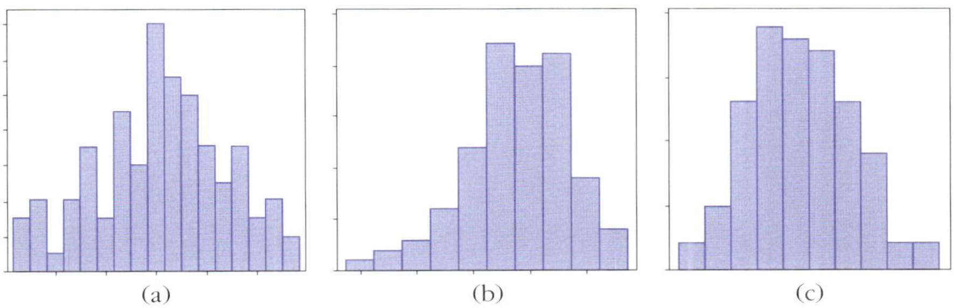

그림 8-17 | 표준정규모집단으로부터 취해진 데이터의 히스토그램들

2) 줄기-잎 그림

히스토그램의 경우 많은 양의 데이터를 알기 쉽게 시각적으로 보여준다는 장점이 있는 반면, 원 데이터의 정보를 잃게된다는 단점이 있다. 데이터의 수가 적을 때 원 데이터의 정보를 잃지않고 분포를 살펴볼 수 있는 길이 없을까? 줄기-잎 그림은 이에 대한 해답을 제공한다. 줄기-잎 그림은 데이터의 수가 수

십 개 정도일 때 많이 활용되는 것으로 원 데이터를 그대로 이용하여 작성된다. 예를 들어, 30명의 학생으로 구성된 학급의 성적이 다음과 같다고 하자. 이 데이터를 줄기-잎 그림으로 정리하여 성적의 분포를 살펴보자.

4	15	34	31	78	28	58	72	62	54	68	12	68	35	27
77	31	35	80	25	32	44	69	32	49	45	30	39	70	67

먼저 10자리 수에 해당하는 0, 1, 2, 3, 4, 5, 6, 7, 8을 세로로 순서대로 열거한다. 다음으로 데이터의 1자리 수를 해당하는 10자리 수 옆에 가로로 나열한 다음 크기 순으로 정렬한다. [그림 8-18]은 완성된 줄기-잎 그림을 보여주고 있다.

1	0	4
3	1	25
6	2	578
15	3	011224559
15	4	459
12	5	48
10	6	27889
5	7	0278
1	8	0

그림 8-18 | 줄기-잎 그림

줄기-잎 그림의 맨 좌측열은 각 줄기에 소속된 데이터의 수를 누적시킨 것이다. 보다 구체적으로 설명하면 양쪽 끝으로부터 중앙값이 속한 줄기까지 누적시켜 중앙값의 위치를 쉽게 파악할 수 있도록 해준다. 예로서 위 줄기-잎 그림의 경우 줄기 0부터 오름차순으로 줄기 3까지의 누적 데이터수가 15, 줄기 8부터 내림차순으로 줄기 4까지의 누적 데이터 수가 15이다. 따라서 중앙값은 줄기 3에서 가장 큰 수인 39와 줄기 4에서 가장 작은 수인 44의 산술평균인 41.5가 된다.

3) 점 도표

데이터의 분포를 파악하기 위한 그림으로 히스토그램과 줄기-잎 그림 외에 점 도표가 있다. 점 도표는 각 데이터의 출현횟수만큼 점으로 쌓아올림으로써 분포의 모양을 파악할 수 있게 해 준다. [그림 8-19]는 [그림 8-18]의 성적데이터를 점 도표로 작성한 것이다.

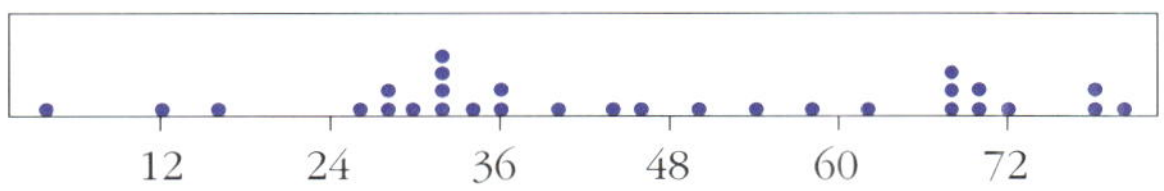

그림 8-19 | 점 도표

점 도표는 [그림 8-20]과 같이 둘 이상의 데이터 집합에 대해 나란히 작성하여 분포에 대한 비교를 쉽게 할 수도 있다.

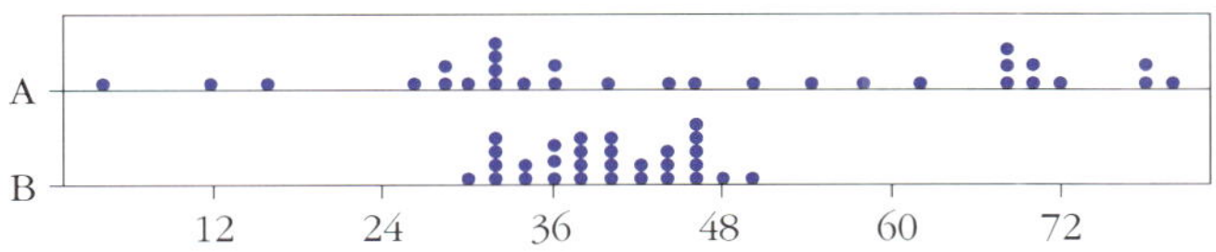

그림 8-20 | 점 도표에 의한 분포의 비교

4) 상자-수염 그림

상자-수염 그림은 히스토그램이나 줄기-잎 그림과 같이 분포를 구체적으로 보여주지는 않지만 데이터의 중심위치와 산포를 시각적으로 쉽게 파악할 수 있도록 한 그래프이다. 1사분위수와 3사분위수를 경계로 하여 상자를 그리고 이상치가 아닌 데이터 중에서 최소값과 최대값을 찾아 상자의 경계부분으로부터 수염을 연결한 다음 중앙값의 위치를 상자에 표시하여 그림을 완성한다. 여기서 이상치라 함은 상자의 경계로부터 상자길이의 1.5배를 벗어난 데이터를 의미한다.

[그림 8-21]은 상자-수염 그림의 구성을 보여준다. 그림으로부터 데이터에 특별한 이상치는 없고 최소값은 4, 최대값은 80, 중앙값은 40 정도임을 알 수 있다. 또한 상자 내 중앙값의 위치로 보아 중앙값보다 큰 데이터들이 산포가 크게 분포하고 있다는 것을 알 수 있다.

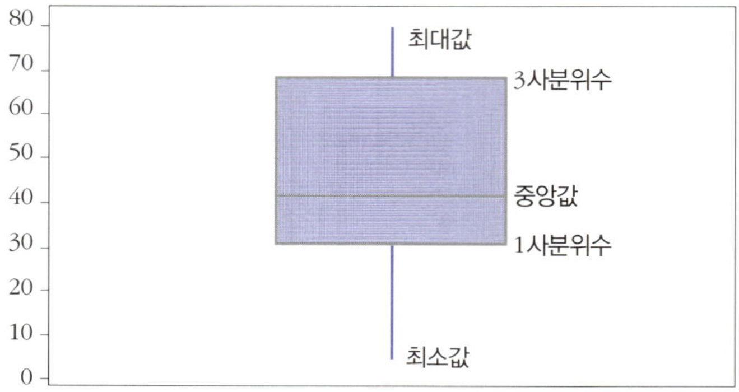

그림 8-21 | **상자-수염 그림**

상자-수염 그림은 하나의 데이터 집합에 대해 작성할 수도 있지만 보통은 둘 이상의 데이터 집합에 대해 중심위치와 산포를 한눈에 비교할 목적으로 많이 작성된다. [그림 8-22]는 두 데이터 집합에 대해 상자-수염 그림으로 비교하고 있다. 그림에서 A와 B의 중심위치는 비슷한 값을 가지지만 산포는 B가 훨씬 더 작다는 것을 바로 알 수 있다.

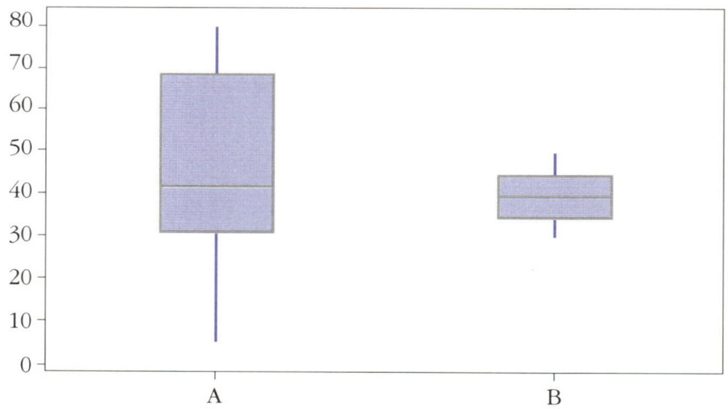

그림 8-22 | **상자-수염 그림을 이용한 분포의 비교**

5) 파레토 그림

어떤 사건 혹은 현상의 발생횟수나 출현횟수 등을 조사하여 얻어진 데이터의 경우, 가장 중요한 사건이나 현상을 시각적으로 파악하고 그 심각도를 한눈에 판단할 수 있도록 작성된 그림이 파레토 그림이다. 파레토 그림은 막대그래프

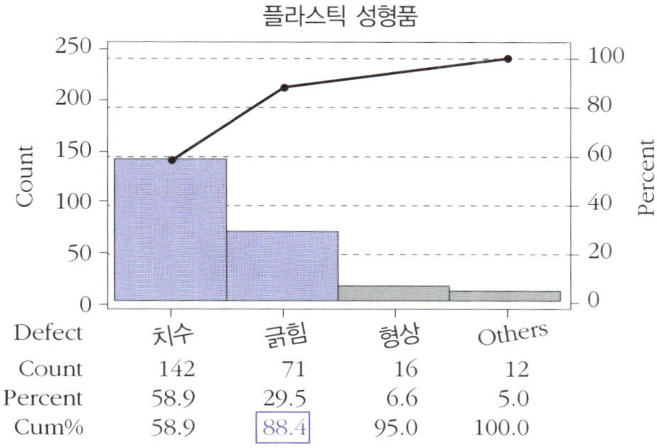

그림 8-23 | **파레토 그림**

와 꺾은선 그래프의 혼합된 형태로서 가장 중요한 사건 혹은 현상이 맨 앞에 오도록 막대 그래프를 그리고 누적비율을 꺾은선으로 연결하여 작성한다. [그림 8-23]은 플라스틱 성형품의 불량발생 현황을 항목별로 조사하여 파레토 그림으로 작성한 것이다. 그림으로부터 치수와 굵힘 불량이 전체 불량의 88% 이상 점유하고 있음을 한눈에 알 수 있다.

6) 원 그래프

원 그래프는 데이터를 빈도에 따라 구분하여 전체에 대한 특정변수의 비율을 원호의 형태로 작성하여 시각적으로 보여준다. [그림 8-24]는 어느 회사의 지점별 매출액을 원 그래프로 작성한 것이다.

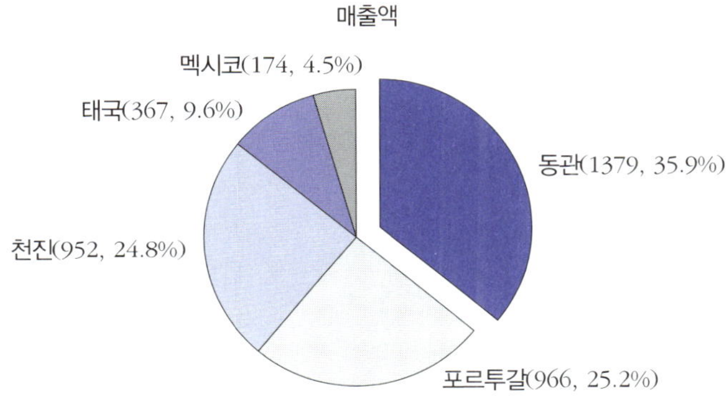

그림 8-24 | **원 그래프**

7) 막대 그래프

막대 그래프는 여러 항목의 대소 관계를 비교하거나 하나의 항목에 대해 특정 사건 전후를 비교하거나 할 때 많이 사용된다. [그림 8-25]는 어느 회사에서 개선활동을 실시한 효과를 항목별로 나타낸 것이다.

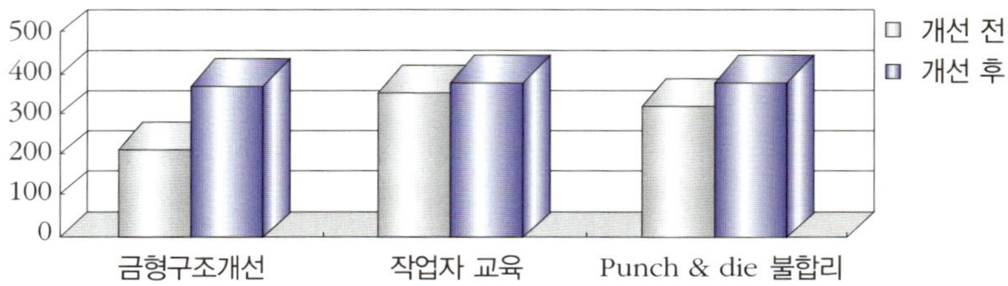

그림 8-25 | 막대 그래프

8) 산점도

산점도는 키와 몸무게 혹은 소득수준과 지출규모 등과 같이 서로 관계가 있을 듯한 두 변수의 관측 데이터를 직교 좌표상에 타점하여, 변수 간 관련성을 시각적으로 파악할 수 있도록 한 그림이다. [그림 8-26]은 두 변수 x, y의 관측값을 산점도로 작성한 것이다. 그림과 같이 x가 증가함에 따라 y도 증가하는 관계를 양의 상관관계라고 한다.

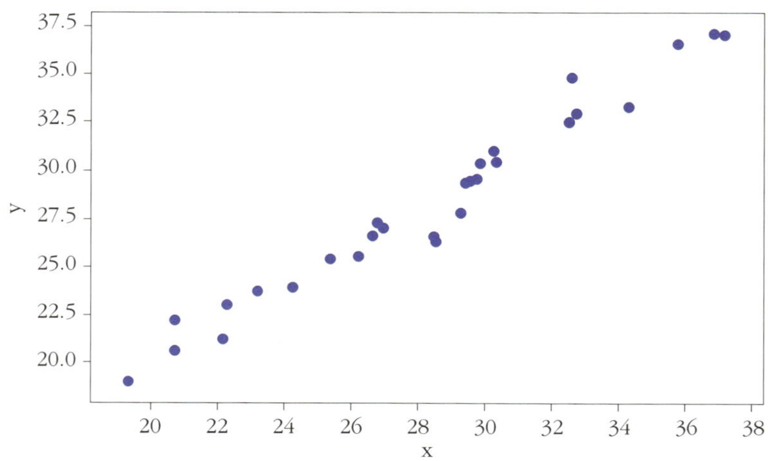

그림 8-26 | 산점도

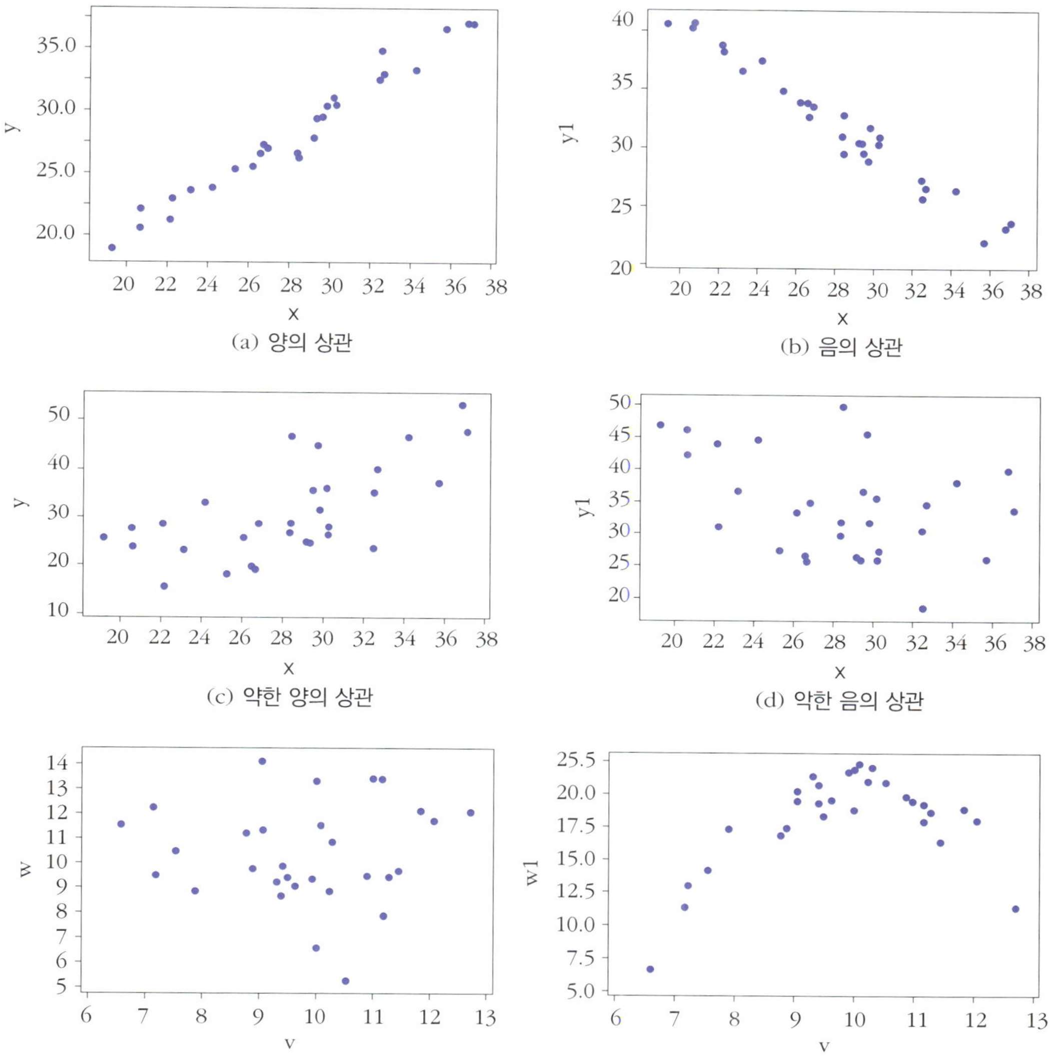

(a) 양의 상관 (b) 음의 상관

(c) 약한 양의 상관 (d) 약한 음의 상관

(e) 무상관 (f) 곡선관계

그림 8-27 | **여러 가지 형태의 산점도**

산점도를 작성해보면 항상 [그림 8-26]과 같은 형태만 나타나는 것이 아니라 변수 간의 관계가 어떤가에 따라 [그림 8-27]과 같이 다양하게 나타날 수도 있다. 산점도는 두 변수의 관계를 수학적으로 분석하기 전에 먼저 시각적으로 검토하기 위한 수단으로 많이 사용된다.

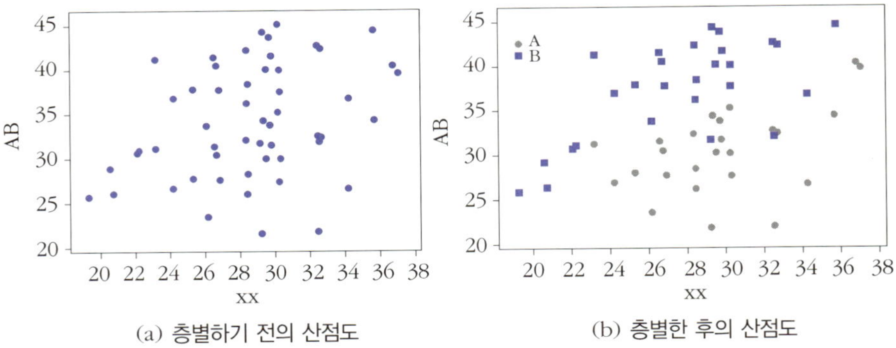

그림 8-28 | 층별 전후의 산점도

산점도를 해석할 때 겉으로 드러난 모양이 전부가 아닐 수도 있다는 점에 주의하여야 한다. 여러 종류의 이질적인 데이터를 층별하지 않은 채 뒤섞어 산점도를 작성하면 두 변수의 관계가 왜곡되어 나타날 수도 있다. 실제로는 전혀 무관한 두 변수가 마치 긴밀한 관계가 있는 것처럼 나타나거나 반대로 상당히 밀접한 관계에 있는 두 변수가 아무런 상관이 없는 것처럼 나타나기도 한다.

따라서 산점도를 작성할 때는 두 변수 외의 나머지 변수들이 동일한 조건으로 유지되어 있는지 점검하여 제3의 변수의 영향으로 인한 결과의 왜곡이 없도록 해야 한다. [그림 8-28]은 층별 전후의 산점도를 작성한 것이다. 층별 전 이질적인 데이터를 뒤섞어 작성된 산점도에서는 두 변수 간의 관계가 거의 없는 것으로 나타나 있다. 그러나 데이터를 제3의 변수 조건 A, B를 기준으로 층별하여 작성된 산점도에서는 양의 관계가 나타나고 있다.

9) 복합된 그림

산점도의 각 변에 변수별로 히스토그램이나 상자-수염 그림을 그려 변수들의 관계와 분포를 복합적으로 검토할 수도 있다. 이와 같은 그림은 변수 간 관계뿐만 아니라 각 변수의 분포를 함께 검토하여 반응변수에 이상치가 발생한 원인을 추적하는 데 이용하기도 한다. [그림 8-29]는 산점도와 히스토그램이 복합된 그림을 보여주고 있다.

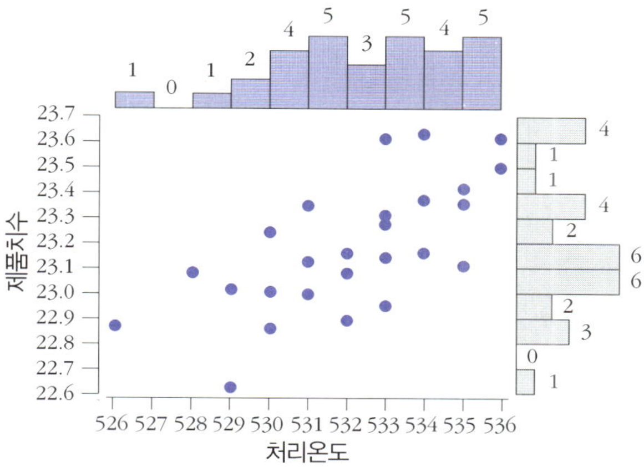

그림 8-29 | 복합된 그림

10) 시계열 그림

시계열 그림은 데이터가 얻어진 시간 순으로 타점하여 연결한 그림으로 시간의 흐름에 따른 변수의 변화를 검토하고자 할 때 사용된다. [그림 8-30]은 연도별 취업인원의 변화를 시계열 그림으로 작성한 것이다.

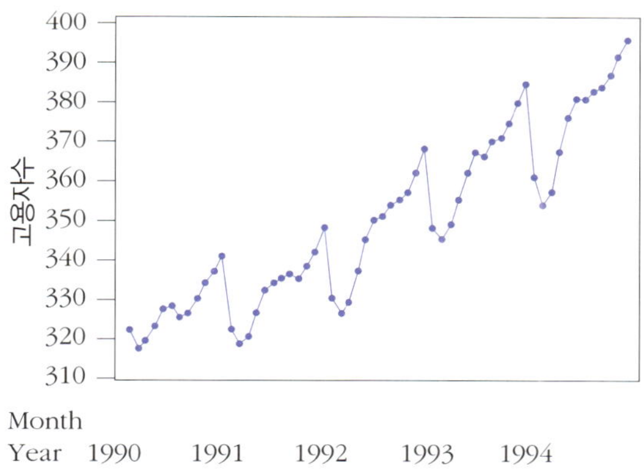

그림 8-30 | 시계열 그림

이상 그래프를 사용하여 데이터를 정리하는 방법을 살펴보았다. 그래프를 이용하여 데이터를 분석하고자 할 때, 목적에 따라 적절한 그래프를 선택하는 것이 매우 중요하다. [그림 8-31]은 데이터의 분석 목적에 따라 사용되는 그래프들을 분류하여 정리한 것이다.

■ Y데이터의 분포 형태
- 히스토그램(Histogram)
- 줄기-잎 그림(Stem and Leaf Display)
- 점 도표(Dot Plot)

■ X에 따른 Y의 분포 비교
- 다중 점 도표(Multiple Dot Plot)
- 상자-수염 그림(Box Plot)

■ 항목별 비교
- 파레토 그림(Pareto Chart)
- 원 그래프(Pie Chart)
- 막대 그래프

■ X와 Y의 관계
- 산점도(Scatter Plot)
- 복합된 그림(Marginal Plot)

■ Y의 시간적인 변화
- 시계열 그림(Time Series Plot)

그림 8-31 | **사용목적에 따른 그래프의 분류**

8.4 사실에 대한 유추

우리가 데이터를 수집하고 정리 및 분석하는 것은 단순히 데이터 정리 자체를 위한 것이 아니다. 그 데이터의 저변에 숨어 있는 진실을 밝혀내고 우리의 의사결정에 도움이 되는 정보를 얻고자 하는 데 목적이 있다.

그러나 우리에게 주어진 데이터는 우리가 관심을 가지고 있는 대상인 모집단의 일부에 대한 자료일 뿐이다. 따라서 데이터 분석을 통해 얻는 정보가 사실과 다소 다를 수 있음을 염두에 두어야 한다. 예를 들어서 대통령 입후보자인 A가 유권자들을 대상으로 1,000명을 랜덤샘플링하여 조사한 결과 본인에 대한 지지율이 35%, 유력한 경쟁자인 B에 대한 지지율이 33%였다면 A에 대한 지지율이 B보다 앞선다고 할 수 있는가? 현실적으로는 아무리 랜덤하게 표본을 취했다고 하더라도 완벽하게 치우침이 없이 모집단을 대표할 수 있는 표본을 취하는 것은 거의 불가능하다. 따라서 이와 같은 경우 샘플링 오차에 대한 고려를 하지 않고 섣불리 판단하는 것은 잘못된 결론으로 유도할 수 있다.

앞의 예에서 실제로는 1,000명 중에 우연히 A를 지지하는 사람들이 많이 포함될 수도 있다. 판단에 있어 오류를 최소한으로 줄이기 위해서는 이와 같은 가능성을 함께 고려하여 결론을 내리는 것이 필요하다. 정리된 데이터를 토대로 샘플링의 치우침이나 측정오차를 고려하여 합리적인 결론을 유도하기 위해서는 통계적인 기초지식을 필요로 한다. 여기서는 산포에 관련된 내용은 생략하고 평균에 관련된 통계적 추론을 중심으로 몇 가지만 소개한다.

1) 단일 모집단의 평균

우리가 관심을 가진 모집단의 평균이 어떤 값을 가지는지 알고자 하는 것으로 충분한 양의 데이터가 확보되어 있다고 할 경우 모평균은 거의 확실하게 다음 구간에 포함된다.

$$\bar{x} \pm 3\frac{s}{\sqrt{n}} \tag{8.9}$$

예로서 반도체 칩 제품의 원자재가 되는 웨이퍼를 가공하는 공정이 있다. 이 공정에서 가공된 웨이퍼들 중 32장의 웨이퍼를 랜덤하게 샘플링하여 뒤틀림의 정도를 측정한 후 그 평균과 표준편차를 계산한 결과 각각 6.58, 2.63이었다면 이 공정에서 가공된 전체 웨이퍼의 평균 뒤틀림 정도는 얼마나 되겠는가?

식 (8.9)를 이용하여 모평균이 취할 수 있는 값의 범위를 구하면

$$6.58 \pm (3)\left(\frac{2.63}{\sqrt{32}}\right) = 6.58 \pm 1.39$$

로서 (5.19, 7.97)이 된다. 보수적으로 판단하여 뒤틀림이 심할 경우를 가정한다면 평균 7.97으로서 개별 웨이퍼로 보아서는 뒤틀림 정도가 7.97+(3)(2.63)=15.86까지 될 수도 있다고 판단한다. 만약 뒤틀림의 상한 규격이 10으로 주어져 있다면 이 공정은 개선되어야 한다.

2) 단일 모집단의 비율

모집단을 구성하는 요소 중에서 특정한 속성을 지닌 요소가 차지하는 비율 p에 관심이 있다고 하자. 모집단으로부터 n개의 표본을 취해 속성을 조사하고 특정 속성을 지닌 요소가 차지하는 비율을 계산한 결과 $\bar{p}$였다고 한다면 p는 거의 확실하게 다음 구간에 속하게 된다.

$$\bar{p} \pm 3\sqrt{\frac{\bar{p}(1-\bar{p})}{n}} \tag{8.10}$$

다만, 여기서 표본크기 n이 충분하게 커서 $n\bar{p} \geq 5$, $n(1-\bar{p}) \geq 5$를 모두 만족시켜야 한다.

예를 들어서 대통령 입후보자인 A가 유권자들을 대상으로 1,000명을 랜덤샘플링하여 조사한 결과 본인에 대한 지지율이 35%, 유력한 경쟁자인 B에 대한 지지율이 33%였다고 하자. 전체 유권자의 A에 대한 지지율은 식 (8.10)을 사용하여

$$0.35 \pm 3\sqrt{\frac{(0.35)(0.65)}{1,000}} = 0.35 \pm 0.045$$

로서 (0.305, 0.395) 사이의 값을 취하게 된다. 최악의 경우 A의 지지율은 30.5%밖에 안될 수도 있으므로 경쟁자 B에 비해 앞서 있다고 보기 어렵다. 따라서 A는 보다 적극적인 선거 전략을 구상해야 할 것이다.

3) 두 모집단의 평균 비교

두 개의 모집단으로부터 각각 n, m개의 표본을 랜덤하게 뽑아 평균과 표준편차를 계산한 결과 각각 $\bar{x}$, $\bar{y}$ 및 s_x, s_y였다고 하자. 표본크기가 충분히 크다고 할 때 모집단 평균의 차이는 거의 확실하게 다음 구간에 속하게 된다.

$$(\bar{x}-\bar{y}) \pm 3\sqrt{\frac{s_x^2}{n}+\frac{s_y^2}{m}} \tag{8.11}$$

예로서 두 공정라인에서 생산된 제품을 각각 30개, 40개 뽑아 품질특성을 측정하여 평균과 표준편차를 계산한 결과 평균은 각각 6.58, 9.52, 표준편차는 각

각 2.63, 1.89였다. 두 공정의 평균 품질 수준에 차이가 난다고 할 수 있겠는가?

식 (8.11)을 이용하여 모평균 차이를 추정해보면

$$(6.58-9.52)\pm 3\sqrt{\frac{2.63^2}{30}+\frac{1.89^2}{40}}=2.94\pm 1.70$$

으로서, 모평균 차의 값은 (1.24, 4.64)에 속하게 된다. 즉, 적어도 차이가 1.24 만큼 나므로 두 공정의 품질 수준에 차이가 있다고 판단한다. 참고로 만약 차이가 없는 경우라면 이 구간에 0이 포함된다.

8.5 사례연구

반도체 칩의 원자재가 되는 웨이퍼를 생산하는 공정은 크게 나누어 원광석으로부터 크리스탈을 인출하여 주괴(ingot)를 생성하는 공정, 주괴를 절단 · 가공하여 웨이퍼의 기본 형태를 완성하는 공정, 마무리 및 세척 공정의 세 가지로

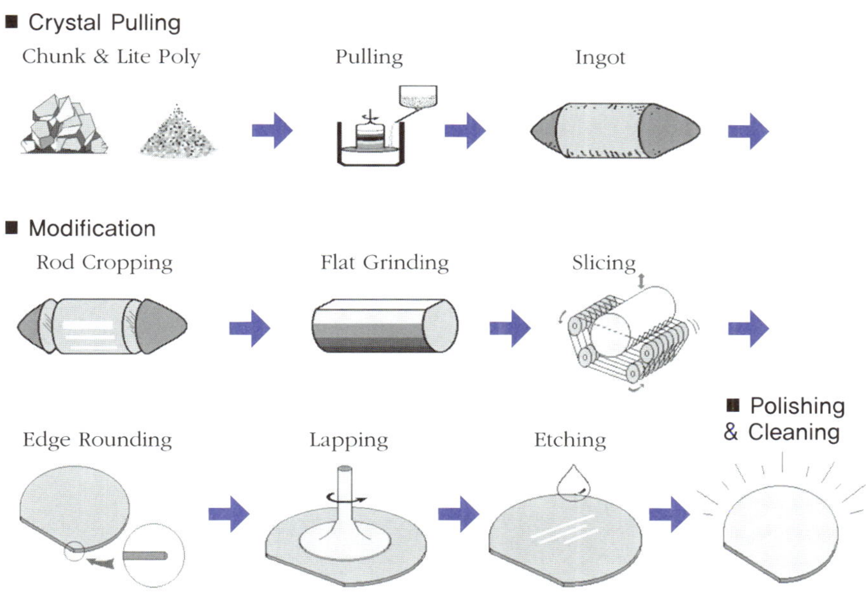

그림 8-32 | 웨이퍼 제조공정

구성된다. 각 공정별 세부 작업의 흐름을 살펴보면 [그림 8-32]와 같다.

웨이퍼의 초기 형태가 완성되는 공정은 원통형의 라드(Rod)를 절단하는 슬라이싱 공정인데, 이 공정에 요구되는 가장 중요한 품질특성은 웨이퍼의 편평도이다. 라드를 절단할 때 가느다란 철선을 이용한다. 라드를 한 번 절단하여 수백 장의 웨이퍼를 동시에 생성하므로 철선 간 평행 상태, 장착된 라드의 수평 상태, 구동 모터의 진동, 철선에 바른 슬러리 밀도, 구동 축과 보조 축의 고정 상태 등 수많은 요인들이 웨이퍼의 편평도에 영향을 주게 된다. 웨이퍼의 편평도는 뒤틀림의 정도를 측정하여 평가하는데, 그 측정 수치가 작을수록 좋다.

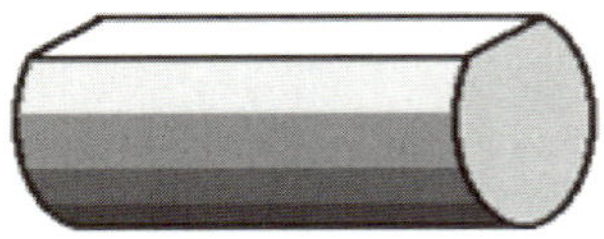

[표 8-1]은 5개 라드에 대해 32개 부위를 선택하여 부위별로 생산된 웨이퍼의 뒤틀림 정도를 측정한 데이터이다. 지금까지 학습한 데이터의 정리 및 분석 방법을 최대한 많이 사용하여 [표 8-1]의 데이터를 분석해보자.

표 8-1 | 라드 부위별 웨이퍼의 뒤틀림 정도

부위	라드 1	라드 2	라드 3	라드 4	라드 5
1	7.4290	7.2804	23.4319	8.4460	8.1011
2	6.0121	6.9204	20.5360	6.5051	7.7603
3	5.6685	7.6896	9.2069	4.7511	5.3048
4	4.3247	5.2239	11.3300	5.5226	5.1892
5	6.0411	8.4140	15.8380	4.7467	10.0991
6	4.9295	6.1323	11.2350	4.4924	4.2172
7	4.4751	4.9021	8.3604	7.7015	6.4137
8	3.6162	6.4636	7.7434	7.5491	6.3896
9	9.6056	3.9173	9.5093	8.0519	13.0460
10	10.1198	3.5332	13.2640	7.5595	15.2068
11	6.9811	4.7592	13.2379	7.5965	9.2705
12	10.2384	4.5467	9.9177	6.5591	19.2869

13	5.8755	8.4168	16.1088	9.6780	7.1545
14	4.1912	9.5102	17.7256	6.4859	14.0124
15	11.8501	7.5922	15.3730	7.4428	15.1057
16	15.0418	9.4631	15.1141	6.1846	9.1968
17	5.2308	5.1297	13.3741	6.1747	16.9410
18	3.8386	4.9408	14.7982	7.0313	18.7826
19	4.0063	7.9931	17.3434	5.8963	15.0893
20	4.2290	9.3406	17.3083	4.6514	6.1537
21	5.2702	5.8390	12.1851	11.0478	7.3509
22	5.5325	4.8469	12.9799	10.4380	6.6304
23	5.5681	9.3997	9.8605	10.0348	11.9813
24	7.7324	8.8188	13.6828	7.7267	10.7214
25	6.1691	11.7710	12.2767	8.0786	10.0984
26	5.2054	12.7599	13.3575	7.1603	8.8096
27	6.4537	5.1000	7.2518	6.7413	9.1761
28	6.3326	5.1678	6.8667	5.6008	8.0341
29	9.6321	6.3879	6.6416	11.4948	9.5730
30	9.1842	5.5157	7.7485	11.9207	6.3445
31	5.1222	6.6540	14.9850	10.4772	7.3796
32	4.5493	6.3086	9.2956	9.3379	7.6706

먼저 전체 데이터를 히스토그램으로 정리해보면 [그림 8-33]과 같이 왼쪽으로 치우친 형태로서 망소특성의 전형적인 모양을 하고 있다. 그러나 오른쪽꼬리 부분이 지나치게 길고 두꺼워 공정이 안정적으로 관리되고 있다고 보기 어렵다. 오른쪽으로 길게 늘어진 꼬리 부분은 다른 웨이퍼에 비해 뒤틀림의 정도가 특히 심한 웨이퍼들이 있음을 나타낸다.

이와 같은 문제는 공정이 불안정하거나 공정 자체는 안정되어 있으나 라드위치별로 웨이퍼 절단작업에 개입되는 잡음요소의 영향에 차이가 있어서 발생할 수 있다. 먼저 공정상태의 안정성 여부를 진단하기 위해 상자그림을 작성한 결과 [그림 8-34]와 같다.

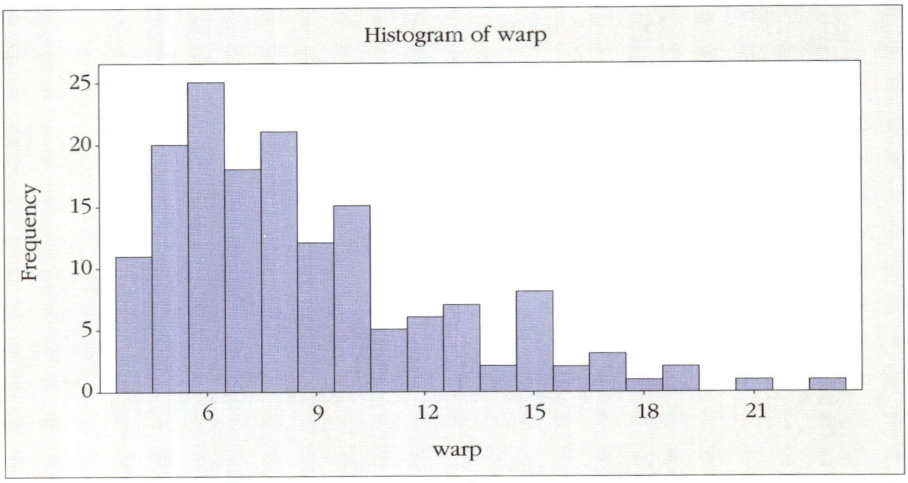

그림 8-33 | 웨이퍼 뒤틀림 데이터의 히스토그램

그림으로부터 라드별로 차이가 있는 것으로 보이며 매 라드를 가공할 때마다 공정조건이 동일하지 않은 것으로 판단된다. 따라서 만약 같은 슬라이싱 장비로 작업한 결과라면 공정변동의 근본원인을 찾아 조치해야 한다. 만약 주어진 데이터가 서로 다른 슬라이싱 장비로 작업한 결과라면 일단 장비별로 층별하여 다시 분석해보아야 할 것이다. 이후 뒤틀림이 심하게 발생하는 장비에 대해서는 그 원인을 규명하여 조치해야 할 것이다.

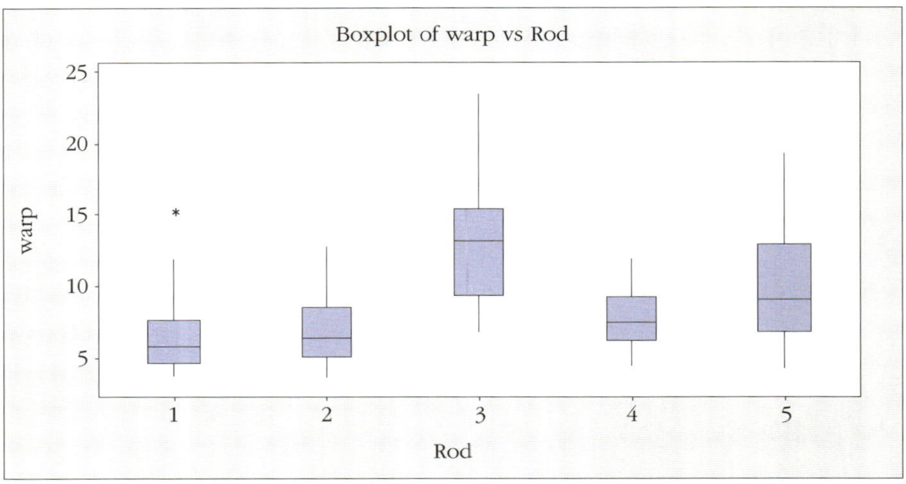

그림 8-34 | 라드별 뒤틀림 비교

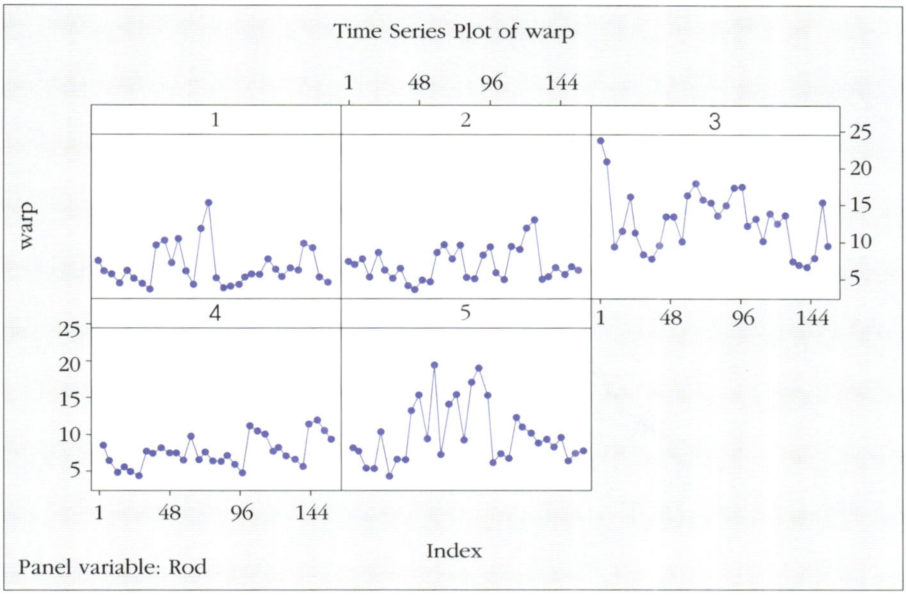

그림 8-35 | 라드 내 부위별 뒤틀림 정도의 변화

다음으로 라드 내 위치별로 뒤틀림의 정도에 차이가 있는지 확인하기 위해 시계열 그림을 작성한 결과 [그림 8-35]와 같다.

그림으로 보아 라드 부위별로 뚜렷한 특정 패턴이 발견되지는 않는다. 3번과 5번 라드의 경우 뒤틀림 정도가 심하게 흔들리는 양상을 보이고 있는데, 이에 대한 원인을 규명해야 한다. 또 1번 라드의 이상치에 대해서도 원인을 찾아 조치해야 한다.

각 라드별 평균에 차이가 있는지 객관적으로 검증하기 위해서 분산분석을 실시할 수 있다. 그런데 분산분석 실시 전에 기본 가정의 충족 여부를 검증하기 위해 정규성과 등분산성을 검토해 보았다. [그림 8-36]은 분산분석을 위한 데이터 구조 모형에서 잔차를 추정하여 정규성 검정을 실시한 것이다. 또 등분산성 검정 실시 결과도 [그림 8-37]에 보여주고 있다.

검정 결과 정규성과 등분산성 가정을 모두 만족시키지 못하고 있으므로 분산분석법으로 라드별 차이를 판정할 수 없다. 이 경우 비모수적 방법을 활용하여 판단해 볼 수 있다.

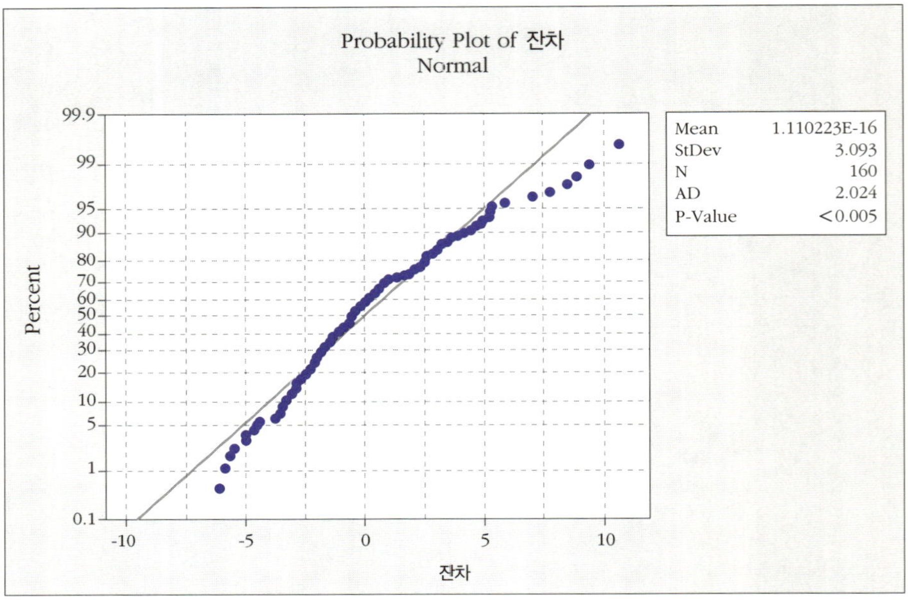

그림 8-36 | 정규성 검정

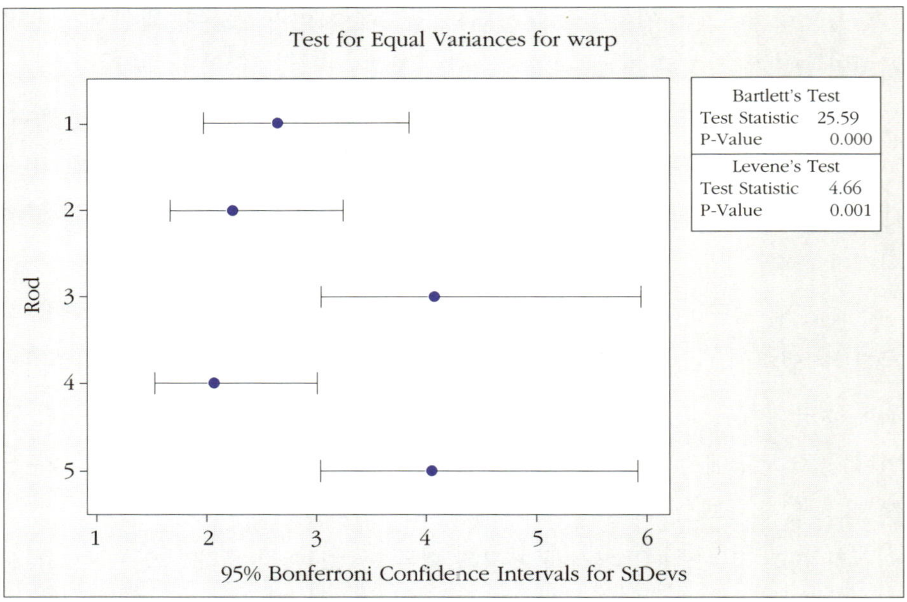

그림 8-37 | 등분산성 검정

Kruskal-Wallis Test : warp versus Rod

Kruskal-Wallis Test on warp

Rod	N	Median	Ave Rank	Z
1	32	5.772	50.5	−4.09
2	32	6.426	58.4	−3.01
3	32	13.109	125.4	6.13
4	32	7.496	72.6	−1.08
5	32	8.993	95.6	2.06
Overall	160		80.5	

H = 55.00　DF = 4　P = 0.000

그림 8-38 | 크러스칼-왈리스 검정

[그림 8-38]은 주어진 데이터를 사용하여 크러스칼-왈리스 검정을 실시한 결과로서 라드별로 차이가 있음을 객관적으로 보여준다.

데이터를 분석한 결과를 토대로 향후 진행되어야 할 작업 방향을 요약하면 다음과 같다.

1. 먼저 라드별로 웨이퍼의 뒤틀림에 차이가 발생하는 원인이 어디에 있는지 규명한다. 장비별 차이에 기인된 것인지 아니면 같은 장비임에도 관리가 제대로 되지 않아서 그런지 혹은 작업자 등 다른 요인이 개입되어 있는지 밝혀내고 근본적인 원인을 계속 추구해 내려간다. 근본원인이 규명되면 치유책을 마련하여 재발을 근본적으로 방지하도록 한다.
2. 분석결과 부위별로 뒤틀림이 심해지는 라드가 있는데, 그에 대한 원인을 규명한다. 근본 원인이 규명되면 장비의 개선 등 필요한 조치를 취한다.

연습문제

1 모집단으로부터 표본을 취하여 수집된 데이터를 토대로 어떤 의사결정을 하고자 한다. 다음 각 경우에 대해 적절한 샘플링 방법을 기입하라.

(1) 우리나라 대통령 입후보자가 자신에 대한 유권자들의 지지율을 조사하고자 할 경우
(2) 연속 생산이 이루어지고 있는 공정에서 이상 원인의 발생으로 인한 품질수준 저하 여부를 모니터하고자 할 경우
(3) 트럭에 실려 있는 사과 100상자의 품질을 검사하고자 50개의 사과를 샘플링할 경우
(4) 파티에 참석한 사람들을 대상으로 행운권 당첨자를 뽑고자 할 경우
(5) 부산시민 중 만 70세 이상의 노인층이 차지하는 인구의 비율을 알아보고자 할 경우

2 측정시스템의 정확도와 정밀도에 대해 활쏘기에 비유하여 그림과 함께 설명해보라. 또 반복성과 재현성에 대해서도 설명해보라.

3 아래 주어진 데이터는 어느 복사기에서 사용되는 전원의 출력전압을 측정한 값이다.
348.5 350.2 348.3 350.3 351.3 351.2 347.1 349.7 348.5 350.5

(1) 평균, 표준편차, 중앙값, 미드레인지, 범위를 구하라.
(2) 미니탭이나 다른 통계소프트웨어를 사용하여 점 도표와 상자-수염 그림을 그려보아라.
(3) 복사기 전원 출력전압의 전체 평균이 대체로 어느 구간에 포함될 것으로 기대되는가?

4 (팀 과제) 각 팀 구성원의 등하교에 걸리는 시간을 분 단위로 일주일(월~금요일)간 측정하여 데이터를 수집하고 분석하여 결과에 대한 적절한 설명을 해보라. 단, 데이터 수집은 등하교 시간 모두 다음 서식을 이용하라.

요일	출발시각	도착시각	걸린 시간	참고

경영과학

Chapter 09

9.1 경영과학의 개요
9.2 경영과학의 모형
9.3 경영과학의 적용과정
9.4 경영과학의 응용분야
9.5 선형계획법
9.6 할당문제와 수송문제
9.7 시뮬레이션

9.1 경영과학의 개요

(1) 경영과학의 개념

경영과학(MS : Management Science)이라 함은 기업경영의 의사결정을 위한 수리적 또는 계량적 분석기법의 구체적인 적용과 응용을 목표로 하는 분야이다. 따라서 경영과학의 근본적인 목적은 의사결정에 필요한 다수의 선택가능 대안(alternative) 중 가장 적절한 해결방안을 선택할 수 있도록 도와주는 것이다. 또한 경영과학은 실제 문제들의 합리적 결정을 위하여 문제를 분석하고 대안을 선택하는 논리적 사고방식의 함양에도 크게 기여하고 있다. 이와 같은 이유로 경영과학은 수리적 문제해결로 인한 해답 그 자체에 중요성이 있기보다는 의사결정자의 판단력과 통찰력을 향상시키는 데 더욱 큰 의미가 있다.

다시 말하면 경영과학을 연구하는 근본적인 목적은 합리적인 의사결정의 기본원리를 터득하고 이를 경영관리 및 의사결정에 효과적으로 적용하기 위한 것이라 하겠다. 즉, 경영과학은 인간의 의사결정행위에 있어 가장 합리적이고 논리적인 방법으로 최적의 결과를 제공할 수 있는 과학이다.

계량의사결정을 위한 학문분야는 역사적인 발전과정에 따라 OR(operations research), 경영과학, 의사결정과학(decision science), 경영계량분석(quantitative business analysis), 시스템분석(system analysis) 등의 여러 이름으로 불리고 있으나, 이들은 모두 계량적 분석을 통한 의사결정을 다루고 있다. 본 서에서는 이들을 모두 경영과학(OR/MS)이라 하고, 경영의사결정의 계량적 접근(quantitative approach to management decision making)을 포괄한다.

(2) 경영과학의 발달

미국의 공학자인 F. W. Taylor는 과학적 관리법에 의해 작업을 정성적 · 정량적으로 분석하였고, 19세기 말경 계량경영적 분석의 기초를 열었던 Gantt는 간트차트(Gantt Chart)를 개발하여 기계의 작업 일정계획을 수립하였다. 1914년 영국의 F. W. Lanchester는 전투 화력방정식의 수학 모형을, 같은 시기에 덴마크의 A. K. Erlang은 대기이론의 이론적 틀을, 1915년 Harris는 경제적 주문량 모형을 제시하였다. 그러나 이때까지 경영과학은 하나의 학문으로 인식되지 못하였다.

그 후 경영과학이 본격적으로 연구되기 시작한 것은 제2차 세계대전 때부터이다. 제2차 세계대전 중에 영국군은 각종 선박에 대한 독일 잠수함 U-보트의 공격으로 인해 막대한 손실과 타격을 받고, 이에 대한 최선의 방어대책을 연구하기 위한 일환으로 유명한 물리학자, 심리학자, 공학자 및 수학자들로 구성된 OR(Operations Research)팀을 발족시켜 군사적인 작전문제를 효율적으로 해결하였다. 1940년경 영국에서 시작된 OR연구는 미국으로 전파되어 더욱 발전하게 되었다. 항공기에 의한 독일의 U-보트 탐색문제, 일본의 가미가제 특공대에 대한 방어문제, 그리고 수송선단의 편성문제 등의 OR연구를 군사문제에 적용하여 큰 전과를 올렸다.

제2차 세계대전 이후, OR연구들의 개념은 산업 및 상업 분야에서 효율적 조직 운영문제를 해결하기 위한 도구로 확대되고 연구되기 시작하였다. 1941년 Hitchcock은 수송모형을, 1944년 Von Neumann은 게임이론과 효용이론을, 1947년 George Dantzig가 선형계획모형의 해법인 심플렉스(Simplex)법을 개발함으로써, OR기법들이 조직의 효율성 제고를 위해 활용하게 되었으며, 그 효과는 각종 조직운영의 관리개선에 크게 기여하게 되었다.

이와 같이 OR연구가 경영문제에 널리 활용됨에 따라 경영과학(OR/MS)이라는 명칭이 사용되기 시작하였다. 많은 수학자들과 과학자들은 경영과학의 넓고 다양한 적용 가능성에 주목하기 시작했으며, 이 결과로 문제해결을 위한 새로운 아이디어와 접근방법들의 개발은 OR/MS관련 교육 분야 및 현장에 뚜렷한 영향을 끼쳐왔다.

경영과학 연구를 위한 학술단체로는 1952년 ORSA(Operations Research Society of America)와 1953년 TIMS(The Institute of Management Science)가 창설되었고, 1957년 영국 옥스퍼드에서 ORSA와 TIMS는 IFORS(International Federation of Operational Research Societies)에 가입하였으며, 1995년 INFORMS(Institute for Operations Research and Management Sciences)로 통합되

어 운영되고 있다.

최근 개인용 컴퓨터의 급속한 발전과 보급으로 방대한 양의 계산을 신속하고 정확하게 처리할 수 있게 됨에 따라, 경영과학은 방대하고 복잡한 운영문제들을 효과적으로 관리하고 통제할 수 있도록 지원할 수 있게 되었다. 개인용 컴퓨터의 광범위한 사용은 부족한 자원들을 보다 효율적으로 할당할 수 있도록 하는 극도의 계산 용량을 요구하는 경영과학의 많은 최적화 기법들을 현장에 적용 가능하도록 해 준다. 또한 경영과학은 컴퓨터를 활용하여 다양한 분석, 수학적 모형들의 실행, 복잡한 프로젝트들의 계획 및 관리, 데이터베이스의 생성, 의사결정 지원 도구들의 광범위한 사용을 지원할 수 있다. 더구나 다양한 서비스 산업의 발달로 인해 경영과학의 중요성과 활용성은 한층 증대하리라 예상된다.

(3) 경영과학의 특징

경영과학은 수학, 전산학 등의 과학 분야와 경영학, 경제학, 사회학 등과 같은 사회과학 분야의 지식을 기반으로, 과학적 방법 및 도구를 활용하여 의사결정을 위한 정량적 기초와 해를 제공하는 기술이다. 경영과학은 다음과 같은 특성을 갖고 있다.

① 경영과학은 의사결정 문제에 초점을 맞춘다

경영과학은 최고경영층이 효율적인 의사결정을 할 때 필요로 하는 유용하고 실현 가능한 정보를 제공하는 경영수단이라고 볼 수 있다. 최고경영층은 경영과학을 활용하여 정량적인 요인을 분석하여 모색된 최적 대안들을 근간으로, 정성적인 요인을 고려하여 최종적인 의사결정을 하게 된다.

② 경영과학은 과학적 연구방법을 사용한다

자연과학의 문제해결 절차는 문제를 정의하고 이를 관찰하여 가설을 세우며, 실험을 실시하여 가설의 채택 여부를 결정하고, 결과를 분석하는 접근방법을 취하게 되는데, 경영과학 역시 문제해결을 위해 이러한 과학적 연구방법을 사용한다. 따라서 과학적 접근방법은 경영과학의 기본을 이루는 중요한 사상이다.

③ 경영과학은 시스템적 접근방법을 사용한다

일반적으로 시스템이란 특정한 목적을 달성하기 위하여 서로 유기적으로 관련되어 있는 여러 하위시스템들(예 : 부서들)로 이루어진 집합체(예 : 기업)라 정의할 수 있다. 경영과학은 시스템의 의사결정문제 해결을 위해 여러 관련 부서들을 종합적으로 분석하여 전체 시스템의 목적에 부합하도록 전체 최적화(global optimization)를 추구하는 시스템적 접근방법을 취한다.

④ 경영과학은 팀 또는 학제적(interdisciplinary) 접근방법을 이용한다

경영문제는 경제적 · 사회적 · 수학적 · 물리적 · 심리적 측면을 동시에 안고 있기 때문에, 경영과학에서는 이를 해결하기 위해 여러 학문분야에서의 지식과 접근방법을 필요로 한다. 따라서 경영과학에서는 문제해결을 위해 수학, 물리학, 전산학, 공학, 경영학, 경제학, 심리학 등 각 분야의 전문가로 구성된 팀을 활용하여 문제를 분석하여 해를 도출하도록 하는 접근방법이 경영과학의 특징이다.

⑤ 경영과학은 수학적 모형을 이용한다

경영과학에서는 수학을 많이 이용하게 되는데, 이유는 모든 언어 중에서 정량적인 관계를 표현하고자 할 때 수학이 가장 논리적인 언어이기 때문이다. 따라서 경영과학에서는 복잡한 경영현상을 수학적인 부호와 함수적 관계를 사용하여 수학적 모형으로 단순화시켜 이를 분석하고 평가하게 된다. 또한 경영과학은 의사결정 문제와 관련된 요인 중에서 오직 정량적인 요인만을 이용하여 수학적 모형을 작성하고, 이 모형을 분석하여 최적 대안을 도출하기 때문에 최적 대안을 선택했을 때의 결과 또한 정량적으로 표시된다.

⑥ 경영과학은 컴퓨터를 이용한다

경영문제의 상당부분은 관련변수들이 복잡하게 연관되어 있는 경우가 많고,

경영과학을 이용하여 수학적 모형을 만들더라도 모형에 포함된 변수가 많거나 관계가 복잡하여 해석적 방법(analytic method)을 이용해 해를 구하는 것이 어려울 수 있다. 이와 같이 문제가 대규모이고 복잡하여 해석적인 방법의 사용이 어려운 경우에 수치해석 및 시뮬레이션과 같은 수치적 방법(numerical method)을 사용하여 컴퓨터의 활용을 통해 빠른 시간에 문제를 해결할 수 있게 된다.

9.2 경영과학의 모형

(1) 모형의 개념

일반적으로 모형(model)이란 실제 시스템의 특정한 현상이나 실체를 단순하게 표현한 것 또는 추상화(abstraction)한 것을 의미한다. 이와 같이 실제 시스템을 단순화하거나 추상화하는 이유는 문제해결에 시간이나 비용을 절약할 수 있기 때문이다. 또한 경영과학이 대상으로 하는 시스템은 실험실에서 실험을 통해 결과를 얻거나 실험 자체를 할 수 없는 경우가 대부분이기 때문에, 실제 시스템을 단순화한 모형을 이용하게 되면 훨씬 경제적이고 안전하게 문제를 해결할 수 있게 된다. 모형을 설정하는 목적은 표현하고자 하는 현상에 대한 특정한 정보나 전반적인 통찰을 얻기 위해서이다. 모형을 사용함으로써 핵심 변수 간의 인과관계나 상호작용에 대한 정보를 얻을 수 있다.

모형화의 단계를 순차적으로 서술해 보면 다음과 같다.

첫 번째 단계에서는 추상화 및 단순화된 모형을 작성한다. 실물 또는 실제 시스템을 수치나 기호 등을 사용하여 기초가 되는 모형을 작성한다.

두 번째 단계에서는 모형의 타당성(validity)을 검토한다. 작성된 모형이 실제 시스템의 특성을 정확히 반영하고 있는가에 대해 검토를 해야 한다.

세 번째 단계에서는 모형의 적용결과를 예측(prediction)한다. 타당성이 입증된 모형을 사용하여 여러 대안의 결과를 예측하고 가장 좋은 대안을 찾아낸다.

네 번째 단계에서는 모형을 평가(evaluation)한다. 동일한 조건 하에서 모형을 적용한 예측 결과와 과거의 실제 시스템의 결과를 비교하여 모형의 유효성을 평가한다.

마지막 단계에서는 모형을 수정(revision)한다. 모형의 적용결과가 실제 시스템의 결과를 정확히 예측하지 못했다면 실제 시스템을 정확하게 반영할 수 있도록 모형을 수정한다.

(2) 모형의 유형

여러 가지 형태의 모형이 있지만, 모형은 추상화의 정도에 따라 형상모형, 상사모형, 수리모형으로 분류된다. [그림 9-1]은 모형의 유형을 그림으로 표현한 것이다.

1) 형상모형(iconic model)

형상모형이란 나타내고자 하는 대상과 실제적으로 유사한 물리적 표현을 의미한다. 즉, 실체를 목적에 따라 물리적으로 확대 또는 축소 복사한 모형을 뜻한다. 형상모형의 예로는 비행기, 선박, 자동차, 인형 등의 축소모형 또는 평면의 그림, 사진 등을 들 수 있다.

2) 상사모형(analog model)

상사모형은 모형의 대상과 비슷한 외관을 가지고 있지는 않지만 그와 동일한 기능을 행하는 물리적 모형(physical model)이다. 예를 들면, 자동차의 속도계, 지도, 청사진, 조직의 도표 등이 있다. 상사모형에서는 모형의 대상이 되는 실체의 한 성질을 다른 성질로 대체시키기도 하며, 역동적 상황을 정적 상태로 표현할 수 있다. 예를 들면 통계학에서 히스토그램은 수치 데이터를 그림으로 나타내므로 상사모형이며, 컴퓨터 프로그래밍에 사용되는 흐름도(flow chart)도 상사모형의 예이다.

3) 수리모형(mathematical model)

수리모형은 추상화의 정도가 가장 높은 모형이며, 수학적 부호, 방정식 및 수학적 설명을 사용하여 실제상황을 표현하고자 하는 모형이다. 따라서 수리모형은 실제 상황에 영향을 주는 여러 요인을 분석하고 여러 요인 간의 상호관계를 단순화하거나 추상화하여, 여러 개의 변수, 상수 및 매개변수, 그 사이를 함수관계로 이루어지는 수식으로 표현한다.

수리모형에는 서술적 모형(descriptive model)과 규범적 모형(normative model)이 있다. 규범적 모형은 최적화 모형(optimization model)이라고도 하는데, 이는 정립된 목적을 달성하기 위한 행동지침보다는 시스템의 형태를 기술해 준다. 서술적 모형인 시뮬레이션 모형은 계획된 횟수만큼 시스템적 실행을 반복함으로써 시스템의 형태를 통계적으로 표현한다.

또한 수학적 모형은 확률, 확률분포 또는 우연변동 요인의 포함 여부에 따라 확정적 모형(deterministic model)과 확률적 모형(probabilistic 혹은 stochastic model)으로 분류되며, 시간 변화의 포함 여부에 따라 정적 모형(static model)과 동적 모형(dynamic model)으로 분류되기도 한다. 경영과학에서 가장 많이 사용되는 수학적 모형을 살펴보면 다음과 같다.

① 확정적 모형

확정적 모형은 미래에 대한 정보가 확실하여 수학적 모형 내에 확률이나 확률분포가 포함되어 있지 않은 모형을 말하며, 비교적 쉽게 최적해를 구할 수 있다. 대표적인 예로는 선형계획법, 수송계획법, 네트워크모형, 목표계획법, 정수계획법, 동적계획법 등이 있다. 확정적 모형의 대부분은 해석적 방법을 이용하여 최적해를 구할 수 있다.

② 확률적 모형

확률적 모형은 미래에 대한 정보가 불확실하여 수학적 모형 내에 확률이나 확률분포가 포함되어 있는 모형을 말하며, 최적해보다는 근사해나 실행가능해를 찾는 데 초점을 맞춘다. 대표적인 예로는 재고모형, 대기행렬, 게임이론, Markov분석, 시뮬레이션모형 등이 있다. 확률적 모형은 확정적 모형에 비해 매우 복잡하여 해석적 방법을 적용하기에는 극히 제한적이며, 이 모형을 분석하기 위해서는 시뮬레이션이 좋은 수단이 된다.

③ 정적 모형

정적 모형은 수학적 모형 내에 시간의 변화가 포함되어 있지 않은 모형을 말하며, 대표적인 예로는 선형계획모형을 들 수 있다. 대부분의 정적 모형은 확정적 모형이며 미적분을 이용하여 최적해를 구하는 경우가 많다.

④ 동적 모형

동적 모형은 수학적 모형 내에 포함되어 있는 변수가 시간의 경과에 따라 변화하는 모형을 말하며 대표적인 예로는 Markov 모형 및 대기행렬 모형을 들 수 있다. 일반적으로 동적 모형의 해는 해석적 방법으로 구할 수 없기 때문에 시뮬레이션이 많이 사용된다.

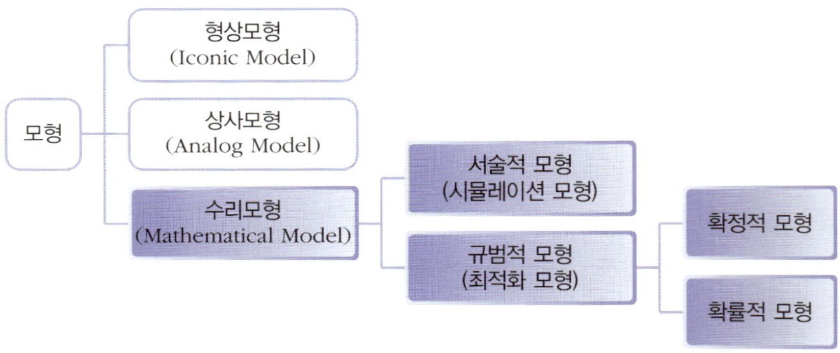

그림 9-1 | 모형의 유형

(3) 수학적 모형의 구성요소

수학적 모형의 구성요소는 결정변수, 종속변수, 외생변수 및 매개변수로 분류할 수 있다.

1) 결정변수(decision variable)

모형의 구성에 있어 결정변수는 가장 중요한 변수이며, 의사결정자가 통제가능한 변수로서 모형의 해를 구한다는 의미는 결정변수의 값을 구하는 것이 된다. 결정변수는 독립변수 또는 통제가능변수라고도 칭한다. 예를 들면 제품

조합(product mix)을 구하는 문제에서 각 제품의 생산량이 결정변수가 된다.

2) 종속변수(dependent variable)

종속변수는 독립변수(결정변수)에 의해 그 값이 결정되는 변수로서 기준변수(criterion variable)라고도 하며, 종속변수에 의해 얻어진 값은 시스템에 대한 성과달성 수준을 나타낸다. 예를 들면 총판매이익, 총생산비용, 투자수익 등이다.

3) 외부변수(exogenous variable)

외부변수는 시스템의 외부에서 그 값이 결정되는 변수로서 시스템이나 종속변수에 영향을 미치지만 의사결정자가 통제할 수 없는 변수이다. 예를 들면 원자재가격, 제품수요, 물류비용, 이자율 등이다.

4) 매개변수(parameter)

매개변수는 모형 작성에 사용되는 데이터 값을 의미하며 상수(constant)와 확률적 매개변수(random parameter)로 구분할 수 있다. 상수는 매개변수의 값이 일정하게 고정된 경우를 말하며, 주로 단기간의 환경변화나 시스템에 변화가 없을 경우 사용된다. 확률적 매개변수는 동적이고 확률적인 상황 하에서 매개변수가 특정한 확률분포에 따라 변화하는 경우 이용되는 변수이다.

(4) 경영과학 모형의 종류

1) 확정적 모형

① 선형계획법(Linear Programming : LP)

사용가능한 자원의 양이 제약된 상황 하에서 총이익을 최대화하거나 총비용을 최소화하기 위한 자원의 최적 할당을 다룬다. 선형계획법의 해를 구하는 방법으로는 그래프를 이용한 도해법(graphic solution method) 및 선형대수학에 기반한 심플렉스법(Simplex method)이 있다. 선형계획법은 경영과학 기법에서 가장 대표적인 기법이다.

② 수송모형과 할당모형

선형계획법의 특수형태를 갖는 알고리즘(algorithm)인 수송계획법과 할당법은 선형의 특수한 문제를 다룰 때 유용한 기법이다. 공급지에서 수요지로 제품의 물량을 최소비용으로 이동시킬 수 있는 최적 대안선택 문제와 기계에 작업자 배치, 부서에 신입사원 배치 등에 관한 최적 할당의 문제에 직면했을 때 수송모형과 할당모형이 적용된다.

③ 네트워크모형(network model)

네트워크모형은 공간적 · 지리적 위치나 시간적 상태를 나타내는 마디(node)와 이것을 연결하는 가지(arc)에 의해 표현되는 네트워크 문제를 다루는 모형으로 최단경로문제, 최소비용흐름문제, 최대흐름문제 등이 예이다. 경영자가 대규모 프로젝트에 포함된 제품생산 순서와 계획기간 단축 문제를 처리하는 데 이용되기도 하며, 예로는 PERT/CPM 기법이 있다.

④ 목표계획법(goal programming)

단일 목적함수만 고려하는 선형계획법과 달리, 목표계획법은 상충되는 다수의 목적을 동시에 고려하여 해를 구하기 위해 개발된 접근방법이다. 목적함수의 편차변수를 최소화하고, 목적함수는 우선순위의 목표에 가중치를 정하고 계약조건에는 목적제약조건과 시스템제약조건이 도입되어 도해법과 심플렉스법에 의해 최적해를 유도할 수 있다.

⑤ 정수계획법(integer programming)

정수계획법은 의사결정문제에서 정수해를 필요로 하는 선형계획모형의 해를 구하기 위해 적용되며, 선형계획법의 해가 정수단위로 나올 수 있도록 정수제약조건을 도입하여 정수해를 유도한다. 분단탐색법(branch and bound method)은 순수 또는 혼합정수계획문제나 할당문제를 효과적으로 해결하기 위해서 개발된 하나의 순차적 반복계산방식이다.

⑥ 동적계획법(dynamic programming)

동적계획법은 최적화문제에 대한 순환적 접근방법으로서, 일련의 의사결정이 계획적으로 요구되는 상황에서 상호 관련성을 지니는 상태변수(state variable)를 매개로, 최적화문제를 여러 단계(stage)로 분할하여 순차적으로 해를 구해가는 다단계 의사결정 또는 문제해결을 위해 사용되는 수리적 기법이다.

⑦ 비선형계획법(nonlinear programming)

현실세계의 실제적인 의사결정문제들은 선형함수만으로 모형화하는 것이 불가능할 수 있으며 비선형관계에 있는 것도 많다. 산출량과 투입량 간에는 수확체증 또는 수확체감의 법칙이 작용하는 경우에 비선형계획법을 적용한다.

2) 확률적 모형

① 의사결정이론(decision theory)

의사결정이론은 미래의 불확실한 상황 하에서 합리적인 의사결정을 하기 위해서 확률이론을 적용하여 해를 구하는 기법이다.

② 게임이론(game theory)

게임이론은 게임에 참여하는 경쟁자와 경쟁자의 전략, 전략 선택에 따른 성과를 대상으로 하며 각 전략의 게임이득의 최대화와 손실의 최소화를 위한 기법을 다룬다.

③ 재고관리모형(inventory model)

재고모형은 총주문비용과 재고비용을 최소화하는 의사결정문제를 다룬다. 이 접근방법은 구입주문비, 재고유지비, 재고부족비를 최소화하는 주문정책 및 재고정책을 결정하는 데 적용된다. 이때 모형 내에 상수 매개변수가 주어지면 확정적 모형으로, 확률적 매개변수가 주어지면 확률적 모형으로 구분된다.

④ 마코브분석(Markov analysis)

다양한 경영시스템을 확률이론에 입각하여 모형화하고 과거의 변화를 토대로 동적 성격을 파악하여 미래의 변화를 연속적으로 예측하는 데 있다. 이 기법에서 가장 잘 이용된 분야는 마케팅에서 상표결정문제이며 마코브분석은 주식동향 예측분야에서도 많이 이용되고 있다.

⑤ 대기행렬모형(queueing model)

대기행렬모형은 제한된 서비스시설과 대기행렬에서 서비스비용과 대기비용을 최소화할 수 있도록 서비스 수준을 결정하기 위한 방법을 다룬다. 대기행렬모형이 적용되는 예로는 개찰구, 고속도로 요금소, 은행 창구, 대형마트 내 계산대, 터미널 등이 있다.

⑥ 시뮬레이션(simulation)

시뮬레이션은 실제 시스템의 속성, 형태 및 운영특성 등을 연구하고 이해하기 위한 모의실험 또는 모형의 동적 실험을 하는 기술적 의사결정방법이다. 의사결정문제의 최적해를 얻기 위하여 시행착오적 방법과 확률이론을 이용한다.

9.3 경영과학의 적용과정

경영과학적 기법에 의한 의사결정문제의 해결은 과학적 방법이라는 기본원리에 입각하고 있다. 과학적 방법은 문제를 객관적으로 평가하고 이에 대한 해를 도출하는 지침이 된다. 경영과학을 적용하는 데 하나의 정확한 방법 혹은 과정은 없다. 그러나 일반적으로 다음과 같은 다섯 단계로 나눌 수 있으며, 그 적용과정을 플로차트로 나타내면 [그림 9-2]와 같다.

(1) 문제의 파악

경영과학의 접근방법에 있어 첫 번째 단계는 조직 또는 시스템의 목적과 해결해야 할 문제를 명확하게 규정하는 것이다. 경영과학은 경영계획이나 운영정책과 같은 시스템의 의사결정문제를 시스템의 전체적인 입장에서 다루기 때문에 여러 부문에 걸쳐 밀접하게 상호 연관되어 있는 문제를 다루게 된다. 이 문제가 명확하게 규정되지 않으면 다음 단계에 영향을 미쳐서 경영과학의 적용효과가 반감될 수 있으므로, 충분히 주의하여 문제를 명확하게 규정할 필요가 있다.

(2) 정보의 수집과 분석

명확하게 정의된 문제에 대해 관련된 정보를 수집하고, 시스템 내에서의 문제의 중요성 및 문제와 관련된 요인 간의 관계 등을 규명한다. 문제해결에 필요한 신뢰도 높은 정보를 수집하여야만 신뢰도 높은 수학적 모형을 작성할 수 있다. 특히, 이 단계에서는 문제와 관련된 이해관계자와의 긴밀한 협조가 필요하고, 관리기술에 대한 풍부한 지식도 필요하다. 또한 이 단계에서는 문제해결을 위한 방법론에 대해 철저한 조사와 검토가 이루어져야 한다.

(3) 모형의 작성

전 단계의 정보분석을 통해 시스템의 유효성과 이에 영향을 미치는 요인과의 관계를 수식으로 표현하는 수학적 모형을 작성한다. 그러나 기업경영의 문제들이 자연과학처럼 언제나 수식으로 명쾌하게 표현될 수 있는 것은 아니므로, 성공적인 모형 개발은 의사결정자의 경험과 통찰력을 바탕으로 이루어지며, 이 과정이 가장 어렵고도 중요한 부분이다.

모형의 작성에 있어서 모형이 타당하도록 단순화의 정도와 현실상황의 반영도가 균형을 이루도록 해야 한다. 모형을 단순화할수록 해를 구하기는 쉬우나 모형에 대한 타당성은 낮아지게 된다.

경영과학에서의 모형은 수학적 모형이므로 현실세계의 시스템 행태를 얼마나 정확하게 반영하고 있는가에 따라 모형의 복잡성이 결정되며, 타당한 모형의 작성을 위해서는 실제시스템을 정확히 반영하기 위해 수정과 보완을 거듭하는 반복 작업이 이루어져야 한다. 이 과정에서 작성된 모형의 해를 구할 수 있는지의 여부를 검토해야 하며 모형의 실행 가능해를 고려하면서 모형을 수정해야 한다.

(4) 해의 도출

이 단계에서는 단계 3에서 작성된 모형의 최적해(optimal solution)를 구한다. 최적해란 대상이 되는 시스템의 의사결정문제에서 모든 제약조건을 동시에 만족하면서 대상 시스템의 목적을 극대화하는 대안을 의미한다. 최적해는 작성된 모형으로부터 구해진 해이다. 모든 모형은 실제시스템을 단순화 또는 추상화한 것이므로 모형이 실제시스템을 잘 반영하였다면, 모형의 최적해는 실제시스템의 근사해를 제공할 것이다.

모형의 해를 구하는 방법으로는 일반적으로 해석적 방법(analytic method)과 수치적 방법(numerical method)으로 분류할 수 있다. 해석적 방법은 가장 일반적으로 사용하는 방법으로 매개변수의 값 등을 변화시켜 해를 구하는 방법이며, 수치적 방법은 모형에 포함된 변수들이 많아 그 관계가 복잡하여 해석적 방법으로는 해결할 수 없는 의사결정문제의 해를 구하기 위해 시행착오적 혹은 반복적 방법을 사용한다. 시뮬레이션은 수치적 방법의 대표적인 예이다.

(5) 모형과 해의 타당성 검증

해의 타당성 검증은 모형이 목적하는 바를 달성할 수 있는가를 검토한 후, 모형에 의한 예측과 실제 시스템의 행태와의 일치 및 반영 여부를 검토해야 한다. 모형의 타당성을 검증하는 하나의 방법은 작성된 모형을 통해 얻은 결과와 실제시스템의 과거 자료를 서로 비교하는 방법이다. 해가 실제시스템의 행태와 차이를 보인다면 모형의 작성 단계로 되돌아가 모형을 수정해야 한다.

(6) 해의 실행

현실적으로 적용 가능한 만족할 수 있는 해가 구해졌다면, 이 해와 수학적 모형의 작성 단계에서 제외되었던 정성적 요인을 고려하여 의사결정자는 대안을

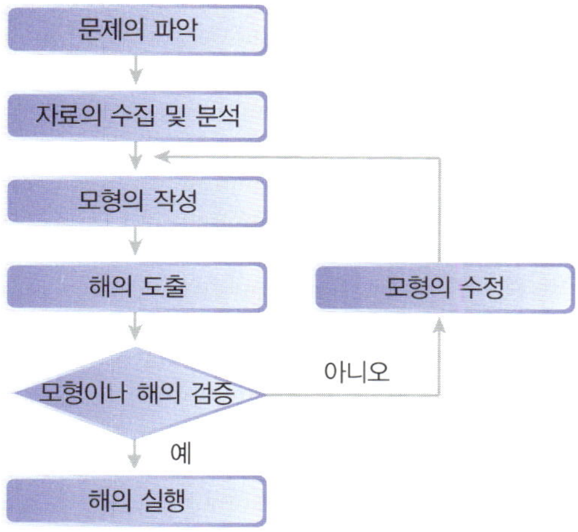

그림 9-2 | 경영과학의 적용과정

선택하고, 이 대안이 실제로 이행될 수 있도록 관리체제를 확립해야 한다.

9.4 경영과학의 응용분야

경영과학은 미국, 유럽 및 아시아의 주요 국가에서 일반기업이나 공공기업의 거의 모든 분야에서 널리 이용되어 오고 있다. 1979년 미국에서 여러 회사들을 대상으로 수행한 설문조사에 의하면 경영과학의 응용분야는 다음과 같다.

표 9-1 | 경영과학의 응용분야

응용분야	경영과학을 이용하는 회사 비율(%)
생산계획	70
재고관리	70
자금계획	56
수송계획	51
공장위치선정	42

품질관리	40
광고 및 판매연구	35
설비대체	33
유지보수계획	28
회계관리	27
포장	9

[표 9-1]에 의하면 약 70% 정도의 회사들이 생산 및 재고관리 분야에서 경영과학 기법을 의사결정에 활용하고 있으며, 50% 이상의 회사들이 자금계획이나 수송계획 분야에 경영과학 기법을 응용하고 있음을 보여주고 있다. 또한 여러 경영과학 기법들이 사용되는 빈도에 관한 설문조사의 결과는 [표 9-2]와 같다.

이 표에 의하면 80% 이상의 회사들이 선형계획법과 시뮬레이션을 활용하고 있으며, 약 50% 이상의 회사들이 네트워크모형, 대기행렬모형, 의사결정이론 등을 활용하고 있다. 경영과학의 응용분야는 인력자원 또는 기계가 복합되어 있는 거의 모든 사회적 조직체를 대상으로 하고 있다. 역사적으로 볼 때, 경영과학은 군대관리에서 시작하여 기업체로 적용범위를 넓혀갔는데, 초기의 응용은 대부분 생산 및 작업관리에 관한 내용이었다. 그러던 것이 기업체의 재무관리, 기술개발, 시장관리 등 기업전략적 차원의 문제로 적용범위를 넓혀가는 한편 경제정책, 보건, 교통, 에너지, 환경, 교육 등 공공부문으로의 적용범위도 넓혀가고 있다. 그러므로 현대의 기업에 종사하거나 또는 공공기관에 종사하는 요원으로서 의사결정을 할 수 있거나 해야만 하는 위치에 있는 사람은 경영과학적 사고에 근거하여 항상 '최적의 의사결정'이 존재한다는 철학을 가질 필요가 있다.

표 9-2 | 경영과학기법의 사용빈도

경영과학기법	사용빈도(%)
선형계획법	83.3
시뮬레이션	80.3
네트워크모형	58.1
대기행렬모형	54.7
의사결정이론	54.7
정수계획법	38.5
설비대체분석	38.5
동적계획법	32.5
마코브분석	31.6
비선형계획법	30.7
목표계획법	20.5
게임이론	13.7

9.5 선형계획법

본 절에서는 앞서 소개한 바와 같이 의사결정문제를 해결하기 위해 개발된 많은 경영과학 기법들이 있으나, 일반적으로 가장 많이 활용되고 있는 선형계획법을 중심으로 모형의 작성과 해의 도출 방법을 소개한다. 기타 나머지 경영과학 기법들에 대한 설명은 9.2절에서 소개한 모형의 분류 내용으로 대신한다.

(1) 선형계획법의 의의 및 기본가정

1) 선형계획법의 의의

선형계획법(linear programming : LP)이란 주어진 목적을 달성하기 위하여 어떻게 제한된 자원을 합리적으로 배분하느냐에 대한 의사결정문제를 해결하기 위하여 개발된 수리적 기법이다. 선형계획법은 선형함수(linear function)로 표현된 다수의 제약조건하에서 선형함수로 표현된 하나의 목적함수를 최대화하거나 최소화하여(예를 들면, 이익의 최대화 혹은 비용의 최소화 등) 자원을 최적으로 배분하는 수리계획법(mathematical programming)의 한 종류이다.

선형계획법은 현재까지 알려져 있는 경영과학의 기법들 중에서 가장 널리 이용되는 중요한 기법이다. 선형계획문제의 최적해는 1947년 George B. Dantizig에 의해 발표된 심플렉스법(Simplex method)에 의해 구할 수 있으며 선형계획법은 기업경영 등 일반기업의 문제부터 국방관리, 국가경제 운영 등 공공부문의 문제에까지 광범위하게 이용되어 많은 비용절감을 실현할 수 있는 방법으로 인식되어 오고 있다.

2) 선형계획법의 기본가정

경영 의사결정문제를 다룰 때 선형계획법을 적용할 수 있느냐 없느냐 하는 문제는 결국 그 문제가 선형계획법이 요구하는 기본적 전제조건들을 만족시키고 있느냐에 좌우된다. 선형계획법은 다음과 같은 가정에 의존한다.

① 선형성(linearity)

선형성은 비례성(proportionality)과 가산성(additivity)으로 표현된다. 예를 들어, 1,000원짜리 사과 5개와 2,000원짜리 배 2개를 구입하게 되면 총구입비용은 9,000원이 된다. 이때 사과 5개의 구입비용 5,000원과 배 2개의 구입비용 4,000원은 각각 비례성에 의해 계산되며 총구입비용 9,000원은 가산성에 의해 계산된다. 이와 같이 선형계획모형을 구성하는 목적함수와 제약조건은 선형의 등식과 부등식으로 이루어진다. 그러나 만일 사과와 배를 각 2개 이상 구입할 때, 할인율이 적용된다면 비례성이 파괴되어 비선형함수가 된다. 이러한 문제는 비선형계획법을 적용하여 해결할 수 있다.

② 가분성(divisibility)

가분성의 가정은 선형계획법에 있어서 결정변수가 취할 수 있는 값이 소수값이 될 수 있다는 것이다. 예를 들면 선형계획법을 적용한 구입량 결정에 있어, 티셔츠 35.6벌 구입, 청바지 28.3벌 구입 등과 같은 값을 가질 수 있다는 것이다. 이 가정은 흔히 비현실적일 수 있는데, 이러한 문제를 해결하기 위하여 개발된 기법이 정수계획법(integer programming : IP)이다. 정수계획법은 모든 결정변수들이 정수값을 가진다고 가정한다.

③ 확실성(certainty)

모형에서 사용되는 모든 계수(coefficients)들은 확정적인 값을 가진다. 예를 들어 제품단위당 이익, 제품단위당 필요자원량, 사용가능한 자원량 등과 같은 계수들이 확정적인 값으로 알려져 있다는 전제이다.

(2) 선형계획모형의 일반적 구조

선형계획모형은 선형함수로 표현된 하나의 목적함수와 다수의 제약식으로 이루어져 있으며, 목적함수의 형태에 따라 최대화문제 혹은 최소화문제의 두 가지 유형으로 구분한다. 이익이나 이윤에 관한 상황을 표현할 때는 최대화문제가, 손실이나 비용에 관한 상황을 표현할 때는 최소화문제가 사용된다.

두 형태 모두 일반적인 식으로 표현할 수 있으며, 일반식은 선형계획문제를 규정하는 기본 틀을 제공해 주고 있다.

먼저 최대화 문제를 일반적인 식으로 표현하면 다음과 같다.

$$
\begin{aligned}
\text{최 대 화} &: z = c_1 x_1 + c_2 x_2 + \cdots + c_n x_n \\
\text{제약조건} &: a_{11} x_1 + a_{12} x_2 + \cdots + a_{1n} x_n \le b_1 \\
&\quad a_{21} x_1 + a_{22} x_2 + \cdots + a_{2n} x_n \le b_2 \\
&\quad \vdots \\
&\quad a_{m1} x_1 + a_{m2} x_2 + \cdots + a_{mn} x_n \le b_m \\
\text{그리고} &\quad x_1 \ge 0,\ x_2 \ge 0,\ \cdots,\ x_n \ge 0
\end{aligned}
$$

여기서, z : 목적함수의 값(미지수)

c_j : 목적함수의 계수(상수)

a_{ij} : 기술계수로 주어진 상수

b_i : 우변상수로서 자원의 양

x_j : 의사결정변수(decision variable)(미지수)
m : 제약조건의 수
n : 결정변수의 수

그러나 이와 같은 일반식에 정확히 맞는 선형계획문제는 그렇게 많지 않다. 따라서 문제의 독특한 상황을 반영하기 위해서는 일반적인 식을 조정할 필요가 있다.

최소화문제를 위한 일반적인 선형계획모형도 최대화 문제와 아주 유사하며 그 차이는 최대화와 최소화라는 용어와 부등호의 방향뿐이다. 일반적으로 최대화 문제는 $\leq$의 제약조건을 가지고, 최소화 문제는 $\geq$의 제약조건을 가진다. 그러나 실제상황에서는 최대화, 최소화 문제에 관계없이 선형계획모형에 부등식($\leq$ 또는 $\geq$)과 등식(=)을 혼합하여 사용하는 경우가 대부분이다. 따라서 선형계획문제를 보다 일반적인 식으로 나타내면 다음과 같다.

최대화(혹은 최소화) : $z = \sum_{j=1}^{n} c_j x_j$

제약조건 : $\sum_{j=1}^{n} a_{ij} x_j \leq (\geq or =) b_i \quad (i = 1, 2, \cdots, m)$

그리고 $x_j \geq 0 \quad (j = 1, 2, \cdots, n)$

선형계획모형에서는 세 가지 기본요소인 목적함수(objective function), 제약조건(constraints), 비음조건(nonnegativity constraint)의 요소를 가져야만 한다. 선형계획모형의 정식화 과정을 간략히 요약하면 다음과 같다.

① 문제에서 의사결정자가 결정해야 하는 의사결정변수를 정의한다.
② 정의된 의사결정변수를 사용하여 목적함수를 의사결정변수들의 선형함수로 표시한다.
③ 문제와 관련된 모든 제약조건을 의사결정변수들의 선형등식 또는 부등식으로 표시한다. 또한 의사결정변수의 속성에 따라 비음조건을 추가한다.
④ 목적함수와 제약식을 모두 정리하여 선형계획모형을 작성한다.

실제로 경영문제 해결을 위한 선형계획모형의 작성은 다방면의 지식과 더불어 많은 경험과 훈련을 통해 숙달될 수 있다.

(3) 선형계획모형의 도해법

앞 절에서는 선형계획모형의 작성방법과 가정에 대해 살펴보았다. 선형계획모형이 작성되면 다음 단계는 작성된 모형의 해를 구하는 것이다. 선형계획모형의 일반적인 해법은 1947년 Dantzig에 의해 개발된 심플렉스법(Simplex method)이 널리 알려져 있다. 이 절에서는 대표적인 선형계획모형의 유형을 소개하고 그래프를 이용하여 선형계획모형의 해를 구하는 도해법(graphical method)에 대해 설명하고자 한다.

1) 도해법

도해법은 일반적으로 의사결정변수가 2개인 선형계획모형에서 사용된다. 2차원 공간에 제약식들에 의해 나타나는 영역을 그래프를 이용하여 표시하고, 목적함수의 선형방정식을 제약식에 의해 형성된 영역 위에 투영하여 목적함수값을 최대화(혹은 최소화)하는 해를 찾는 방법을 말한다. 선형계획모형의 해를 구하는 과정에 일반적으로 사용되는 전문용어를 간략히 소개한다.

① 실행가능영역(feasible region) : 제약조건들과 비음조건을 만족시키는 해들의 집합

② 실행가능해(feasible solution) : 실행가능영역 내의 하나의 해

③ 비실행가능해(infeasible solution) : 실행가능영역 내에 있지 않은 하나의 해

④ 최적해(optimal solution) : 목적함수값을 최대화(혹은 최소화)하는 실행가능해

⑤ 볼록집합(convex set) : 서로 다른 2점 x_1, x_2가 집합 S의 원소일 때, $0 \leqq \alpha \leqq 1$의 범위를 가진 α값의 선형결합인 새로운 한 점 $\alpha x_1 + (1-\alpha)x_2$ 역시 집합 S의 원소가 될 때, 집합 S를 볼록집합이라 한다. [그림 9-3]은 볼록집합 및 비볼록집합의 예를 보여준다.

⑥ 정점(extreme point) : 볼록집합 S에 포함된 한 점 x가 S 내에 서로 다른 2점 x_1, x_2의 선형결합으로 표현될 수 없을 때, x를 볼록집합 S의 정점이라 한다.

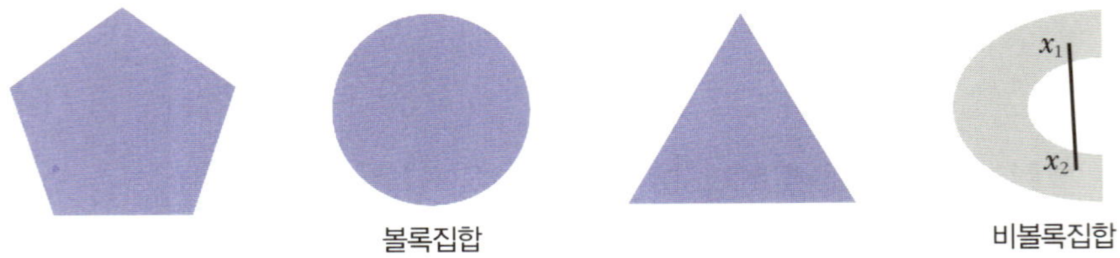

그림 9-3 | 볼록집합 및 비볼록집합의 예

선형계획모형에 의해 형성되는 실행가능영역은 항상 볼록집합이며 선형목적함수 하에서의 최적해는 볼록집합의 정점에서 항상 발생한다는 것이다. 이 특성은 심플렉스법을 개발하는 중요한 이론적 근거를 제공했으며, 앞으로 소개되는 도해법에 의한 최적해를 찾는 과정에서도 나타난다.

도해법을 이용하여 최적해를 구하는 과정은 다음과 같은 절차를 따른다.

단계 1 : 제약식을 그래프 상에 도식한다.

단계 2 : 실행가능영역을 결정한다.

단계 3 : 목적함수(등이익선 혹은 등비용선으로 나타남)를 도식한다.

단계 4 : 최적해를 도출한다.

2) 제품조합문제

예제 9.1

부경공업(주)에서는 2가지 제품을 생산하고 있다. A형 제품 한 단위를 생산하기 위해서는 볼트 4개와 너트 2개가 필요하고, B형 제품 한 단위를 생산하기 위해서는 볼트 2개와 너트 6개가 필요하다. 하루에 사용가능한 볼트와 너트의 수는 각각 60개와 40개이고 제품당 이익은 A형 제품은 5만원이고 B형 제품은 4만원이다. 이익을 최대화하기 위해 A형 제품과 B형 제품을 하루에 각각 얼마만큼 생산해야 하는가?

① 모형의 작성

- 의사결정변수를 정의한다. [예제 9.1]에서의 의사결정변수는 제품의 일일 생산량이 되며 다음과 같이 정의한다.

x_1 = A형 제품의 일일 생산량

x_2 = B형 제품의 일일 생산량

■ 목적함수를 결정한다. [예제 9.1]에서의 목적함수는 이익을 최대화하는 것이며 다음과 같이 표현된다. 여기서 목적함수의 계수는 1,000원 단위로 정의되었다.

$$Max \quad z = 5x_1 + 4x_2$$

■ 제약조건을 결정한다. 제약조건은 볼트와 너트의 일일 사용량의 제한에 따라 2개의 제약식이 형성되며 비음조건이 포함된다.

① 볼트에 대한 제약조건

$$4x_1 + 2x_2 \leq 60$$

② 너트에 대한 제약조건

$$2x_1 + 6x_2 \leq 40$$

③ 비음조건

$$x_1 \geqq 0, \quad x_2 \geqq 0$$

따라서 [예제 9.1]에 대한 최종적인 선형계획모형은 다음과 같이 작성되며 모형 내에 표현된 *s.t.*(subject to)는 제약을 의미한다.

$$\begin{aligned} Max \quad & z = 5x_1 + 4x_2 \\ s.t. \quad & 4x_1 + 2x_2 \leq 60 \quad \cdots (1) \\ & 2x_1 + 6x_2 \leq 40 \quad \cdots (2) \\ & x_1 \geqq 0, \quad x_2 \geqq 0 \end{aligned}$$

② 도해법의 적용

■ 단계 1 : 제약식을 그래프 상에 도식한다

먼저 비음조건을 도식한다. 비음조건을 만족하는 실행가능영역은 2차원 상에서 1사분면에 해당한다. 다음으로는 제약식을 도식하기 위해, 제약식을 등식으로 표현한다. 따라서 제약식(1)은 $4x_1 + 2x_2 \leq 60$, 제약식(2)는 $2x_1 + 6x_2 \leq 40$의 등식으로 표현된다. 제약식(1)의 등식에 대한 도식은 1사분면을 지나는 x_1과 x_2의 절편을 구하고(이때, 절편은 각각 (15,0)과 (0,30)의 한 점을 지나게 된다), 이 2 점을 잇는 직선을 그리면 된다. 원래 제약식(1)의 도식은 부등식의 방향을 고려하여 표현하면 된다. 좌표 상에서 부등식의 방향을 알 수 있는 손쉬운 방법은 좌표 상의 임의의 한 점을 제약식에 대입하여 제약식을 만족하면 등식을 중심으로 그 한 점이 포함되는 영역이 된다. 예를 들어, 좌표상의 한 점 (0,0)을 제약식(1)에 대입했을 때, 부등식은 만족이 되므로 제약식(1)의 등식을 기준으로 왼쪽 영역이 제약식(1)이 형성하는 영역이 된다. 동일한 방법으로 제약식(2)를 표현할 수 있다. 제약식을 도식화한 결과는 다음 그림과 같다.

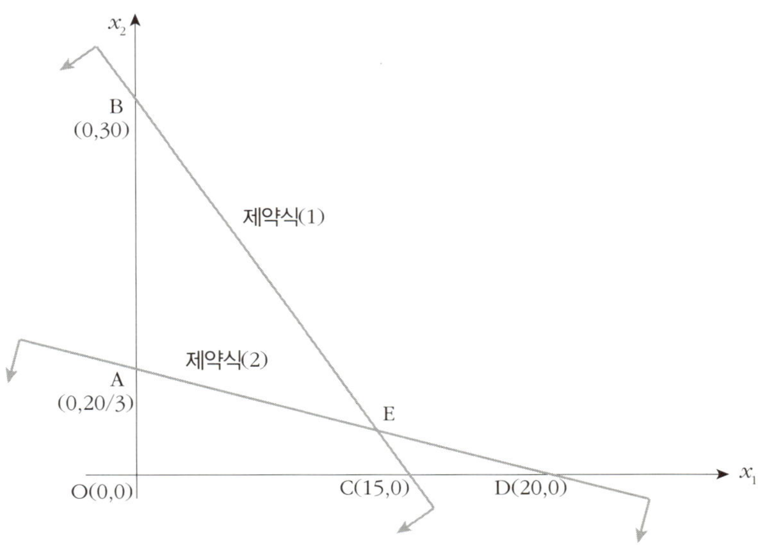

■ 단계 2 : 실행가능영역을 결정한다

최종적인 실행가능영역은 비음조건과 제약식(1)과 (2)에 의해 형성되는 교집합(intersection) 공간이 된다. [예제 9.1]에 대한 실행가능영역을 최종적으로 표현하면 다음 그림과 같다.

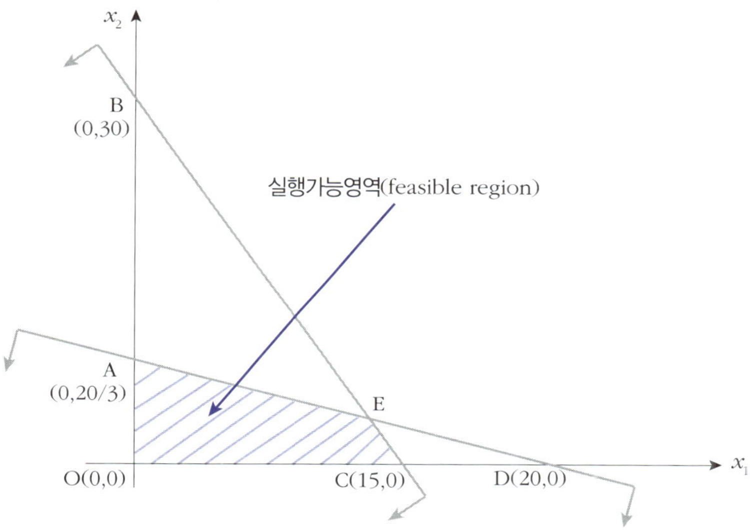

■ 단계 3 : 목적함수를 도식한다

[예제 9.1]의 경우는 최대화 문제이므로 목적함수는 등이익선이 되며 목적함수값(z)에 따라 등이익선은 평행이동하게 된다. 목적함수값(z)을 임의의 값으로 고정할 때, 목적함수는 하나의 방정식이 된다. 따라서 목적함수의 표현은 제약식의 등식에 대한 표현 방법과 동일하다. 예를 들어, 목적함수값을 40으로 고정하면 x_1과 x_2의 절편은 각각 (8,0)와 (0,10)를 지나는 방정식이 된다. 이때 목적함수값을 증가시키면 목적함수는 우측으로 평행이동하게 되며 목적함수값을 감소시키면 목적함수는 좌측으로 평행이동하게 된다. 목적함수를 도식하면 다음 그림과 같다.

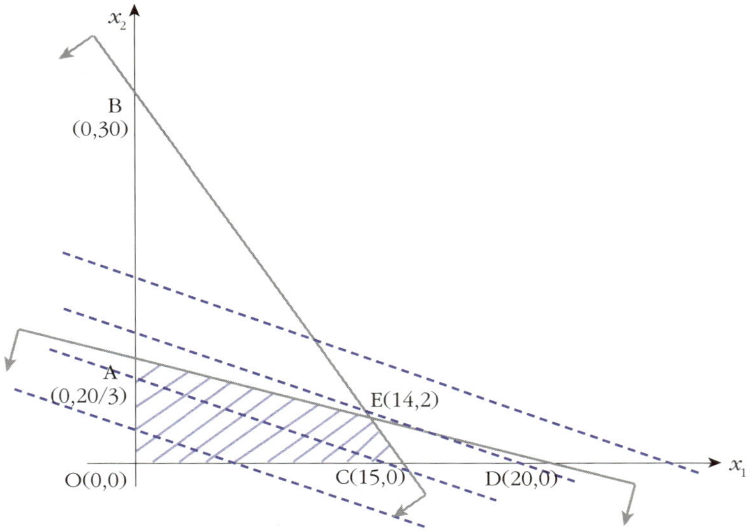

■ 단계 4 : 최적해를 도출한다

[예제 9.1]은 최대화 문제이므로 실행가능영역 내에서 목적함수값을 최대로 하는 실행가능영역 내의 정점과 목적함수가 만날 때까지 목적함수를 평행이동시켜 최적해의 위치를 찾는다. 이 해가 확인되면 이 정점을 교차하는 2개 이상

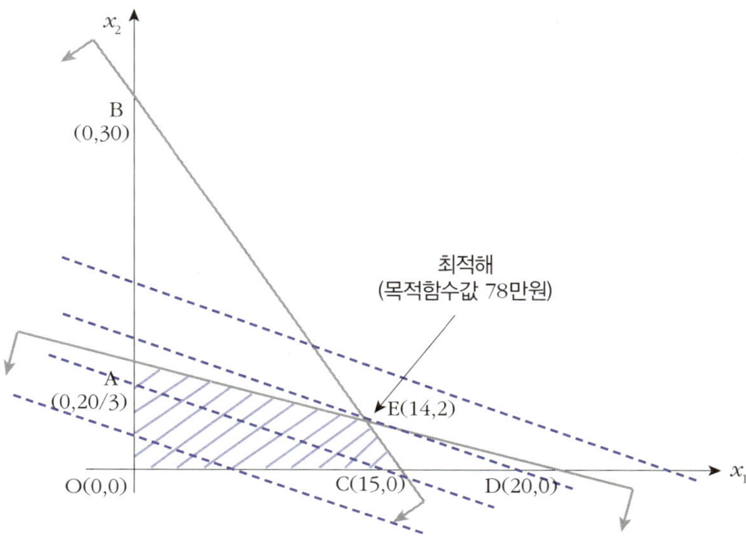

의 제약식의 등식 중 2개의 등식을 선택하여 연립방정식의 해를 구함으로써 최적해를 찾을 수 있다. 이때 [예제 9.1]의 최적해는 (14,2)가 되며 최적 목적함수값은 최적해를 목적함수에 대입하여 얻은 78(=5(14)+4(2))이 된다. 유의할 점 중의 하나는 최적해는 좌표 공간상의 한 점이며, 최적 목적함수값은 최적해에 의해 나타나는 실수값이라는 것이다. 이 결과를 해석해 보면, A형 제품은 일일 14개, B형 제품은 일일 2개를 생산할 때, 총이익 78만원을 창출할 수 있음을 알 수 있다.

3) 식단설계 문제(혹은 다이어트 문제)

예제 9.2

부경 건강클리닉센터의 영양사는 다이어트 프로그램에 참여하고 있는 고객을 위해 매일 점심식단을 준비하고 있다. 영양사의 역할은 비타민 A와 B의 매일 최소요구량을 맞추고, 식단비용은 가능한 낮게 유지해야 한다. 비타민 A와 B를 제공하는 주요 점심식사의 메뉴는 달걀과 토마토이다. 비타민 요구량과 각 메뉴의 단위당 비타민 함유량은 다음과 같다.

비타민 함유량			1일 최소 요구량(mg)
비타민	mg/달걀(개)	mg/토마토(개)	
A	2	4	16
B	3	2	12

달걀 한 개당 구입원가는 200원, 토마토 한 개당 구입원가는 150원이다. 영양사는 총구입비용을 최소화하면서 최소 1일 비타민 요구량을 충족시킬 수 있는 점심식단을 어떻게 제공해야 하는가를 알고자 한다.

① 모형의 작성

- 의사결정변수를 정의한다. [예제 9.2]에서의 의사결정변수는 1일 점심식단을 위해 필요한 토마토와 달걀의 사용량이 되며 다음과 같이 정의한다.

x_1 = 1일 점심식단을 위한 달걀의 사용량

x_2 = 1일 점심식단을 위한 토마토의 사용량

- 목적함수를 결정한다. [예제 9.2]에서의 목적함수는 구입비용을 최소화하는 것이며 다음과 같이 표현된다.

$$Min \quad z = 200x_1 + 150x_2$$

- 제약조건을 결정한다. 제약조건은 비타민 A와 B의 1일 최소요구량의 제한에 따라 2개의 제약식이 형성되며 비음조건이 포함된다.

① 비타민 A에 대한 제약조건

$$2x_1 + 4x_2 \geqq 16$$

② 비타민 B에 대한 제약조건

$$3x_1 + 2x_2 \geqq 12$$

③ 비음조건

$$x_1 \geqq 0, \quad x_2 \geqq 0$$

따라서 [예제 9.2]에 대한 최종적인 선형계획모형은 다음과 같이 작성된다.

$$\begin{aligned} Min \quad & z = 200x_1 + 150x_2 \\ s.t. \quad & 2x_1 + 4x_2 \geqq 16 \quad \cdots (1) \\ & 3x_1 + 2x_2 \geqq 12 \quad \cdots (2) \\ & x_1 \geqq 0, \quad x_2 \geqq 0 \end{aligned}$$

② 도해법의 적용

■ 단계 1 : 제약식을 그래프 상에 도식한다

먼저, 비음조건을 도식한다. 비음조건을 만족하는 실행가능영역은 2차원 상에서 1사분면에 해당한다. 다음으로는 제약식을 도식하기 위해, 제약식을 등식으로 표현한다. 따라서 제약식(1)은 $2x_1 + 4x_2 = 16$, 제약식(2)는 $3x_1 + 2x_2 = 12$의 등식으로 표현된다. 제약식(1)의 등식에 대한 도식은 1사분면을 지나는 x_1과 x_2의 절편을 구하고(이때, 절편은 각각 (8,0)과 (0,4)의 한 점을 지나게 된다), 이 2점을 잇는 직선을 그리면 된다. 원래 제약식(1)의 도식은 부등식의 방향을 고려하여 표현하면 된다. 좌표 상에서 부등식의 방향을 알 수 있는 손쉬운 방법은 좌표 상의 임의의 한 점을 제약식에 대입하여 제약식을 만족하면 등식을 중심으로 그 한 점이 포함되는 영역이 된다. 예를 들어, 좌표상의 한 점(0,0)을 제약식(1)에 대입했을 때, 부등식이 만족되지 않으므로 제약식(1)의 등식을 기준으로 오른쪽 영역이 제약식(1)이 형성하는 영역이 된다. 동일한 방법으로 제약식(2)를 표현할 수 있다. 제약식을 도식화한 결과는 다음 그림과 같다.

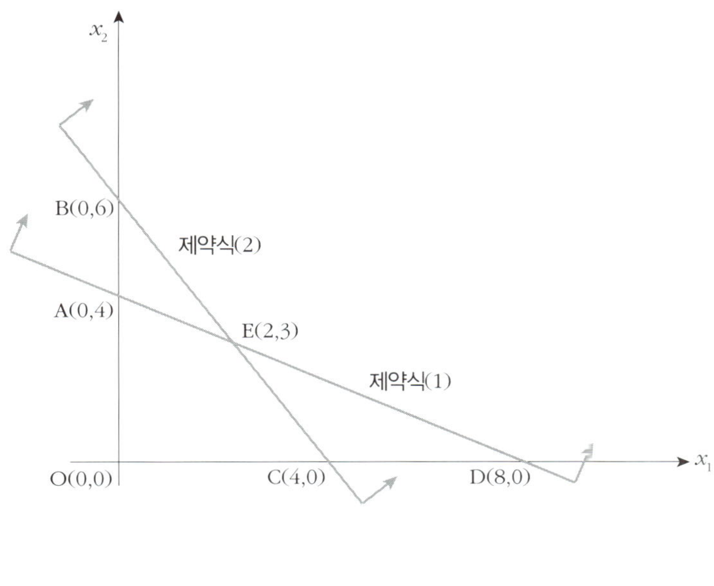

■ 단계 2 : 실행가능영역을 결정한다

최종적인 실행가능영역은 비음조건과 제약식(1)과 (2)에 의해 형성되는 교집합(intersection) 공간이 된다. [예제 9.2]에 대한 실행가능영역을 최종적으로 표현하면 다음 그림과 같다.

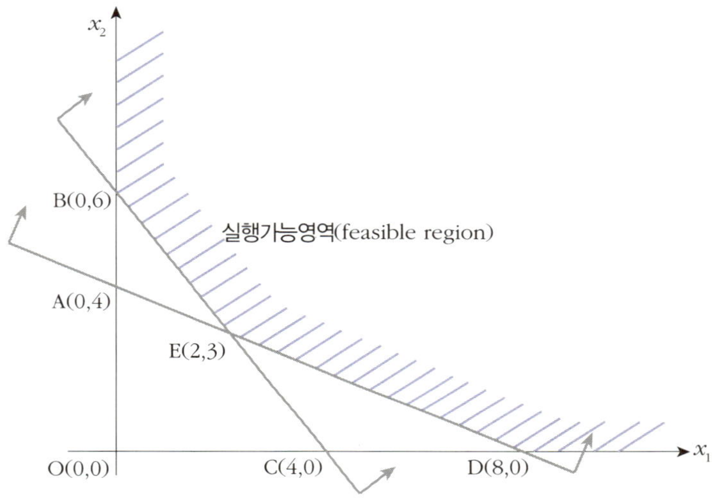

■ 단계 3 : 목적함수를 도식한다

[예제 9.2]의 경우는 최소화 문제이므로 목적함수는 등비용선이 되며 목적함수값(z)에 따라 등비용선은 평행이동하게 된다. 목적함수값(z)을 임의의 값으로 고정할 때, 목적함수는 하나의 방정식이 된다. 따라서 목적함수의 표현은 제약식의 등식에 대한 표현 방법과 동일하다. 예를 들어, 목적함수값을 600으로 고정하면 x_1과 x_2의 절편은 각각 (3,0)와 (0,4)를 지나는 방정식이 된다. 이때 목적함수값을 증가시키면 목적함수는 우측으로 평행이동하게 되며, 목적함수값을 감소시키면 목적함수는 좌측으로 평행이동하게 된다. 목적함수를 도식하면 다음 그림과 같다.

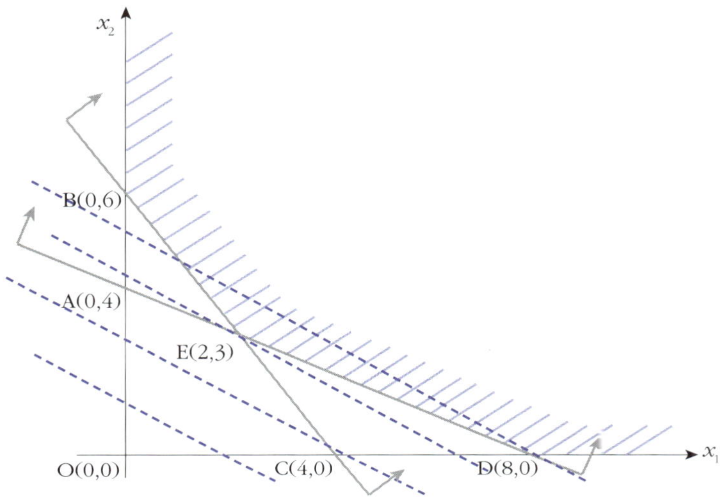

■ 단계 4 : 최적해를 도출한다

[예제 9.2]는 최소화 문제이므로 실행가능영역 내에서 목적함수값을 최소로 하는 실행가능영역 내의 정점과 목적함수가 만날 때까지 목적함수를 평행이동시켜 최적해의 위치를 찾는다. 이 해가 확인되면 이 정점을 교차하는 2개 이상의 제약식의 등식 중 2개의 등식을 선택하여 연립방정식의 해를 구함으로써 최적해를 찾을 수 있다. 이때 [예제 9.2]의 최적해는 (2,3)이 되며 최적 목적함수값은 최적해를 목적함수에 대입하여 얻은 850(=200(2)+150(3))이 된다. 유의할 점 중의 하나는 최적해는 좌표 공간 상의 한 점이며 최적 목적함수값은 최적해에 의해 나타나는 실수값이라는 것이다. 이 결과를 해석해 보면, 1일 달걀은 2개, 토마토는 3개로 점심식단을 짜는 것이 비타민의 1일 최소요구량을 만족하면서 총구입비용 850원의 최소비용으로 점심식단을 설계할 수 있음을 알 수 있다.

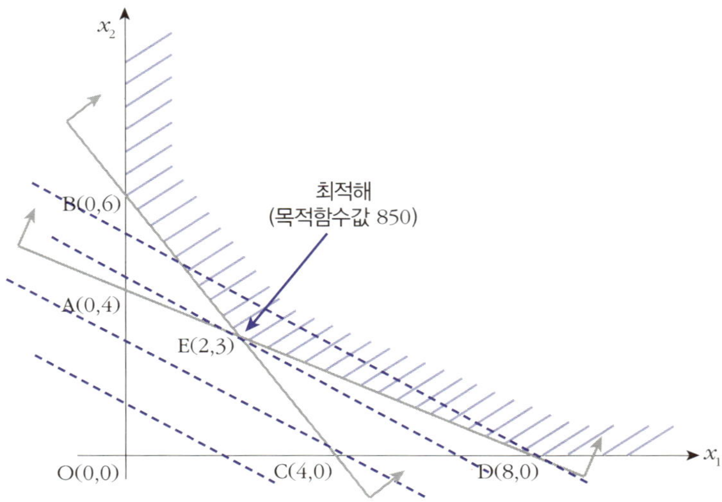

(4) EXCEL 활용 해 찾기

이 절에서는 먼저 마이크로소프트의 엑셀에 있는 '해 찾기' 기능을 이용하여 선형계획모형의 최적해를 구하는 방법에 대하여 살펴보자.

선형계획문제를 풀기 위한 EXCEL의 스프레드시트모형(spreadsheet model)의 작성방법과 '해 찾기' 도구의 사용방법을 [예제 9.1]과 [예제 9.2]를 이용하여 설명하기로 한다. 선형계획문제를 스프레드시트모형으로 표현하기 위해서 다음 사항들을 스프레드시트 셀에 입력하거나 지정해야 한다.

- 각 제품의 최적생산량과 총판매이익의 출력셀 지정
- 각 공정에서의 제품의 단위당 사용량의 입력
- 총가용자원의 입력
- 각 제품의 단위당 이익의 입력

1) [예제 9.1]의 선형계획모형에 적용

① 스프레드시트모형 작성

	A	B	C	D	E	F
1	**최대화문제**					
2						
3	입력자료					
4						
5		A제품	B제품	사용자원	부등호	총가용자원
6	볼트	4	2	6	<=	60
7	너트	2	6	8	<=	40
8						
9	목적함수	5	4			
10						
11	생산량	1	1			
12						
13	총판매이익	9				

■ 입력자료 – B6:C7, F6:F7, B9:C9

엑셀을 시작하여 화면이 나타나면, 다음과 같이 입력한다.

- 각 제품별로 1단위 생산에 필요한 볼트의 소요량, 너트의 소요량을 B7:C7에 입력한다.
- 총가용자원을 F6:F7에 입력하고 목적함수의 계수는 B9:C9에 입력한다.

■ 제품 A와 제품 B의 최적생산량은 B11:C11, 총판개이익(목적함수값)은 B13, 사용된 각 자원의 수량(제약식의 좌변합계)은 D6:D8로 지정한다.

- 두 제품의 최적생산량으로 지정된 B11:C11셀에 임의의 값을 입력한다.
- 총판매이익은 목적함수의 계수와 최적생산량의 값의 곱의 합이므로 엑셀의 SUMPRODUCT함수를 이용하여 B13셀에 수식데이터
  =SUMPRODUCT(B9:B9, B11:C11)를 입력한다.
- 사용된 각 자원의 수량은 각 제약식들의 좌변이므로 SUMPRODUCT함수를 이용하여 D6, D7셀에 각각
  =SUMPRODUCT(B6:C6, B11:C11)
  =SUMPRODUCT(B7:C7, B11:C11)
  을 입력한다.

② 스프레드시트 모형출력

■ '도구(T)' 메뉴에서 '해 찾기(V)'를 선택하여 '해 찾기 모델설정' 대화상자가 나오게 한 다음 아래 그림과 같이 입력 또는 선택한다.

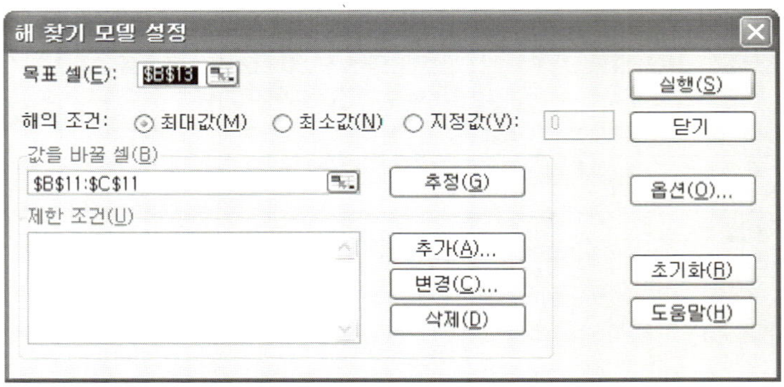

- 목표 셀은 목적함수의 값이 출력되는 셀이므로 $B$13으로 지정한다.
- 해의 조건은 최대화문제이므로 '최대값'을 선택한다.
- 변경할 셀은 최적해(최적 생산량)의 값이 출력되는 셀이므로 $B$11:$C$11로 지정한다.

■ '추가(A)' 버튼을 눌러 '제한 조건 추가' 상자가 나타나면 여기에 제약식을 한 개씩 입력한 다음 '확인' 버튼을 누른다. 제약식을 추가하려면 다시 '해 찾기 모델 설정' 대화상자에서 '추가(A)' 버튼을 눌러 같은 방법으로 제약조건을 입력한다.

- 최적해는 모두 비음이므로 $B$11:$C$11 >= 0을 '제한 조건 변경' 상자

의 셀 참조 영역(R)과 제한 조건(C)에 입력한다(엑셀97 이후의 버전은 입력하지 않아도 된다). 그리고 부등호나 등호는 셀 참조 영역(R)과 제한 조건(C) 사이에 있는 선택버튼을 클릭하여 선택한다. 입력이 끝나면 '추가(A)' 버튼을 누른다.

- [예제 9.1]의 제약조건은 사용된 자원의 수량≤총가용자원의 수량이므로 위의 [예제 9.1]의 스프레드시트모형의 해당 셀번지를 이용하여 $D$6:$D$7 <= $F$6:$F$7을 '제한 조건 추가' 상자에 입력한 다음 '확인' 버튼을 누른다.

■ 아래의 '해 찾기 모델 설정' 상자가 다시 나타날 때 '옵션(O)' 버튼을 누르면 다음의 '해 찾기 옵션' 상자가 나타난다. '해 찾기 옵션' 상자에서는 다른 지정사항은 그대로 두고 반드시 '선형 모델 가정(M)' 과 '음수 아닌 것으로 가정(G)' 에 체크한 다음 '확인' 버튼을 누른다.

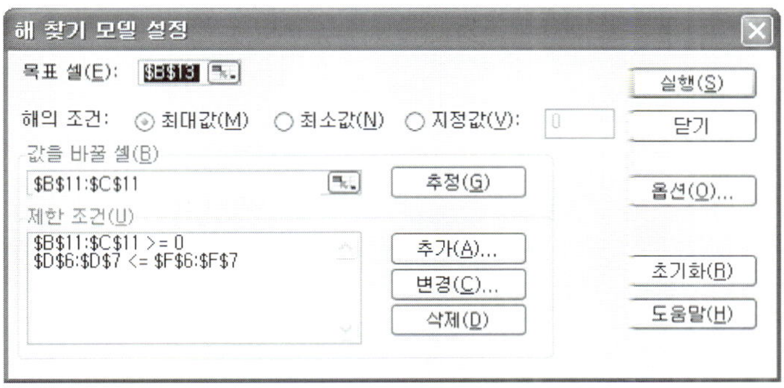

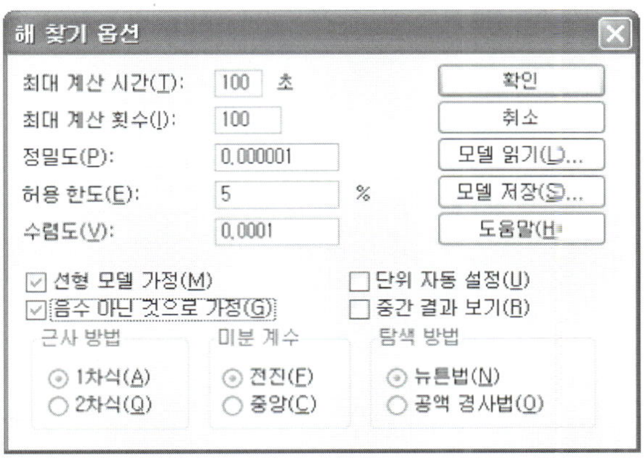

■ 다시 '해 찾기 모델 설정' 상자가 나타날 때 [실행(S)] 아이콘을 눌러서 실행하면 아래의 '해 찾기 결과' 상자가 나타난다.

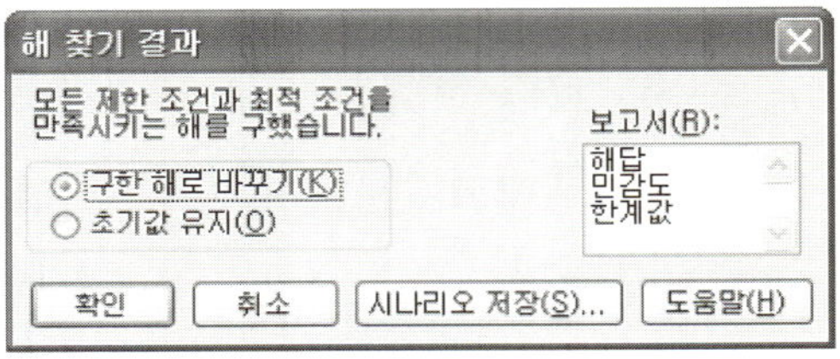

위의 '해 찾기 결과' 상자에서 구한 해로 바꾸기(K)와 우측의 보고서(R) 중에서 '해답'을 선택한 후 '확인' 버튼을 누르면 아래와 같은 최종결과가 나타난다.

	A	B	C	D	E	F
1	**최대화문제**					
2						
3	입력자료					
4						
5		A제품	B제품	사용자원	부등호	총가용자원
6	볼트	4	2	60	<=	60
7	너트	2	6	40	<=	40
8						
9	목적함수	5	4			
10						
11	생산량	14	2			
12						
13	총판매이익	78				

최종 결과인 위의 보고서로부터 이 모형의 최적해(생산량)는 $(x_1, x_2)=(14, 2)$이고, 이때 목적함수값(총판매이익)은 78임을 알 수 있다.

2) [예제 9.2]의 선형계획모형에 적용

① 스프레드시트모형 작성

	A	B	C	D	E	F
1	**최소화문제**					
2						
3	입력자료					
4						
5		mg/달걀(개)	mg/토마토(개)	비타민의 양	부등호	1일최소요구량
6	비타민A	2	4	6	>=	16
7	비타민B	3	2	5	>=	12
8						
9	목적함수	200	150			
10						
11	구입량	1	1			
12						
13	총 비용	350				

■ **입력자료** – B6:C7, F6:F7, B9:C9

엑셀을 시작하여 화면이 나타나면, 다음과 같이 입력한다.

- 각 음식별로 1단위에 함유된 비타민 A의 함유량, 비타민 B의 함유량을 B7:C7에 입력한다.
- 1일 최소 요구량을 F6:F7에 입력하고 목적함수의 계수는 B9:C9에 입력한다.

■ 달걀과 베이컨의 최적 구입량은 B11:C11, 총구입비용(목적함수값)은 B13, 사용된 각 음식의 수량(제약식의 좌변합계)은 D6:D8로 지정한다.

- 두 음식의 최적구입량으로 지정된 B11:C11셀에 임의의 값을 입력한다.
- 총구입비용은 목적함수의 계수와 최적구입량의 값의 곱의 합이그로 엑셀의 SUMPRODUCT함수를 이용하여 B13셀에 수식데이터=SUMPRODUCT (B9:B9, B11:C11)를 입력한다.
- 사용된 각 음식의 수량은 각 제약식들의 좌변이므르 SUMPRODUCT함수를 이용하여 D6, D7셀에 각각

  =SUMPRODUCT(B6:C6, B11:C11)

=SUMPRODUCT(B7:C7, B11:C11)

을 입력한다.

② 스프레드시트모형 출력

■ '도구(T)' 메뉴에서 '해 찾기(V)'를 선택하여 '해 찾기 모델 설정' 대화상자가 나오게 한 다음 아래 그림과 같이 입력 또는 선택한다.

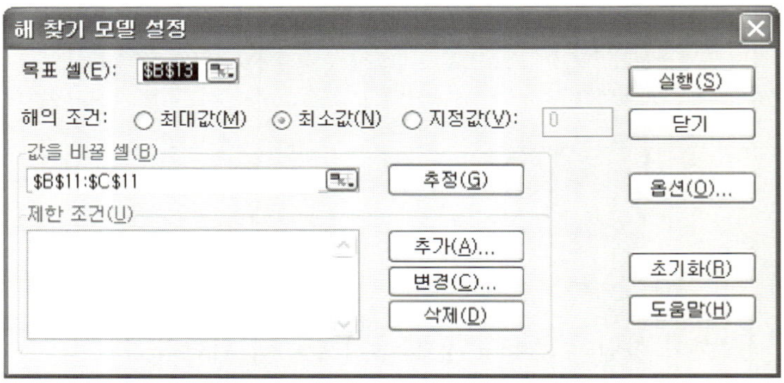

- 목표 셀은 목적함수의 값이 출력되는 셀이므로 $B$13으로 지정한다.
- 해의 조건은 최소화문제이므로 '최소값'을 선택한다.
- 변경할 셀은 최적해(최적 구입량)의 값이 출력되는 셀이므로 $B$11:$C$11로 지정한다.

■ '추가(A)' 버튼을 눌러 '제한 조건 추가' 상자가 나타나면 여기에 제약식을 한 개씩 입력한 다음 '확인' 버튼을 누른다. 제약식을 추가하려면 다시 '해 찾기 모델 설정' 대화상자에서 '추가(A)' 버튼을 눌러 같은 방법으로 제약조건을 입력한다.

- 최적해는 모두 비음이므로 $B$11:$C$11 >= 0을 '제한 조건 변경' 상자의 셀 참조 영역(R)과 제한 조건(C)에 입력한다(엑셀97 이후의 버전은 입력하지 않아도 된다). 그리고 부등호나 등호는 셀 참조 영역(R)과 제한 조건(C) 사이에 있는 선택버튼을 클릭하여 선택한다. 입력이 끝나면 '추가(A)' 버튼을 누른다.
- [예제 9.2]의 제약조건은 함유된 비타민의 양 ≥ 1일 최소 요구량이므로 위의 [예제 9.2]의 스프레드시트모형의 해당 셀번지를 이용하여 $D$6:$D$7 >= $F$6:$F$7을 '제한 조건 추가' 상자에 입력한 다음 '확인' 버튼을 누른다.

■ 아래의 '해 찾기 모델 설정' 상자가 다시 나타날 때 '옵션(O)' 버튼을 누르면 다음의 '해 찾기 옵션' 상자가 나타난다. '해 찾기 옵션' 상자에서는 다른 지정사항은 그대로 두고 반드시 '선형 모델 가정(M)'과 '음수 아닌 것으로 가정(G)'에 체크한 다음 '확인' 버튼을 누른다.

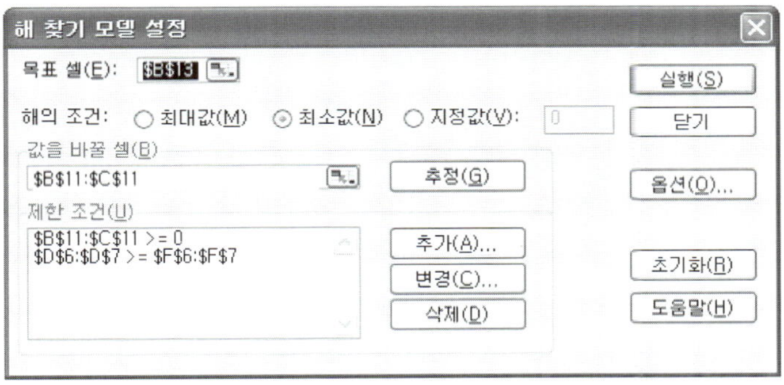

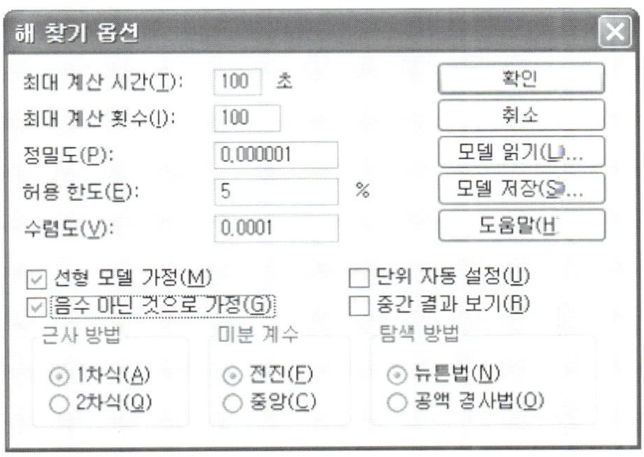

■ 다시 '해 찾기 모델 설정' 상자가 나타날 때 [실행(S)] 아이콘을 눌러서 실행하면 아래의 '해 찾기 결과' 상자가 나타난다.

위의 '해 찾기 결과' 상자에서 구한 해로 바꾸기(K)와 우측의 보고서(R) 중에서 '해답'을 선택한 후 '확인' 버튼을 누르면 아래와 같은 최종결과가 나타난다.

	A	B	C	D	E	F
1	**최소화문제**					
2						
3	입력자료					
4						
5		mg/달걀(개)	mg/토마토(개)	비타민의 양	부등호	1일최소요구량
6	비타민A	2	4	16	>=	16
7	비타민B	3	2	12	>=	12
8						
9	목적함수	200	150			
10						
11	구입량	2	3			
12						
13	총 비용	850				

최종 결과인 위의 보고서로부터 이 모형의 최적해(구입량)는 $(x_1, x_2) = (2, 3)$이고, 이때 목적함수값(총구입비용)은 850원임을 알 수 있다.

9.6 할당문제와 수송문제

이 절에서는 할당문제(assignment problem)와 수송문제(transportation problem)를 다룬다. 수송문제는 여러 지역의 공장에서 생산된 제품을 여러 지역의 수요지(예를 들어, 배송센터 혹은 창고 등)로 수송할 경우, 각 공장의 공급량과 각 수요지의 수요량을 만족시키면서 가장 저렴함 비용으로 수송하기 위한 수송계획을 수립하는 문제이다. 또한, 할당문제는 공급지에서의 각 공급량과 수요지에서의 각 수요량이 1을 갖는 수송문제의 특수한 형태이다.

할당문제와 수송문제는 선형계획모형으로 정식화될 수 있으며 선형계획법을 이용하여 최적해를 구할 수 있으나 문제의 구조적 특성을 고려하여 손쉽게 최적해를 구할 수 있는 해법이 개발되어 있다. 이 절에서는 할당문제와 수송문제의 예를 통해 모형화 작업과 해를 구하는 과정을 설명하고자 한다.

(1) 할당문제

경영자는 효율적인 생산자원의 할당이나 인력배치 등과 같은 의사결정 상황에서 총비용의 최소화 혹은 총이익의 최대화를 달성하기 위하여 최적의 할당방법을 찾고자 할 것이다. 이러한 경우에 할당문제는 의사결정을 위한 지원도구로써 유용하게 이용될 수 있다.

할당문제는 할당하고자 하는 대상(자원 혹은 인력 등)을 수행하고자 하는 활동(기계 혹은 작업장 등)에 1 대 1로 할당하는 문제이다. 따라서 할당문제는 1단위의 공급량을 갖는 공급지에서 1단위 수요량을 갖는 수요지로의 수송문제가 된다.

할당문제는 선형계획법을 이용하여 최적해를 구할 수 있으나, 더 효율적인 해법인 헝가리법(Hungarian method)이 개발되어 널리 사용되고 있다.

1) 할당문제의 모형 작성

예제 9.3

부경하이텍(주)에서는 4개의 작업 1, 2, 3, 4를 4대의 기계 A, B, C, D에서 처리하려고 한다. 각 작업은 어느 기계에서도 처리가 가능하나 한 작업을 나누어 여러 대의 기계에서 처리할 수는 없다. 각 작업을 처리할 때의 비용은 다음 표와 같다. 어떤 기계에서 어떤 작업을 처리하는 것이 처리비용을 최소로 하겠는가?

		기계 1	기계 2	기계 3	기계 4
작업	1	16	14	15	18
	2	12	13	16	14
	3	14	13	11	12
	4	16	18	15	17

이 문제를 정수계획모형으로 정식화하기 위해서 다음과 같이 의사결정변수를 정의한다.

$$x_{ij} = \begin{cases} 1, \text{ 작업 } i\text{를 기계 } j\text{에 할당하면} \\ 0, \text{ 아니면} \end{cases}$$

의사결정변수 x_{ij}는 0 또는 1의 값만을 가지는 이진변수(binary variable)이다. 이때 $x_{i1}+x_{i2}+x_{i3}+x_{i4}$는 작업 i가 기계에 할당되는 총횟수를 의미하며 할당문제의 특성상 작업 i는 반드시 한 대의 기계에만 할당되어야 하므로 $x_{i1}+x_{i2}+x_{i3}+x_{i4}=1$이 되어야만 한다. 따라서 [예제 9.3]에서 작업의 개수가 4개이므로 작업과 관련하여 4개의 제약식들이 발생하게 된다. 또한, $x_{j1}+x_{j2}+x_{j3}+x_{j4}$는 기계 j에 할당되는 작업의 총 개수를 의미하며 기계 j에는 한 개의 작업만 할당되어야 하므로 $x_{j1}+x_{j2}+x_{j3}+x_{j4}=1$이 되어야만 한다. 따라서 기계와 관련하여 4개의 제약식이 발생하게 된다. 그러므로 [예제 9.3]의 할당문제는 다음과 같은 정수계획모형(integer programming model)으로 정식화된다.

$$\begin{aligned} Min\ \ & 16x_{11}+14x_{12}+15x_{13}+18x_{14}+12x_{21}+13x_{22}+16x_{23}+14x_{24} \\ & +14x_{31}+13x_{32}+11x_{33}+12x_{34}+16x_{41}+18x_{42}+15x_{43}+17x_{44} \end{aligned}$$

$$\begin{aligned} s.t.\ \ & x_{i1}+x_{i2}+x_{i3}+x_{i4}=1,\ \ i=1,2,3,4 \\ & x_{1j}+x_{2j}+x_{3j}+x_{4j}=1,\ \ j=1,2,3,4 \\ & x_{ij}=0 \text{ 또는 } 1,\ \ i=1,2,3,4,\ \ j=1,2,3,4 \end{aligned}$$

상기 모형에서는 의사결정변수가 정수값만을 가져야 하는 조건이 추가된 정수계획모형이지만, 정수조건을 무시하고 $0 \leqq x_{ij} \leqq 1$로 제약조건을 대체해서 선형계획법으로 문제를 풀면 최적 정수해를 얻을 수 있다. 이러한 원인은 할당문제가 갖는 문제의 구조적 특성에 기인한다. 따라서 이 문제를 앞서 설명한 EXCEL을 활용하여 최적해를 구할 수 있다.

이 문제를 풀면, 최적해는 $x_{12}=x_{21}=x_{34}=x_{43}=1$이고 나머지 의사결정변수의 값은 0을 가지며 이 의미는 작업 1은 기계 2에, 작업 2는 기계 1에, 작업 3은 기계 4에, 작업 4는 기계 3에 할당하는 것이 최적이며, 이때 목적함수값은 53을 갖는다.

할당문제의 일반적인 형태를 살펴보자. m개의 작업을 n개의 기계에 할당한다고 가정하고 작업 i를 기계 j에 할당할 때 비용이 c_{ij}라그 할 때, 할당문제는 다음과 같이 정수계획모형으로 정식화된다.

$$Min\ \ \sum_{i=1}^{m}\sum_{j}^{n} c_{ij}\,x_{ij}$$

$$\begin{aligned} s.t.\ \ & \sum_{j=1}^{n} x_{ij}=1,\ \ i=1,2,\cdots,m \\ & \sum_{i=1}^{m} x_{ij}=1,\ \ j=1,2,\cdots,n \\ & x_{ij}=0 \text{ 또는 } 1,\ \ i=1,2,\cdots,m,\ \ j=1,2,\cdots,n \end{aligned}$$

2) 할당문제의 해법

이 절에서는 할당문제의 최적해를 구하는 데 널리 사용되고 있는 헝가리법을 소개한다. 헝가리법의 원리는 비용표(혹은 수익표)의 각 행 또는 각 열에서 같은 값을 빼주어도 최적해가 변하지 않는다는 특성에 착안하여 개발되었다. 헝가리법의 적용절차를 소개하면 다음과 같다.

[단계 1] 비용표의 각 행의 수치에서 그 행의 최소값을 뺀다.

[단계 2] [단계 1]의 결과로 새로이 얻어진 수정된 비용표에서, 각 열의 수치에서 그 열의 최소값을 뺀다.

[단계 3] [단계 2]의 결과로 새로이 얻어진 수정된 비용표에서, 모든 0을 지우는 최소한의 직선을 그어서 그 직선의 수가 행 또는 열의 수와 일치하면, [단계 5]로 간다. 아니면 [단계 4]로 간다.

[단계 4] 직선으로 지워지지 않은 모든 수치에 대해, 그 수치들 중 최소값을 빼고, 직선이 교차하는 수치에 이 최소값을 더한 후 [단계 3]으로 간다.

[단계 5] 수정된 최종 비용표에서 수치가 0인 셀을 찾아서 1 대 1로 대응시켜 최적해를 구한다.

[예제 9.3]의 할당문제에 대해 헝가리법을 적용하여 보자. 먼저 다음과 같은 비용표를 이용한다.

	1	2	3	4
1	16	14	15	18
2	12	13	16	14
3	14	13	11	12
4	16	18	15	17

① 비용표에 [단계 1]을 적용하면 1, 2, 3, 4번 행에서의 최소값은 각 14, 12, 11, 15이고 이 최소값을 각 행에서 빼면 다음과 같은 수정된 비용표를 얻을 수 있다.

	1	2	3	4
1	2	0	1	4
2	0	1	4	2
3	3	2	0	1
4	1	3	0	2

② [단계 1]을 적용하여 얻은 수정된 비용표에 [단계 2]를 적용하면 1, 2, 3, 4번 열에서의 최소값은 각 0, 0, 0, 1이고 이 최소값을 각 열에서 빼면 다음과 같은 수정된 비용표를 얻을 수 있다.

	1	2	3	4
1	2	0	1	3
2	0	1	4	1
3	3	2	0	0
4	1	3	0	1

③ [단계 2]를 적용하여 얻은 수정된 비용표에서 모든 0을 최소한의 직선의 개수로 지워보면 다음과 같다. 이 경우, 최소한의 직선의 개수가 4개이므로 행 및 열의 수와 일치하므로 최적해를 얻을 수 있고 이를 위해 [단계 5]로 간다.

	1	2	3	4
1	2	0	1	3
2	0	1	4	1
3	3	2	0	0
4	1	3	0	1

④ 최종적으로 수정된 비용표에서 0이 한 번 나타나는 행 또는 열을 찾아 0의 값을 갖는 셀에 1을 할당하면 된다. 상기의 비용표를 참조하여, 제1행에서는 0이 한 번만 나타나므로 0의 값을 갖는 셀과 대응되는 의사결정변수 x_{12}가 1이 된다. 다음으로 제1행과 제2열을 비용표에서 삭제한 후, 수정된 비용표의 제2행에서는 0이 한 번만 나타나므로 0의 값을 갖는 셀과 대응되는 의사결정변수 x_{21}이 1이 된다. 또한, 제2행과 제1열을 비용표에서 삭제한다. 이와 같은 과정을 반복하면 최종적으로 할당되는 셀은 다음과 같이 나타나며 최적해는 $x_{12} = x_{21} = x_{34} = x_{43} = 1$, 다른 모든 x_{ij}는 0이 된다. 이때의 총비용은 각 행과 열에서 차감한 최소값들의 합인 53(=14+12+11+15+1)이 된다.

	1	2	3	4
1	2	(0)	1	3
2	(0)	1	4	1
3	3	2	0	(0)
4	1	3	(0)	1

(2) 수송문제

이 절에서는 총공급량과 총수요량이 일치하는 수송문제의 예제를 소개하고 선형계획모형으로 정식화하는 방법을 설명한다. 수송문제 역시 선형계획법을 이용하여 최적해를 구할 수 있으나 문제의 구조적 특성을 이용하여 더욱 효율적으로 최적해를 구할 수 있도록 개발된 디딤돌법과 MODI법(modified distribution method)이 있다. 이 절에서는 이 방법들은 소개하지 않는다.

예제 9.4

4개의 생산공장에서 3개의 물류창고로 제품을 수송하는 문제를 고려해보자. 4개의 생산공장에서의 각 생산량은 70, 50, 30, 20이고 3개의 물류창고에서의 각 수요량은 60, 10, 100이며, 생산공장과 물류창고 간의 단위당 수송비용은 다음 표와 같다. 여기서 각 생산공장에서 각 물류창고로 보내지는 수송량의 합계는 각 생산공장의 생산량을 초과할 수 없으며, 각 생산공장에서 각 물류창고로 수송된 수송량은 그 물류창고의 수요량을 만족해야 한다. 총수송비용을 최소로 하는 각 생산공장에서 각 물류창고로의 수송량을 결정하라. 단, 단위당 수송비용은 천원 단위이다.

생산공장 \ 물류창고	1	2	3	생산량
1	5	4	8	70
2	6	3	11	50
3	14	9	18	30
4	10	4	12	20
수요량	60	10	100	170

1) 수송문제의 모형 작성

[예제 9.4]의 문제를 선형계획법으로 정식화하기 위해서는 의사결정변수를 다음과 같이 정의한다.

x_{ij} = 생산공장 i에서 물류창고 j로의 수송량
$(i = 1, 2, 3, 4,\ \ j = 1, 2, 3)$

예를 들어, x_{12}는 생산공장 1에서 물류창고 2로 수송되는 수송량을 의미한다. 총수송비를 최소화해야 하므로 최소화 문제가 되며 목적함수는 각 생산공장과 각 물류창고 간의 수송량에 단위당 수송비용을 곱한 후 합하여 구할 수 있다. 각 생산공장으로부터 발송되는 총수송량은 각 생산공장의 생산량을 초과할 수 없으며, 예를 들어 생산공장 1로부터의 총수송량 $x_{11}+x_{12}+x_{13}$은 생산량 120을 초과할 수 없다. 이러한 생산공장들과 관련된 제약식들은 4개가 발생된다. 또한, 각 물류창고의 수요량을 충족시키기 위해서는 각 생산공장으로부터 수송되는 총수송량이 각 물류창고의 수요량 이상을 만족시켜야 한다. 예를 들어, 물류창고 1로 보내지는 각 생산공장으로부터의 총수송량 $x_{11}+x_{21}+x_{31}+x_{41}$이 100 이상이 되어야 한다. 이와 같은 물류창고들과 관련된 제약식들은 3개가 발생한다. 그리고 의사결정변수는 수송량을 의미하므로 음수가 될 수 없다. 따라서 [예제 9.4]의 선형계획모형을 작성하면 다음과 같다.

$$
\begin{aligned}
Min\ \ & 5x_{11}+4x_{12}+8x_{13}+6x_{21}+3x_{22}+11x_{23} \\
& +14x_{31}+9x_{32}+18x_{33}+10x_{41}+4x_{42}+12x_{43} \\
s.t.\ \ & x_{11}+x_{12}+x_{13} \leqq 70 \\
& x_{21}+x_{22}+x_{23} \leqq 50 \\
& x_{31}+x_{32}+x_{33} \leqq 30 \\
& x_{41}+x_{42}+x_{43} \leqq 50 \\
& x_{11}+x_{21}+x_{31}+x_{41} \geqq 60 \\
& x_{12}+x_{22}+x_{32}+x_{42} \geqq 10 \\
& x_{13}+x_{23}+x_{33}+x_{43} \geqq 100 \\
& x_{ij} \geqq 0,\ \ i=1,2,3,4,\ \ j=1,2,3
\end{aligned}
$$

상기 수송문제는 전형적인 선형계획모형으로 선형계획법을 이용하여 최적해를 구할 수 있다. 이 문제를 풀면, 최적해는 $x_{13}=70$, $x_{21}=50$, $x_{31}=10$, $x_{32}=10$, $x_{33}=10$, $x_{43}=20$이고 나머지 의사결정변수의 값은 0을 가진다. 이 의미는 생산공장 1로부터 물류창고 3으로 70, 생산공장 2로부터 물류창고 1로 50, 생산공장 3으로부터 물류창고 1로 10, 생산공장 3으로부터 물류창고 2로 10, 생산공장 3으로부터 물류창고 3으로 10, 생산공장 4로부터 물류창고 3으로 20을 수송할 때 총수송비용은 1,510천원이 발생된다.

수송문제의 일반적인 형태를 살펴보자. m개의 공급지와 n개의 수요지가 있고 각 공급지에서의 공급량을 s_i, 각 수요지에서의 수요량을 d_j, 공급지 i로부터 수요지 j로의 단위당 수송비용을 c_{ij}라고 할 때, 수송문제는 다음과 같이 선형계획모형으로 정식화된다.

$$Min \quad \sum_{i=1}^{m}\sum_{j}^{n} c_{ij}x_{ij}$$

$$s.t. \quad \sum_{j=1}^{n} x_{ij} \leqq s_i, \ i=1, 2, \cdots, m$$

$$\sum_{i=1}^{m} x_{ij} \geqq d_j, \ j=1, 2, \cdots, n$$

$$x_{ij} \geqq 0, \ i=1, 2, \cdots, m, \ j=1, 2, \cdots, n$$

9.7 시뮬레이션

(1) 시뮬레이션의 개요

1) 시뮬레이션의 개념

시뮬레이션(simulation)이란 현실세계에서 일어나고 있는 혹은 앞으로 일어날 수 있는 일을 미리 흉내 내어 봄으로써, 문제를 더 잘 이해하고 장래에 일어날 수 있는 일을 미리 예측하기 위해 사용하는 방법이다. 이러한 시뮬레이션 기법은 의사결정변수가 많고 복잡한 연관성에 의해 최적화 모형으로의 모형 작성이 어렵고 모형이 작성되었더라도 해의 도출이 어려운 경우에 유용하게 사용될 수 있는 수치적 방법이다.

R. E. Shannon은 "시뮬레이션은 현실 시스템의 상태를 이해하고 여러 가지 시스템 운영 전략의 평가를 목적으로 현실 시스템의 모형을 설계하고 이 모형을 실험하는 과정이다"라고 정의하였다.

2) 시뮬레이션 수행절차

시뮬레이션을 이용하여 문제를 해결하고자 할 때, 문제의 특성에 따라 시뮬레이션의 수행절차 및 방법이 달라질 수 있다. 일반적으로 시뮬레이션을 수행할 때 필요한 과정을 그림으로 나타내면 [그림 9-4]와 같다.

① 문제의 정의

다른 경영과학의 기법들과 마찬가지로 시뮬레이션 수행의 첫 번째는 시스템의 목표와 목적을 명확히 하여 문제점을 파악하는 단계이다.

② 자료수집 및 모형구축

현실시스템에 관한 자료를 수집하여 입력자료에 필요한 여러 매개변수들을 추정하고 시뮬레이션에서 의도하는 목적에 맞는 모형을 구축한다.

③ 모형에 대한 개략적인 타당성(validation) 확인

[단계 2]에서 추정한 모수들이 현실시스템의 자료와 일치하는가 검정하고, 구축한 모형이 현실시스템의 문제점을 제대로 반영하고 있는지 개략적으로 검토한다. 만일 현실시스템과 구축된 모형이 일치하지 않는다면, [단계 2]로 되돌아가 수정된 모형을 새로이 구축한다.

④ 프로그램 작성 및 검증(verification)

구축된 모형에 대한 컴퓨터 프로그램을 작성하고 프로그램의 오류를 수정하고 모형의 의도대로 프로그램이 정확히 작성되었는지 검증한다.

⑤ 시험 시뮬레이션 수행

[단계 6]의 타당성 확인을 목적으로 시험 시뮬레이션을 수행한다.

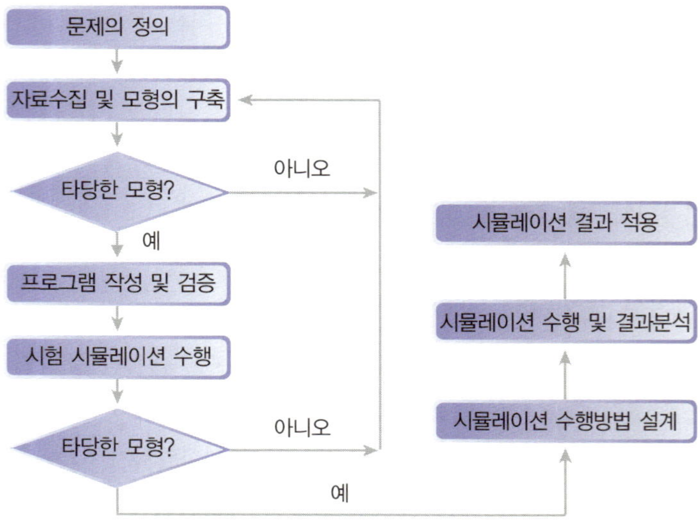

그림 9-4 | 시뮬레이션 수행절차

⑥ 모형의 타당성 확인

시험 수행한 출력자료와 현실 시스템의 실제 자료를 비교 · 분석하여 모형의 타당성을 확인하고, 타당성을 가진 시뮬레이션 모형과 프로그램을 최종적으로 완성한다. 만일 현실 시스템과의 괴리가 있다면, [단계 2]로 되돌아가 이 과정을 반복 수행하면서 수정된 모형과 프로그램을 작성한다.

⑦ 시뮬레이션 수행방법의 설계

적은 비용으로 정확한 통계적 자료를 얻을 수 있는 시뮬레이션 수행을 위해 초기조건, 수행시간, 수행횟수 등의 시뮬레이션 수행방법을 결정한다.

⑧ 시뮬레이션 수행 및 결과 분석

실제 시뮬레이션 수행을 통해 출력자료를 통계적으로 분석하여 시스템의 수행척도(performance measure) 등을 구한다.

⑨ 시뮬레이션 결과 적용

여러 시뮬레이션 모형으로부터 얻은 대안들 중에서 가장 적합한 모형의 시뮬레이션 결과를 현실 시스템에 적용한다.

(2) 몬테칼로 시뮬레이션

몬테칼로(Monte Carlo) 시뮬레이션 기법은 시간의 변화를 포함하지 않는 시스템을 분석하기 위해, 난수를 이용하여 수치해석하는 기법이다. 이 절에서는 연속함수 $f(x)$에 대해 [a, b] 구간에서의 정적분값($\int_a^b f(x)\,dx$)을 구하는 방법을 몬테칼로 시뮬레이션을 이용하여 계산하는 과정을 소개한다.

연속함수 $f(x)$는 구간 [a, b] 내에서 폐곡선(closed)을 형성한다고 가정하며, 그 형태는 [그림 9-5]와 같다. 구간 [a, b] 사이에 함수 $f(x)$는 최대값 C를 가지는 연속함수이다.

몬테칼로 시뮬레이션의 개념을 쉽게 설명하기 위해, 다트게임을 상상해보자. [그림 9-5]에서 다트의 과녁은 abcd에 의해 형성되는 직사각형이 되며, 다트를 던지면 실수없이 과녁에 꽂힌다고 가정하자. 이때 다트를 던지는 것은 하나의 시행이 되고 다트가 과녁에 꽂힌 결과는 abcd 직사각형 과녁과 함수 $f(x)$가 중첩되는 부분에 꽂히면 성공으로 간주하여 1로, 아니면 실패로 간주하여 0의 값을 할당한다. 이러한 시행을 반복하면 총시행횟수 N에 대해 총성공횟수 n의 비율을 구할 수 있고, 이 비율을 직사각형 과녁의 넓이에 곱하면 개략적인 정적분의 값을 얻을 수 있다. 이러한 접근방식이 몬테칼로 시뮬레이션의 철학이다.

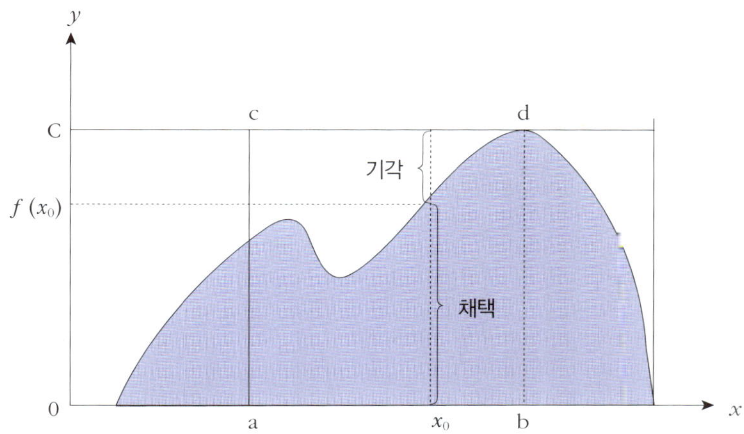

그림 9-5 | 함수의 형태

몬테칼로 시뮬레이션을 이용하여 $\int_a^b f(x)\,dx$ 를 구하는 일반적인 절차는 다음과 같다.

[단계 1] 성공횟수 n을 0으로 놓는다($n=0$).

[단계 2] 하나의 난수 RN과 다음식을 이용하여 x_0를 구한다.

$$x_0 = a + (b-a) \cdot RN$$

[단계 3] 다른 난수를 이용하여 y축상의 한 점을 추출한다.

$$y_0 = C \cdot RN$$

[단계 4] 만일 $y_0 \leqq f(x_0)$이면, $n=n+1$로 놓고 [단계 2]로 간다.
아니면, [단계 2]로 간다.

몬테칼로 시뮬레이션을 이용하여 $\int_0^{\pi} sin(x)\,dx$의 값을 계산해보자. 수학적으로 이 값은 2로 알려져 있다. [그림 9-6]과 같이 EXCEL을 이용하여 시뮬레이션을 수행하여 보았다.

[그림 9-6]에서 시행횟수가 변함에 따라 정적분값의 계산 결과도 변함을 알 수 있다. 계산결과는 시행횟수가 증가함에 따라 2를 중심으로 변동함을 알 수 있다. 다양한 시행횟수를 통해 평균을 구해보면 그 값이 2에 수렴할 것이다.

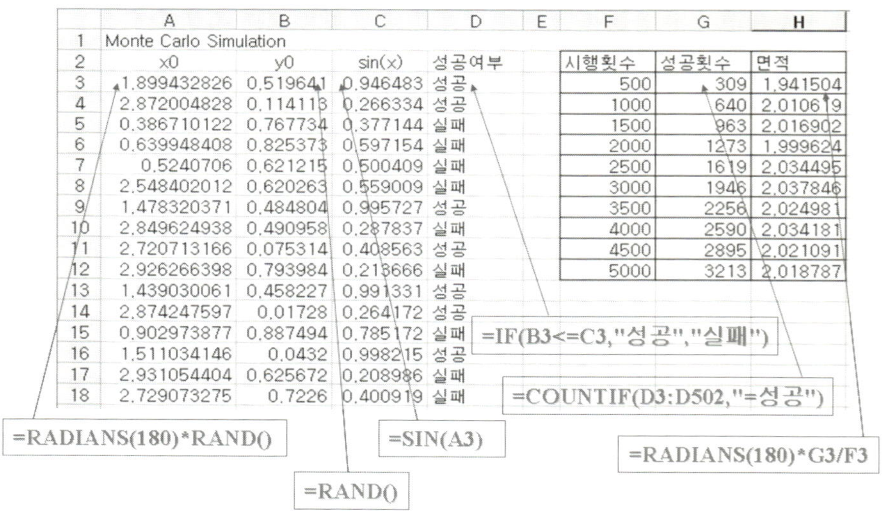

	A	B	C	D
1	Monte Carlo Simulation			
2	x0	y0	sin(x)	성공여부
3	1.899432826	0.519641	0.946483	성공
4	2.872004828	0.114113	0.266334	성공
5	0.386710122	0.767734	0.377144	실패
6	0.639948408	0.825373	0.597154	실패
7	0.5240706	0.621215	0.500409	실패
8	2.548402012	0.620263	0.559009	실패
9	1.478320371	0.484804	0.995727	성공
10	2.849624938	0.490958	0.287837	실패
11	2.720713166	0.075314	0.408563	성공
12	2.926266398	0.793984	0.213666	실패
13	1.439030061	0.458227	0.991331	성공
14	2.874247597	0.01728	0.264172	성공
15	0.902973877	0.887494	0.785172	실패
16	1.511034146	0.0432	0.998215	성공
17	2.931054404	0.625672	0.208986	실패
18	2.729073275	0.7226	0.400919	실패

시행횟수	성공횟수	면적
500	309	1.941504
1000	640	2.010619
1500	963	2.016902
2000	1273	1.999624
2500	1619	2.034495
3000	1946	2.037846
3500	2256	2.024981
4000	2590	2.034181
4500	2895	2.021091
5000	3213	2.018787

그림 9-6 | 몬테칼로 시뮬레이션을 이용한 $\int_0^{\pi} sin(x)\,dx$의 계산

연습문제

1 경영과학에 관한 다음의 설명 중 가장 적절한 것은?

① 직관과 경험에 의한 경영정책의 결정방법이다.

② 관리자를 대신하여 과학적 의사결정을 행하는 것이다.

③ 합리적 의사결정을 위한 과학적 의사결정방법으로 의사결정자에게 통찰력을 제공한다.

④ 수리적 모형만을 사용하는 경영정책의 결정방법이다.

2 선형계획법의 전제조건이 아닌 것은?

① 목적함수와 제약조건에서는 선형성(linearity)

② 투입과 산출에서는 가적성(multiplication)

③ 사용되는 자원과 의사결정변수단위는 가분성(divisibility)

④ 사용되는 모든 상수는 확정성(deterministic)

3 선형계획모형의 구성요소가 아닌 것은?

① 목적함수 ② 제약조건 ③ 정수조건 ④ 비음조건

4 그래프를 보고 선형계획모형의 제약식을 도출한 것이다. 옳은 것은?

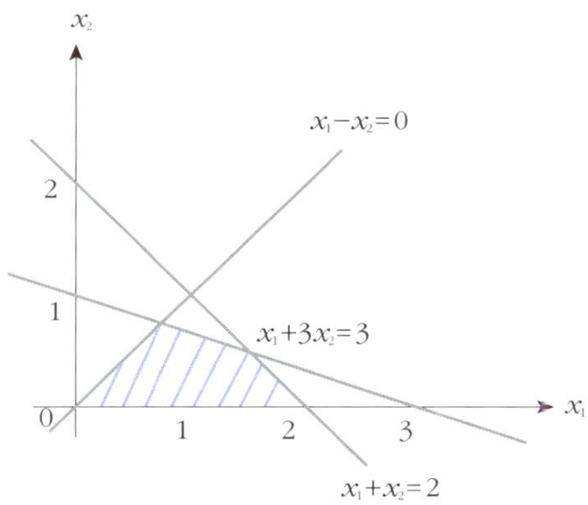

① $x_2 \geqq x_1,\ x_1 + 3x_2 \geqq 3,\ x_1 + x_2 \geqq 2,\ x_1 \geqq 0,\ x_2 \geqq 0$

② $x_2 \leqq x_1,\ x_1 + 3x_2 \geqq 3,\ x_1 + x_2 \geqq 2,\ x_1 \geqq 0,\ x_2 \geqq 0$

③ $x_2 \geqq x_1,\ x_1 + 3x_2 \leqq 3,\ x_1 + x_2 \leqq 2,\ x_1 \geqq 0,\ x_2 \geqq 0$

④ $x_2 \leqq x_1,\ x_1 + 3x_2 \leqq 3,\ x_1 + x_2 \leqq 2,\ x_1 \geqq 0,\ x_2 \geqq 0$

5 제품 A와 B의 단위당 이익이 각각 5천원, 4천원이며, x_A, x_B를 각각 제품 A와 B의 주간 생산량이라 할 때, 다음과 같은 제약조건이 주어질 경우, 최대 이익을 얻기 위한 주간 최적생산량은 얼마인가?

$$3x_A + 10x_B \leqq 1500$$
$$x_A + 2x_B \leqq 400$$
$$x_A \leqq 300$$
$$x_A \geqq 0,\ x_B \geqq 0$$

① $x_A = 300,\ x_B = 50$ ② $x_A = 250,\ x_B = 50$
③ $x_A = 250,\ x_B = 75$ ④ $x_A = 300,\ x_B = 75$

5 다음과 같은 선형계획모형이 주어졌을 때 물음에 답하시오.

$$\begin{aligned} Min \quad & z = x_1 + 2x_2 \\ s.t. \quad & x_1 \leqq 5 \\ & x_2 \leqq 4 \\ & 2x_1 + 2x_2 = 12 \\ & x_1 \geqq 0,\ x_2 \geqq 0 \end{aligned}$$

(1) 그래프에 의해 실행가능영역(feasible region)을 표시하고 실행가능 정점(feasible extreme point)의 좌표를 모두 쓰고 최적해를 구하시오.
(2) ①에 의해 얻어진 실행가능영역은 볼록집합(convex set)인가? 그 이유는?
(3) 원문제의 3번째 제약식이 $2x_1 + 2x_2 \geqq 12$로 바뀔 때, 최적해 및 목적함수값은?
(4)원문제에서 목적함수가 $z = 2x_1 + 2x_2$로 바뀔 때, 최적해의 일반식을 쓰고 목적함수값을 구하시오.

6 다음과 같은 비용표를 갖는 할당문제를 고려해보자.

		기계 1	기계 2	기계 3	기계 4
작업	A	9	6	5	6
작업	B	6	8	9	5
작업	C	8	7	6	8
작업	D	7	7	8	5

(1) 최적 할당방법을 구하라.
(2) 위의 표가 이익을 나타낸다고 할 때, 총이익을 최대화하는 최적 할당방법을 구하라.
(3) 원문제에 대한 정수계획모형을 작성하라.
(4) 선형계획법을 이용하여 최적해를 구하라.

7 다음의 수송문제에 대해 답하시오.

		수요지				
		1	2	3	4	공급량
공급자	A	9	8	12	13	18
	B	10	10	12	14	24
	C	8	9	11	12	6
	D	10	10	11	12	12
수요량		6	14	35	5	

(1) 수송문제에 대한 선형계획모형을 작성하라.
(2) 선형계획법을 이용하여 최적 수송정책을 결정하라.

8 다음의 시뮬레이션에 대한 설명 중 옳지 않은 것은?
① 짧은 시간 내에 반복적으로 시스템을 재생할 수 있다.
② 수리적인 방법으로 해를 구하지 못한 경우에는 시뮬레이션으로도 적당한 해결책을 얻을 수 없다.
③ 효과적인 시뮬레이션 모형의 개발에는 많은 경험과 노력이 요구된다.
④ 시뮬레이션으로 얻은 출력자료는 통계적 표본값에 불과해 통계적 처리를 필요로 한다.

9 몬테칼로 시뮬레이션을 이용하여 $\int_0^{\pi/2} cos(x)\,dx$의 면적을 추정하고 싶다. 물음에 답하시오.
(1) $\int_0^{\pi/2} cos(x)\,dx$의 면적을 추정할 수 있는 방법을 설계하라.
(2) 난수가 0.1306, 0.0422, 0.6597, 0.7965, 0.7696 0.1636, 0.9040, 0.1871, 0.7824, 0.5905, 0.0500, 0.3150로 주어질 때, $\int_0^{\pi/2} cos(x)\,dx$의 면적을 추정하라.

생산자동화

Chapter 10

10.1 생산시스템

(1) 제조와 생산시스템

제조는 인간의 욕구을 충족시키기 위하여 그럴듯한 제품을 생산하고 서비스를 제공하는 행위를 말한다. 제조는 또한 정신적 · 육체적 노동을 이용하여 가치를 생산한다는 의미를 포함하기도 한다.

제조공정이란 원재료를 가공하여 완제품으로 만드는 과정을 의미하는데, 제조공정이 모여서 제조시스템을 구성한다. 또한 가공에 필요한 제조 장비들을 적절한 형태로 배치한 것을 제조시스템이라 한다. 제조시스템은 입력을 받아들이고 그것으로 소비자에게 필요한 제품을 만든다. 또한 요구하는 제품이나 부품을 얻기 위하여 수행되는 모든 공정이나 행위를 포함하여 제조시스템이라고 부른다. 그러므로 제조시스템이란 제조공정의 설계나 배치를 의미하는 것이다.

생산시스템은 제조시스템을 포함하고 있으며 동시에 제조시스템을 도와준다([그림 10-1]). 생산시스템은 제조시스템과 공장 내의 다른 기능, 즉 정보, 설계, 제어 등의 분야를 포함한다. 이러한 하부기능들은 제품을 만들거나 또는 서로 도와주기 위하여 연관되어 있다. 생산시스템은 생산체계에서 가장 상위의 용어이다. 생산시스템은 사람, 자금, 장비, 재료, 원료공급, 시장, 경영 등을 포함한다. 또한 생산시스템은 가공, 판매, 광고, 이윤, 분배 등의 상업의 모든 면을 포함한다.

생산시스템에는 제조생산시스템과 서비스생산시스템이 있다. 제품과 서비스는 우리가 원하는 것을 충족시키기 위하여 구입하는 것인데, 제품은 물질적인

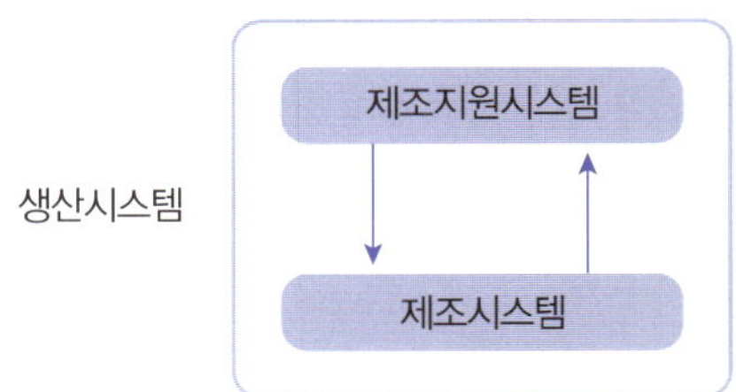

그림 10-1 | 생산시스템

것이며 서비스는 비물질적인 것이다. 제조생산시스템을 위한 많은 정보가 서비스생산시스템과 연관이 있다. 상당수의 제조생산시스템에서는 제품을 충분히 판매하기 위해서 서비스생산시스템을 필요로 한다.

(2) 제조공정

1) 가공과 조립공정

종종 제품이나 서비스 생산을 위한 연속적인 가공단계나 작업을 공정 또는 제조공정이라 하고, 제조공정을 수행하기 위하여 공작기계가 사용된다. 공작기계는 한 가지 가공공정이나 여러 가지 가공공정을 담당하게 된다.

제조공정은 가공과 조립이라는 두 가지 부분으로 나눌 수 있다. 가공공정은 공작물의 기하, 물리적인 성질 또는 외형을 변화시켜 원자재에 가치를 부여해 나간다. 원자재를 최종 형상으로 변환하기 위해서는 일반적으로 하나 이상의 가공공정이 필요하다.

가공공정은 형상화공정, 성질향상공정, 표면처리공정과 같은 세 가지 범주로 나눌 수 있다. 형상화공정이란 공작물의 기하학적 형상을 변화시키기 위하여 에너지를 사용하며 다음과 같은 네 가지로 분류한다.

① 고형화공정

초기 자재는 가열된 액체 또는 반유동체인데, 이를 형틀 속에 붓거나 압력을 가해 강제로 주입한 후 냉각시켜 형틀 내부와 동일한 형상의 고체를 만들어낸다.

② 분말공정

초기 자재는 분말이며 일반적인 작업 방법은 형틀 내에 분말을 넣고 높은 압력으로 압축하여 분말이 주어진 형태를 갖도록 한다. 또한 강도를 증가시키기 위하여 용융점 이하의 온도에서 소결시켜 분말들이 서로 압착하게 만든다.

③ 변형공정

대부분의 경우 초기 자재는 연성을 가진 금속이며 일정 이상의 힘을 가함으로써 형태를 만드는 방법이다. 가공성을 높이기 위하여 금속을 변형하기 이전에 가열한다. 이 공정에는 단조, 압출, 압연 등이 포함된다.

④ 재료제거공정

일반적으로 초기 자재는 고체 금속이며 초기 자재에서 불필요한 부분을 제거함으로써 최종 제품이 원하는 형상을 갖도록 한다. 여기서 가장 중요한 영역은 공작물보다 단단하고 강한 공구를 사용하는 선삭, 밀링, 드릴링과 같은 절삭가공이며 그 외 연삭, 특수가공 등이 있다.

성질향상공정은 공작물의 기계적 또는 물리적 성질을 향상시키기 위해 적용되며, 일반적으로 공작물의 형상을 변화시키지는 않는다. 중요한 성질향상공정으로는 금속의 강도 혹은 인성을 증가시키기 위하여 적용하는 열처리를 들 수 있다.

표면처리공정에는 세척, 표면처리, 코팅 및 박막적층공정 등이 포함된다. 세척은 표면의 먼지, 기름기 및 기타 오염물질을 제거하기 위한 화학적이거나 기계적인 방법을 포함한다. 표면처리에는 샌드블라스팅과 같은 기계적인 공정과 이온주입과 같은 물리적인 공정이 포함된다. 코팅 및 박막적층공정은 공작물의 표면에 코팅재료를 첨가하는 공정이다.

조립공정은 하나의 새로운 개체를 형성하기 위하여 두 개 이상의 부품을 결합하는 공정이다. 조립품의 구성요소들이 조립될 때 결합의 영구성 또는 반영구성을 고려하여야 한다. 영구적인 결합 공정에는 용접, 납땜, 접착제 접합 등이 포함된다. 기계적 조립은 둘 이상의 부품을 함께 묶는 것이며, 이것은 분해할 때 편리하다는 장점이 있다. 볼트, 너트 등의 나사 체결은 전통적인 기계적 조립 방법이다.

2) 기타 공정

① 자재취급 및 보관

일반적으로 공장에서 가공 및 조립공정 사이에서 자재를 이동시키고 보관하는 수단이 필요하다. 대부분의 공장에서는 자재가 실제 가공되는 시간보다 이동 및 보관시간이 훨씬 긴 것이 일반적이다. 어떤 경우에는 공장 인건비의 대부분이 자재취급 및 이동 그리고 저장하기 위한 활동에 소요될 수도 있다.

② 검사 및 시험

검사의 목적은 생산된 부품이 그 부품의 설계에서 주어진 사양과 일치하는지를 판단하는 것이다. 예를 들어, 검사는 기계 부품의 실제 치수가 그 부품의 도면에 주어진 허용차 내에 있는지를 판정하는 것이다. 일반적으로 시험은 개별 부품보다는 최종 제품의 기능적 사양과 관련이 있다. 예를 들어, 제품의 최종 시험은 그 제품이 설계자가 지정한 방법대로 제대로 작동되는가를 확인하기 위한 것이다.

③ 제어 및 통제

제어 및 통제에는 공장 수준의 활동을 관리하기 위한 것뿐만 아니라 개별적인 가공과 조립공정의 관리도 포함된다. 공정 수준의 제어는 공정의 입력 또는 기타 매개변수를 적절히 조절하여 어떤 수행 목표를 달성하고자 하는 것이다. 공장 수준의 통제는 작업자의 효율적 활용, 장비의 유지보수, 공장 내의 자재이동, 재고관리, 일정계획에 맞는 높은 품질의 제품출하, 최소비용의 공장운영 등을 포함한다.

(3) 제조지원시스템

제조지원시스템은 직접적으로 제품과 접촉하지는 않으며 전체 공정을 통하여 생산의 진행을 계획하고 조정한다. 제조지원은 다음과 같은 일련의 정보처리 사이클을 포함한다.

① 비즈니스 기능

각종 비즈니스 기능은 고객과의 의사소통을 하기 위한 가장 중요한 수단이며 여기에 속하는 것으로는 판매 및 마케팅, 판매예측, 주문처리, 원가회계, 수금 등이 포함된다. 고객의 제품 주문은 여러 가지 유형으로 판매 및 마케팅 부서를 통하여 회사로 들어온다.

② 제품설계

설계는 고객의 설계에 따라 제품이 생산되는 경우와 생산자 측의 설계에 따라 제품을 생산하는 경우가 있다. 회사 고유의 제품인 경우는 생산자가 그 제품의 개발과 설계에 전적인 책임이 있다. 신제품의 설계를 유발시키는 기능은 판매와 영업부서가 되기도 한다. 제품설계를 수행하는 부서는 연구 및 개발, 설계, 제도, 시제품 제작 등의 기능도 함께 포함할 수 있다.

③ 생산계획

생산계획의 정보처리 업무로는 공정계획, 생산계획, 자재소요계획, 능력계획 등을 포함한다. 공정계획은 제품 생산에 필요한 각각의 가공 및 조립공정과 그 순서를 결정한다. 제품의 생산이 결정되면 주(主)생산계획이 작성된다. 주생산계획은 제품의 생산완료 시점과 생산량을 기록한 생산품목의 리스트이다. 이 계획을 기준으로 제품을 구성하는 각각의 부품과 반조립품의 생산계획이 수립된다. 이러한 계획을 세우는 모든 업무를 자재소요계획이라 한다. 주생산계획은 공장의 기계수와 인력에 따른 월간 생산능력을 초과할 수 없다. 능력계획의 기능은 인력과 기계 자원이라는 능력과 자원을 필요로 하는 작업부하를 계획하는 것이다.

④ 생산통제

생산통제는 생산계획에 주어진 제품을 생산하기 위하여 공정을 실질적으로 관리하고 통제하는 기능이다. 생산통제에 포함되는 것으로는 제조현장관리, 재고관리, 품질관리 등의 기능이 있다. 제조현장관리는 가공, 조립, 이동, 검사와 같이 생산이 진행되면서 일어나는 제반 과정을 검토 및 통제하는 문제를 다룬다. 재고관리는 재고를 보유할 때 생기는 재고비용과 재고가 너무 적어 발생할 수 있는 기회비용 사이의 적절한 균형을 맞추는 것이다. 품질관리는 제품 설계자에 의해 명시된 표준과, 제품 및 부품의 품질을 일치시키기 위한 제반 업무를 포함한다. 이를 위해 제품생산 중에 여러 번 검사를 실시하며 또한 외부 공급자로부터 원자재 및 구매품이 입고될 때 검사를 시행한다. 기능적인 품질과 외관을 보증하기 위하여 완성품에 대한 최종 검사와 성능 시험을 시행한다.

10.2 생산시스템의 자동화

(1) 자동제조시스템

자동제조시스템은 현장 내에서 운용되는 물리적인 제품을 제조하기 위한 자동화시스템이며 가공, 조립, 검사 혹은 자재취급 등의 공정을 단독 또는 조합으로 수행하는 시스템이다. 자동화란 용어는 수동공정에 비하여 사람의 역할 또는 수작업이 감소되었음을 뜻한다. 자동제조시스템의 일부는 컴퓨터시스템으로 이루어지며, 자동제조시스템의 예는 다음과 같다.

- 부품가공용 자동공작기계
- 자동조립시스템
- 가공 및 조립공정을 수행하기 위한 산업용 로봇시스템
- 제조공정과 통합된 자동자재취급 및 창고시스템
- 품질관리를 위한 자동검사시스템

(2) 컴퓨터화된 제조지원시스템

거의 모든 제조지원시스템의 자동화를 구현하기 위해서는 컴퓨터 기술이 이용되고 있으며, 제조지원시스템의 자동화는 제품설계, 생산계획, 생산통제, 비즈니스 기능으로 구성된 기업의 제조지원시스템에서 수작업에 의한 노력을 절감시키는 것을 목표로 하고 있다. 기업의 모든 기능을 통합하여 하나의 시스템으로 운영하려는 노력의 일환으로 CIM이 구축되기 시작하였다.

컴퓨터통합생산(Computer Integrated Manufacturing : CIM)이란 제품설계, 생산계획, 공정관리, 그리고 다양한 비즈니스 관련 기능들을 수행하기 위해 컴퓨터시스템을 이용하는 것을 말한다. CIM시스템을 구성하는 요소들의 일부로는

CAD와 CAM이 있다.

컴퓨터이용설계(Computer-Aided Design : CAD)란 제품설계를 지원하기 위해 컴퓨터시스템을 이용하는 것을 말한다. 컴퓨터이용제조(Computer-Aided Manufacturing : CAM)란 공정계획과 수치제어 파트프로그래밍과 같은 제조공정과 관련된 기능들을 수행하기 위해 컴퓨터시스템을 이용하는 것을 말한다. CAD와 CAM 모두를 수행하는 시스템, 즉 CAD/CAM이라는 의미는 하나의 시스템으로 이 둘의 기능을 통합하는 것을 의미한다.

10.3 산업용 로봇

로봇(robot)은 강철 옷을 입은 작업자로 비유할 수 있으며, 미국의 로봇협회에 의하면 "로봇은 다양한 일의 수행을 위하여 다양하게 프로그램된 움직임으로 재료, 부품, 공구 또는 특수한 기구를 다루도록 설계된 재프로그램이 가능하고 다기능인 조작기다"로 정의된다.

산업용 로봇이란 우리의 목적을 위하여 기계가 프로그럼될 수 있고, 자동반복 주기가 가능하고 산업 환경하에서 자동조정을 수행할 수 있는 로봇이다. 또한 산업용 로봇은 인간과 흡사한 특성을 가지고 있는, 범용의 프로그램이 가능한 기계이다. 로봇은 다음과 같은 기본적인 요소를 가지고 있다.

① **조작기** : 로봇의 팔이라고 부르는 기계장치이며 로봇에 요구되는 실제적인 작업을 담당한다. 기계적 링크와 관절로 구성되어 있다.

② **피드백 장치** : 다양한 링크와 관절의 위치를 감지하기 위한 장치와 이러한 정보를 디지털이나 아날로그 형태로 제어기에 전달하기 위한 변환기이다.

③ **엔드 이펙터(end effector)** : 로봇의 팔 끝에 위치하고 실제로 작업을 수행하는 로봇의 손이나 그리퍼 부분이다,

④ **제어기** : 조작기의 움직임을 조정하는 시스템의 두뇌이며 수준이 높은 로봇에는 컴퓨터가 사용된다. 예컨대 동작을 시작하고 끝내는 기능도 포함된다.

⑤ **동력공급장치** : 조작기의 작동기에 사용되는 에너지를 공급하고 조절하기 위하여 사용되는 전압, 공압과 유압 공급장치이다.

(1) 로봇의 구조와 형상

로봇은 몸체-팔 조립체와 손목 조립체의 두 부분으로 나눌 수 있다. 각 관절의 운동을 자유도라고 하는데 통상적으로 몸체-팔에는 3 자유도가 있고, 손목에는 2 또는 3 자유도가 있다. 로봇팔의 손목 끝에는 로봇이 수행해야 할 작업에 관계되는 장치가 붙어있는데 엔드 이펙터라고 불린다. 로봇의 몸체-팔은 엔드 이펙터를 원하는 위치로 가도록 해 주고, 로봇의 손목은 엔드 이펙터가 원하는 방향각을 가지도록 하는 데 사용된다.

로봇의 운동은 관절의 상대적 운동으로 이루어진다. 관절은 직진운동과 회전운동을 가능하게 하는 직진관절과 회전관절이 있다. 대부분의 산업용 로봇은 4~6개의 관절로 작동되는 4~6 자유도를 가진다. 대체로 처음 3개의 자유도의 관절들은 로봇의 몸체와 팔을 움직여서 공간에서의 손목 위치를 결정하게 한다. 다음은 로봇의 손목을 회전시켜 방향각을 잡는다.

산업용으로 활용되는 로봇은 [그림 10-2]에서 볼 수 있듯이 직교좌표형, 원통형, 극좌표형, 다관절형의 4가지 기하학적 형상으로 나눌 수 있다. 직교좌표형 로봇은 직진관절을 움직여서 서로 수직인 x, y, z축 방향으로 운동을 구현한다. 원통형 로봇은 수직축을 회전시키고 회전축에 아래위로 움직이는 직진관절과 더불어 반지름 방향으로 움직일 수 있는 관절을 사용하여 원통형 운동을 구현한다. 극좌표형 로봇은 수평 회전축과 수직 회전축을 중심으로 한 회전운동과 반지름 방향의 직진관절의 운동으로 구의 표면과 같은 운동을 구현한다. 다관절형 로봇은 3개의 서로 수직으로 교차하는 회전축으로 인체의 허리와 어깨 그리고 팔꿈치 운동을 구현한다.

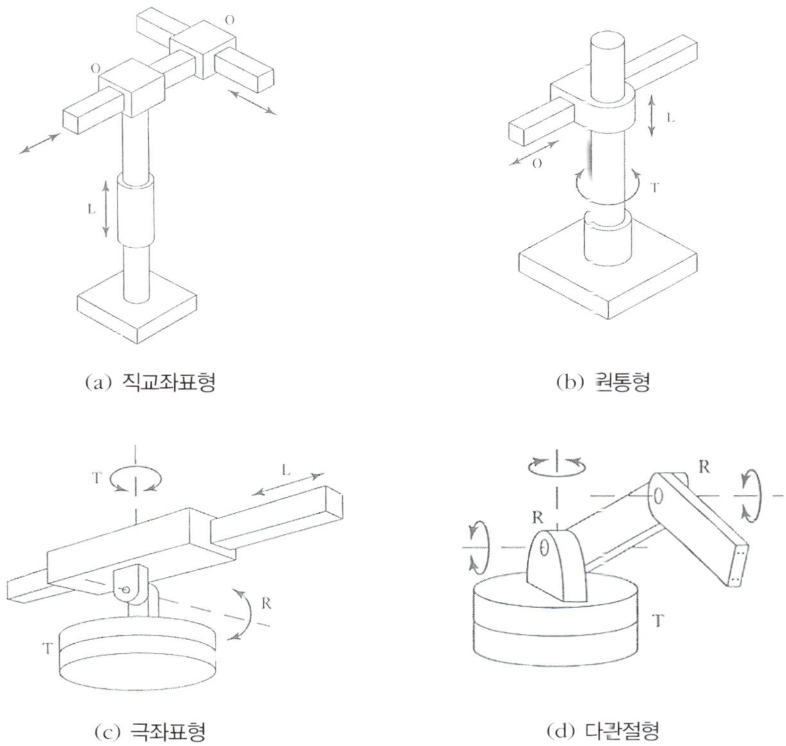

그림 10-2 | 로봇의 기하학적 형상

(2) 로봇 프로그래밍

로봇은 기본적으로 3차원 공간에서 원하는 위치로 움직일 수 있는 장치이다. 로봇은 일련의 운동을 수행하도록 프로그래밍되고 다른 작업을 하기 위하여 프로그램을 바꾸기 전에는 주어진 운동순서를 반복적으로 수행한다. 따라서 로봇 프로그램은 로봇 조작기가 따라 움직이게 될 공간에서의 점이나 경로를 주로 다루게 된다. 로봇 프로그램 방식에는 수동셋업방식, 교시형방식, 문자언어방식, 오프라인(off-line) 방식 등이 있다.

수동셋업 방식은 여러 개의 리미트 스위치와 기계정지 장치를 목표로 하는 정지 위치에 두고 작업 순서를 스탭 스위치와 같은 순서제어 장치로 조절하는 기계적인 프로그램 방식이다. 제한적 순서의 로봇을 사용하는 간단한 pick-

and-place 작업에 적합하다.

교시형 방식은 교시상자로 로봇팔을 주어진 작업순서에 따라 움직이고 이 동작을 구성하는 일련의 위치와 운동을 메모리에 저장한다. 그리고 저장된 운동정보를 로봇이 반복적으로 재현하도록 하는 방식을 말한다. 교시형 방식에는 로봇을 구동기로 움직이는 방식과 손으로 움직이는 방식이 있다.

로봇의 작업이 복잡해지고 컴퓨터가 발달함에 따라 컴퓨터 언어와 유사한 문자언어에 의한 프로그래밍 방식이 등장하였다. 이 방식에서는 작업위치는 교시형 방식으로 가르쳐지지만 작업장의 상황변화에 따라 프로그램된 작업 사이클을 바꾸고 작업 중에 감지된 센서 데이터에 따라 논리적 판단을 한다. 이러한 방식은 조립작업과 아크용접 분야에서 활용된다.

오프라인 방식은 생산을 중단하지 않은 채 오프라인으로 프로그램을 준비하고 필요한 때에 프로그램을 작업 로봇에 이송하는 방식이다. 작업을 실제로 실행하기 전에 그래픽을 이용한 컴퓨터 시뮬레이션으로 작성된 프로그램을 검증할 수 있고 CAD 데이터를 활용하여 프로그래밍 시간을 크게 단축시킬 수 있다.

(3) 로봇의 사용분야

로봇은 산업의 여러 영역에서 다음과 같이 사용되고 있다.

① 재료가공 공정

로봇은 어떤 형식의 공구를 조작하여 화염절단, 주형 건조, 연삭 등의 작업을 할 때 위치제어나 연속경로 로봇을 이용한다. 한 번 프로그램되면 로봇은 각 부품에 대하여 동일한 품질로 공정을 수행한다.

② 조립

조립은 수작업 조립장의 전부 또는 일부를 대체하는 데 사용된다. 조립작업에 요구되는 로봇의 정확도와 정밀도는 다른 로봇 응용보다 더 높다. 다른 중요한 점은 부품이 로봇 조립에 적합하게 설계되어야 한다는 것이다. 유연조립은 프로그램이 가능한 범용장비와 시각 및 촉각 센서의 조합을 이용하기 때문에 동일 장비로 다양한 부품의 조립이 가능하다. 로봇의 정확도와 정밀도를 떨어뜨리는 요소들의 보정을 위하여 비전시스템이 필요한 경우도 있다.

③ 물류

로봇은 팰릿에 복잡하게 배열되어 있는 제품을 포장하거나, 공작물을 운반하거나, 공작기계로부터 나오는 부품을 컨베이어에 배치하는 것을 가능하게 한다. 이러한 노동집약적 작업에서의 위험을 줄일 수 있고 비용절감을 할 수 있다. 또한 로봇은 단조기계에 놓여있는 고온의 무거운 부품을 제거하는 데 사용할 수 있다.

④ 용접

로봇은 차체 용접을 위해 자동차산업에서 널리 사용되며 점용접은 오늘날 상업용 로봇의 가장 흔한 응용분야 중의 하나가 되었다. 특히 이 응용에서 로봇을 사용함으로써 점용접의 일관성에 커다란 개선이 이루어졌다. 아크용접에도 사용될 수 있으며 용접품질의 일관성을 유지하면서도 아크시간을 증가시키고 위험한 환경에서 작업자를 보호하여 준다.

⑤ 도장

자동차 도장공정에서는 로봇으로 도장과 건조의 주기를 반복하여 얇은 두께의 도장을 한다. 로봇을 사용하는 것은 작업자를 위험한 작업환경에서 보호하고 인간이 할 수 있는 것보다 더 균일한 도장, 페인트 사용의 감소, 작업장 환기의 불필요 등의 장점이 있다. 이런 응용에는 가전제품, 자동차 차체, 엔진 등의 스프레이 코팅을 포함한다. 로봇이 도장을 수행하여 품질을 향상하면서도 에너지 소비는 줄여주도록 주의를 기울여야 한다.

10.4 수치제어

NC(Numerical Control, 수치제어)는 "문자와 숫자로 이루어진 프로그램에 의하여 공작기계나 기타 장비의 동작들을 제어하는 프로그램 기반 자동화 기술"로 정의되고 있다.

제2차 세계대전 직후에 미국 공군은 범용 공작기계에서 가공하기 힘든 복잡하면서도 정밀한 비행기 부품을 신속하고도 안정적으로 제작할 수 있는 기계개발의 필요성을 절실히 느끼고 있었다. NC 기계에 대한 최초의 연구개발은 Parsons에 의하여 시작되었으나 최초로 완성된 것은 1952년 MIT에서 개발된 NC 밀링기계이다. 미국에서 NC 밀링기계가 개발된 이후 일본, 유럽에서 계속해서 새로운 NC 가공기계들이 개발되었고, 한국에서는 1977년에 처음으로 NC 선반을 개발하였다.

NC에 필요한 수치정보는 숫자, 문자, 기호로 이루어지는데 이들을 기계에 입력할 때 제어기가 알 수 있는 형식으로 바꿔야 한다. 수치제어의 기술적 배경에는 컴퓨터 기술이 있고 수치제어는 컴퓨터 기술과 함께 발달하고 있다. 특히 마이크로프로세서의 출현은 NC를 CNC라 부르게 되었다. 초기의 NC에서는 입력된 지령정보를 해석하고 처리하는 주체가 논리회로로만 되어 있는 데 비해, CNC(Computerized NC, 컴퓨터 수치제어)에서는 마이크로 컴퓨터가 이것을 대체하고 있는 점이 다르다.

(1) 수치제어의 원리

여기서는 NC 공작기계의 구동방식에 대하여 설명한다. [그림 10-3]은 일반 밀링머신의 이송기구를 나타내고 있다. 여기서는 핸들을 돌림으로써 테이블을 이동시킨다. 테이블의 위치는 눈금 링을 보며 조정하고, 테이블의 이동속도는 수동으로 핸들의 회전수를 증가 또는 감소시켜 조절한다. NC 밀링머신의 이송기구에서는 핸들과 눈금 링 대신에 서보모터가 설치되어 있다. 서보모터는 기어를 통하여 장치하는 경우와 직접 이송나사에 장착하는 경우가 있다. 서보모터의 회전각과 그 회전속도를 제어함으로써 테이블의 이동거리 및 이동속도를 조절할 수 있다. 서보모터에는 여러 종류가 있으나 가장 많이 사용되고 있는 것은 DC 서보모터이다.

하나의 이송기구로는 직선의 왕복운동밖에 될 수 없지만, 여러 개의 이송기구를 관련시켜 동작시키면 두 개의 축을 포함한 평면 내에서 복잡한 동작을 시킬 수가 있다. 또한 NC 밀링머신과 같이 X축, Y축, Z축의 동작을 동시에 제어할 수 있다면 가공물에 대한 공구의 상대적인 동작은 3차원의 동작으로 된다.

(2) NC 공작기계의 구성

대표적인 NC 공작기계로는 NC 선반, NC 밀링머신, 머시닝센터 등이 있다. NC 공작기계는 일반 공작기계와 구조는 거의 같으나 몇 가지 장치가 추가된다.

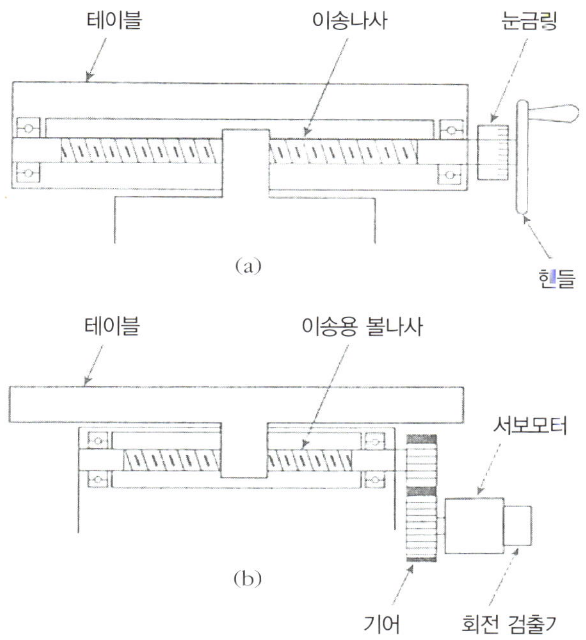

그림 10-3 | 이송기구

① MCU

MCU(Machine Control Unit, 제어기)는 사람의 뇌에 해당하는 NC 공작기계의 핵심이며 NC 프로그램을 읽고 해독해서 기계가 구동하도록 신호를 보내주는 역할을 한다.

② 서보모터

공구 궤적을 정밀하게 추적하기 위해서 이송축의 속도와 위치를 정밀하게 제어할 필요가 있다. 이를 위한 구동기로 서보모터가 사용되는데 DC 서보모터와 AC 서보모터가 있다.

③ 이송나사

이송나사의 종류에는 미끄럼나사, 볼베어링나사, 정압나사 및 자기(magnetic) 나사가 있다, 미끄럼나사는 범용 공작기계에 사용되고 볼나사는 NC 공작기계에, 정압나사는 초정밀 공작기계 및 측정기에 사용된다.

④ 자동공구교환기

여러 개의 가공공정을 하나의 기계에서 처리하는 대표적인 NC 공작기계로는 머시닝센터와 터닝센터가 있다. 여러 개의 가공공정을 한 기계에서 취급하기 위해서는 각 공정용 공구를 한 곳에 준비해 두었다가 필요할 때마다 공구를 교환해서 사용해야 한다. 공구들을 한 곳에 일괄적으로 보관하는 장치가 공구 매거진이며 공구를 교환하는 장치는 공구교환기이다.

⑤ 자동팔렛교환기

공작기계에서 가공이 끝난 공작물을 풀어내고 다른 공작물을 장착 완료할 때까지 기계는 쉬는 상태로 있게 된다. 공작기계의 쉬는 시간을 줄이기 위한 방법이 팔렛 장착이다. 이 방법은 먼저 앞 공작물 가공이 진행되는 동안 다음 공작물을 다른 팔렛에 장착해 둔다. 앞 공작물이 기계에서 나오면 팔렛에 장착된 다음 공작물을 작업장소에 들여보내게 된다. 이때 공작물 교환에 시간이 별로 소요되지 않으며 공작기계는 쉬지 않고 연속적으로 가동하게 된다.

(3) NC 파트프로그래밍

NC에서의 프로그램을 파트프로그램이라 한다. 여기서 파트는 부품(part)을 의미한다. 파트프로그래밍은 수동에서 자동까지 망라하여 수동 파트프로그래밍, 컴퓨터 이용 파트프로그래밍, CAD/CAM을 이용한 파트프로그래밍 등이 있다.

1) NC 코드체계

NC 프로그램은 이진수에 기반한 코딩 시스템을 이용하여 작성되고 공작기계의 MCU에 전달된다. NC 코드체계는 MCU에서 이해할 수 있는 기계어이다. 고급 언어로 프로그램된 경우는 이 프로그램은 다시 기계어로 번역된다.

이진법에서 각 자리수는 0 또는 1의 값을 갖는다. 0과 1은 그 자리에 값이 있는지 없는지를 나타낸다. 예를 들어 0110은 십진수로 6에 해당하는 값을 갖는다. 십진수 0에서 9까지를 나타내려면 이진수는 네 자리가 필요하다. 하지만 NC에서 사용하는 좌표값을 이진수로 바꾸려면 많은 자리수가 필요하다. 이 문제를 해결하기 위하여 NC의 코딩체계에서는 십진수 한 자리를 이진수 4자리로 표현한다. 예를 들어, 십진수 2150은 0010000101010000으로 표현된다.

NC 시스템은 숫자 이외에 문자 및 기타 기호를 표현할 수 있어야 한다. NC는 여덟 자리 이진 숫자를 이용하여 파트프로그램에 필요한 모든 문자를 표현한다. NC에서 사용하는 표준으로는 전자산업협회(EIA) 표준과 국제표준협회(ISO) 표준이 있다. 많은 NC 제어기들이 두 가지 방법을 모두 읽을 수 있다.

2) 수동 파트프로그래밍

수동으로 NC 프로그램을 작성할 때에는 낮은 수준의 기계어를 사용한다. 프로그램을 사람이 작성한 후 테이프 등의 저장매체에 입력하거나, NC 파트프로그램 소프트웨어가 있는 컴퓨터에 입력한다. 어떠한 경우든 파트프로그램은 주어진 작업에 대한 명령 리스트가 된다.

NC 파트프로그램을 준비하는 데 제일 먼저 할 일은 모든 동작의 기준이 되는 좌표계 원점을 정하는 일이다. 파트프로그래머는 기계 조작자가 쉽게 알아

볼 수 있는 부품 형상을 기준으로 원점을 설정한다. 기계 작업자는 작업이 시작되기 전에 원점에 공구를 위치시킨다. 수동 파트프로그래밍은 복잡한 형상의 부품의 경우 또는 많은 가공이 필요한 경우 시간이 소요되며 지루하고 실수할 위험이 있다.

3) 컴퓨터 이용 파트프로그래밍

NC 프로그램에서는 공구의 이동위치를 수치로 표시해 주어야 한다. 이때 복잡한 형상이나 입체 형상의 가공에서는 프로그램이 길어지고 작성하는 일손이 많이 들고 복잡해진다. 계산의 복잡성을 줄이고 프로그램의 정확성을 향상시키기 위하여 컴퓨터를 사용한 NC 프로그래밍 작성도구가 널리 사용되었다.

컴퓨터 파트프로그래밍에서는 영어 형태의 기계명령으로 작성되어 컴퓨터가 이를 기계가 이해할 수 있는 기계어로 번역한다. 이 프로그래밍에서는 작업자의 일과 컴퓨터의 일이 구분된다. 파트프로그래밍 언어를 사용할 때 프로그래머의 두 가지 일은 ① 부품의 형상을 정의하고, ② 공구경로와 작업순서를 지정하는 일이다.

① 부품형상 정의

부품은 아무리 복잡해도 기본적인 기하학적 형상과 수학적으로 정의되는 형상의 조합으로 구성되어 있다. 프로그래머가 생각할 수 있는 형상의 정의는 2차원상의 정의로는 점, 직선, 원, 점군 등이고 3차원에서는 점, 직선, 평면, 원통, 원뿔, 점군에 의한 곡면 등이 있다. 부품이 어떤 형상요소들로 구성되어 있는지를 파악하는 것은 파트프로그래머의 일이다. 각 요소는 치수와 다른 요소에 대한 상대적 위치로 정의되어야 한다.

② 공구경로 및 작업순서 설정

공구경로는 앞서 정의한 부품 형상으로부터 정의되는 일련의 연결된 선분들과 원호로 구성된다. 공구경로 정의에서는 공구가 부품형상 안의 어느 부분을 통과하는가를 지정해 주어야 한다. 예를 들어, 우리는 주어진 부품의 측면 외곽을 가공 중이며 부품의 측면은 여러 개의 면으로 구성되어 있고 공구는 부품의 측면 외곽을 시계방향으로 돌아간다고 하자. 또한 공구는 측면 중에서 면 1을 금방 가공 완료하고 면 1과 면 2의 교차점에 있다고 가정하자. 다음 명령은 공구를 교차점에서 우회전하여 면 2를 가공하는 내용으로 작성할 수 있다.

③ 기타 기능들

프로그래머는 이외에도 프로그램의 이름 정의, 작업이 실행될 공작기계 지정, 절삭속도 및 이송률 설정, 공구크기 선정, 원호보간에서 공차 설정 등을 수행하여야 한다.

(4) NC의 적용분야

NC 기술은 광범위하게 사용될 수 있는데 적용분야를 크게 나누면 드릴링, 밀링, 선삭 등의 공작기계 분야와 조립, 제도, 검사 등의 비가공 분야로 나눌 수 있다. 생산량, 제품형상 측면에서 NC 적용이 유리한 분야는 소 · 중량생산이면서 형상이 복잡한 제품을 가공하는 경우이다. 특히 항공기 부품처럼 형상이 복잡하면서 생산량이 소량인 경우가 NC 기계의 이상적인 적용분야이다. 선박의 프로펠러나 플라스틱 사출 금형의 경우도 생산량은 아주 적지만 형상의 복잡성 때문에 NC 기계 적용이 유리한 분야이다.

10.5 유연생산시스템

유연생산시스템(Flexible Manufacturing System : FMS)은 1960년대 중반에 영국에서 시작되었으며 미국의 최초 FMS는 1967년 경에 설치되었다. 초기 시스템들은 대개 NC 공작기계를 사용하여 절삭공정을 하는 데 사용되었다. FMS 기술은 다음과 같은 분야에 적용할 수 있다.

- 공장에서 생산되는 부품의 일정비율이 부품군으로 그룹화될 수 있어야 하며, 부품의 유사성으로 인하여 부품군이 기계에서 가공될 수 있다.

- 생산되는 부품이나 제품은 중품종중량 수준이며 생산량이 대량인 경우는 보다 전용화된 생산시스템을 고려하여야 한다.

여기서 부품군이란 부품의 기하학적 모양과 크기가 유사하거나 생산을 위하여 유사한 공정이 필요한 부품의 집단을 말한다.

(1) FMS의 정의

FMS는 작업장 그룹으로 구성되어 있고, 이들은 자동 자재취급 및 보관시스템과 연결되어 있으며, 분산컴퓨터시스템으로 제어된다. FMS가 유연하다고 하는 이유는 다양한 작업장에서 다양한 여러 부품유형을 동시에 처리할 수 있으며, 수요의 변화에 대응하여 부품유형의 혼합비율과 생산량을 조절할 수 있기 때문이다.

완전히 유연한 생산시스템은 없다. FMS에서 생산될 수 있는 부품과 제품의 범위에는 제한이 있다. 따라서 FMS는 미리 지정된 유형, 크기, 공정의 범위 내에서 부품들 또는 제품들을 생산하도록 설계된다. 다시 말해서 FMS는 단일 부품군이나 제한된 범위의 부품군들만을 생산할 수 있다. 유연이라는 단어는 고도로 자동화되어 있지만 유연하지 않은 다른 생산시스템과 구분하기 위하여 사용한다.

(2) FMS의 종류

FMS를 분류하는 기준의 하나는 기계수이다. FMS는 시스템 내 기계수에 따라 구분할 수 있는데, 다음은 대표적인 분류이다.

① 단일 기계셀

무인화 작업을 위하여 CNC 머시닝센터로 구성되어 있으며 부품저장시스템과 결합되어 있다. 완성 부품은 주기적으로 부품저장고에서 제거되고 원자재는 부품저장고에 투입된다.

② 유연생산셀(Flexible Manufacturing Cell : FMC)

둘 또는 셋의 가공작업장 및 자재취급장치로 구성되어 있다. 자재취급장치는 장착 · 탈착 작업장에 연결되어 있다. 또한 자재취급장치는 한정된 부품저장 용량을 가지고 있다.

③ 유연생산시스템(FMS)

네 개 또는 그 이상의 가공작업장으로 구성되어 있으며 공통 자재취급시스템과 기계적으로 연결되어 있고, 분산컴퓨터시스템과 전기적으로 연결되어 있다. FMS와 FMC의 중요한 차이점은 기계수이다.

(3) FMS의 구성요소

1) 작업장

FMS에서 사용되는 가공 또는 조립장비는 시스템이 수행하는 작업 종류에 따라 결정된다. 장착 · 탈착 작업장은 FMS와 공장의 나머지 부분과의 물리적인 접속 부분이다. 원자재는 이 지점에서 시스템으로 들어오고, 완성품은 이 지점에서 시스템으로 나간다. 장착 및 탈착은 수동 혹은 자동취급장치로 수행될 수 있으며, 오늘날 많은 FMS에서는 수동 장착 및 탈착이 빈번하다.

FMS의 가장 보편적인 적용분야는 절삭공정이며 사용되는 장비는 CNC 공작기계가 지배적이다. 특히 가장 공통적인 것은 CNC 머시닝센터이며 이것은 자동 공구교환 및 공구저장, 팰릿화 공작물의 사용, CNC 및 분산수치제어 기능과 같은 FMS에 호환적인 특성들을 지니고 있다. FMS 개념은 절삭공정뿐만 아니라 다른 가공공정에도 적용되어 왔다. 이러한 공정 중의 하나가 전단, 굽힘, 및 성형과 같은 작업으로 이루어져 있는 박판제작공정이며 다른 공정으르는 단조공정이 있다.

일부 FMS는 조립공정을 수행하도록 설계되었다. 유연자동조립시스템은 배치로 만들어지는 제품의 조립에서 수작업을 대치하기 위하여 개발되고 있다. 산업용 로봇은 이러한 유연조립시스템에서 자동화된 작업장으로 종종 사용된다. 또한 검사를 위하여 특별히 설계된 작업장을 포함시킬 수 있다.

2) 자재취급 및 보관시스템

자재취급 및 보관시스템은 다양한 기능을 수행해야 한다. 먼저 여러 가지 다른 부품들에 대한 다양한 공정 대안을 반영하여 부품을 시스템의 한 기계로부터 다른 기계로 운반한다. 게다가 기계에의 장착 및 탈착, 작업장 간 부품운반을 위하여 다양한 공작물 형상에 맞는 다양한 방법을 사용한다. 각 작업장에는 가공을 위하여 대기하는 부품들이 있으며 이들을 위한 임시저장이 필요하다. 부품의 장착 및 탈착을 위해서는 접근이 용이해야 한다. 자재취급시스템은 컴퓨터시스템에 의하여 직접 제어될 수 있어야 한다. FMS에서 작업장 간에 부품이송을 위해 사용되는 자재취급시스템은 재래식 자재운반장비, 직선형 이송기구, 산업용 로봇을 포함한다.

3) 컴퓨터제어시스템

FMS는 작업장, 자재취급시스템 및 다른 하드웨어와 연결되는 분산 컴퓨터시스템을 포함한다. 일반적인 FMS 컴퓨터시스템은 중앙컴퓨터와 각 기계 및 구성요소를 제어하는 마이크로컴퓨터들로 구성된다. 중앙컴퓨터는 전반적인 시스템의 운용이 원활하게 이루어지도록 구성요소들의 활동을 조정한다. 컴퓨터제어시스템이 수행하는 역할은 다음과 같다.

- 작업장 제어
  - 가공 또는 조립 작업장을 컴퓨터 제어로 작동한다.
- 작업장으로 제어명령을 하달
  - 가공 FMS에서는 기계에 파트프로그램을 전송한다.
- 생산통제
  - 작업자에게 필요한 공작물의 장착 지시를 내리는 것을 포함한다.
- 운반제어 및 셔틀제어
  - 작업장 간의 공작물 운반 및 작업장 내의 취급장치의 동작과 조종에 관여한다.
- 공작물 감시
  - 공작물 상태를 감시한다.
- 공구관리

–각 작업장에서 공구의 위치를 추적하고 공구수명을 관리한다.
- 성능 감시 및 보고
  –FMS의 운영과 실적 데이터를 수집하여 시스템 성능에 관한 관리보고서를 준비한다.
- 진단
  –이 기능의 목적은 고장을 줄여 시스템의 가동률을 향상시키는 것이다.

4) 인적자원

인력은 FMS의 운영을 관리하기 위하여 필요하다. 인간이 수행하는 주된 기능을 나열하면 시스템에 원자재를 장착, 시스템으로부터 완성품을 탈착, 공구교환 및 설치, 장비 유지 및 보수, NC 파트프로그래밍, 컴퓨터시스템의 프로그래밍 및 운영, 시스템의 전반적인 관리 등이다.

10.6 컴퓨터통합생산

CIM(Computer-Integrated Manufacturing, 컴퓨터통합생산)은 관리를 포함하여 제조시스템 전반의 제품설계 및 계획뿐만 아니라 생산시스템의 모든 활동을 포함하는 통합 시스템의 개념이다. CIM은 사업전반을 관리하고 경영하기 위하여 기존의 컴퓨터 기술을 결합하고자 하는 시도이다. CIM 시스템은 기본적으로 하나로 통합된 데이터베이스에 의하여 결합되는 컴퓨터시스템의 네트워크이다.

CIM 개념에 있어서 컴퓨터는 설계에서 제조를 거쳐 제품을 생산하기 위하여 인간과 기계의 상호작용을 제어하는 핵심적인 인자로 인식된다. CIM은 원자재, 부품들, 제품들이 최적의 방법으로 방해받지 않고 흐르도록 정보를 제공할 뿐만 아니라 정보의 분배를 관리하기도 한다. CIM 시스템의 구축은 매우 지루하고 시간이 오래 걸리는 과정이다. 컴퓨터와 생산시스템의 여러 활동을 연결하는 것은 전문가와 광범위한 제조 경험이 필요하다.

여러 산업체와 연구그룹들이 만든 다양한 제조 모델들의 많은 구성부분이 유사한 기능들을 가지고 있으므로 보편적인 일반적 모델을 구축하는 것은 큰 이익이 될 것이다. 모델을 구축할 때는 많은 측면들을 검토하여야 하는데, 모델들은 다음 사항들을 포함하여야 한다.

- 비즈니스 기능들의 표현
- 경영정보 데이터베이스의 통합
- 자재 및 제품흐름의 표현
- 정보흐름의 표현
- 인터페이스와 통신 프로토콜에 대한 서술
- 계통적인 계획 및 제어기능들의 표현
- 시간의 표현

(1) 컴퓨터이용설계(CAD)

설계를 위하여 컴퓨터를 사용하면 많은 공학적 활동들을 자동화할 수 있다. 그러나 설계 단계들은 재래식 방법과 동일하다. 컴퓨터이용설계(Computer-Aided Design : CAD)에 의하여 수행되는 설계에 관련된 업무는 다음과 같이 다섯 분야로 나눌 수 있다.

- 문제 정의
- 기하학적 모델링
- 공학적 해석
- 설계 평가
- 자동 제도

문제 정의 활동의 초기단계에서 설계자는 제품의 기능, 성능, 외관을 결정하기 위하여 상당한 독창성을 발휘하여야 한다. 여기서 컴퓨터는 인간의 경험이 없으므로 큰 도움이 되지 않을 수도 있다. 그러나 만약 제품이 이전에 설계되어져 있다면 컴퓨터는 기존의 설계를 제공하고 표준부품들과 제조공정들을 찾는데 귀중한 도구가 될 수 있다. 그래서 이 단계는 부분적으로는 수동적이며 또

부분적으로는 자동화될 수 있다.

기하학적 모델링은 물체를 표현함에 있어서 물체의 기하에 대한 수학적인 서술방법을 도입하기 위하여 컴퓨터를 이용하는 것이다. 일반적으로 물체는 단순화되고 핵심적인 특성들만 표현된다. 이러한 수학적인 서술은 물체의 이미지가 그래픽 터미널 상에 표현되도록 한다.

설계는 일반적으로 어떤 형태의 공학적 분석을 요구한다. 여기에는 설계의 동적 성능을 결정하기 위한 유한요소 모델링과 계산이 포함된다. 몇몇 프로그램들을 사용하여 설계의 성능을 시뮬레이션하고 동력소비, 열전달, 마모, 간섭 등의 정보를 수집할 수 있다.

설계의 평가는 어떤 제품유형을 설계하는데 적용된 상세한 규칙들이 위반되지 않았음을 확인하는 것이다. 이들 규칙 가운데 일부는 표준적인 운용절차이고 나머지는 비용, 서비스 규칙 등이다. 이 단계에서는 설계의 정확도가 체크되고 제조성과 조립성이 평가되며 공간상의 거동을 서술하는 기구가 평가된다.

자동제도는 설계정보를 가공, 공정계획, 제조장비의 프로그래밍 등에 전달하는 데 사용되는 상세한 작업도를 생산하는 것과 연관이 있다. 제도의 생산성은 CAD를 사용함으로써 몇 배나 증가시킬 수 있다. CAD와 더불어 자동치수기입이 가능하고 축척, 단면도의 개발이 가능하다. 투상도는 확대가 가능하고 물체를 회전 또는 병진시켜 경사도 또는 투시도를 얻을 수 있다.

(2) 컴퓨터이용공정계획(CAPP)

컴퓨터이용공정계획(Computer-Aided Process Planning : CAPP)은 부품이 어떻게 생산되어야 하는가를 결정하는 절차이다. 부품의 제조에서 공정계획은 부품 또는 부품들을 완제품으로 변환하는 데 필요한 작업, 공정, 공작기계, 고정구, 공구, 매개변수들을 결정하는 계획을 준비하는 행위이다. 또한 공정계획은 제품의 부품을 생산하기 위하여 설계데이터를 작업지시서로 변환하는 데 관여한다.

공정계획가는 통상적으로 기술도면과 자재명세서에 주어진 정보를 사용하여 실행 가능한 계획을 생성한다. 공정계획의 핵심요소들은 자재선택, 작업선택,

기계선택, 작업순서 결정, 공구선택, 지그 및 고정구선택을 포함한다. 여러 가지 인자들이 공정계획 활동에 영향을 미치는데 기하학적 형상, 공차, 표면조도, 크기, 재료형식, 수량, 제조시스템 그 자체 등이다.

공정계획기법에는 변성형과 창성형 기법의 두 가지 타입이 있다. 변성형 기법은 분류 및 코딩시스템을 사용하여 공정계획 활동을 개시한다. 신제품 생산을 위하여 계획을 생성하고자 할 때는 유사부품에 대한 표준계획을 검색하고 수정을 한다. 이 방법은 일반적으로 제품들 간에 유사성이 많이 있는 경우에 유용하다. 그 반면에 창성형 방법은 저장된 임의의 표준계획을 사용하지 않는다. 계획을 생성할 때 시스템은 공정계획 규칙뿐만 아니라 부품의 기하, 가공 또는 조립 데이터, 기계와 매개변수들에 관한 정보를 사용한다. 현재로서는 진정한 의미의 창성형 공정계획을 찾기는 힘들다. 기존의 시스템들은 여전히 인간의 상호작용을 필요로 하고 복잡도가 낮은 기하학적 형상들에 대해서만 작동한다.

(3) 컴퓨터이용제조(CAM)

CIM에서 공정 또는 가공지향적인 분야를 CAM(Computer-Aided Manufacturing)이라 한다. 이 분야는 많은 부분이 관리업무의 실행에 관여하지만 데이터 수집, 입력, 평가도 분야의 기능에 포함된다. 관리시스템들은 여러 가지 관점에 따라 구성될 수 있다. 일반적으로 기능적, 하드웨어, 소프트웨어의 3가지 관리구조로 나눌 수 있지만 이것은 관리구조를 결정하는 유일한 기준은 아니다. 여기서는 기능지향적인 구조에 대하여 설명하기로 한다.

제조를 위한 관리업무는 생산계획 및 관리, 중앙제어, 공정지향 제어장치의 3가지 수준으로 나눌 수 있다. 여기서 가운데 있는 중앙제어시스템은 세부적으로 기술관리, 조직적 관리, 제조데이터 획득 및 처리의 3부분으로 나누어진다. 중앙제어시스템의 주요 업무들은 다음과 같다.

- 기술관리
  - NC 프로그램 관리와 분배
- 조직적 관리
  - 상세계획 수립 및 작업실행

- 공작물과 공구처리를 위한 관리데이터 생성
- 생산데이터 입력
  - 제조 및 기계데이터의 획득 및 처리
  - 문서화, 작업데이터 피드백
  - 전체적인 시스템 상태의 관리

중앙제어시스템의 세부 기능들을 나열하면 다음과 같다.

- 작업관리
  - 작업들을 관리하고 대응하는 실제적인 데이터들을 되돌려 준다.
- 상세계획 수립
  - 제조단계들의 구체적인 일정 수립
  - 제조 보조도구들의 결정 및 준비를 지시
- 작업 실행
  - 제조시스템의 작업을 완전 자동으로 실행하고 다음에 어떤 공정을 실행해야 할지를 결정한다.
- 공구, 고정구, 시험장비들의 준비
  - 제조용 보조도구 데이터의 관리
  - 각 보조도구 타입에 대한 내용 관리
- NC 데이터 조직화
  - NC 데이터의 관리
  - 기계제어시스템과 데이터 파일 주고받기
- 자재흐름관리
  - 자동적인 작업실행이나 작업자에 의해 생성되는 운반지시를 관리한다.

기업정보시스템

Chapter 11

1951년 세계 최초의 비즈니스용 컴퓨터라 불리는 LEO가 가동된 이후, 반세기가 훌쩍 지난 지금까지 기업들이 업무처리를 위해 IT에 투자한 비용은 수천 조 원을 넘는다고 한다. 초기에 재무회계, 인사관리 등과 같이 기업의 핵심 기능을 위주로 소규모로 도입되던 전산시스템들이 이제는 기획, 설계, 생산 및 판매를 포함하여 거의 모든 기업기능을 지원하는 복잡하고 다양한 시스템으로 바뀌어왔으며, 최근에는 인터넷과 결합하여 정보화 및 세계화라는 보다 급격한 경영환경의 변화를 맞고 있다.

이제 정보화는 기업경쟁력의 핵심 요소로 인정받고 있으며, 다양한 기업정보시스템이 개발되어 운영되고 있다. 이 장에서는 기업정보시스템의 구축을 위한 정보전략계획의 의미를 설명하고 대표적인 기업정보시스템의 이슈들에 대해서 살펴보기로 하겠다.

11.1 정보전략계획과 기업정보화

정보전략계획(Information Strategic Planning)은 정보시스템 구축을 의한 초기의 계획단계를 의미한다. 종종 정보시스템계획(Information Systems Planning)과 영문 약자가 동일하고 대상 분야가 유사하여 오해의 여지가 있지만, 보통 ISP는 정보전략계획을 가리킨다. 정보시스템의 요구사항을 중심으로 시스템 자체의 구축 계획에 초점을 두고 있는 정보시스템계획과는 달리, 정보전략계획은 기업 · 기관의 비전 및 목표로부터 발생하는 업무적 요구사항들이 정보시스템과 일치되도록 정보시스템을 계획하는 데에 초점을 맞추고 있다. 일반적으로 정보전략계획이 기업의 전사적 비전을 업무적 요구사항에 따라 어떻게 설정하여 추진해 나갈지와 같은 개념적 모델의 설계를 목표로 한다면, 정보시스템계획은 이러한 개념적 모델을 구현단계 직전까지의 상세설계모델로 전개해 나가는 데에 목표가 있다.

(1) 정보전략계획의 필요성

정보기술의 발전이 갈수록 빨라지면서 다양한 정보기술과 시스템이 시장에 쏟아져 나오고 있다. 업무 프로세스 재설계(BPR : Business Process Reengineering), 클라이언트/서버 환경, 인터넷/인트라넷, 그룹웨어, ERP, SCM, CRM, 데이터웨어하우징 등등 많은 이슈들이 발표되고 있는데, 이들의 개념과 기술적 토대가 서로 밀접히 연관되어 있어서 경영자들은 기업정보시스템 및 정보기술과 관련한 의사결정과 정책방향의 설정에 혼란을 느끼고 있다. 이들의 적절한 취사선택 및 조정을 위해서는 기업의 경영전략과 일치하되, 현재의 업무환경에서부터 시작하여 장기적인 방향과 비전을 달성할 수 있도록 하는 기업정보시스템 정책의 수립이 필요하다.

과거 기업 · 기관의 전산화 과정을 살펴보면 주로 그때그때의 필요에 의해 기능별로 전산화하는 과정을 반복하는 단기적 대응이 많았다. 이로 인해 전산부서는 항상 다른 현업 부서의 단순 업무 개선, 기존 시스템의 유지 보수, 관행화된 프로세스의 반복적인 지원, 주기적인 보고서 생성 및 문서화 작업 등과 같이 운영 업무 측면에서의 현상 유지에 급급한 면이 많았다. 정보기술과 시스템의 측면에서 보면, 이러한 개별적이고 단편적인 대응은 중복투자를 발생시키고 결국 비효율성과 데이터 무결성의 저하로 이어지게 된다.

경영진의 입장에서는 정보화가 빠르게 진행되고 정보기술이 기업의 핵심 경쟁력으로 인식되는 상황에서 정보화 예산도 빠르게 증가하고 있지만, 전산팀은 항상 바쁘고 정작 필요할 때 신속한 해답을 제시하지 못하는 상황을 자주 접하게 되면서 전산업무에 대한 불만족이 커지고, 결과적으로 정보시스템에 대한 보수적인 입장을 견지하게 될 가능성이 높아지게 된다. 이것은 다른 현업부서와 경영진에서 정보시스템 부서의 역할에 대한 이해가 부족하고, 정보시스템 부서 역시 전사적인 전략과 업무에 대한 비전의 이해가 떨어지기 때문에 발생한다고 하겠다.

정보전략계획의 목표는 경영자, 현업 부서와 정보시스템 부서의 역할을 상호 이해하고, 기업 · 기관의 장기적인 비전을 달성하기 위한 사업목표들을 명확히 하고, 기업정보시스템의 방향과 신기술에 대한 도입계획을 수립하여, 기업활동을 최적으로 지원할 수 있는 정보시스템을 구축하고 운영 및 관리하는 것이다. 따라서 정보전략계획에서는 그 결과뿐만 아니라 계획을 수립해나가는 일련의 과정 또한 매우 중요하다.

(2) 정보전략계획의 방법론

정보전략계획의 수립은 고급 컨설팅 영역에 속하며, 주로 BPR과 같은 업무 혁신 프로그램들과 함께 컨설팅 서비스회사 자체의 고유방법론에 의해 추진되기 때문에 서비스 회사별로 구체적인 단계와 추진 방법에 상당한 차이가 있다. 뿐만 아니라 대상 기업 · 조직에 따라 달라질 수도 있기 대문에 방법론의 선정과 실행에는 많은 주의를 기울여야 한다. 여기에서는 정보전략계획의 방법론을 쉽게 이해할 수 있도록, 여러 방법론으로부터 공통적인 내용과 특징들을 중심으로 단순화된 모델을 제시하도록 하겠다.

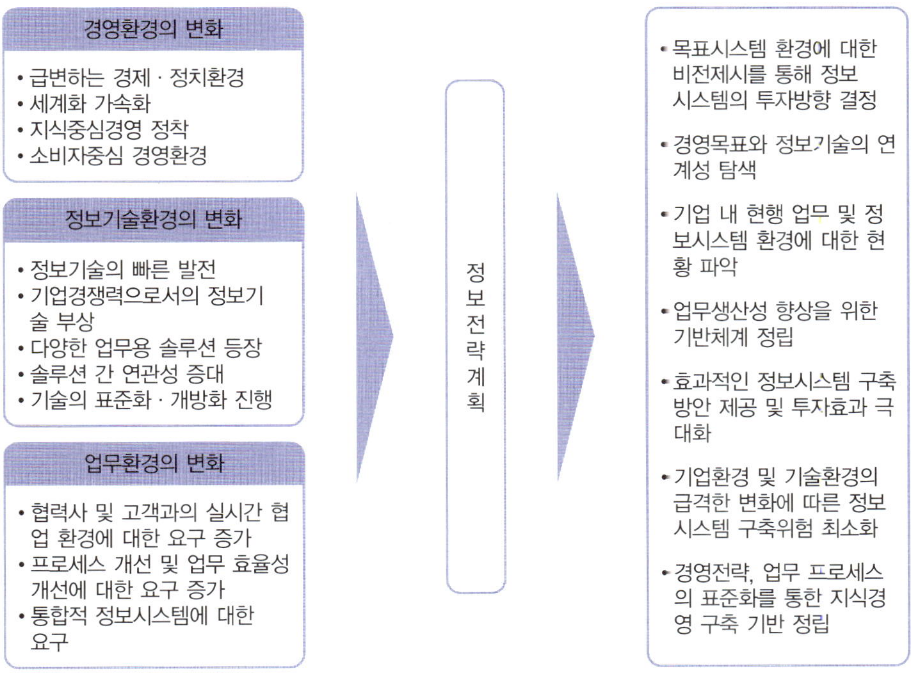

출처 : 중소기업진흥공단

그림 11-1 | 정보전략계획 도입배경 및 기대효과

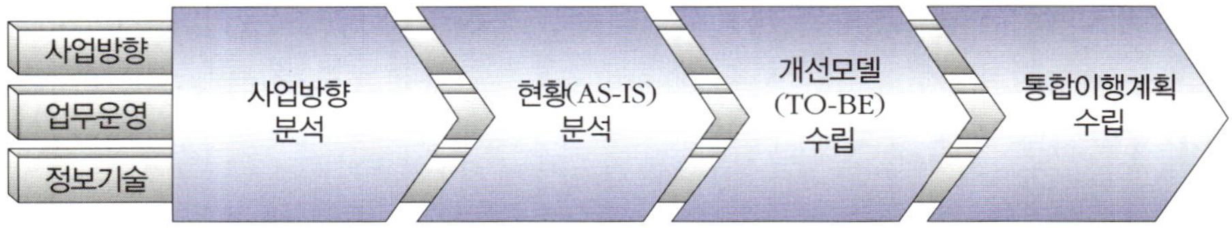

그림 11-2 | 정보전략계획의 추진 단계

정보전략계획에서는 사업방향, 업무운영, 정보기술 영역이 모두 다루어지는데, 사업방향과 관련해서는 사업전략 및 경영과제, 경영환경에 대한 분석이 주로 이루어진다. 업무운영과 관련해서는 현행 업무 프로세스와 관련 시스템에 대한 분석이 이루어진다. 정보기술과 관련해서는 IT 구조의 측면에서 현행 모델과 개선모델에 대한 분석 및 정의가 이루어진다. 이러한 세 영역에 대해서 정보전략계획은 다음의 그림과 같이 사업방향 분석단계, 현황(AS-IS) 분석단계, 개선모델(TO-BE) 수립단계, 통합이행계획 수립단계의 4단계로 구성된다.

1) 사업방향 분석단계

정보전략계획의 첫 단계로 기업 · 조직이 처한 사업환경을 이해하고, 해당 기업 · 조직의 사업 비전을 파악한 다음, 사업성공의 핵심요소(CSF : Critical Success Factor)를 확인하게 된다. 또한 해결해야 할 핵심현안들을 도출하여 이를 극복할 수 있는 정보화 비전과 전략을 수립하게 된다.

기업이 처한 사업환경의 이해를 위해 주로 3C분석과 SWOT분석을 수행하는데, 이를 통해 기업이 향후 나아갈 방향을 정립하기 위한 주안점들을 찾아나갈 수 있다. 3C란 고객(Customer), 회사(Company), 경쟁사(Competitor)를 나타내는 것으로 고객구성 현황과 고객 특성을 파악함으로써 고객충성도, 대상고객층에서의 매출 및 이익률 등과 같은 시사점들을 발견하게 된다. 회사의 경우에는 시장점유율, 브랜드의 이미지 및 인지도, 제품 및 서비스별 품질과 기술력, 수익률, 관련 자원, 조직체계 등을 파악하여 고객충성도를 강화하기 위한 활동, 경쟁사 대비 경쟁력을 지니는 활동의 발굴, 기존 활동들의 효율성과 같은 결과들을 얻게 된다. 마지막으로 경쟁사와 관련해서는 주요 경쟁사별 강 · 약점 파악, 잠재 경쟁사의 현황, 타사 우수 사례에서의 성공요인 등을 파악하여 잠재적인 경쟁요소, 경쟁우위 부분의 발견과 같은 작업을 진행하게 된다.

SWOT이란 강점(Strength), 약점(Weakness), 기회(Cpportunity) 및 위협(Threat)을 나타내는 것으로 해당 기업이 자신의 사업목표를 수행하기 위해 현재의 역량 및 환경을 내부 및 외부요소로 나누고, 긍정적 혹은 부정적인 면으로 나누어 살펴보는 분석 기법이다. [그림 11-3]에서 알 수 있듯이 강점과 약점이 조직 내부적인 것들이라면 기회와 위협은 외부적인 것이고, 강점과 기회가 긍정적인 성격을 가진다면 약점과 위협은 부정적인 성격을 가진다.

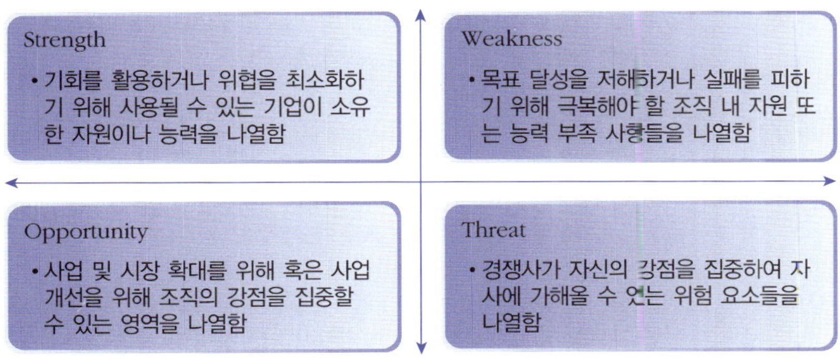

그림 11-3 | SWOT분석의 이해

보통 SWOT분석을 진행한 다음에는 그 결과를 이용하여 SO, ST, WO, WT라는 4종류의 대응전략을 수립하게 된다. SO전략은 자신의 강점을 가지고 기회를 살리는 전략이며, ST전략은 자신의 강점을 가지고 위협을 회피하거나 최소화하는 전략이다. WO와 WT는 각각 자신의 약점을 보완하면서 기회를 살리거나 위협을 회피 혹은 최소화하는 전략을 의미한다. 최종적으로는 이렇게 도출된 전략 중에서 목적달성의 중요성과 실현 가능성 등을 고려하여 중점 추진 전략을 선정하게 된다.

예제 11.1

졸업을 앞두고 있는 한 대학생이 졸업 후 진학 혹은 취업 여부를 결정하기 위해 자신의 SWOT 분석을 실시하기로 하였다.

[풀이] 이 학생이 자신의 미래와 관련하여 자신에 대한 SWOT분석을 한 결과는 다음과 같다.

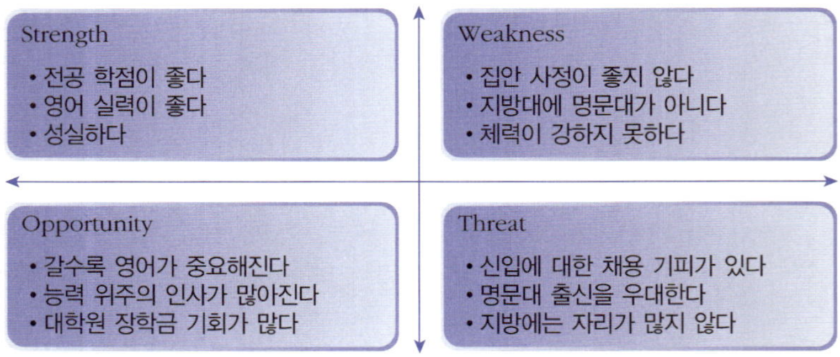

그림 11-4 | 간단한 SWOT분석의 예

이상의 분석 결과로부터 이 학생은 SO전략의 하나로 외국계 회사에 진출을 시도한다거나 ST전략의 하나로 명문대 대학원으로의 진학을 시도한다와 같은 추진 전략을 만들어 낼 수도 있을 것이다. SO, ST, WO, WT전략의 도출은 각자가 연습해 보기로 한다.

2) 현황 분석단계

이 단계는 정보화의 대상이 되는 업무와 이를 지원하는 정보자원의 현황을 파악하여 개선의 기회를 찾는 것을 목적으로 한다. 앞서의 단계가 전체적인 방향성과 중점 영역을 찾는 과정이었다면, 여기에서는 구체적인 방향과 보다 더 좁혀진 핵심 영역을 찾는 과정이라 할 수 있다.

업무 프로세스 측면에서는 업무기능 정의, 핵심 프로세스의 선정, 업무현황분석, 이슈별 상세분석을 수행하는데 이를 위해 기능/프로세스 모델(Function/Process Model), 교차기능 모델(Cross-Functional Model), 프로세스 지도/사전(Process Map/Dictionary)과 같은 분석기법들을 사용하게 된다. 정보기술 측면에서는 응용프로그램 중심의 정보시스템 파악을 위해 기술적 · 기능적 품질분석, 포트폴리오분석, 적용범위(Coverage)분석 등을 실시한다.

업무기능 정의는 주요 사업기능과 업무상 협조가 필요한 부서 및 지원기능들과의 관계를 나타내는 것으로 보통 기능/프로세스 모델을 분석에 주로 이용하게 된다. 기능/프로세스 모델을 작성하기 위해서는 직무기술서나 조직도 등에 대한 이해가 필요하며, 각 조직과의 인터뷰를 통해 모델을 구체화해 나가게 된다. 보통 작성된 형태가 조직도와 같은 인상을 줄 수 있지만 이러한 기능/프로세스 모델의 작성 시에 가장 주의해야 할 점은 현 조직 구성에 구애받지 않아야 한다는 것이다.

기능(Function)은 업무 프로세스의 상위 개념들의 집합으로 제품생산이나 서비스와 직접적으로 관련되는 주기능과 주기능이 원활히 수행되도록 보조하는 지원기능으로 나뉜다. 보통 주기능은 화살표 형태의 사각형으로 나타내며, 지원기능을 나타내는 일반 사각형과 함께 모델상의 최상위 행에 위치하게 된다. 프로세스는 조직의 자원을 이용한 가치증대활동 혹은 산출물과 관련된 상위 수준의 활동 집합을 나타내는 것으로 모델 상에서는 관련기능의 밑에 나열된다. 추가적으로 프로세스를 구성하는 하위활동이나 작업들을 모델 상의 활동(Activity)으로 아래쪽에 기록하기도 한다.

예제 11.2

대학의 업무기능을 살펴보기 위해 기능/프로세스 모델을 이용하여 분석해 보기로 한다.

[풀이] 다음은 대학의 업무기능을 파악하기 위하여 행한 기능/프로세스 모델 분석 결과를 일부 나타낸 것이다. 이 결과에 따르면 대학 업무는 학사관리, 전공관리, 강의관리, 연구관리와 같은 주기능으로 구성되며, 이를 보조하는 기획/경영, 일반지원, 재정관리, 연구지원과 같은 지원기능이 있음을 알 수 있다. 각각의 기능을 실제로 구성하는 하위활동들이 해당 기능의 아래에 나열되어 있음을 볼 수 있을 것이다.

지원기능					주기능				
기획/경영	일반지원	재정관리	연구지원	…	학사관리	전공관리	강의관리	연구관리	…
전략기획	교무행정	예산	산업시찰		학생모집	학부운영	과목개설	과제계약	
모집요강	시설보수	사업관리	업적평가		입학관리	전공개설	시설배정	과제관리	
홍보	학사행정	구매/계약	과제홍보		등록관리	교수모집	시험관리	업적관리	
…					…				

그림 11-5 | 대학 업무의 기능/프로세스 모델 분석의 예

기능/프로세스 모델의 분석 시에 모델이 지나치게 복잡해지고, 분석기간이 길어지는 것을 조심해야 한다. 분석결과로써 모든 사람이 이에 동의하는 만족할 만한 모델이 나온다는 것은 거의 불가능하므로, 완벽한 모델을 만드는 데 많은 시간을 투입하는 것은 바람직하지 않다. 일단 기능/프로세스 모델이 얻어지게 되면, 이를 바탕으로 다음의 그림과 같이 조직 전체의 관점에서 주요한 성과목표 달성을 위한 업무흐름을 도식화하는 교차기능 프로세스 모델을 작성하게 된다. 우리는 이와 같은 분석 모델을 통해 정보와 의사결정의 수평적인 흐름을 파악할 수 있게 되며, 핵심 프로세스와 밀접하게 연관된 프로세스들을 분별해 내게 된다.

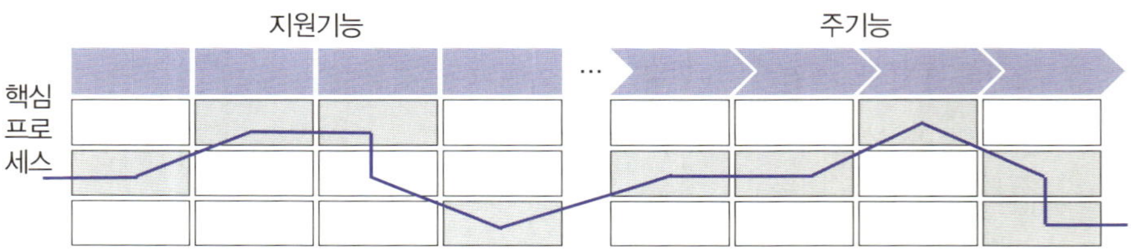

그림 11-6 | **교차기능 프로세스 모델의 예**

교차기능 프로세스 모델이 핵심 프로세스에 대해서 작성되면, 이를 더욱 상세히 분석하기 위한 프로세스 지도/사전을 작성하게 된다. 프로세스 지도란 현재 프로세스의 흐름을 왼쪽에서 오른쪽으로 기술하되, 활동들이 어떤 부서나 단위에서 일어나고 있는지를 수직의 축 상에 나열한 그림이다. 프로세스 지도에는 총경과시간, 실처리시간, 발생원가, 고객만족도 등과 같은 구체적인 수치 정보들이 함께 표기되며, 대규모 프로세스의 경우에는 여러 개의 서브프로세스로 나누어 그리기도 한다. 프로세스 지도는 현행 프로세스를 시각적으로 표현하여 문제의 발생 장소를 찾는 데 효과적인 방법이지만, 이를 토대로 개선점을 찾아내기 위해서는 추가적인 작업을 진행해야 한다.

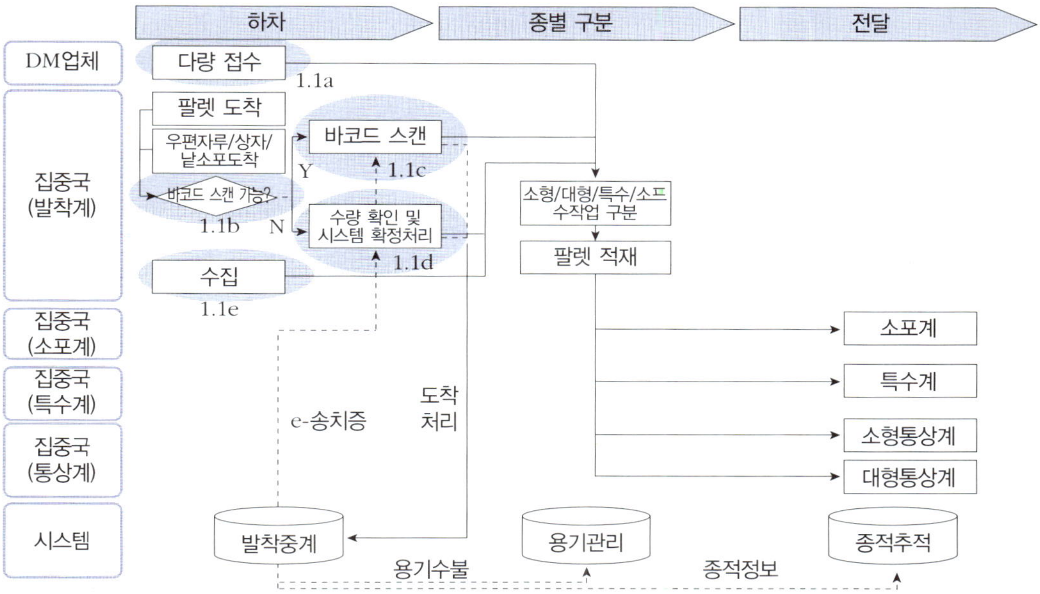

그림 11-7 | 우편 집중국 업무의 프로세스 지드

프로세스 사전이 작성 된 후에는 고객과의 설문과 면담을 통해 각 세부 프로세스 상의 문제점과 개선요구사항을 도출해 내어 해당 내용을 프로세스 사전에 명기하여 고객의 확인을 받는 과정이 필요하다. 프로세스 사전에 대한 고객 확인은 고객이 이미 알고 있는 프로세스를 정리하여 표현하기 위한 것이 아니라 세분화된 프로세스 중에서 어떤 부분이 문제가 있으며, 이로 인한 영향이 어떻

프로세스 명	바코드 스캔	소유자	발착계
프로세스 정의	우편물에 대한 바코드 스캔을 통해 집중국 시스템에 인식정보 전달		

구분	이슈 및 문제점
참조 A	• Peaktime에 개별 우편물에 대한 스캔 작업이 병목 프로세스로 작용함 • 스캔 작업에서 누락된 우편물이 발생함 • 우편물의 크기와 규격이 다양해 스캔 작업에 지연 발생
참조 B	• 이전 우체국으로부터 우편물 인식정보의 자동연계가 안됨 • 오배송된 우편물의 스캔 작업을 통한 사전 인식 경고가 필요함

그림 11-8 | 우편집중국 업무의 프로세스 정의

게 파급되는가를 인식시키기 위한 과정으로 향후 해당 문제점의 개선 시에 개선 내용에 대한 실무진의 이해와 동의를 자연스럽게 끌어내기 위한 전 단계로서 매우 중요한 의미를 갖는 작업이다.

실제 프로세스 지도를 작성하여 놓고 보면 실처리시간의 합계가 총경과시간에 상당히 못 미치는 경우가 많게 되는데, 바로 이러한 차이의 원인이 상당부분은 업무 간 이동시간과 대기시간으로부터 발생한다. 이러한 업무흐름의 단절과 불필요한 이동 및 대기를 찾아내어 현행 프로세스의 문제점을 짚어보고, 이를 해결하기 위한 효율적인 이동방법이나, 세분화된 작업의 종합화와 같은 개선책을 찾게 된다.

정보기술 측면에서는 사전에 파악된 요구사항에 대해서 이와 관련된 응용 프로그램과 데이터들의 목록을 정리하여 응용프로그램/데이터 구조 분석을 진행하게 된다. 응용프로그램 목록에는 프로세스와 관련된 응용프로그램의 업무 지원 수준, 사용자 편리성, 응답시간, 제공정보의 정확도, 예외 보고서, 시스템 통합성 등과 같은 항목을 명시하고, 데이터 목록에는 요구사항에 사용되는 데이터의 통합성, 코드체계 표준화와 같은 항목들을 명시한다. 이러한 응용프로그램/데이터 목록을 가지고 기업의 정보현황을 파악한 이후에 개선기회를 도출하는 단계로 진행하게 된다.

정보기술 응용프로그램의 포트폴리오 분석에는 해당 응용프로그램이 얼마나 우수한지를 판단하는 품질평가와 지원범위를 판단하는 적용범위 분석이 있다. 품질평가에서는 대상 프로세스들을 나열하고 각 프로세스를 담당하는 응용프로그램들에 대해서 기능품질과 기술품질을 파악하여 분석하게 된다. 기능품질에는 데이터 충실도, 기능성, 사용자 편의성, 각종 지원체계 등을 조사하게 되며, 기술품질에는 업무 요구 분석, 개발 및 유지 보수, 테스트 및 사용자 교육, 시스템 운영과 관련된 조사가 수행된다.

이렇게 얻어진 기능과 기술품질은 포트폴리오 분석을 통해 연관성이 [그림 11-9]와 같이 정리되는데, 수직과 수평축에 기능적 품질과 기술적 품질을 두고, 각 응용프로그램별로 그 위치를 도시하여 한 기업차원의 응용프로그램 포트폴리오를 작성하거나, 필요할 경우 프로세스별, 부서별 혹은 사용자 인터페이스별 응용프로그램 포트폴리오를 작성하여 해당 응용프로그램에 대해서 교체가

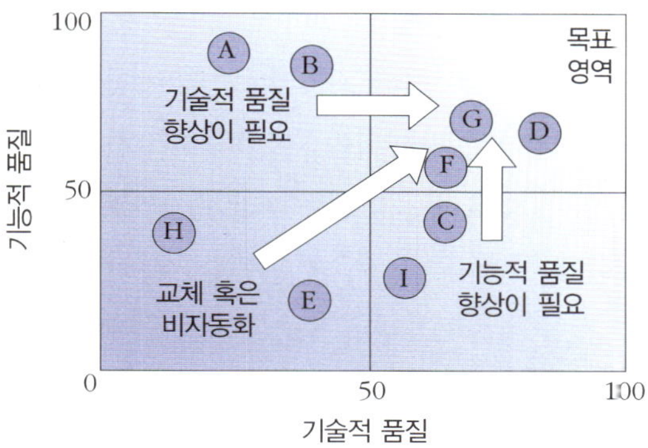

그림 11-9 | 응용프로그램 포트폴리오 분석의 예

시급한지 혹은 기능적 · 기술적 품질 향상이 필요한지 등을 파악하게 된다.

적용범위 분석은 다음 [그림 11-10]과 같이 어떤 업무 영역이 자동화되어 있고, 어떤 영역은 자동화가 필요한지와 같은 전체적인 모습을 분석하는 것을 의미한다. 적용범위 분석의 결과를 통해 향후 응용시스템이 어떻게 업무 기능과 프로세스를 지원해야 하는지에 대한 개괄적인 모습을 파악할 수 있게 된다.

적용범위 분석을 통해 대상 기업과 조직이 정보기술을 어느 정도로 효과적으로 사용하고 있는지와 해당 기관의 정보화 정도에 대한 정보를 얻을 수 있다. 적용범위 분석은 정보화 투자 및 응용프로그램 포트폴리오 개선과 관련하여 이

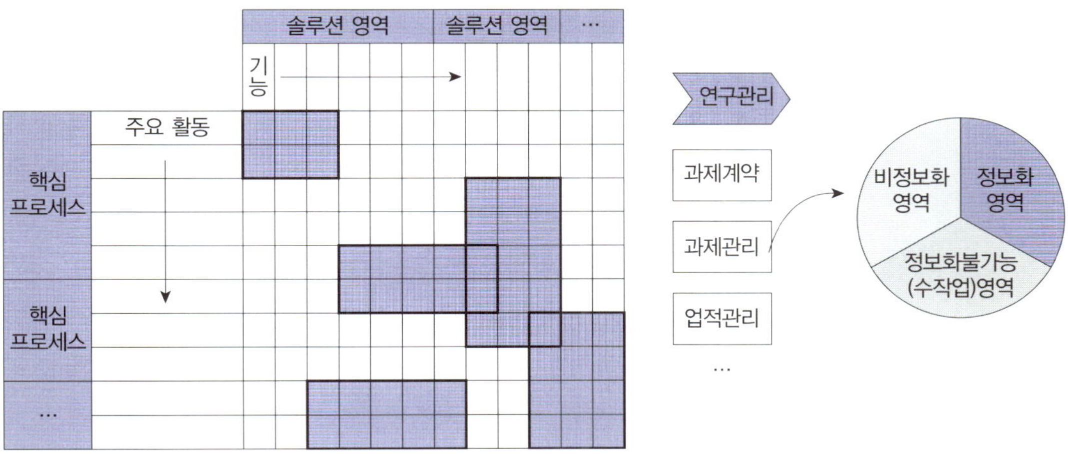

그림 11-10 | 적용범위 분석의 예

후의 사업 방향성과도 연계될 수 있다.

이 외에도 정보기술 측면에서는 기반구조 분석, IT 조직 분석, 정보기술 투자 분석 등의 다양한 분석이 추가로 진행되며, 이를 통해 IT 추진과제를 도출하게 된다. 마지막으로는 IT 추진과제와 솔루션들과의 관계 대응을 통해 우선적으로 도입할 솔루션을 결정하게 된다.

3) 개선모델 수립단계

이 단계는 현황 분석단계에서 도출된 개선 과제를 해결하기 위한 향후의 개선책을 설계하는 단계로, 벤치마킹(Benchmarking, 선진사례분석), 브레인스토밍(Brainstorming), 전문가 인터뷰 등을 통한 아이디어 수집, 개선 이미지 구축과 같은 작업이 진행된다. 개선모델에는 업무적인 개선안을 포함하는 응용프로그램, 전체 기반구조 및 정보기술 관리 등이 주요 내용으로 포함된다. 개선모델 수립단계의 결과로 우리는 과제내용 정의, 개선모델 기반구조의 구성도, 기대효과 및 전제조건 등을 얻게 된다.

벤치마킹은 업계 최고 수준의 경쟁력을 지닌 동종 혹은 동일업무 기능의 업체를 직접 방문하거나 자료를 수집하여, 대상 기업의 IT 전략, 업무 운영, 제반 IT 기반구조, IT 조직운영현황 등을 파악하여 자신의 핵심현안에 대한 해결 방안으로 활용할 수 있는 부분을 모색하는 과정이다. 벤치마킹 활동은 보통 활동의 대상을 기준으로 내부 벤치마킹, 경쟁사 벤치마킹, 기능적 벤치마킹으로 분류한다. 각 활동 유형과 그 장 · 단점이 [표 11-1]에 정리되어 있다.

동종 업계나 프로세스의 선진 사례에 대한 분석을 진행하면서 동시에 최신의 정보기술에 대한 분석도 실시하게 되는데, 이를 통해 새로운 프로세스의 구축 가능성을 타진하고 업무 생산성의 향상에 기여할 수 있는 기술을 선정할 수 있는 기회를 갖게 된다.

브레인스토밍은 개선모델 수립에 있어서 방향성 도출을 위해 가장 널리 사용되는 기법의 하나이다. 브레인스토밍의 성공을 위해서는 자유로운 토론과 창의적인 아이디어를 제공할 수 있는 참여자들의 선정이 매우 중요하다. 업계 전문가, 팀장 및 실무자뿐만 아니라 때로는 외부인 등 다양한 대상을 선정하여 문제의 발생 원인과 해결 아이디어에 대해서 다양한 시각에서 이야기할 수 있어야

표 11-1 | 벤치마킹 활동의 유형

유형	대상	장점	단점
내부 벤치 마킹	같은 기업 내에서 서로 다른 위치, 부서, 사업부, 지역 내에서의 유사한 활동	• 데이터 수집이 용이 • 다분화된 '최우수' 기업의 경우 좋은 성과를 얻기가 쉬움	• 내부적인 편견 등으로 인해 관점이 제한될 위험이 있음
경쟁사 벤치 마킹	같은 고객층을 대상으로 제품/서비스를 판매하고자 직접적으로 경쟁하고 있는 대상	• 업무 실적과 연관된 정보획득 가능 • 직접 비교가 가능한 실적/기술이 획득됨	• 데이터 수집의 어려움 • 윤리적인 문제가 발생 • 같은 내용에 대해 상반되는 태도나 평가가 나올 수 있음
기능적 벤치 마킹	최신 제품/서비스 혹은 프로세스를 지니고 있는 것으로 알려진 조직	• 혁신적인 기법의 발견 가능성이 높음 • 대상과 협력 네트워크의 구축이 가능 • 자사의 동기부여 및 자극제로서 역할	• 기업을 다른 환경으로 이전시키는 데 어려움이 있을 수 있음 • 시각이 달라 이전시킬 수 없는 정보가 존재함 • 상대적으로 분석에 긴 시간이 소요됨

한다.

이상의 다양한 분석과정을 통해서 최종적으로는 응용프로그램/데이터 기반구조, IT 기반구조, IT 관리 기반구조라는 3가지 정보기술의 기반구조에 대한 개선모델이 각기 제시되어야 한다. 일단 개선모델이 결정되면, 현행모델과의 비교를 통해 현재까지의 작업에서 도출된 주요 고려사항, 위험요소, 기대효과 및 과제별 투자비용 등을 재점검하게 된다. 과제별로 개선 전후의 모델 차이를 비교분석(Gap Analysis)하면서, 어느 부분에서 개선이 발생하였고 그에 따른 효과가 무엇인지를 명확히 볼 수 있다. 이와 함께 개선모델 구축 시에 발생하는 정보기술에 대한 투자비용을 산정하여 고객이 개선모델을 실제 이행하는 데 따르는 비용적인 사항에 무리가 없는지를 미리 확인할 수 있도록 한다. 보통 이 단계에서 총투자비는 과제별로 응용프로그램 개발, H/W 구매, S/W 구매와 같이 종합적인 형태로 구분하여 제시하는 것이 좋다.

4) 통합이행계획 수립단계

통합이행계획 수립단계에서는 개선모델의 효과적인 이행을 위한 이행과제

개선과제	이행과제	과제성격			평가					
		프로세스	프로세스 정보기술	정보 기술	사업 방향	개선 시급성	실현 가능성	무형 효과	투자 효과	합계
설계정보시스템 구축 및 설계 자원 재활용	• 기존 설계 Archive 전산화		✓		H	H	H	M	H	27
	• 설계변경 이력관리 체계 구축	✓			M	L	H	H	L	15
	• 설계검색 핵심 Parameter 추출			✓	H	M	H	M	H	24
…	…									

그림 11-11 | 이행과제 평가의 예

및 과제별 이행 일정과 조직을 정의하고, 그 비용 대비 효과에 대한 분석을 수행하게 된다. 이와 함께 이행 시 조직의 변화에 대한 저항 및 갈등을 극복하기 위한 변화관리 방안을 제시하게 된다.

앞서 개선모델로 제시된 3가지의 기반구조에 대해서 통합 이행과제를 재정립하고 이들 간의 우선순위를 평가하여, 난이도가 낮은 업무부터 실시하여 효과를 빨리 보는 방향으로 이행과제를 전개해 나가게 된다. 보통 이행과제의 우선순위는 [그림 11-11]에서와 같이 높음(High), 중간(Medium), 낮은(Low)의 3단계로 구분하는 게 일반적이며, 각 과제별로 사업방향, 개선시급성, 실현가능성, 무형적인 효과, 투자효과 각각에 대하여 평가를 내린 다음 이를 종합하여 해당 과제의 최종 우선순위를 결정하게 된다.

이행과제를 효과적으로 추진해 나가기 위해서는 과제별로 기업 내부의 업무담당자와 정보기술 관련자 및 외부의 정보기술 전문가 등으로 구성된 이행조직을 만들어 이들의 역할을 명시하는 것이 바람직하다.

비용 · 효과분석은 개선과제를 이행하는 데 소요되는 비용과 개선과제 이행으로 인한 효과를 분석함으로써 개선모델의 평가와 타당성을 확인하는 작업이 된다. 비용분석은 투자비와 비용항목들을 도출하고, 효과분석은 투자회수기간 및 정량적 · 정성적 효과를 분석한다.

정보전략계획의 수립을 통해 제안된 개선모델이 성공적인 변화를 이루기 위해서는 조직 내 변화에 대한 저항과 갈등을 극복하고, 변화에 대한 이해 및 의지를 높일 수 있는 변화관리 방안이 필요하다. 변화관리 속에는 새로운 직무로의 변화관리, 새로운 업무조직으로의 변화관리, 성과측정의 변화관리, 가치관의 변화관리, 새로운 정책으로의 변화관리, 새로운 시스템 사용으로의 변화관리, 교육 및 훈련 실시 방안 등이 수립되어 있어야 한다.

11.2 IT를 통한 전사적 관리

기업 내부에는 이미 다양한 정보시스템들이 설치되어 운용되고 있다. 이들 정보시스템은 기업 전반에 걸쳐 업무 지원과 통합적 자원관리, 의사결정지원과 같은 다양한 목적을 위해 도입되었으며, 필요에 따라 내·외부의 시스템들과 복잡하게 상호작용하기도 한다. 이 절에서는 기업정보시스템에서 자주 언급되는 대표적인 시스템들을 중심으로 개념과 기능에 대해서 살펴보기로 하겠다.

(1) MRP와 ERP

ERP(Enterprise Resource Planning) 시스템은 전사적 기업정보시스템의 대명사라 할 만큼 많은 기업에서 도입하여 운영하고 있으며, 기업전산의 중심적인 역할을 하고 있다. ERP 시스템은 많은 기업정보시스템 중에서도 비교적 긴 역사와 수명을 지닌 시스템의 하나로, 장시간에 걸쳐 그 개념과 기능이 정립되고 확대되어 왔다.

1) ERP의 발전 역사

ERP를 이해하기 위해서는 기업의 전사적인 자원관리를 위한 정보시스템의 발전 역사를 살펴보는 것이 좋겠다. ERP 시스템의 전신이라 할 수 있는 MRP(Material Requirement Planning, 자재소요계획)시스템은 원래 생산관리 업무의 하나로 원자재에서 최종 완제품에 이르기까지 자재의 흐름을 관리하는 기법을 전산화한데서 시작되었다. MRP는 필요한 자재를 적절한 시기에 요구되는 양만큼 필요한 곳에 공급하기 위해서 자재구매 담당자에게는 자재의 수배를 지시하고,

생산관리 담당자에게는 가공 및 조립을 지시하기 위한 비교적 간단한 계산논리를 지닌 시스템이다. MRP는 설계변경 및 생산계획의 변동 시마다 재가동되어 자재수급계획의 변경사항을 전체 생산시스템에 제공함으로써 상황 변화에 맞게 최적의 자재수급계획을 세울 수 있게 설계되었다. MRP 시스템은 1970년대에 미국 생산 및 재고관리협회(APICS : American Production and Inventory Control Society)의 소개로부터 그 활용이 급속히 확대되었다.

MRP 시스템을 통해 기업자원의 분배와 활용에 따른 많은 비효율성이 제거될 수 있었으며, 제품구성정보(BOM : Bill of Materials), 표준공정도, 기준생산계획(MPS : Master Production Schedule), 재고기록 등과 같은 기준정보들의 정확성과 통합관리의 필요성이 기업 전반에 걸쳐 공감대를 형성할 수 있게 되었다. 그러나 초기의 MRP 시스템은 여전히 개념과 기능에 대한 정의가 확고하지 못했으며, 네트워킹과 분산 데이터베이스와 같이 정보의 실시간적인 공유를 위한 관련 IT 기술의 미흡으로 기대만큼의 많은 성과를 이루어내지는 못했다.

1980년대에 들어서면서 대량생산 중심의 기업제조 환경은 소비의 다변화로 인해 다품종 소량생산의 시대로 급격히 변화하게 된다. 이로 인해 제한된 종류에 비교적 안정적인 수급 패턴을 보이는 수요에 효과적으로 대응하기 위한 MRP 시스템으로는 짧은 수명을 지니는 많은 수의 제품을 동시 생산하기 위한 자원배분과 생산용량 계획에 한계가 드러나게 되었다. 이를 해결하기 위해 기존의 MRP 시스템을 확대하여 새로이 MRP Ⅱ 시스템이 등장하게 되었다.

MRP Ⅱ 시스템은 제조자원이 한정된 상황에서 생산계획을 수립할 수 있도록 변경되었으며 다양화되는 고객수요에 대응하기 위해 수주관리, 판매관리 기능이 강화되었고 별개의 시스템으로 운영되던 재무 · 회계기능을 내부에 포함시켜서 패키지 솔루션의 형태로 등장하게 되었다. 이때부터 MRP Ⅱ는 단순히 자재소요계획을 위한 것이 아니라 제조자원계획(Manufacturing Resource Planning)을 위한 시스템으로 불리게 되었다. 솔루션 제조회사별로는 자신의 MRP Ⅱ 시스템에 추가적인 스케줄링 기능과 시뮬레이션 기능 등을 탑재하여 차츰 생산계획뿐만 아니라 최적화 및 분석 시스템으로써의 종합화된 시스템 형태를 갖추어 가게 된다.

1990년대 들어서면서 기업전산 환경은 정보통신기술의 눈부신 발전으로 인해 급격한 변화를 맞게 된다. 기업 내부적으로는 지리적으로 유리되어 있던 부서와 조직 간의 전산통합이 가속화되었으며, 거의 전 부분에 걸쳐 기업정보의 실시간적 공유와 활용이 가능한 시대로 들어서게 되었다. 기존에 기업내부에 집중되었던 정보시스템의 영역도 네트워킹 기술의 활용을 통해 기업 의부 시스템과의 연계 및 통합을 지원하는 형태로 변화하게 된다.

ERP 시스템은 이러한 IT 기술의 급격한 발전과 함께 기존의 MRP Ⅱ 시스템의 기능과 개념을 확대 · 계승하는 형태로 발전하게 된다. ERP 시스템은 전통적인 생산관리뿐만 아니라 설계, 재무, 회계, 영업, 인사, 고객사 및 하청사 등의 관리 기능과 경영지원 기능까지를 포함한 전사적 자원계획시스템으로 그 역할을 확고히 하게 되었다.

2) ERP의 정의 및 특징

ERP 시스템의 기능과 지원 대상이 기업 전반에 걸쳐 있으므로 ERP의 개념에 대한 정의가 조직, 기관마다 다를 뿐만 아니라, 패키지 공급업체마다 약간의 차이를 보이기도 한다. 가트너그룹의 경우 ERP를 '비즈니스 기능들을 균형잡아주는 일련의 응용프로그램 집합으로 차세대 비즈니스 시스템을 대표하는' 시스템으로 다소 모호하게 정의하고 있다. 그러나 이 정의 속에는 회계, 설계, 생산, 자재, 영업 등 기업의 모든 비즈니스 기능을 포괄한다는 의미를 명확히 담고 있다. 일본의 ERP 포럼에서 4가지로 들고 있는 ERP의 특징과 장점을 간략히 살펴보면 다음과 같다.

① 통합의 확산

ERP 이전에 개별 기업에서 개발 혹은 설치하여 사용하던 시스템들은, 분야별로 독립적으로 개발되어 왔기 때문에 이들 간의 통합적인 관리가 매우 어렵다. 그러나 ERP는 각 분야의 기업활동과 데이터를 통합적으로 관리할 수 있도록 설계되었으며, 특정 응용프로그램으로부터의 데이터 변경내용이 중앙의 데이터베이스시스템을 통해 실시간적으로 반영되어 활용될 수 있도록 하기 때문에 정확한 정보를 가지고 경영상의 의사결정을 할 수 있도록 지원해 준다.

② 세계화에 적합함

제조를 포함한 기업의 모든 활동이 이제는 여러 장소에 걸쳐 발생하며, 여러 국가에 걸쳐 일어나기도 한다. 따라서 기업정보시스템 자체도 상이한 국가 환경에 따라 언어, 통화, 회계표준들이 각기 지원될 수 있어야 한다. 이미 ERP 시스템들은 이러한 다국화된 기능을 포함하고 있으며, 상이한 국가에 설치된 ERP 응용시스템들 간의 상호운용성 역시 지원되고 있다.

③ 계획기능의 활성화

통합의 확산을 통해 확보된 ERP 시스템 내의 데이터 정확성과 실시간성은 고급 스케줄링 및 시뮬레이션 기능과 함께 그때그때의 경영환경변화에 대응하기 위한 계획수립을 용이하게 한다. ERP 시스템의 이러한 계획기능을 통해 경영의사결정이 훨씬 정확하고 원활히 지원될 수 있다.

④ 최신 정보기술의 활용

기업이 최신의 정보기술을 받아들여 적절히 활용한다는 것은 상당히 어렵고도 지난한 작업이 될 수 있다. 그러나 이미 ERP 시스템들은 최신의 기술을 결합하여 구현되었으며, 기술적 발견과 함께 꾸준히 개선되고 있다. 기업으로서는 이러한 최신 정보기술의 집합체인 ERP 시스템을 도입함으로써 적은 비용으로 자사의 정보시스템을 쇄신하고 그 혜택을 받을 수 있다는 장점이 있다.

위에서 언급된 네 가지 특장점 외에도 사용자 편의성, 범용성, 개방성, 표준화된 프로세스의 사용과 같은 점들이 자주 언급되기도 한다.

3) ERP의 구성요소

ERP 시스템을 구성하는 요소를 파악할 때 종종 기술적 구조와 기능적 구조로 나누어 살펴보는 게 일반적이다. ERP 시스템을 구성하는 기술적 구조와 기능적 구조를 [그림 11-12]에 정리하였다.

ERP 시스템을 구성하기 위해서는 그림에서와 같은 기술들이 결합되어야 한다. 회사, 기관에 따라서는 ERP 시스템이 공급회사에 의해 패키지로 제공되기

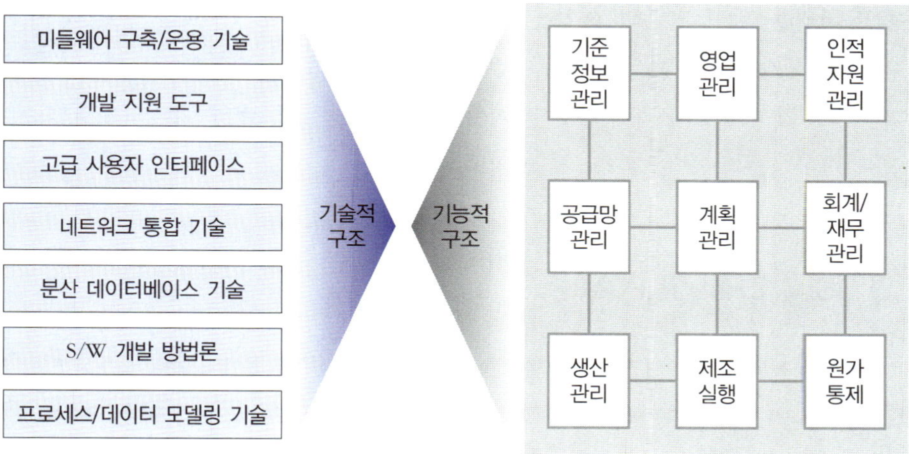

그림 11-12 | ERP 시스템의 구성요소

전부터, 자사의 정보시스템을 점증적으로 보완해 가면서 ERP와 유사한 시스템을 구축한 경우도 많다. 이러한 자체개발 ERP 시스템(In-House ERP System)은 복잡한 최신의 기술적 요소들을 충분히 활용하기에는 개발 비용과 기간 면에서 많은 한계가 있다. 더구나 SCM, CRM, BPM과 같이 새로이 등장하고 있는 기업정보시스템과의 연계에 어려움을 겪고 있다. 그러나 ERP 시스템이 이미 회사의 기간 시스템으로 중요한 기능을 하고 있는 상황에서 패키지 ERP 솔루션으로 전환이 이루어지기는 매우 어렵다. 실제로 이러한 전환에 실패한 회사들의 사례도 많이 발표되고 있는 실정이라, 많은 회사들이 이전(Migration) 시점과 전환 방법을 두고 고민하고 있기도 하다.

ERP 시스템의 기능적 구조와 관련해서는 모두 9개의 기능을 제시하고 있지만, 이는 솔루션 공급사의 모듈 구성에 따라 다소간의 차이를 보인다. 기준정보관리 기능은 기업에서 필요한 기본적인 정보와 메타정보를 관리하는 부문으로 자재명세표, 원재료배합표, 공정표준 및 표준시간 등과 같은 각종 표준화 데이터와 제품정보, 변경이력 등이 관리된다. 공급망관리와 관련해서는 다음에 나오는 SCM 시스템의 내용에서 살펴보기로 하자.

계획관리 기능은 수요와 공급을 계획하고 관리하는 부문으로 수요예측과 생산능력계획 등이 포함된다. 제조실행 기능은 작업지시와 생산통제, 실적관리 등의 처리를 맡던 기존의 작업장관리(SFC : Shop Floor Control) 기능에 유지보수를 위한 설비관리 기능과 최종 및 중간품의 품질관리 기능이 결합된 부문이다. 그 외의 기능들에 대해서는 전통적인 기업 기능들의 범위 내에서 이해할 수 있을 것이다.

(2) SCM, CRM 및 PDM

SCM(공급망관리, Supply Chain Management), CRM(고객관계관리, Customer Relationship Management), PDM(제품정보관리, Product Data Management)은 ERP 시스템과 비교해 보면 상대적으로 최근에 등장한 개념이다. 시장에서는 이러한 개념을 특화하여 구현한 솔루션이 발표되어서 기존의 ERP 시스템과 연계되기도 하며, ERP 시스템 내부적으로 하부 기능들을 추가·확대하여 이런 개념들을 제공하고 있기도 한다.

1) 공급망관리

공급망관리 혹은 공급체인관리로 불리는 SCM은 자재공급부터 최종소비까지 전체 공급망의 고객 대응성을 높임으로써, 고객의 편의를 증진하면서도 전체 공급망이 최소 비용으로 효율적으로 운용될 수 있도록 관리하는 기법과 개념을 의미한다.

공급망이란 원재료의 조달부터 중간재료의 유통과 가공, 최종제품의 생산 및

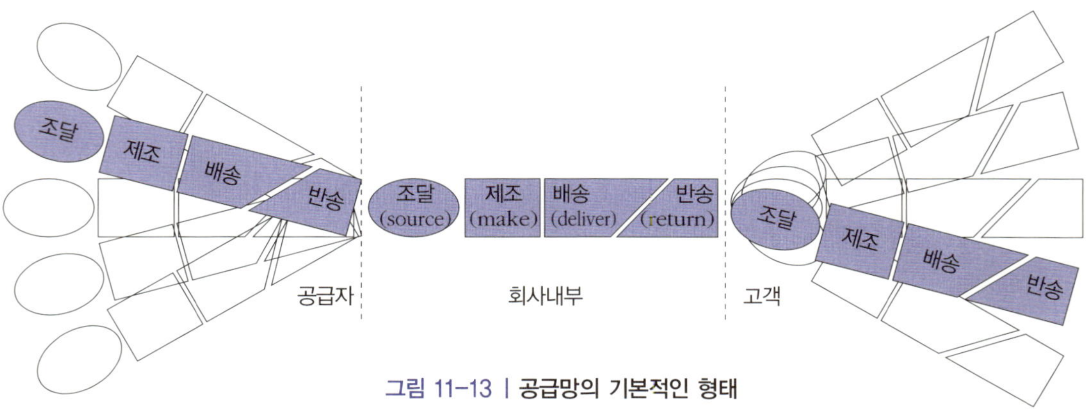

그림 11-13 | 공급망의 기본적인 형태

배송까지 일련의 기능을 수행하기 위해 긴밀하게 연결된 제반 기업, 조직들의 설비와 유통 채널, 그리고 그 위에서 실행되는 전체 활동과 프로세스를 모두 포함하는 개념이다. 전통적으로 기업, 조직은 독자적인 공급망을 운영하면서 조직 내에서 마케팅, 유통, 구매, 제조와 같은 부서별 활동을 조율하여 자체적인 최적화를 위해 노력해 왔다. 이 과정에서 만약 공급자의 생산용량과 재고통제에 대한 정보를 모른다면 자사의 생산중단을 최소화하기 위해 자체적으로 부품재고의 수준을 높이려 할 것이고, 수요자의 생산계획 스케줄을 모른다면 돌발적 주문에 대응하기 위해 완제품 재고의 수준을 높이려 할 것이다.

결국 공급망 내에 속하는 협력사 및 수요기업과의 정보공유가 없는 상황에서는 개별 기업들의 비용부담이 증가하게 되고, 이것은 전체 공급망의 효율을 떨어뜨리는 결과가 될 것이다. 보통 이런 현상을 채찍효과(Bullwhip Effect)란 용어로 설명하는데, 채찍의 손잡이를 조금만 휘둘러도 결국 그 채찍의 끝은 크게 흔들리는 것처럼 소비자 수요의 작은 변동이 제조업체에 전달될 때에는 확대되어 매우 큰 편차를 만들어낸다는 것이다. 그러므로 제조업체의 입장에서는 수요의 변동이 매우 불확실하면서도 크게 유동하므로 이에 대응하기 위해 공급망 전체에 걸쳐 많은 수의 재고를 만들어 두게 된다는 것이다.

결국, 공급망관리는 기존에 이루어졌던 개별 기업단위의 부분 최적화보다는 공급망에 참여하는 전체 기업들 간에 생산능력, 일정계획, 재고정보 및 수요예측정보를 공유함으로써 공급망 전체에 걸친 최적화를 이루자는 개념에서 출발한 것이다. 이러한 전체 최적화를 통해 채찍효과로 인해 야기되는 높은 재고비용, 고객서비스 수준의 저하, 생산능력 계획의 누적적인 오류, 수송상의 비효율, 생산계획상의 난맥상 등과 같은 악영향을 최소화할 수 있는 것이다.

2) 고객관계관리

CRM이란 '고객에 대한 정확한 이해를 바탕으로 고객이 원하는 제품과 서비스를 지속적으로 제공함으로써 고객과의 관계를 발전적으로 유지하며, 고객의 평가가치를 극대화하여 이로부터 수익성을 최대화하고자 하는 통합된 고객관리 프로세스'라고 정의할 수 있다. 기존의 데이터베이스 마케팅이 특정 상품에 대한 홍보와 마케팅을 위한 판매지향적인 캠페인 위주였다면, CRM은 고객의 수익성에 초점을 맞춰, 고객과의 긴밀한 관계를 유지 · 관리함으로써 고객의 충실도(loyalty)를 높이고, 고객정보를 적극적으로 획득 · 활용하여 기업의 지속적인 수익 창출에 연계하려는 전략이다.

일반적으로 CRM을 통해서 달성하려는 목적은 고객의 확보, 고객의 유지, 고객충실도의 확보라는 세 가지 측면에서 이야기한다.

고객의 확보란 잠재고객의 관심을 유발하고 편의성, 혁신성에서 차별화된 제품과 서비스를 제공함으로써 잠재고객의 실제 고객화를 유도하는 것이다.

고객의 유지에는 일단 획득한 신규고객이 반복해서 거래를 하도록 고객과의 관계를 강화해나간다. 고객유지 단계에서는 고객의 불만을 예방하고, 불만에 대해서는 효과적이고 적극적으로 대처하는 활동들이 진행된다.

고객충실도 확보에서는 고객과의 거래 폭과 깊이를 늘림으로써 타 경쟁사로의 이동을 어렵게 하여, 궁극적으로는 평생 고객화를 유도해 가는 것이다. 충실함을 보이는 고객은 다른 일반고객보다 재구매 의도가 높고, 신규고객을 연결하여 확보할 수 있게 하는 교량의 역할도 하기 때문에, 이런 우량고객의 확보는 기업의 수익성 증대에 직결된다.

CRM은 마케팅 분야의 경우 상품관리, 프로모션관리, 채널관리 등의 영역에서 주로 활용되고 있으며, 영업 분야에서는 영업지원 및 캠페인관리 등에 활용되고 있다. 고객서비스와 콜센터에서도 판매 후 서비스 활동에 CRM을 적극 활용하고 있다. 일반적으로 CRM을 도입한 기업들은 우량고객 증대, 신규고객 증가, 교차판매 및 추가판매의 증가 등을 통해 수익성 증가를 기대할 수 있으며, 고객 데이터의 적절한 분석 활용을 통해 고객유지 및 획득 비용을 감소시키고 타깃 마케팅을 통해 고객당 영업비용을 절감하는 효과를 기대할 수 있다. 분석을 통해 효과적인 고객서비스를 발굴하고 이를 통해 고객서비스의 전반적인 비용감소를 기대할 수도 있다.

CRM을 추진하는 기업들은 지속적으로 축적되는 방대한 고객데이터로부터 의미있는 데이터만을 정제하여 관리할 필요가 있으며, 이를 효과적으로 분석하여 수익과 직결되는 활동으로 전개할 수 있어야 한다. 이를 위해 데이터웨어하우스와 데이터마이닝이 고객데이터의 축적과 분석을 위해 중요시되고 있다. 데이터웨어하우스와 데이터마이닝에 대해서는 뒤에서 다시 보기로 한다.

3) 제품정보관리

제품정보관리(Product Data Management)란 기업에 있는 모든 제품을 정의하고 이와 관련된 정보를 관리하여 데이터의 무결성을 유지하고 접근성을 높이기 위한 것으로, 제품설계, 시제품, 생산 및 판매, 회수 및 폐기와 같은 수명주기 전반에 걸친 데이터를 관리한다.

PDM 시스템은 초창기에 CAD(Computer Aided Design), CAM(Computer Aided Manufacturing), CAPP(Computer Aided Process Planning)와 같은 제품설계, 공정계획수립 및 제조공정설계와 같은 설계 및 계획단계에서 제품 및 공정 데이터의 생성 및 유지에 초점을 맞춰서 개발되어 오다가 차츰 구매 및 부품정보시스템, 워크플로우(Workflow) 관리시스템과 같은 주변 시스템과의 통합과 설계변경지시(ECO : Engineering Change Order), 설계 BOM(Engineering BOM)의 제조 BOM(Manufacturing BOM)으로의 변환과 같은 기능의 확장을 통해 현재의 모습을 갖추게 되었다.

이와 같이 PDM 시스템은 태생적으로 제품의 설계에서부터 계획 및 제조로 내려오는 하향적(Top-down) 시스템으로, 작업장의 일별 생산 통제에서부터 자재소요계획 및 중장기적 능력계획으로 이어지는 ERP 시스템의 상향적(Bottom-up) 성격과 많은 차이를 보이면서 개별적인 시스템으로 발전해 왔다. 최근에는 두 시스템의 기능과 외연 확장으로 인해 차츰 접하게 되는 지원영역이 증가하고 있는 실정이다. 이로 인해 PDM 시스템과 ERP 시스템의 통합 혹은 연계에 대한 요구도 증가하고 있다.

(3) 데이터웨어하우스와 지식관리

최근 몇 년 사이에 국내의 기업정보화 화두로 많은 전문가들을 통해 거론된 단어 중의 하나로 지식관리 혹은 지식경영이 있다. 사회적으로도 '지식기반 경제' 혹은 '지식기반 사회'와 같은 용어들이 언급되면서 데이터나 정보 이상의 고차원적인 의미를 담는 대상으로서 지식의 중요성이 강조되고 있는 추세이다. 이렇듯 지식이 강조되는 것은 경쟁이 심화되고 있는 기업의 경영환경을 반증하는 예가 될 수도 있겠는데, 지식이라는 것이 정보 이상의 가치를 지닌 정제된 무엇이라는 의미에서 볼 때, 최적의 의사결정을 내리기 위해 활용되어 차별화된 기업경쟁력을 만들어내는 도구로써 기대되기 때문이라고 할 수 있다. 여기에서는 지식관리시스템의 핵심으로 언급되고 있는 데이터웨어하우스, 데이터마이닝의 개념을 차례로 살펴보고 지식관리에 대해서 알아보기로 한다.

1) 데이터웨어하우스와 데이터마트

많은 기업들이 수년간 기업활동을 진행하면서 축적한 데이터는 실로 엄청난 분량이다. 여기에는 기업들이 매우 중요하게 여기는 고객 데이터뿐만 아니라, 제품정보, 구매 · 판매 데이터, 생산 및 일정계획과 관련된 광범위한 내용들이 포함된다. 그러나 이렇게 데이터가 축적되어 있다고 해서 이로부터 바로 분석이 진행되고 의미있는 결과가 나올 수 있는 것은 아니다. 분석을 위해서는 데이터가 분석 목적에 적절한 형태나 내용을 갖도록 변환되어야 하는데, 데이터웨어하우스는 바로 이러한 요구사항을 만족시키기 위해 등장한 시스템이다.

데이터웨어하우스는 방대한 데이터를 저장 · 변환 · 분석하기 위한 시스템으로 데이터 접근 및 분석 과정에서 업무운영에 지장을 주지 않도록 업무운영 시스템과는 별도로 구성되며, 운영정보로부터 정제된 데이터를 취득하여 분석용 정보의 형태로 저장 및 관리한다. 주로 기업에서는 데이터웨어하우스를 고객정보의 집결지로만 이해하는 경향이 있지만 실제로 데이터웨어하우스에는 기업활동에서 분석이 필요한 모든 데이터들이 집결될 수 있는 곳이다.

단순히 보자면 데이터웨어하우스는 분석을 목적으로 운영시스템과는 분리된 데이터베이스시스템에 축적된 데이터와 이에 대한 논리적인 뷰(view)의 집합이라고 할 수 있다. 데이터웨어하우스란 용어를 만들어 데이터웨어하우스의 아버지로 불리며 Corporate Information Factory사의 공동창업자이기도 한 Bill Inmon은 자신의 저서 『What is a Data Warehouse?』에서 데이터웨어하우스의 특징을 다음과 같이 설명하였다.

① 주제지향적(Subject Oriented)임

데이터웨어하우스 내의 데이터는 일상적인 트랜잭션을 처리하는 프로세스 중심의 데이터와는 달리, 일정한 분석의 주제를 가지고 구성된다.

② 통합적(integrated)임

데이터웨어하우스 내의 데이터는 고도로 통합되어 있다. 기존의 여러 데이터베이스로부터 취합된 데이터에는 동일한 필드에 대해서 다양한 형태의 표현이 사용되었겠지만, 데이터웨어하우스 내에서는 이들이 단일한 형태로 정리되어야 한다. 즉, 고객의 성별을 데이터베이스별로 'M/F', 'Male/Female', '1/0'과 같이 여러 형태로 표현했더라도 데이터웨어하우스 내에서는 하나의 형식으로 통일되어 기술되어야 한다.

③ 비휘발적(non-volatile)임

데이터웨어하우스 내에서 데이터는 안정적인 상태이며, 신규 데이터가 추가될 수는 있지만 기존 데이터가 삭제되지는 않는다. 즉, 데이터웨어하우스 내의 데이터는 수시로 데이터가 갱신 및 삭제되는 운영 시스템과는 달리, 분석을 위해 축적될 뿐이지 변경되지는 않는다는 의미이다.

④ 시간변동적(time variant)임

데이터웨어하우스의 데이터는 특정 시간대에서 의미를 지니는 것으로, 그 시간대 이후 혹은 이전의 데이터도 마찬가지로 데이터웨어하우스 내에서 별개의 데이터로 축적되어 관리된다. 이것은 시간에 따라 변화하는 데이터를 지속적으로 유지함으로써 그 변화의 추이에 따른 분석이 가능하도록 한다.

데이터웨어하우스와 유사하게 사용되는 용어로 데이터마트(Data Mart)가 있다. 데이터마트는 운영데이터나 기타의 다른 원천으로부터 수집된 데이터의 저장소를 가리키는 용어로, 특정 그룹의 전문 분석인력들을 지원하기 위해 설계된다. 데이터는 운영 시스템의 데이터베이스 혹은 데이터웨어하우스 등으로부터 추출된 것으로, 데이터웨어하우스와의 차이점은 분석이나 표현 및 사용의 용이성 측면에서 특정 그룹의 전문화되고 명확한 요구에 따라 구성된다는 점이다.

실제 데이터웨어하우스와 데이터마트를 혼용하는 경우도 있지만, 엄밀히 구분하자면 데이터웨어하우스는 이미 존재하는 데이터가 어떤 것인지를 파악하고 이를 어떻게 수집할 수 있을지에 대한 분석으로부터 구축된다면, 데이터마

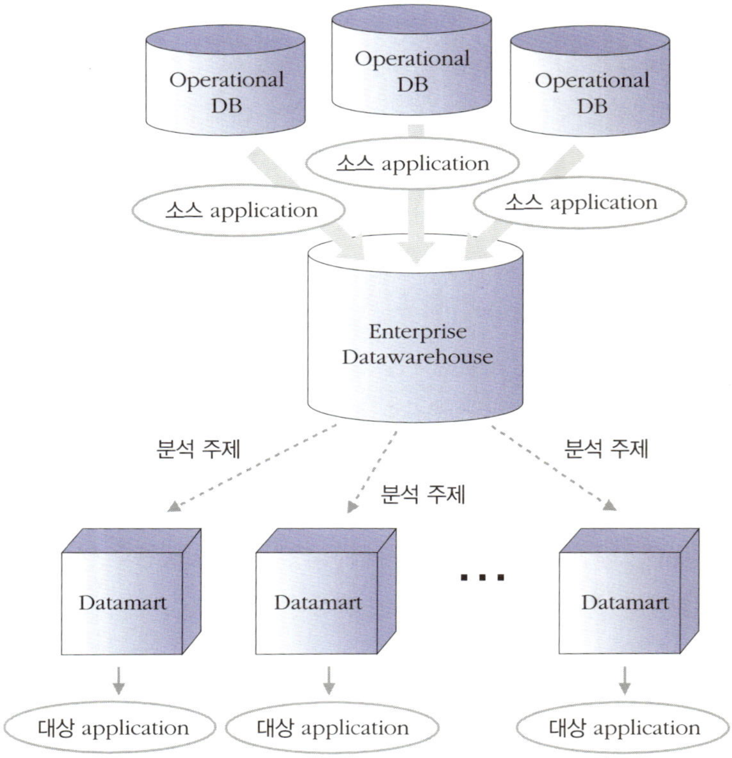

그림 11-14 | 데이터웨어하우스와 데이터마트

트는 사용자의 구체적인 분석요구로부터 생성된 것이라는 점이다.

즉, [그림 11-14]에서 알 수 있듯이, 데이터웨어하우스를 데이터의 개념적인 중앙 집합체라고 한다면 데이터마트는 데이터웨어하우스 등으로부터 다시 유도될 수 있는 데이터의 저장소로서 특별히 계획된 구체적 분석 목적을 위해 접근의 용이성과 유용성 등이 강조되어 재구성된 것이다. 보통 하나의 데이터웨어하우스로부터 여러 부서의 분석 전문가들이 각자의 분석 주제별로 개별적인 데이터마트를 생성하여 독립적인 분석을 진행해 나가는 형태로 운영된다.

2) 데이터마이닝

데이터마이닝(Data Mining)은 대규모로 저장된 데이터 안에서 기존에는 발견되지 않았던 데이터들 간의 상호관계를 분석하여 이로부터 체계적이고 자동적인 통계적 규칙이나 데이터 패턴을 찾아내고, 그 결과를 기업, 조직의 의사결정에 활용하는 작업을 의미한다. 예를 들어 인터넷 서점에서 출산 및 육아서적을 구입한 고객은 3년 뒤에는 조기교육이나 영재교육 관련 서적을 구입하는 경향이 있다면, 3년 전에 출산 및 육아서적을 구입한 고객을 대상으로 한 타깃 마케팅을 실시하여 조기교육이나 영재교육 관련 서적을 묶어서 특별가에 제시하는 캠페인을 고려해 볼 수 있을 것이다.

데이터마이닝에서는 주로 통계학 분야에서 발전한 탐색적 자료분석, 가설검정, 다변량분석, 시계열분석, 일반선형모형 등의 방법론과 데이터베이스 처리 분야에서 발전한 OLAP(Online Analytic Processing) 기술, 인공지능 분야에서 발전한 SOM(Self-Organizing Map), 신경망이론, 전문가시스템 등의 기술이 결합되어 이용된다.

데이터마이닝은 데이터웨어하우스에서 가장 중요한 적용 업무의 하나로 인식되고 있는데, 실제로 기업에서 데이터웨어하우스를 구축하는 주된 목적의 하나도 바로 데이터마이닝에 있다. 데이터마이닝 작업들은 다양한 분야의 기법을 활용하여 진행되는데, 주로 데이터 간의 연관성 측정, 데이터군의 클러스터링, 의사결정나무를 이용한 분류 및 예측, 신경망 모형을 이용한 패턴 발견 등과 같은 분석 기법들이 주로 활용된다.

데이터마이닝은 축적된 자료를 통해 현상을 해석하고 규칙성을 발견하는 방법이므로, 준비된 자료가 현실을 충분히 반영하지 못하거나 분석 내용에 맞게 적절히 정제되지 않았다면, 잘못된 결론을 이끌어 낼 수 있다. 따라서 성공적인 데이터마이닝이 이루어질 수 있도록 통합적이고 정제된 데이터 저장소를 구축해야 하며, 적절한 데이터마이닝 모델을 개발하여, 분석 및 연구가 지속적이고 종합적으로 이루어지도록 해야 한다. 기업에서는 데이터마이닝 결과의 품질을 높이기 위해 전담 팀을 구성하여 운영하는 것이 일반적이다.

3) 지식관리

지식관리시스템(KMS : Knowledge Management System)이란 조직이나 기업의 인적자원이 보유하고 있는 개별적인 지식을 체계화하여 관리적으로 축적 및 공유함으로써, 개인 및 조직 전체의 경쟁력을 향상시키기 위한 기업정보시스템으로, 지식의 생성과 저장, 검색 및 활용을 종합적으로 지원한다. 기존의 기업정보시스템이 기업활동에서 발생하는 수치적 데이터의 저장 · 관리에 중점을 두어 구축된 반면, 전략이나 정책의 수립, 의사결정과 같은 고급 정보처리 기능은 기업 내 인적자원에 의해 수행되어 왔기 때문에, 해당 인력이 떠나면 기업의 지식자산도 함께 소실되는 문제가 발생했다. 지식관리시스템은 기업 내 인적자원이 업무처리와 함께 획득한 경험과 지식이 회사의 자산으로써 등록되어 관리될 수 있도록 함으로써 기존 정보시스템의 단점을 극복하고, 해당 지식이 적절한 사람에게 적시에 쉽게 활용될 수 있도록 지원한다.

이러한 지식관리시스템의 핵심에는 결국 데이터웨어하우스와 데이터마이닝이 있다. 갈수록 지적자산에 대한 중요성이 커지고 있는 시점에서 기업들은 이러한 지식관리시스템의 효과적인 구축과 운영에 많은 관심을 가지고 있다. 지식관리시스템은 그동안 회계, 영업, 생산 등의 분야에서 주로 활용되던 정형화된 수치정보의 분석에서, 차츰 직원 개개인들이 업무 수행과 함께 축적해 가고 있는 비정형 정보를 검색하여 활용할 수 있는 방향으로 그 기능이 확대되어 가고 있다.

11.3 기업통합과 e-Business

초기의 컴퓨터는 계산 위주의 정보처리기기로 인식되었으나, 차츰 네트워크를 통한 자료교환과 정보전달의 수단으로서 더욱 발전하게 되어, 이제는 통신기기로의 역할이 더 중요하게 강조되기도 한다. 이와 함께 기업 내에서 컴퓨터와 정보시스템의 역할도 데이터 분류 및 처리에서 차츰 정보 전달과 전산 통합을 위한 도구로 변모하고 있다. 세계화와 세계경영이라는 용어가 빈번히 사용되면서, 기업들의 경쟁 무대도 국제적인 규모로 확대되고 있다. 세계 시장이 단일화되어 가고 있는 현실 속에서, 기업들은 원격지의 파트너 회사와 고객들에게 인터넷 상의 온라인 거래를 통해 다가가려고 노력하고 있다.

(1) 기업 애플리케이션 통합과 BPM

기업 애플리케이션 통합(EAI : Enterprise Application Integration) 시스템과 비즈니스 프로세스 관리(BPM : Business Process Management) 시스템은 각기 다른 업무적 요구에 의해 기업 내의 서로 다른 업무 부문에서 성장해온 시스템이었지만, 기업 업무의 통합적인 관리와 운영을 위해 지원 영역을 확대해가는 과정에서 이제는 서로 동일한 시장 영역에서 경쟁하는 시스템이 되었다. 각 시스템의 개념과 기능에 대해서 살펴보기로 한다.

1) 기업 애플리케이션 통합(EAI)의 의미

1990년대 중반부터 기업 내부의 모든 전산시스템과 자원을 통합적으로 관리 · 계획함으로써 업무 프로세스를 혁신시키고자 ERP의 영역이 급속히 확대되어 가면서, 통합은 모든 기업의 공통된 화두가 되어 왔다. 이후 지속적인 IT 전략의 추진과 함께 ERP 이외에도 CRM, SCM, KMS, 비즈니스 프로세스 관리 시스템(BPMS), 그룹웨어(GW), 데이터웨어하우스, ETL 도구(Extract, Transform and Load) 등의 다양한 애플리케이션 시스템과 솔루션이 기업 업무의 자동화와 효율화를 위해 도입되어 왔다.

그동안 기업들은 업무를 분리하여 특화시키는 형태로 효율화를 꾀해 왔지만, 이제 이러한 특화된 업무와 지원 시스템들이 상당한 관리 및 유지비용을 발생시키며, 기업의 변화에 대한 유연성을 저해하는 요소로 작동하게 됨을 알게 되었다. 실제로 월스트리트 저널은 대기업이 평균 50개 정도의 이종 응용프로그램을 가지고 있고, 이를 유지하는 데 연간 160억원 정도를 지출한다는 조사를 발표한 적도 있었다. 기업들은 각 분야에 적용된 서로 다른 애플리케이션과 시스템들이 서로 통합되어 정보를 효율적으로 공유하면서 급격한 시장 변화에 유연하게 대응할 수 있기를 원한다.

그동안 기업들은 이러한 통합에 대한 요구를 개별 시스템과 시스템 간의 일대 일 대응 형태로 해결해 왔다. 이러한 개별적인 대응이 반복될 경우 응용프로그램의 스파게티(Application Spaghetti)라고 불리는 복잡하고도 비효율적인 구조를 낳게 된다.

기업 애플리케이션 통합은 이러한 스파게티형의 통합을 지양하고, 통일된 기반구조 위에서, 모든 기업 애플리케이션들이 효율적으로 연계되고 개발될 수 있도록 해준다. 기업 애플리케이션 통합은 다양한 응용프로그램, 데이터베이스, 플랫폼 및 네트워크 환경에서 기업의 정보 기술과 응용 시스템들이 통합될 수 있도록 해주는 솔루션으로, 이미 각 분야에서 상호 통합을 염두에 두지 않고 개발되어 왔던 CRM, SCM, KMS, BPMS 등의 전산시스템들과 자원들을 솔루션 벤더가 제공하는 다양한 어댑터와 응용프로그램 인터페이스(Application Programming Interface)를 통해 종합적으로 연계시키게 된다.

초기에 기업 애플리케이션 통합은 기업 내 이기종 애플리케이션과 비즈니스 프로세스의 통합을 의미했으며, 자체개발 형태로 특화되어 구현된 응용프로그램, 패키지형 응용프로그램 및 데이터베이스 시스템 간의 데이터 연계와 전달에 중심을 두어 왔다. 반면에 기업 간에 전자상거래와 관련하여 진행되던 비즈니스 통합은 기업 간 통합(B2Bi : Business-to-Business integration)이라 하여 기업 애플리케이션 통합과 구분되어 사용되었다. 그러나 급변하는 전산환경 속에서 차츰 협업적 e-비즈니스를 강조하는 기업 간 응용프로그램의 연계 및 통합에 대한 필요성이 대두되면서, 기업 애플리케이션 통합은 기업 내 비즈니스 프로세스의 통합에서 더 나아가 기업 간 통합(B2Bi)까지를 포함하는 개념으로 확대되고 있다. 이렇게 그 영역이 확대되어 인식되는 기업 애플리케이션 통합의 개념을 eAI(e-Business Application Integration)로 부르며, 협의의 EAI와 구분하여 언급하기도 한다. 차츰 EAI는 eAI와 같은 의미로, 광의의 개념으로 많이 사용되고 있다. 광의의 기업 애플리케이션 통합 시스템은 이제 EDI, ebXML, xCBL, RosettaNet 등의 대표적인 e-비즈니스 표준을 지원하는 다양한 어댑터와 함께 제공되고 있으며, 최근에는 비즈니스 프로세스 관리(BPM)와 웹서비스(Web Services)를 주요 기능으로 포함시키고 있다.

2) 비즈니스 프로세스 관리(BPM)의 의미

프로세스를 '목표달성을 위한 활동들의 조직화'로 정의한다면, 비즈니스 프로세스는 '기업이윤 창출에 필요한 활동들의 체계화'로 정의할 수 있을 것이다. 이러한 비즈니스 프로세스는 기업의 업무 필요에 따라 임의로 도입되고, 지속적으로 변화하게 된다. 규모가 큰 조직은 수백, 수천 개의 비정형화된 비즈니스 프로세스를 보유하고 있으며, 프로세스 실행은 기업이 보유한 다양한 형태의 애플리케이션과 담당자의 능력에 의존하여, 주로 수작업을 통해 이루어져 왔다. 이렇게 비즈니스 프로세스가 몇몇 단편화된 애플리케이션과 수작업에 의존하여 진행되는 상황에서, 비즈니스 프로세스의 현황을 꾸준히 파악하고 관리해야 하는 기업경영의 본질이 성공적으로 실현되기에는 많은 어려움이 있을 것으로 쉽게 짐작할 수 있을 것이다.

비즈니스 프로세스 관리시스템은 이러한 문제점을 해결하고자, 기업활동의 근간을 이루는 비즈니스 프로세스들을 투명하게 관리하고 통제하기 위해 도입되었다. 비즈니스 프로세스 관리에 대한 정의는 매우 다양한데, 가트너그룹에서는 '인적자원과 애플리케이션 수준의 상호작용을 포함한 프로세스 분석, 정의, 실행, 모니터링 등의 프로세스 관리를 명확하게 할 수 있는 도구와 서비스'로 정의함으로써 프로세스 관리를 위한 도구임을 강조하였다. Ovum에서는 '조직 내외의 사람 및 시스템이 상호 작용하는 비즈니스 프로세스를 지속적으로 인지하고 관리할 수 있도록 지원하는 일종의 변화 관리 및 시스템 실행 방법론'으로 정의함으로써 개선을 위한 관리도구임을 강조하였다. 이러한 비즈니스 프로세스관리에 대한 여러 시각들을 종합해 볼 대, 결국 비즈니스 프로세스 관리시스템은 '기업이윤 창출을 위한 프로세스의 지속적인 개선을 목표로 프로세스 라이프사이클(분석, 정의, 실행, 개선)에 걸쳐 기업 내부의 자원을 통합 관리할 수 있는 시스템'으로 정의할 수 있을 것이다.

(2) 기업통합과 기업정보시스템의 발전 방향

최근 시장에는 다양한 기술적 배경을 가진 비즈니스 프로세스 관리시스템이 혼재되어 있는 상태이다. 전통적인 비즈니스 프로세스 관리시스템은 본래 사무환경에서 결재서류와 같은 비즈니스 문서의 흐름을 지원하기 의한 워크플로우(workflow) 관리시스템으로부터 발전해 왔다. 차츰 다른 기업과의 전자상거래 업무를 지원하고, 생산 및 작업 현장의 업무들을 유기적으로 연계하기 위해서 대상 비즈니스 프로세스의 범위를 확대하면서, 기존에 기업 애플리케이션 통합

시스템을 통해 제공되던 하위 수준의 업무 프로세스 영역과 비즈니스 프로세스 관리시스템의 시장 영역이 중첩되는 상황이 발생하게 되었다. 이제 시장에서는 기업 애플리케이션 통합의 개념으로부터 출발하여 상위의 비즈니스 프로세스 관리 기능까지를 포함하도록 확장된 제품군들과 전통적인 워크플로우 시스템으로부터 출발하여 하위의 데이터 및 응용프로그램 통합으로 확장되고 있는 제품군들이 함께 기업통합 시장을 놓고 혼재되어 경쟁하고 있는 상태이다.

여기에 전통적인 ERP 업체들과 미들웨어 업체들이 가세하여 같은 기업시장을 대상으로 경쟁하는 상황이 벌어지고 있다. 이처럼 기업정보시스템이 초기에는 주로 핵심 개념을 구현하는 전문 솔루션의 형태로 등장했다면, 현재에는 이미 대형화되어 있는 기간 시스템에 기능을 추가하는 확장 솔루션의 형태로 등장하고 있다. 갈수록 기업정보시스템은 대형화되어 갈 것이고, 이러한 추세는 기업의 입장에서 볼 때, 기존 투자의 유지라는 측면에서 긍정적으로 받아들여지고 있다. 즉, 기존 정보시스템 위에 확장되는 모듈이나 연계시스템으로써 새로운 기업정보시스템이 부가되는 상황은 여전히 통합된 정보관리를 가능하게 해주며, 새로운 시스템과의 통합을 위해 기업이 추가적인 투자를 해야 하는 부담을 없애 준다.

그러나 신규 솔루션을 제공하는 공급자의 입장에서는 기존 정보시스템과의 상호 운용성을 보장해야 하는 부담이 발생하며, 더구나 대상 기업이 이미 보유하고 있는 기간 시스템의 구조가 개방적이지 않을 경우 아예 상호 연계 자체가 불가능할 수도 있는 상황이 된다. 즉, 기존의 ERP, 미들웨어, 기업 애플리케이션 통합, 비즈니스 프로세스 관리와 같은 기간이 되는 기업정보시스템을 갖지 못한 소프트웨어 공급사의 입장에서는 이러한 제약이 시장진입의 상당한 장벽으로 작용하게 된다. 이러한 진입 장벽은 정보시스템을 사용하고 있는 기업의 입장에서도 특정 공급사의 솔루션에 종속된다는 부담감을 주게 된다. 이와 같은 이유로 차츰 기업과 솔루션 공급업체 모두에서 표준화된 기술과 개방적인 기업정보시스템 구조에 대한 공감대가 형성되고 있으며, 웹 서비스(Web Services)나 미들웨어 표준과 같이 특정 업체에 종속되지 않는 중립적인 기술과 환경을 만들어가고 있다.

(3) 인터넷과 e-Business

아마도 인터넷만큼 기업 전산환경에 심대한 영향을 미친 시스템이나 환경을 찾는 것은 거의 불가능할 것이다. 인터넷은 기업환경을 송두리째 바꾸었으며, 앞으로도 지속적으로 영향을 미치게 될 것이다. 인터넷이 기업활동에 미친 대표적인 영향을 살펴보면 다음과 같은 것을 들 수 있다.

① 시간 효율성과 효과성

인터넷을 통해 기업의 업무 프로세스는 보다 더 유기적으로 통합되어 운영될 수 있으며, 시간적 제약을 벗어나 업무 프로세스를 가속화하고, 정보의 유통시간을 순간으로 단축시켰다.

② 지역 효율성과 효과성

지리적인 위치와 교통은 더 이상 기업 비즈니스의 핵심적인 제약으로 기능하지 못하고 있으며, 인터넷을 통해 기업은 국경을 넘어 전 세계를 상대로 비즈니스를 진행하여 규모의 경제를 달성할 수 있게 되었다. 뿐만 아니라 인터넷을 통해 세계 곳곳에 흩어져 있는 기업 부문들을 글로벌하게 통제할 수 있는 환경이 되었다.

③ 관계 효율성과 효과성

이제 생산자와 소비자, 기업과 고객의 관계는 기존의 피상적인 위치에서 벗어나 인터넷을 통해 직접 대면할 수 있게 되었으며, 기업은 고객의 즉각적인 피드백으로부터 새로운 제품과 서비스의 설계를 위한 동반자를 얻게 되었다.

산업자원부에서 2003년에 발행한 'e-비즈니스 백서'에 따르면 e-비즈니스는 '인터넷과 IT를 이용하여 구매-제조-유통-판매-서비스로 이어지는 비즈니스의 전 과정을 재조정하여 경영활동의 효율성과 생산성을 높이며, 새로운 사업기회를 창출하는 계획적으로 조직된 혁신활동'으로 정의되어 있다. 즉, e-비즈니스는 인터넷과 관련 정보통신 매체를 통해서 상품, 서비스, 정보 및 지식이 생성 · 저장 · 유통 및 소비되는 전체 과정을 비즈니스적으로 구축한 것이라 할 수 있다.

전통적인 EDI 시스템들이 VAN(부가가치망, Value Added Network)을 기반으로 폐쇄적이고 일괄처리(batch processing) 형태의 상거래 시스템에 머물렀다면, e-비즈니스는 인터넷이라는 개방형 구조 위에서, 실시간적인 트랜잭션의 처리를 지원하는 형태로 인식되고 있다.

이미 인터넷과 e-비즈니스는 많은 변화와 기술적 성취를 이루어냈지만, 여전히 앞으로도 더 많은 변화와 과제를 기업에 제시하게 될 것이다. 초기에 난립했던 e-비즈니스 표준들도 차츰 공인된 표준화 기관과 단체에 의해서 중립적으로 개발되고 있으며, 많은 기술적 문제들을 해결해 가면서 더욱더 견고해져 가고 있다. 모든 기업의 비즈니스가 인터넷화할 수는 없고, 실제로 그럴 필요도 없다. 그러나 그 비중은 점점 더 높아질 것으로 예상되며, 얼마나 인터넷과 e-비즈니스를 기업혁신의 기회와 도구로 사용하느냐가 기업의 핵심 경쟁력으로 더욱더 강조될 것이다.

연습문제

1 대학 입시 후에 국립대학교에의 등록을 고민하는 한 학생이 사립대학교를 선택하는 경우와의 비교 · 분석을 SWOT을 통해 진행하고자 한다. 현명한 진학결정을 내리기 위해 SWOT분석을 진행하고, SO, ST, WO, WT전략을 각각 하나씩 작성해 보시오.

2 가전제품을 판매하는 가상의 인터넷 쇼핑몰에서 발생할 수 있는 업무흐름을 가정하여 이를 분석하기 위한 기능/프로세스 모델을 작성하고, 대리점 등과 같은 오프라인 매장을 통한 가전제품 판매 회사의 기능/프로세스 모델과의 차이점을 비교 · 설명해 보시오.

3 최근 기업정보시스템과 관련하여 업계에서 자주 언급되는 시스템이 있다면 대표적인 것을 하나 찾아 그 시스템의 기능과 역할에 대해서 조사하여 보시오.

공업경영의 새로운 이슈

Chapter 12

12.1 서 론

18세기 중엽 영국에서 비롯된 산업혁명을 통해 급격히 발전한 생산기술은 1900년대 초반 미국의 자동차 산업에서 더욱 발전하여 생산성이 배가되는 대량생산기술이 자리잡게 되었다. 또한 유럽이 제2차 세계대전의 소용돌이에 빠져있을 때 그 중심에서 벗어나 있었던 미국은 이후 1960년대까지 세계시장에서 거의 독점적인 지위를 누리게 되었다. 따라서 전통적인 공업경영 이슈들은 이러한 미국식 생산시스템을 기반으로 만들어졌다. 이러한 전통적 미국식 생산시스템을 대표하는 것으로 우리는 포드의 자동차생산라인을 든다. 그러나 분업의 장점을 극대화시킨 이 흐름식 자동차조립라인은, 미국 특유의 대륙성 기질과 풍부한 자원을 기초로 한 운영방식을 택함으로써 생산성에 있어 낭비적인 요소를 안고 있었다.

전통적인 미국식 생산시스템에 내재된 낭비요인을 인식하고 이에 대한 대안을 처음으로 제시한 것은 일본의 제조업체들이었다. 특히 전 세계 자동차시장의 다크호스로 등장하여 지금은 명실상부한 세계 최고의 기업이 된 도요타(Toyota, 豊田)자동차의 혁신적인 생산시스템인 JIT(Just-in-Time)는 전 세계 생산시스템의 큰 변화를 이끌었다.

도요타의 엄청난 성공에 영향을 받아 전 세계의 수많은 기업들과 관련 학계에서는 자신의 환경에 적합한 생산혁신방안을 강구하기 시작하였다. 특히 세계경제의 중심에 서 있다가 일본의 등장으로 인해 자존심에 상처를 입었던 미국 기업들이 이러한 조류의 중심에 서 있었다. 그 예로는 크라이슬러 자동차에서 도입하였던 프로세스 재설계(BPR : Business Process Reengineering)와 모토로라(Motorola)에서 시작된 6시그마(Six Sigma) 등이 대표적이다. 미국 기업들의 이러한 노력은 나름대로 성과를 거두어 미국 경제가 다시 일어서는 데 큰 역할을 하였으며, 미국 이외의 지역에도 전파되어 세계적으로 큰 성과를 얻고 있다.

본 장에서는 위에서 언급한 JIT, BPR, 6시그마 등 3개 주제에 관해 간략히 소개함으로써 공업경영의 새로운 이슈를 설명하고자 한다.

12.2 도요타생산시스템, JIT(Just-in-Time)

미국이 세계시장에서 독점적인 지위를 통해 최대의 호황을 누렸던 1960년대에 일본의 도요타자동차회사는, 미국 제조기업의 약점이 생산성의 낭비라는 점을 인식하고 일본이 미국과의 경쟁에서 이길 수 있는 유일한 방법은 '낭비가 없는 완벽한 생산시스템'의 구축이라는 결론을 내렸다.

도요타는 제품에 가치를 더하지 않는 모든 생산관련 활동을 낭비로 규정하고, 생산현장에서 제거해야 할 낭비의 형태를 일곱 가지로 분류한 다음, 그 원인과 상태를 철저히 분석하여 개선해 나가는 '지속적인 개선활동(Continuous Improvement)'을 추진함으로써 생산시스템의 경쟁력을 제고하였다.

이러한 도요타의 생산혁신시스템은 도요타생산시스템(TPS : Toyota Production System) 혹은 JIT(Just-in-Time)라고 하며, 최근에는 좀 더 포괄된 개념으로 린(Lean)생산시스템이라고도 부르기도 한다. 이 시스템을 구현하기 위해서는 최고경영진에서 현장 작업자에 이르기까지 전사적인 노력이 필요하며, 그 대표적인 내용은 다음과 같다.

(1) 7가지 낭비 분류

① **불량품의 낭비** : 불량품이 만들어지면 그 제품을 만드는 데 투입된 자재, 기계, 인력 등이 낭비될 뿐 아니라 계획의 변경, 출고 지연 등의 낭비요인을 유발하기도 한다.

② **초과 및 조기달성의 낭비** : 계획(혹은 필요)보다 많이 또는 미리 만드는 것은 낭비이다.

③ **재고의 낭비** : 재고로 저장된 제품에는 가치가 늘어나지 않으므로 재고로 저장되어 있는 시간은 낭비(즉, 조기달성의 낭비)이다.

④ **운반의 낭비** : 가능하면 운반을 줄이는 것이 이동에 소요되는 시간 및 비용을 줄여준다.

⑤ **가공의 낭비** : 가공방법을 개선함으로써 생산성을 제고할 수 있다.

⑥ **동작의 낭비** : 작업동작의 개선(제3장 참조)을 통해 생산성을 제고할 수 있다.

⑦ **대기의 낭비** : 작업자, 기계, 물자 등의 대기는 모두 가치와는 무관한 낭비 요인이다.

(2) 풀(Pull) 방식과 간판(Kanban) 시스템

JIT에서는 풀 방식의 업무흐름을 사용한다. 이와 반대되는 기존의 업무흐름 방식은 푸시(Push) 방식이다. 두 방식의 가장 큰 차이점은 풀 방식의 경우 고객이 끌어당기는(Pull) 만큼의 제품을 생산하는 데 반해, 푸시 방식은 고객의 수요를 미리 예측하여 생산한 다음 고객에게 밀어내는(Push) 형식을 취한다는 것이다. 다시 말해 푸시 시스템이 미래의 수요에 대한 기대 하에서 생산을 시작하는 반면, 풀 시스템은 현재의 수요에 대한 반응으로 생산을 시작한다는 점이다.

푸시냐 풀이냐에 대한 선택은 상황에 따라 달라진다. 반복성이 높은 프로세스와 잘 정리된 작업흐름으로 표준품을 생산하는 기업에서는 풀 방식을 사용해 작업장의 재고와 산출물의 양을 정교하게 통제할 수 있다. 또한 최고급 레스토랑에서도 풀 방식을 사용해서 재고비용(즉, 신선도와 맛)을 통제한다. 반면, 리드타임이 긴 프로세스, 정확도가 높은 수요예측, 공동 프로세스가 필요한 다양한 제품, 오래 기다리지 못하는 고객을 가진 기업은 재고생산을 하고 푸시 방식을 채택하는 경향이 있다. 많은 제조업체들이 이에 해당한다. 주문조립(ATO : Assemble-to-Order)전략을 사용하는 기업들은 양쪽 방식을 모두 사용하기도 한다. 즉, 푸시 방식으로 표준품을 생산하여 풀 방식으로 부품 조합에 대한 고객의 요구를 만족시킨다.

JIT는 풀 방식을 생산현장에 구현하기 위하여 간판시스템을 사용하였다. 간판(看板)이란 물품보관 용기에 부착하는 일종의 카드로서 물품 및 작업장 관련 정보가 기록되어 있다. 후속 작업장에서 물품을 인수해 갈 때는 반드시 간판을 용기에서 떼어낸 다음 고유의 장소에 보관해두기 때문에 작업자는 해당 물품의 사용량을 언제든지 확인할 수 있고 그 사용량이 일정수준에 도달해야 생산에 들어가므로 '고객이 사용한 만큼만 생산' 하는 풀 시스템을 구현할 수 있게 되는 것이다.

JIT는 앞에서 보았던 7가지 유형의 낭비를 제시하였지만 그 중에서도 특히 재고를 강조한다. 왜냐하면 유형에 관계없이 낭비요인이 발생할 경우 재고가 증가하는 증상이 나타나기 때문이다. 따라서 JIT의 '지속적인 개선'은 항상 재고감축에서부터 시작된다. 이는 재고를 줄임으로써 낭비요인이 무엇인지 찾을 수 있기 때문이다. 즉, 간판시스템을 이용한 풀 방식의 구현을 통해 JIT는 강제적으로 재고를 감축하고 그 결과 나타나는 낭비요인을 제거하는 데 전사적인 노력을 기울임으로써, 낭비없는 완벽한 생산시스템을 구현할 수 있게 된 것이다.

(3) 품질 일관성 유지

'필요한 시점에 필요한 양의 제품'을 생산하고자 하는 JIT를 구현하기 위해서는 품질의 안정이 반드시 필요한 조건이다. 도요타에서는 이러한 품질의 중요성을 인식하고 일찍이 1950년대에 관리도 및 샘플링검사 등 통계적 품질관리의 개념(제5장 참조)을 도입하였다. 그러나 전문지식을 가진 소수의 품질관리 담당 직원들만으로 품질개선에 한계가 있으며, 궁극적인 품질안정을 위해서는 최고경영자부터 생산직원에 이르는 모든 조직원이 품질개선을 위해 공동노력을 기울여야 함을 곧 깨닫게 된다. 따라서 도요타에서는 통계적 품질관리(SQC : Statistical Quality Control)에서 한 걸음 더 나아가 전사적 품질관리(TQC : Total Quality Control) 개념을 제시하였다.

TQC를 실천하기 위해 도요타에서는 많은 기법들을 동원하였다. 작업자 스스로 문제를 찾아 해결하고자 수행하는 분임조(QC Circle) 활동, 문제의 원인을 찾기 위해 '왜?'라는 질문을 5번 연속한다는 5Why, 불량품을 후공정으로 절대 넘기지 않기 위한 포카요케(Poka-Yoke, 영어로는 Fool Proof), 불량이 발생했을 경우 라인 전체를 멈추는 안돈(Andon) 시스템 등이 그것이다.

(4) 소로트 생산 및 생산준비(Setup)시간 단축

JIT 시스템은 필요할 때 필요한 수량만큼만 생산하여야 한다. 그러기 위해서는 생산로트(Lot, 한 번에 같이 처리되는 품목의 수량)의 크기가 작아야 한다. 작은 로트는 여러 가지 장점을 가진다. 우선 로트가 작아지면 재고수준이 낮아진다. 또한 작은 로트는 큰 로트보다 시스템을 빨리 통과한다. 즉, 제품의 리드타임(Lead Time)이 짧아지므로 재공품 재고의 양도 줄어든다. 로트의 크기가 줄어들면 품질에도 좋은 영향을 미친다. 일반적으로 품질검사가 로트 단위로 이루어지므로 소로트의 경우 불량을 신속하게 감지하게 되어 품질개선의 속도가 빨라지게 된다. 마지막으로 작은 로트는 시스템의 작업부하를 균일화시킨다. 로트가 크면 작업장에서 시간을 큰 뭉치로 잡아먹기 때문에 부하의 균형화가 어려워지게 되고, 작은 로트는 효율적으로 다루기가 쉽기 때문에 일정관리자가 생산능력을 더 효율적으로 사용할 수 있게 되는 것이다.

소로트 생산은 위와 같은 장점과 더불어 생산준비(Changeover 혹은 Setup)시간의 증가라는 단점도 가지고 있다. 생산준비시간이란 기계가 한 가지 품목을 생산한 다음 다른 품목을 생산하기 위해 가동을 멈추고 그 품목의 생산에 필요한 조치를 시행(예를 들어, 직경 10mm인 구멍을 100개 뚫은 뒤 직경 12mm로 바꾸기 위해서는 드릴 기계를 멈추고 10mm 드릴을 제거한 다음 12mm 드릴로 교체)하는 데 소요되는 시간을 말하는데, 같은 양의 제품을 작은 르트로 생산하기 위해서는 이러한 생산준비작업의 횟수가 증가하게 되고 따라서 총 생산준비시간이 늘어나게 되는 것이다. 그런데 생산준비작업은 제품의 부가가치를 늘리지 않는 낭비활동이므로 소로트 생산의 장점을 누리기 위해서는 생산준비시간의 단축이 반드시 필요하다.

생산준비시간을 줄이기 위해 JIT에서는 전사적으로 엄청난 노력을 경주하였다. 그 결과 미국의 자동차 회사에서 8시간이 소요되던 자동차 외판 프레스 기계의 금형교체시간을 10분 미만으로 단축할 수 있었다. 모든 생산준비시간을 10분 미만으로 단축하기 위한 SMST(Single Minute Setup Time)운동으로 불리는 JIT의 생산준비시간 단축 노력에는 철저한 사전 준비, 기계의 모듈화, 치수 조정작업의 제거, 생산준비작업의 기계화 및 조작업화, 숙련을 위한 조원들의 끊임없는 노력 등이 포함된다.

(5) 평준화 생산

생산시스템을 효율적으로 운영하기 위해서는 일별 작업부하를 균등하게 유지하여야 한다. 예를 들어, 이번 달은 일감이 많아 100명을 채용하고 다음 달에는 일감이 없어 100명을 감원하는 것보다는 이번 달 및 다음 달 모두 50명으로 운영하는 것이 공장운영은 물론 사회적인 안정에도 유리할 것이다. 이렇게 일별로 균일한 작업부하를 유지하기 위해서는 품종구성과 생산량을 항상 비슷하게 함으로써 작업장의 일별 수요를 균일하게 하여야 한다.

평준화 생산을 위한 주일정계획(MPS : Master Production Schedule)의 예를 하나 들어보자. H자동차회사에서는 세 가지 모델(S, T, P)의 자동차를 하나의 라인에서 생산하고 있다. 다음 달의 총괄생산계획에 따르면 생산량은 주당 4,500대이다. 하루 2교대로 주 5일 작업하므로 매 교대마다 450대를 생산한다. 세 모델의 수요비율이 4 : 3 : 2라고 하면 매 교대당 각 모델의 생산량은 S 200대, T 150대, P 100대가 된다. 세 가지 방식의 생산계획을 생각해 보자. 우선 각 교대시간에 생산되는 모델들을 묶어서 생산하는 경우이다. 즉, S를 200대 완성한 다음 T를 150대 생산하고 그 이후에 P를 100대 생산하는 것이다. 이 경우 생산준비시간은 최소가 되겠지만 재고가 증가하고 부품공급 작업장에 돌출적인 수요를 발생시킨다.

두 번째 방법은 최소화된 로트크기로 로트생산을 하는 경우이다. 위에서 세 모델의 수요비율이 4 : 3 : 2라고 하였으므로 S 4대, T 3대, P 2대의 순으로 생산하는 것이다. 이 경우 첫 번째 방법에 비해 생산준비시간이 50배로 늘어나게 되나 재고가 줄고 평준화생산에 가까와지게 된다.

마지막 방법은 로트생산방식에서 완전히 벗어난(즉, 로트크기가 한 개) 방법으로서 S 4대, T 3대, P 2대를 S-P-S-T-S-T-S-P-T와 같은 순서로 반복적으로 생산하는 것이다. 이 방법이 진정한 의미에서 평준화생산이라고 할 수 있으나 생산준비시간이 매우 짧은 경우가 아니면 실행이 불가능하다. 이런 생산방식은 여러 모델에 대한 부품 요구량을 안정된 비율로 발생시키므로 부품 생산시 작은 로트크기를 사용할 수 있도록 해 준다. 결과적으로 부품공장의 생산능력에 대한 수요가 평준화되는 것이다.

(6) 자동화(自働化)

자동화(自働化)란 기존의 기계적인 자동화(自動化)와 달리 동(動)에 '인(人)' 변이 붙어 있는데, 이것은 기계나 공정에서 어떤 잘못이 발생하여 제품의 원래 공정대로 생산 작업이 이루어지지 않을 때, 즉시 그 기계나 공정이 스스로 정지하는 시스템을 말한다. 기계나 공정이 스스로 정지함으로써 자동적으로 불량품이 대량생산되는 것을 막을 수 있다는 이 개념은, 작업을 자동화된 기계에만 맡겨 두는 것이 아니라 항상 작업자(인간, 人)가 기계나 공정을 체크하여 고장이 있나 없나를 판단하고, 어떤 잘못이 있을 때는 즉시 작업을 중단시켜 수정하는 조치를 취하는 인간과 기계의 협력에 의한 자동화시스템이기 때문에, 자동화(自働化)라고 불리게 되었다.

(7) 기계정비활동 강조

JIT에서는 여유능력이나 안전재고가 거의 없기 때문에 기계의 불시정지는 큰 혼란을 야기한다. 또한 생산 상의 모든 낭비를 제거하고자 하는 JIT의 기본철학 위에서 보았을 때 기계의 고장은 생산의 중단을 의미하고 이것은 기계와 노동력의 낭비로 직결된다. 따라서 JIT에서는 기계의 신뢰도를 향상시켜 고장을 사전에 방지하는 활동을 대대적으로 전개하였다. 이를 활동 초기에는 전사적 예방정비(Total Preventive Maintenance)라고 하였다가 나중에는 전사적 생산정비(Total Productive Maintenance)라고 변경하였다. 보통 TPM으로 약칭되고 있다.

이 용어에서 사용된 전사적(Total)이라는 용어도 앞에서 소개한 전사적 품질관리(TQC)의 전사적과 동일하다. 즉, 정비활동이 전문적인 정비기술자에 의해서만 이루어져서는 기계의 신뢰도를 극대화할 수 없다는 것이다. 매일 기계를 운전하는 기계공이 그 기계의 상태에 관하여 가장 잘 이해하고 있으므로, 이 기계공이 정비기술자와 협력하여 기계가 항상 최상의 상태를 유지하도록 노력해야 함을 의미한다.

(8) 공급자 유대강화

JIT의 생산현장은 최소한의 재고수준으로 운영되기 때문에 부품공급업자들은 매일 부품을 정확한 시각에 공급해야 한다. 만약 부품이 지정된 시각에 도착하지 않으면 생산라인이 정지되기 때문에 막대한 손실이 발생한다. 따라서 작은 로트의 부품을 매일 또는 하루에도 두세 번씩 공급받아야 하는 JIT 시스템의 원활한 운영을 위해서는 공급자와 긴밀한 협력을 하지 않으면 성과를 가져올 수 없다.

JIT의 운용에 있어 공급자와 제조업자가 서로 긴밀한 협력을 유지하고 향상시키기 위해서는 다음의 세 가지가 필요하다.

① 가능한 한 공급업체의 수를 감소시켜 관리에 편리하도록 한다.

② 지리적으로 가까운 곳에 위치한 공급업자를 선택하여 리드타임을 줄이도록 한다. 이것은 또한 공급업자의 신속한 반응에도 유리하다.

③ 지속적인 관계개선으로 상호 신뢰할 수 있는 거래관계를 형성한다.

12.3 업무프로세스 재설계

1990년 MIT의 마이클 해머가 리엔지니어링(Reengineering) 혹은 프로세스 재설계(Process Redesign)라는 개념을 제시한 이후, 이 업무프로세스 재설계(BPR : Business Process Reengineering)라는 프로세스 혁신(PI : Process Innovation) 기법은 전 세계의 수많은 기업 및 공조직에서 큰 능력을 발휘하였다. 이 기법의 주된 내용은 비용, 품질, 서비스, 속도 등과 같은 핵심적인 경영성과지표들을 비약적으로 발전시키기 위해 업무 프로세스를 본질적으로 제고하고 근본적으로 재설계하는 것이다.

그렇다면 BPR의 주 대상인 프로세스란 무엇인가? 마이클 해머의 프로세스에 대한 정의를 원문 그대로 가져오면 "Process is an organized group of related activities that together create a result of value to customers."와 같

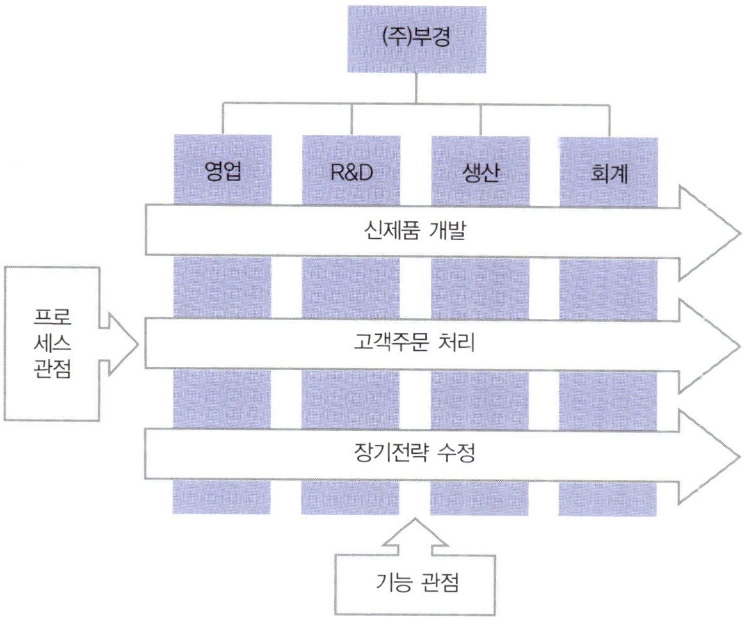

그림 12-1 | 조직의 기능과 프로세스

다. 일반적으로 조직의 업무들은 위에서 정의된 프로세스의 형태를 가진다.

프로세스와 대응되는 개념으로 기능(Function)이 있다. [그림 12-1]에서 볼 수 있듯이 기능은 프로세스를 분해하여 관리 가능한 덩어리로 만든 것이다. 관리의 편의를 위해 대부분의 조직에서는 기능을 중심으로 조직(예를 들어 자재부, 영업부, 생산부…)을 형성한다. 이러한 기능 중심의 조직구조에서는 조직원들이 전체적인 업무프로세스의 흐름보다는 자신이 소속된 기능부서의 업무에만 관심을 가지게 된다. 즉, 전체 조직에 대한 최적해를 찾기보다는 자신이 속한 부분시스템(Subsystem)만을 위한 부분최적해(Suboptimal)를 찾게 되고, 결국 전체 조직은 부정확한 성과시스템을 통해 제한된 관점만을 더욱 강조하게 된다.

프로세스 중심의 조직에서는 고객 중심과 전체적인 결과를 중시하는 새로운 관점에서 업무를 보게 된다. 과거와 동일한 기능을 수행하더라도 이제는 자신의 업무가 전체 프로세스와 고객에게 어떤 영향을 주게될지를 생각하는 것이다. 따라서 프로세스 관점의 업무처리는 체계적이고 반복적이면서도 창조적인 기능을 발휘하게 된다. 따라서 프로세스 중심적인 조직은 더 큰 틀 안에서 효율성과 효과성을 동시에 지닐 수 있게 된다.

프로세스 재설계는 기존 프로세스에 대한 개선 요구사항과 개선대상을 바탕으로 혁신적인 아이디어를 도출하여 프로세스를 백지상태(Zero-base)에서 다시 설계하는 것이다. 이 과정에서는 창조적이고 혁신적인 개선 아이디어를 도출하는 것이 핵심이다. 이러한 혁신 아이디어는 일상적인 방법이나 절차 혹은 알고리즘에 의해 만들어지는 것은 아니다. 프로세스 재설계의 창시자인 마이클 해머 박사는 이 과정에 대한 가이드라인으로 5개의 중요원칙과 15개의 설계유형을 제시하였다.

(1) BPR의 5대 원칙

① 업무 프로세스의 재설계 시 최종고객을 최우선시하여야 한다. 기업과 거래하는 경우에는 그 기업과 협력하여 최종 고객을 위해 자신들의 프로세스를 재설계하여야 한다.

② 프로세스는 하나라는 관점으로 재설계한다. 지속적으로 전체 조직 차원의 큰 그림에 집중함으로써 조각난 프로세스를 설계하지 않도록 한다.

③ 동일한 업무절차를 한 번 이상 수행하지 않는다.

④ 그 일에 가장 적합한 사람(혹은 조직)이 그 일을 수행하도록 한다.

⑤ 하나의 프로세스는 정보를 공유하여야 한다. 정보시스템을 활용하는 경우에는 하나의 데이터베이스를 기반으로 프로세스가 운영되어야 한다.

(2) BPR의 15 패턴

① 고객이 업무를 하도록 한다. 자신의 업무이지만 고객이 더 잘할 수 있다면 고객에게 업무를 넘기는 것이 바람직하다는 것이다. 이것은 외부고객 뿐 아니라 내부 프로세스의 고객도 포함한 개념이다.

② 고객의 업무를 하라. 위와 반대되는 개념으로 고객의 업무이지만 자신이 더 잘할 수 있다면 직접 수행하라는 것을 의미한다.

③ 집중과 분산이 혼합된 가상의 구조를 만들어라. 분산된 조직구조를 가상의 중앙집중식 구조로 만들어 집중과 분산의 이점만을 취하도록 한다는 의미이다. 이는 향상된 정보기술을 통해 가능하게 되는데, 예를 들어 고객정보를 통합 관리하는 데이터베이스와 어느 곳에서든 데이터베이스에 접속할 수 있는 통신 네트워크 및 모바일 컴퓨터 등이 그것이다.

④ 업무장소를 최적인 곳으로 옮겨라.

⑤ 병행할 수 있는 업무와 순차적으로 해야 할 업무를 구분하여 업무순서를 재구성하라.

⑥ 의사결정 속도를 높임으로써 생산활동 및 자본의 효율성을 제고한다. 고위 관리자의 승인을 받아 처리하였던 의사결정을 업무프로세스의 각 부문에서 스스로 결정하게 함으로써 의사결정 속도를 높일 수 있다.

⑦ 유영성을 높이기 위해서는 의사결정 속도를 늦추는 것도 고려하라. 계획생산(MTS : Make To Stock) 방식으로 운영되던 생산시스템에 주문생산(MTO : Make To Order) 방식을 도입함으로써 고객의 요구사항을 더 충족시키고 재고를 줄일 수 있다.

⑧ 업무를 통합 · 압축하여 업무이관을 없애고 중복을 피하라.

⑨ 다양한 분야의 전문가들이 업무를 조율하거나 흩어져 있는 정보를 관리하는 통합조직을 구성하라.

⑩ 단순화하라. 정보흐름 간의 연결횟수를 최소화하거나 활동 빈도수를 감소시킨다.

⑪ 비부가가치활동을 제거하라.

⑫ 필요할 때만 업무를 수행하라.

⑬ 대안들의 범위를 넓혀라. 대안의 수가 많을수록 답이 좋아질 가능성은 늘어난다.

⑭ 핵심자원에 집중하여 대안의 범위를 줄인다. 무엇이 핵심자원인지를 파악하고 그 핵심자원의 효율화에 노력을 집중한다. 중요하지 않은 자원이라면 효율화를 위해 필요한 노력에 비해 그 성과가 매우 작을 것이다.

⑮ 더 나은 정보를 얻을 수 있도록 하라.

12.4 6시그마

1980년대 초 미국 Motorola사의 Robert W. Galvin 회장은 5년 내 10배 이상의 품질 개선을 이룩한다는 야심찬 목표를 세우고, 낭비와 불량을 획기적으로 절감하기 위한 활동을 전사적으로 추진하고 있었다. 이 과정에서 Bill Smith라는 기술자가 초기 제조 시 발생한 결함으로 재작업을 거친 제품일수록, 사용자로부터 고장으로 인한 반품이 빈번하게 발생한다는 흥미로운 사실을 발견하였다. 이것은 품질혁신에 대한 중요한 기본방향을 제시해 주었다. 이와 같은 발견과 함께 당시 Motorola사에 근무하던 Mikel Harry 등이 통계적인 이론을 도입하여 문제해결의 기본 절차와 방법 및 도구를 체계화함으로써 6시그마가 탄생하게 되었다. 초기에 품질의 획기적인 개선을 목표로 제조부문 중심으로 전개되었던 6시그마는 GE에서 도입하여 GE의 모든 사업 분야로 확대 적용하여 성공함으로써 모든 산업분야의 경영혁신전략으로 자리매김되었다. 우리나라에는 6시그마가 최초 등장한지 10년 뒤인 1997년 무렵 한국중공업(현재 두산중공업), LG전자, 삼성 SDI 등 대기업을 중심으로 도입되어 현재는 중견기업 이상 거의 모든 기업에서 채택되고 있다.

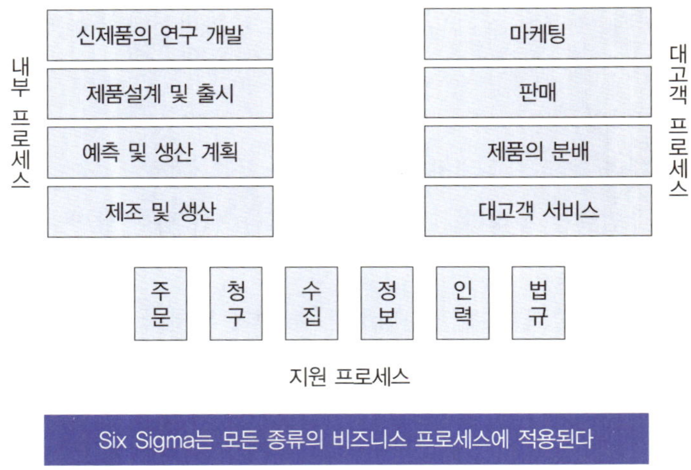

그림 12-2 | 6시그마의 적용 분야

오늘날 보편적으로 인식되는 6시그마는 [그림 12-2]에서 보는 바와 같이 제품의 설계와 제조뿐만 아니라 사무 간접, 지원 부문 등을 포함하는 모든 종류의 프로세스에서 결함을 제거하고 목표로부터의 이탈을 최소화하여 조직의 이익 창출과 함께 고객만족을 최대화하고자 하는 경영혁신전략이라 할 수 있다.

6시그마는 경쟁력 확보를 위한 전략일 뿐만 아니라 결함이 발생할 수 있는 백만 번의 기회 중 실제 결함발생 빈도가 3.4회 이하가 되도록 한다는 정량적인 목표로서의 의미도 갖고 있다. 또한 결과를 완벽하게 하려면 과정을 완벽하게 해야 한다는 방법론적 철학을 갖고 있다.

6시그마가 종전의 여러 경영전략에 비해 성공적일 수 있었던 이유는 다음과 같은 전략적 특징에 힘입은 바 크다.

(1) 고객 초점

6시그마에서는 모든 비즈니스의 제품 및 서비스가 고객의 요구에 부합되는지 측정하고 기존의 프로세스에서 고객 불만족을 초래하는 변동을 감소시키는 한편 고객과 시장의 요구에 맞는 신제품과 서비스를 창출하기 위해 지속적인 개선 및 혁신활동을 반복한다.

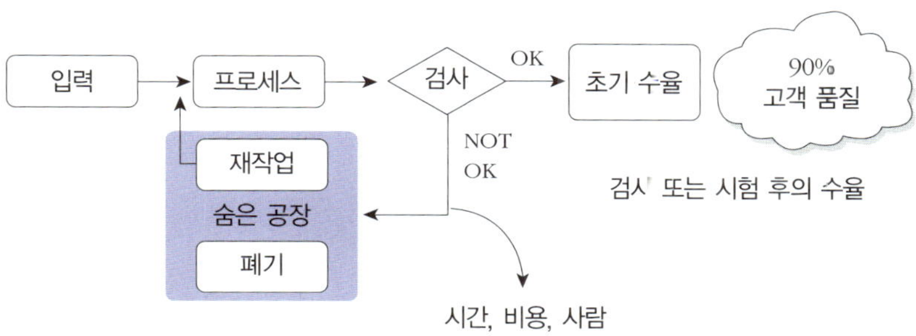

• 숨은 공장(Hidden Factory)

- 프로세스가 완벽하지 못함으로 인해 발생하는 재작업, 폐기 등의 COPQ(Cost Of Poor Quality, 저품질비용) 발생 원인
- 결함으로 인한 재작업, 폐기 등을 제거하는 만큼 용량이 더 확보될 수 있으며 이는 새로운 투자를 필요로 하지 않는다(free capacity).
- Six Sigma에 의한 프로세스 개선은 숨은 공장을 드러나게 하여 투자없이 용량 증설을 가능하게 한다.

그림 12-3 | 프로세스 개선의 효과

(2) 프로세스 중심의 개선

개선 목표달성을 위해 결과에 대한 조치를 중심으로 한 활동이 아니라 문제의 근본원인을 과학적으로 밝혀내고 본질적인 해결을 추구한다. 이와 같은 접근방법은 결함으로 인한 재작업, 폐기 등 COPQ(Cost of Poor Quality, 저품질 비용)의 발생을 근본적으로 방지해 줄 뿐만 아니라 불량품 생산 및 재작업으로 소모된 비율만큼 생산용량을 별도의 투자없이 증설하는 효과를 가지게 된다. [그림 12-3]에서 보는 바와 같이 예로 당초 수율이 90%이던 공정을 개선하여 재작업 없이 100% 수율을 달성하고 있다면 11%만큼의 용량 증설이 투자없이 이루어진 결과와 같은 것이다.

(3) 데이터에 입각한 과학적인 분석에 기초

6시그마 프로젝트의 개선은 먼저 신뢰할 수 있는 데이터를 확보하고 이를 과학적으로 분석한 결과를 토대로 이루어진다. 데이터의 신뢰성을 확보하기 위해 프로젝트 진행의 초기 단계에 반드시 측정시스템분석을 실시하도록 하고 있으며, 수집된 데이터에 대한 해석도 반드시 통계적 분석 결과를 토대로 객관적인 결론을 도출하도록 하고 있다. 또한 종래 보편적으로 사용되던 불량률, ppm 등의 비과학적인 요소를 개량하여 dpu(defects per unit, 단위당 결함수), dpmo (defects per million opportunities, 백만 기회당 결함수), 시그마수준 등 과학적인 척도를 사용하여 품질수준을 평가함으로써 보다 합리적이고 체계적인 문제해결이 가능하도록 하였다. 6시그마에서 사용하는 척도에 대해서는 이후에 다시 설명할 것이므로 여기서는 생략한다.

(4) 전문인력에 의한 개선활동 추진

6시그마 전략은 BB(Black Belt), GB(Green Belt), MBB(Master Black Belt), 챔피언 등 핵심 인력층을 중심으로 추진된다. 모든 경영혁신활동의 성패는 궁극적으로는 추진주체가 되는 사람들의 열정과 노력에 달려 있다. 이런 점에서 전

챔피언
- 과제선정 지원
- 과제와 사업 니즈와의 연계
- 프로젝트 관리 및 추진상의 장벽 제거
- Six Sigma를 해당 조직의 문화로 추진

마스터 블랙벨트
- 챔피언 자문
- Full Time 과제 수행
- Six Sigma 도구 개발
- 교육 훈련 수행
- BB 프로젝트 지도

블랙벨트
- 과제 수행
- Six Sigma 도구 적용 전문가
- GB 프로젝트 지도

그린벨트
- 소규모 과제 수행
- 규모가 큰 과제 팀원 참여

그림 12-4 | **6시그마 인력층의 역할**

문인력을 체계적으로 육성하고 조직화하여 경영목표 달성에 기여할 수 있도록 조직의 힘을 응집시키는 접근방법은 6시그마 전략의 강력한 장점 중 하나이다. 전략적 목표 달성을 위한 6시그마 인력층의 역할 분담은 [그림 12-4]에서 보는 바와 같다.

(5) 재무성과와 직결된 프로젝트의 수행

6시그마 프로젝트로 추진되는 과제는 기업의 경영목표에 기여할 수 있고 일정금액 이상의 실질적인 재무성과를 창출할 수 있어야 한다. 6시그마는 이와 같이 실질적인 성과를 추구함으로써 불필요하게 자원을 낭비하는 것을 막고 조직의 능력을 전략적 목표 달성에 집중할 수 있도록 해 준다.

이제 6시그마에서 사용하는 측도를 통해 6시그마의 과학적인 측면을 간단하게 살펴보자. 6시그마에서는 불량률 대신 dpu를 많이 사용하는데, 둘 사이의 관계를 예를 들어 살펴보자. [그림 12-5]에서 속이 채워진 동그라미는 드릴링 작업이 잘못된 제품을 나타낸다. A, B 두 공정에서 각각 네 개의 제품을 가공한 결과가 그림과 같다면 각 공정마다 세 개의 불량품이 발생하고 있으므로 불량률은 두 공정 모두 동일하게 3/4 = 0.75이다. 그러면 불량률이 같다고 A공정과 B공정의 작업의 수준이 동일한가? 이 물음에 '예'라고 대답할 사람은 아무도 없을 것이다. 불량률은 같지만 B공정의 작업수준이 더 우수하다는 데 이의를 제기할 사람은 아무도 없을 것이다. 이 예에서 알 수 있듯이 불량률은 두 공정의 능력을 비교하는 올바른 측도가 될 수 없다. 그러면 dpu는 어떤가? A공

■ 불량률과 DPU

• 다음 두 드릴링 공정의 능력을 비교하라.

A공정

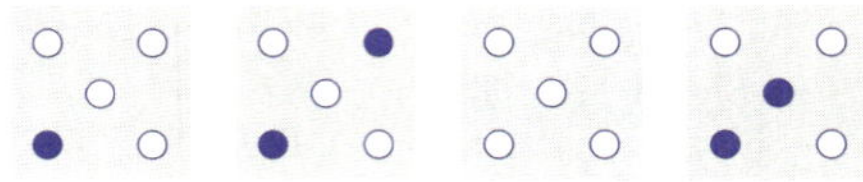

B공정

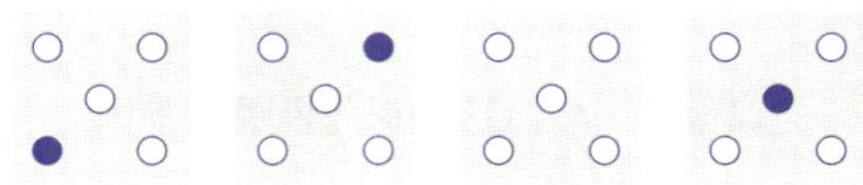

• 불량률 : A = (　　　　), B = (　　　　)

• DPU : A = (　　　　), B = (　　　　)

그림 12-5 | 불량률과 DPU

정의 경우 네 개의 제품에 다섯 개의 결함이 발생했으므로 단위당 결함수는 dpu = 5/4 = 1.25이다. 한편 B공정의 경우 dpu = 3/4 = 0.75임을 쉽게 알 수 있다. 즉, B공정의 dpu가 A공정의 dpu보다 작으므로 B공정이 더 우수하다. 이와 같이 6시그마에서는 불량률 내지 ppm의 비과학적인 요소를 배제하고 dpu의 개념을 도입함으로써 보다 과학적인 분석이 가능하도록 하고 있다. 6시그마에서 많이 사용하는 척도로서 dpmo, 시그마수준, RTY(rolled Throughput Yield) 등도 있으나 여기서는 설명을 생략한다.

마지막으로 6시그마 프로젝트의 수행과정을 간단하게 살펴보자. 6시그마 프로젝트는 기존의 프로세스를 개선하고자 할 경우와 새로운 프로세스를 설계하고자 할 경우에 대해 서로 다른 진행과정을 밟게 되는데, 여기서는 전자에 대해서만 약술한다. 기존의 프로세스를 개선하는 프로젝트는 정의, 측정, 분석, 개선, 관리의 다섯 단계로 진행된다. 각 단계별 활동을 요약 정리하면 [그림 12-6]과 같고, 각 단계별로 핵심이 되는 내용을 기술하면 다음과 같다.

① 정의(Define) : 문제가 무엇인지 명확하게 정의하고 개선활동의 범위를 명료하게 설정하며 문제해결에 따른 목표를 정해준다.

② 측정(Measure) : 문제에 관련된 개선지표를 측정 가능한 변수로 변환하여 프로젝트 Y를 정의해준다. 프로젝트 Y의 측정시스템, 성과표준을 함께 정의하고 측정시스템분석 및 공정능력분석 등을 이용하여 Y의 현재수준 및

목표수준을 설정한다.

③ 분석(Analyze) : 프로젝트 Y에 영향을 주는 원인변수들을 도출하고 데이터를 수집하여 분석한 결과를 토대로 핵심이 되는 원인변수들(Vital Few Xs)을 골라낸다.

④ 개선(Improve) : 핵심 원인변수들에 대해 적절한 개선조치를 취하여 문제를 해결하고 개선목표 달성 여부를 확인하고 재현성을 검증한다.

⑤ 관리(Control) : 개선결과를 유지하기 위한 계획을 수립하고 관리하는 한편 프로젝트 진행과정 및 결과를 문서화하여 회사의 지적자산으로 관리한다.

단계	목적	주요 활동	산출물
Define (정의)	VOC/VOB/COPQ분석을 통한 프로젝트 선정, 정의	⌧ 프로젝트 선정 ⌧ 프로젝트 정의	☞ 프로젝트 실행계획서
Measure (측정)	성과에 대한 현 수준 측정, 잠재 Xs를 도출	⌧ 현 수준 파악 ⌧ 잠재 Xs 도출	☞ 공정능력분석 → 시그마수준 ☞ 우선순위화된 Xs 목록
Analyze (분석)	분석을 통한 Vital Few Xs 도출	⌧ 데이터 수집 계획 ⌧ 데이터 수집 분석	☞ Vital Few Xs 목록
Improve (개선)	Vital Few Xs에 대한 최적조건(방안) 설정, 적용 및 효과의 확인	⌧ DOE ⌧ 대안 선정	☞ 수학적 모형/최적조건 ☞ 최적 해결 방안
Control (관리)	성과 유지를 위한 관리 체계 구축	⌧ 관리계획 수립 ⌧ 성과의 모니터링 ⌧ 표준화	☞ 관리계획서 ☞ 관리도 ☞ SOP

그림 12-6 | 6시그마 프로젝트 진행과정

연습문제

1 JIT에서 말하는 7가지 낭비를 적절한 예와 함께 설명하시오.

2 JIT의 중요한 부분으로 강조되고 있는 TQC와 TPM에서 T의 의미에 대해 설명하시오.

3 JIT과 BPR에 닮은 점이 있다면 그것은 무엇인지, 또한 서로 다른 점은 무엇인지 설명하시오.

4 BPR이 기업의 정보시스템에 미친 영향에 대해 조사해 보시오.

5 JIT과 6시그마 사이의 닮은 점 및 다른 점에 대해 설명하시오.

6 6시그마의 5단계 절차(Roadmap)에 대해 설명하시오.

참고문헌

■ 국내 참고문헌

1. 강석호 · 배준수 · 김훈태 · 이우기, E–biz · IT · SI, 1판, 박영사, 2003.
2. 김성인 · 박흥선 역, 산업공학개론, 3판, 청문각, 2002.
3. 김세헌, 현대경영과학, 무역경영사, 1994.
4. 배도선 · 이낙영 · 권혁무 · 장중순 · 차명수 · 윤원영 · 김명수 · 이민구, 통계학 이론과 응용, 청문각, 2007.
5. 배도선 · 류문찬 · 권영일 · 윤원영 · 김상부 · 홍성훈 · 최인수, 최신 통계적 품질관리, 개정판, 영지문화사, 2000.
6. 삼성전자(주) DS총괄 품질대학(품질경영그룹), Six Sigma Green Belt(DMAIC)과정, 삼성전자 사내 인쇄실 (주)프린텍, 2002.
7. 서영성 외 12인 공역, 창의적 공학설계(1), (주)피어슨 에듀케이션 코리아, 2001.
8. 유일근, 경제성공학, 1판, 형설출판사, 2006.
9. 이강우 · 김정자, 경영과학, 진영사, 2004.
10. 이순요, 공정관리(적정납기 · 재고관리)를 위한 통합 생산정보 시스템, 1판, 청문각, 1997.
11. 정석찬 · 박기남 · 배혜림 · 최범진 · 김철민 · 조재균, 디지털 경영의 뉴 패러다임 e-비즈니스의 이해, 1판, 생능출판사, 2007.
12. 한영근 외 6인 공역, 생산자동화와 CIM, 시그마프레스, 2002.
13. 황 학, 작업관리론, 영지문화사, 1997.

■ 외국 참고문헌

1. Aft, L.S., *Work Measurement and Methods Improvement*, Wiley Interscience, 2000.
2. Ballou, R.H., *Business Logistics Management* (4th Edition), Prentice-Hall, 1999.
3. Browne, J., Harhen, J. and Shivnan, J., *Production Management Systems* (2nd

Edition), Addison-Wesley, 1996.

4. Hillier, F. S. and Lieberman, G. J., *Introduction to Operations Research* (5th Edition), McGraw-Hill Book Co., 1990.
5. Hopp, W.J. and Spearman, M.L., *Factory Physics, Irwin*/McGraw-Hill, 2001.
6. Krajewski, L.J. and Ritzman, L.P., *Operations Management: Strategy and Analysis*, Addison-Wesley, 1999.
7. Liker, J.K., *The Toyota Way*, McGraw-Hill, 2004.
8. Maynard, H.B., *Industrial Engineering Handbook*, 3rd ed., McGraw-Hill, 1971.
9. Rardin, R. L., *Optimization in Operations Research*, Prentice-Hall International, Inc., 1998
10. Rembold, U., Nnaji, B.O. and Storr, A., *Computer Integrated manufacturing and engineering*, Addison-Wesley, 1993.
11. Riggs, J.L., *Production Systems: Planning, Analysis, and Control*, John Wiley & Sons, 1987.
12. Simchi_Levi, D., Kaminsky, P. and Simchi_Levi, E., *Designing and Managing the Supply Chain* (2nd Edition), McGraw-Hill, 2003.
13. Sipper, D. and Bulfin, R.L., *Production: Planning, Control, and Integration*, McGraw-Hill, 1997.
14. Taha, H. A., *Operations Research: An Introduction* (7th Edition), Pearson Education, Inc., 2003.
15. Turner, W. C., Mize, J. H., Case, K. E., and J. H. Nazemetz, *Introduction to Industrial and Systems Engineering* (3rd Edition), Prentice-Hall International, Inc., 1993.
16. Winston, W. L., *Operations Research: Applications and Algorithms* (4th Edition), Thomson Learning, Inc., 2004.

찾아보기

국문

ㅂ

ㅅ

ㅇ

ㅈ

ㅊ

ㅋ

ㅌ

ㅍ

영문

저자약력

고시근
고려대학교 산업공학과 (학사)
한국과학기술원 산업공학과 (박사)
현) 부경대학교 시스템경영공학과 교수

구평회
한양대학교 산업공학과 (학사)
미국 Purdue대학교 산업공학과 (박사)
현) 부경대학교 시스템경영공학과 부교수

권혁무
서울대학교 경영학과 (학사)
한국과학기술원 산업공학과 (박사)
현) 부경대학교 시스템경영공학과 교수

김민수
서울대학교 산업공학과 (학사)
서울대학교 산업공학과 (박사)
현) 부경대학교 시스템경영공학과 조교수

오수철
부산대학교 기계설계학과 (학사)
부산대학교 기계공학과 (박사)
현) 부경대학교 시스템경영공학과 교수

이운식
고려대학교 산업공학과 (학사)
한국과학기술원 산업공학과 (박사)
현) 부경대학교 시스템경영공학과 교수

공업경영학

2008년 9월 10일 1판 1쇄 발행
2010년 8월 10일 1판 2쇄 발행

저 자 / 고시근 · 구평회 · 권혁무 · 김민수 · 오수철 · 이운식
발행인 / 이수영
발행처 / 도서출판 청람
서울특별시 마포구 대흥동 802(세양상가 109호)
TEL : 02)3272-2601~2
FAX : 02)3272-2603
E-mail : crbooks@paran.com
http://www.crbooks.co.kr

등록 2000. 8. 26 제6-0509호

ISBN : 978-89-5972-081-1 93320 [정가 : 23,000원]